Mosaik

Karl Peter Buttler

Orchideen

Die wildwachsenden Arten und Unterarten Europas, Vorderasiens und Nordafrikas

Mit Zeichnungen des Autors

Herausgegeben von Gunter Steinbach

Mosaik Verlag

Zeichen im Bestimmungsteil

● Die Art oder Unterart ist auf das vom Buch behandelte Gebiet beschränkt (endemisch in Europa, Vorderasien und Nordafrika)

Zeichen bei den Länderkürzeln (die Kürzel sind auf S. 274–275 erklärt):
† Die Art oder Unterart ist in dem Land ausgestorben.
* Die Art oder Unterart kommt in dem Land nur adventiv vor und ist nicht einheimisch.
? Das Vorkommen in dem Land ist unsicher und zu bestätigen.

Die Betonung der wissenschaftlichen Pflanzennamen ist durch einen Tonstrich unter dem Vokal oder Diphtong angegeben.

Ein Teil der Zeichnungen wurde nach Vorlagen anderer Autoren umgezeichnet. Diese sind mit ihren Anfangsbuchstaben jeweils neben dem Maßstrich genannt: E. G. Camus (C), L. Ferlan (F), P. Gölz und H. R. Reinhard (GR), R. Keller (Ke), H. Kümpel (Kü), E. Nelson (Ne), L. A. Nilsson (Ni), H. G. Reichenbach (R), W. Vöth (V), J. J. Wood (W), D. P. Young (Y).

Die in diesem Band vorgeschlagenen Neukombinationen von wissenschaftlichen Namen werden in den »Med-Checklist Notulae« der Zeitschrift »Willdenowia« (Berlin) gültig veröffentlicht.

Der Mosaik Verlag ist ein Unternehmen
der Verlagsgruppe Bertelsmann

Neue, bearbeitete Sonderausgabe

Druck und Bindung: Graphischer Großbetrieb Pößneck GmbH
Printed in Germany · ISBN 3-576-10559-X

Inhalt

Zum Buch

Als einziger Band unserer 20 Titel umfassenden Naturführerreihe stellt das vorliegende Werk nur *eine* Pflanzenfamilie dar. Die Artenzahl der Orchideen wird auf weltweit 20 000 geschätzt. Damit gehört diese Familie zu den größten des Pflanzenreichs – auch zu einer der höchstentwickelten und damit botanisch außerordentlich interessanten Pflanzengruppe. Ihr Hauptentfaltungsgebiet sind die Tropen der Alten und der Neuen Welt, hier vor allem die Regenwälder.

Europa stellt für die Orchideen gleichsam nur ein Randgebiet dar mit 215 wildwachsenden Arten. Sie werden zusammen mit 30 weiteren Unterarten zum erstenmal vollständig in einem Band mit Text, Farbfoto und Zeichnungen dargestellt und durch einen Schlüssel, der von den Gattungen zu den Arten und Unterarten führt, in einen durchgängigen Bestimmungszusammenhang gebracht. Der Bezugsraum ist das ganze Europa, einschließlich seiner wenigen nordischen Orchideenarten. Darüber hinaus wurden Vorderasien, das heißt die asiatische Türkei (Anatolien) und die Gebiete am östlichen Mittelmeer, die man als Levante zusammenfaßt, sowie Nordafrika und die mittelatlantischen Inseln (Kanaren, Madeira und Azoren) mit eingeschlossen. Der erweiterte geographische Raum trägt den nach botanischen Gesichtspunkten erarbeiteten international eingeführten Florengebieten unabhängig der politischen Grenzen Rechnung.

Der botanisch interessierte Urlauber mit südlichen Zielen bekommt so ein umfassendes Nachschlagewerk für alle Orchideenarten, die er rund ums Mittelmeer finden kann. Dabei dürfte die jeder Art beigefügte Angabe, in welchem Land sie jeweils zu finden ist, von großer Hilfe sein. Bei den in diesem Band besonders erwünschten genauen Verbreitungshinweisen wurden die Ergebnisse der Arealkunde (Chorologie) zugrunde gelegt.

Die vollständige Dokumentation durch Farbfotos auch der erst in jüngster Zeit beschriebenen Arten und Unterarten gelang, weil viele Kollegen dem Autor bereitwillig ihre Bilder zur Verfügung stellten. Jeder Aufnahme wurden Angaben über die Zeit und den Ort ihrer Entstehung beigefügt. Diese auf den ersten Blick unbedeutende Zusatzinformation wird wichtig, wenn der Orchideenfreund sichergehen will, eine von ihm gesuchte Art an ihrem Standort auch blühend vorzufinden.

Nur eine Goodyera-Art und eine Ophrys-Unterart werden nicht in Farbbildern wiedergegeben, aber hinreichend beschrieben.

Ähnlich wie die Schmetterlinge unter den Insekten erfreuen sich die Orchideen unter den Blütenpflanzen schon immer der besonderen Beachtung sowohl der Wissenschaftler als auch der Liebhaber, die sich nicht selten mit wissenschaftlicher Gründlichkeit dem Fachgebiet ihrer Wahl widmen. Trotzdem gibt es bei den europäischen Orchideen noch zahlreiche ungelöste Probleme. Auf sie weist der Autor bei den jeweiligen Pflanzenbeschreibungen gesondert hin. Die Forschung ist in vielen Einzelfragen noch nicht abgeschlossen. Bestimmungen können in Einzelfällen schwierig und unsicher sein. Hinzu kommt die Neigung vieler Orchideenarten, untereinander Bastarde mit Merkmalen beider Ausgangsarten zu bilden. Konnten die Unterarten in unserem Band noch voll berücksichtigt werden, so war das für die Bastarde nicht mehr möglich. Ihrer Darstellung allein könnte ein eigener Band gewidmet werden.

Für die Namengebung (Nomenklatur) berücksichtigte der Autor den gegenwärtigen Stand. Da heute noch nicht alle Zuordnungsfragen beantwortet sind, unterliegen die wissenschaftlichen Namen gerade bei den Orchideen einer Entwicklung. Die Vergleichbarkeit der Fachliteratur aus verschiedenen Jahren leidet unter diesem Umstand. Der Autor berücksichtigte deshalb die verschiedenen Namen (Synonyme) sowohl bei den Artbeschreibungen als auch im Register. Der Wert des Bandes als Nachschlagewerk und Schlüssel für weiterführende Fachliteratur wird dadurch bedeutend erhöht. Trotz der wissenschaftlichen Genauigkeit der in diesem Band zwangsläufig ins einzelne gehenden Pflanzenbeschreibungen spricht der Autor auch den interessierten, aber botanisch nicht vorgebildeten Laien an. Die Artentexte enthalten außer den Länderkürzeln keine Abkürzungen, wie sie sonst in der Fachliteratur üblich sind, und nur so viele Fachbegriffe, wie für die Kennzeichnung der Arten unumgänglich waren. Die einzelnen Fachbegriffe werden im allgemeinen Teil erklärt.

Er gliedert sich in folgende Abschnitte:

1. Ein nach Gattungen aufgefächerter Bestimmungsschlüssel für die Arten. Ein Bestimmungsschlüssel für die 36 Gattungen des Bandes steht als erweiterte Übersicht der Gattungssymbole auf den Seiten 8–11. Schlüssel für die nahe verwandten Arten der Gruppen und für die Unterarten stehen am Ende der jeweiligen Arttexte im Bestimmungsteil. Alle Teilschlüssel sind mit oder ohne die übrigen Teilschlüssel benutzbar. Der Bestimmungsweg über die Schlüssel kann im längsten Fall folgende Teilschritte (Teilschlüssel) umfassen: Gattung – Formenkreis – Gruppe – Art – Unterart. In kleinen Gattungen wird die Art bzw. Unterart direkt bestimmt.
2. Orchideenbeschreibung mit Erläuterung der Fachbegriffe.
3. Die Systematik der Orchideen, ihre Gliederung, ihre wissenschaftlichen Probleme, Farbanomalien und Bastarde.
4. Die Biologie der Orchideen mit der für diese Familie kennzeichnenden Pilzsymbiose.
5. Verbreitung, Florenelemente mit Karte.
6. Schutz der Orchideen.
7. Anschriften und Literatur.

In Deutschland sind alle Wildorchideen gesetzlich geschützt. Unser Band will dazu beitragen, daß die heimischen Orchideenarten als unverzichtbarer Teil unserer Pflanzenwelt erhalten bleiben. G.S.

Schlüssel zum Bestimmen der 36 Orchideengattungen dieses Bandes

Die farbigen Symbolfelder (Gattungen) verweisen auf die Darstellungen der Arten im Bestimmungsteil

1 Lippe am Grund ohne Sporn 2

1* Lippe gespornt, Sporn manchmal kurz und nur als unauffällige Ausstülpung entwickelt . . . 18

2 Lippe schuhförmig ausgehöhlt, länger als 2 cm . . . .
Frauenschuh ▷
(Cypripedium), S. 12

2* Lippe nicht schuhförmig, oft kürzer als 2 cm 3

3 Pflanze ohne grüne Blätter, alle Blätter scheidig-schuppenförmig, nicht flächig . 4

3* Pflanze mit wenigstens 1 grünen Blatt, diese(s) flächig entwickelt (manchmal schmal und grasartig) 5

4 Pflanze bräunlich; Lippe vorn gespalten, mit 2 spreizenden Zipfeln, bräunlich . . . .
Nestwurz ▷
(Neottia), S. 40

4* Pflanze grünlich; Lippe vorn ungeteilt, abgerundet, weiß mit roten Flecken . . . .
Korallenwurz ▷
(Corallorrhiza), S. 230

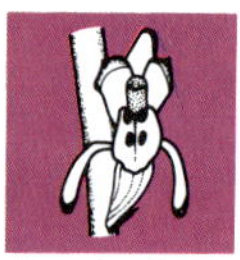

5 (3)Lippe quer zur Längsachse in 2 verschieden gestaltete Abschnitte gegliedert 6

5* Lippe nicht quer gegliedert (aber manchmal mit Lappen und Zipfeln) 9

6 Blätter netznervig, kurz gestielt . . . .
Netzblatt ▷
(Goodyera), S. 48

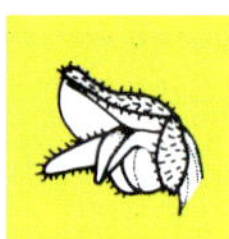

6* Blätter parallelnervig, ungestielt . . . 7

7 Kelchblätter und seitliche Kronblätter bilden einen geschlossenen, spitzen Helm; Tragblätter der Blüten häutig, ähnlich wie die Kelchblätter gefärbt, auch die obersten noch etwa so lang wie die Blüten
Zungenstendel ▷
(Serapias),
S. 158–167,
Schlüssel S. 246

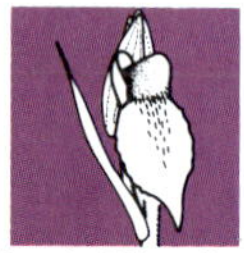

7* Seitliche Kelchblätter spreizend, Blüte daher ohne Helm (aber Blüte manchmal sich nicht öffnend!); Tragblätter krautig, grün, wenigstens die obersten viel kürzer als die Blüten 8

8 Blüten mit nicht oder undeutlich gestielten Fruchtknoten, schräg aufrecht stehend; Vorderabschnitt der Lippe (Epichil) mit Längslamellen . . . .
Waldvögelein ▷
(Cephalanthera),
S. 32–37,
Schlüssel S. 239

8* Blüten mit deutlich gestielten Fruchtknoten, waagerecht abstehend oder hängend; Epichil glatt oder mit Höckern
Stendelwurz ▷
(Epipactis),
S. 14–31,
Schlüssel S. 237

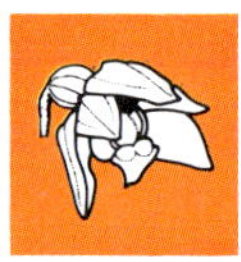

9 (5)Lippe mit Mal: kahler, auffällig gefärbter Bereich in der Mitte, der sich vom behaarten (oder manchmal nur papillösen), anders gefärbten Randbereich absetzt . . . .
Ragwurz ▷
(Ophrys), S. 168–229,
Schlüssel S. 246

9* Lippe kahl, ohne Mal 10

10 Lippe deutlich geteilt, mit 2, 3, oder 4 Lappen oder Zipfeln 11

10* Lippe ungeteilt oder höchstens angedeutet 3lappig (dann Blätter grasartig) . . . 13

11 Stengel in der unteren Hälfte mit 2 (sehr selten 3 oder 4) fast gegenständigen Blättern; Fruchtknoten deutlich gestielt (Stiele länger als die Tragblätter) . .
Zweiblatt ▷
(Listera), S. 42

11* Stengel mit mehreren am Stengel verteilten Blättern; Fruchtknoten sitzend . . 12

12 Lippe etwa 4 mm lang, 3lappig mit spitzem, ungeteiltem Mittellappen . . . .
Einknolle ▷
(Herminium), S. 48

12* Lippe über 10 mm lang, 3lappig mit tief geteiltem, 2zipfligem Mittellappen . . . .
Fratzenorchis ▷
(Aceras), S. 106

13 (10) Blütenstandsachse gedreht, Blüten daher in 1 oder 3 spiralig gewundenen Reihen angeordnet; alle Blütenblätter nach vorn gerichtet, Blüte daher röhrig . . . .
Drehwurz *(Spiranthes)*, S. 44–47 ▷
[siehe auch Netzblatt, Alternative 6]

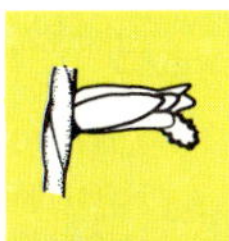

13* Blütenstandsachse nicht gedreht, Blüten daher nach allen Seiten gerichtet; Blüten nicht röhrig 14

14 Blüten sitzend; Lippe angedeutet 3lappig, gegen die Mitte beiderseits mit stumpfen, zahnartigen Seitenlappen; Blätter grasartig .
Zwergorchis ▷
(Chamorchis), S. 58

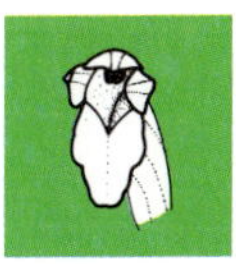

14* Blüten mit deutlich gestielten Fruchtknoten; Lippe ungeteilt; Blätter breiter (lanzettlich bis eiförmig) 15

15 Pflanze mit mehreren am Stengel verteilten Blättern; Tragblätter der Blüten so lang wie die Fruchtknoten oder länger . . . .
Grünblütige Stendelwurz
(Epipactis phyllanthes), S. 28

15* Pflanze mit höchstens 3 am Stengelgrund genäherten Blättern; Tragblätter höchstens so lang wie die Blütenstiele 16

16 Lippe rinnig und sichelförmig gebogen, zur Blütenstandsachse verschieden orientiert, nach oben, zur Seite oder nach unten gerichtet . . . .
Glanzkraut ▷
(Liparis), S. 232

16* Lippe nicht sichelförmig, nach oben gerichtet (entsprechend das mittlere Kelchblatt nach unten gerichtet) 17

17 Lippe und seitliche Kronblätter etwa halb so lang wie die Kelchblätter; die 2–5 Laubblätter bis 3 cm lang .
Weichwurz ▷
(Hammarbya), S. 234

17* Alle Blütenblätter etwa gleich lang; das größte der 1–2 (3) Laubblätter über 3 cm lang . .
Einblatt ▷
(Malaxis), S. 232

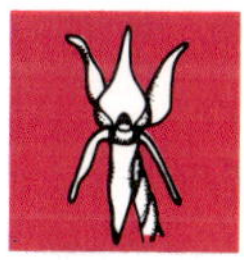

18 (1) Lippe in der Blüte nach oben gerichtet . . . 19

18* Lippe nach unten gerichtet 20

19 Pflanze ohne grüne Blätter; Blütenstand locker, mit 1-8 gestielten Blüten . . . . . .
Widerbart ▷
(Epipogium), S. 40

19* Pflanze mit grasartigen grünen Blättern; Blütenstand dicht, mit zahlreichen sitzenden Blüten . . . .
Kohlröschen ▷
(Nigritella), S. 66–69

20 (18) Lippe quer zur Längsachse in 2 verschieden gestaltete Abschnitte gegliedert 21

20* Lippe nicht quer gegliedert (aber oft mit Lappen und Zipfeln) 22

21 Laub- und Tragblätter grün . . . .
Waldvögelein *(Cephalanthera)*, siehe Alternative 8

21* Laub- und Tragblätter schmutzig-violett . . .
Dingel ▷
(Limodorum), S. 38

22 (20) Lippe schuhförmig ausgehöhlt; Stengel mit 1 Blüte und 1 grundständigen Laubblatt . . . .
Norne *(Calypso)*, ▷
S. 230

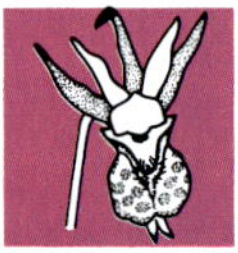

22* Lippe nicht schuhförmig; Stengel mit mehreren Blüten und meist auch mehreren Laubblättern 23

23 Lippe der Blüte ungeteilt, manchmal nahe dem Grund beiderseits mit unauffälligen zahnförmigen Seitenlappen 24

23* Lippe deutlich gelappt 27

24 Lippe zungenförmig, langgestreckt und linealisch oder kürzer und schmal-dreieckig . . . 25

24* Lippe breit, rundlich 26

25 Pflanze schmutzig-violett, ohne flächige Blätter; Blüten violett . . . .
Dingel *(Limodorum)*, siehe Alternative 21*

25* Pflanze grün, mit flächig entwickelten Blättern; Blüten weiß, gelblich oder grünlich .
Waldhyazinthe ▷
(Platanthera),
S. 52–59,
Schlüssel S. 239

26 (24) Tragblätter der Blüten häutig, meist gefärbt; Lippe vorn oft ausgerandet . . .
Knabenkraut *(Orchis)*, siehe Alternative 34*

26* Tragblätter krautig, grün und zuweilen violett überlaufen; Lippe vorn nie ausgerandet, spitz bis abgerundet . . . .
Knabenkraut *(Dactylorhiza)*, siehe Alternative 41*

27 (23) Kelchblätter miteinander verwachsen, einen kappenförmigen, an der Spitze gezähnten Helm bildend 28

27* Kelchblätter nicht verwachsen, frei (aber manchmal helmförmig zusammenneigend) . . . 29

28 Lippe mit 4 fadenförmigen, mindestens 3 cm langen Zipfeln . . . .
Bartorchis ▷
(Comperia),
S. 104

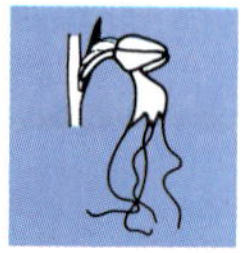

28* Lippe mit 3 kurzen und abgerundeten Zipfeln
Kappenorchis ▷
(Steveniella), S. 104

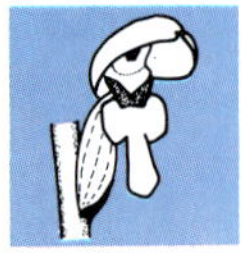

29 (27) Mittellappen der Lippe verlängert und meist gedreht, mindestens 3mal so lang wie breit . . . .
Riemenzunge ▷
(Himantoglossum),
S. 154–157,
Schlüssel S. 245

29* Mittellappen höchstens doppelt so lang wie die Seitenlappen, nicht gedreht . 30

30 Kelchblätter mit verlängerten Zipfeln, die am Ende keulenförmig verbreitert sind . . . . .
Kugelorchis ▷
(Traunsteinera), S. 108

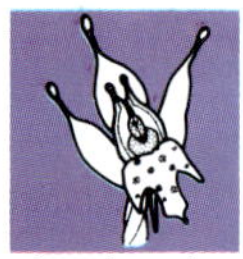

30* Kelchblätter stumpf oder spitz, aber ohne verbreiterte Spitze 31

31 Lippe am Grund mit 2 auffälligen, senkrecht stehenden Längsleisten, die in einer freien Spitze enden . . . .
Pyramidenorchis ▷
(Anacamptis), S. 150

31* Lippe ohne Längsleisten 32

32 Mittellappen der Lippe 2spaltig, manchmal zwischen den beiden Zipfeln 1 Zahn . 33

32* Mittellappen der Lippe nicht 2spaltig . 35

33 Stiele der beiden Pollinien mit einer gemeinsamen Klebscheibe (Bild S. 152); Tragblätter der Blüten die Fruchtknoten überragend; alle Kelchblätter nach vorn gebogen . . **Mastorchis** ▷ *(Barlia)*, S. 152

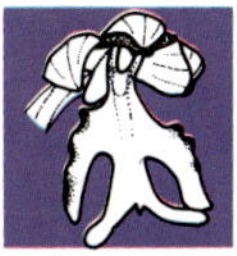

33* Jedes Pollinium mit einer eigenen Klebscheibe; Tragblätter oft kürzer als die Fruchtknoten, falls länger, dann die seitlichen Kelchblätter seitwärts oder aufwärts gerichtet 34

34 Blüten klein, höchstens 5 mm lang; Lippe nicht gepunktet . . . . . . **Keuschorchis** ▷ *(Neotinea)*, S. 106

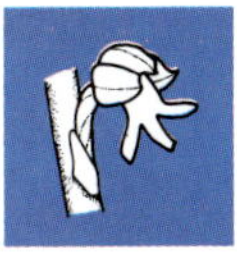

34* Blüten meist deutlich größer, falls unter 5 mm lang, dann Lippe weiß mit braunroten Punkten . . . . . . **Knabenkraut** ▷ *(Orchis)*, S. 110–151, Schlüssel S. 242

35 (32) Lippe länglich-zungenförmig, vorne seicht gelappt mit zurückgesetztem, zahnartigem Mittellappen . . **Hohlzunge** ▷ *(Coeloglossum)*, S. 60

35* Lippe im Umriß rundlich oder oval, oft tief gelappt und meist mit einem die Seitenlappen überragenden Mittellappen . . . 36

36 Pflanze mit 2 herzförmigen, stengelumfassenden, am Stengel verteilten Blättern . . **Grünstendel** ▷ *(Gennaria)*, S. 50

36* Pflanze mit 3 oder mehr Blättern oder Blätter grundständig 37

37 Kelchblätter und seitliche Kronblätter zu einem Helm zusammenneigend 38

37* Seitliche Kelchblätter spreizend, Blüte daher ohne Helm 41

38 Die 3 Lappen der Lippe etwa gleich lang und breit 39

38* Seiten- und Mittellappen ungleich . . 40

39 Pflanze mit 2 grundständigen Blättern; Sporn etwa so lang wie der Fruchtknoten . **Kanarenstendel** ▷ *(Habenaria)*, S. 50

39* Pflanze mit mehr als 3 am Stengel verteilten Blättern; Sporn viel kürzer als der Fruchtknoten . . . . **Höswurz** ▷ *(Leucorchis)*, S. 62

40 (38) Lappen der Lippe schmal-lanzettlich, der mittlere größer als die seitlichen; Pflanze mit Grundrosette und wenigen schuppenförmigen Stengelblättern . . . **Kapuzenorchis** ▷ *(Neottianthe)*, S. 60

40* Lappen rundlich-dreieckig, der mittlere kleiner als die seitlichen; Stengel beblättert, ohne Rosette . . . . **Iberisches Knabenkraut** *(Dactylorhiza iberica)*, S. 74

41 (37) Sporn fadenförmig, dünner als 1 mm; Blütenblätter klein, bis 7 mm lang . . . . . **Händelwurz** ▷ *(Gymnadenia)*, S. 62–65

41* Sporn kegelförmig, dicker als 1,5 mm, sehr selten dünner; Blütenblätter größer, meist deutlich länger als 7 mm . . . . **Knabenkraut** ▷ *(Dactylorhiza)*, S. 70–103, Schlüssel S. 239

Gelber Frauenschuh *Cypripedium calceolus* L.

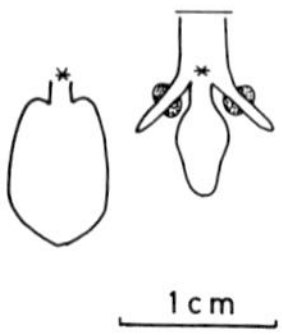

Merkmale: Pflanze mit kriechendem Rhizom. Stengel bis 60 cm hoch, meist 1blütig. Blätter elliptisch oder eiförmig, bis 17 cm lang. Kelch 2blättrig, rotbraun, 3,5–5 cm lang, der abwärts gerichtete Abschnitt aus den 2 seitlichen Kelchblättern verwachsen; seitliche Kronblätter rotbraun, 4–6 cm lang, spiralig gedreht. Lippe 3–4 cm lang, schuhförmig ausgehöhlt. Säule mit 2 fertilen und 1 sterilen Staubblatt, dieses (= Staminodium) flächig, etwa 1 cm lang, die schildförmige Narbe verdeckend. **Standort:** Wälder, Gebüsch; bis 2000 m; liebt Halbschatten und kalkhaltigen Boden. **Blütezeit:** Mai bis Juli. **Fotos:** Ge, Niedersachsen, 13. 6. 83 (l); Br, Yorkshire, 16. 6. 79 (r); siehe auch S. 256.

Verbreitung: Weit verbreitet in Europa, besonders in der temperaten und borealen Zone, in der submeridionalen Zone nur in den Gebirgen, selten im ozeanischen Westeuropa. Ferner im ganzen temperaten und borealen Asien sowie isoliert in Kaukasien und Zentralchina.

Florenelement: submeridional/montan temperat boreal. **Länder: Eur: SO** Gr Ju Bu Rm RK, **S** It, **SW** Hs, **W** Ga Be Br, **M** He Au Hu Ge Da Cz Po RB, **N** Su No Fe RN, **O** RW RE RC.

Variation: Die Art ist besonders in Nordamerika vielgestaltig. Dort wachsen vom eurasiatischen Typ abweichende Rassen, die meist als Varietäten bewertet werden (vgl. LUER 1975).

Schlüssel für die *Cypripedium*-Arten:

1 Stengel außer dem Tragblatt der Blüte mit 2 Laubblättern; Lippe weiß, meist mit purpurnen Flecken, Rand um die Öffnung aufwärts gebogen . . . . . . *C. guttatum*

1* Stengel mit 3–5 Laubblättern; Lippe gelb oder rosa bis purpurn, nicht gefleckt, Rand um die Öffnung einwärts gebogen 2

2 Lippe gelb; steriles Staubblatt gestielt . . . . . *C. calceolus*

2* Lippe rosa bis purpurn; steriles Staubblatt sitzend . . . . *C. macranthos*

Gesprenkelter Frauenschuh

Cypripedium guttatum SWARTZ
subsp. guttatum

Eine weitere Unterart, *C. g. subsp. yatabeanum* (MAKINO) MURATA, wächst auf den japanischen Inseln, Sachalin und den Aleuten.

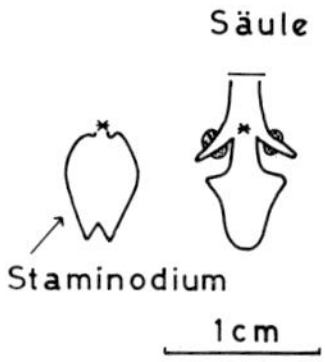

Merkmale: Stengel bis 30 cm hoch; Blätter bis 12 cm lang; alle Blütenteile kürzer als 3 cm, meist mit purpurnen Flecken auf weißem Grund, selten ungefleckt.

Standort: Nadel- und Mischwälder, Lichtungen. **Blütezeit:** Mai, Juni.

Verbreitung: In Europa nur in der Sowjetunion. Art mit zirkumpolarem Areal in der borealen und temperaten Zone Eurasiens und Westeuropa und östliches Nordamerika, aus.

Florenelement: sarmatisch n-rossisch m + n-sibirisch. **Länder: Eur: N** RN, **O** RE RC.

Großblütiger Frauenschuh

Cypripedium macranthos SWARTZ

Synonyme: *C. m. var. ventricosum* (SWARTZ) REICHENB. fil.; *C. thunbergii* BLUME

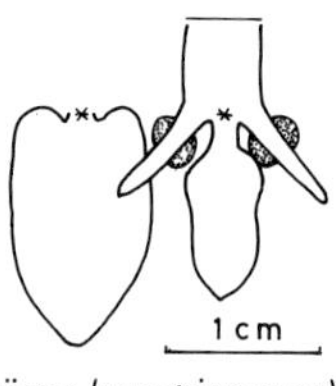

Merkmale: Ähnlich *C. calceolus* im Erscheinungsbild, vor allem durch die Blütenfarbe und die Größe der Lippe unterschieden; Lippe 4–7 cm lang, etwas kürzer (»ventricosum«) bis etwas länger als die 4–6 cm langen Perianthblätter; steriles Staubblatt 1,3–1,5 cm lang, sitzend.

Standort: Laubwälder und Lichtungen, selten Nadelwälder. **Blütezeit:** Juni, Juli.

Verbreitung: In Europa nur in der Sowjetunion. Verbreitet in der temperaten Zone Eurasiens von Weißrußland ostwärts bis zur Mandschurei und Japan, in Nordostchina auch in der submeridionalen Zone. **Florenelement:** sarmatisch m-sibirisch. **Länder: Eur: O** RC.

Sumpf-Stendelwurz, Echte Sumpfwurz *Epipactis palustris* (L.) CRANTZ

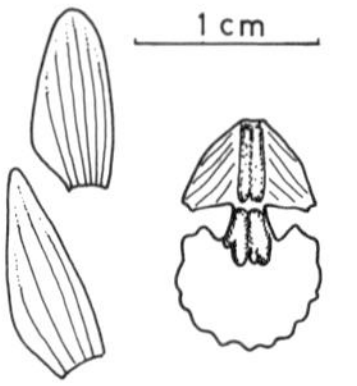

Merkmale: Pflanze mit lang kriechendem Rhizom. Stengel 15–50 (–80) cm hoch, mit 2–4 scheidigen Schuppenblättern am Grund und 4–8 Laubblättern. Untere Laubblätter länglich-lanzettlich, 7–18 cm lang und 1,5–4 cm breit, obere kleiner. Blütenstand locker, 6–20 cm lang, dicht kurzhaarig. Blüten 7–20, zuletzt überhängend, mit lang gestielten, kurzhaarigen Fruchtknoten. Kelchblätter eiförmig-lanzettlich, schwach behaart, grünlich und braunrot überlaufen (selten ohne Braunrot), das mittlere 8–11 mm lang und 3,5–4 mm breit, die seitlichen etwas länger und breiter; seitliche Kronblätter 8–10 mm lang, eiförmig, weißlich mit rötlichem Grund; Lippe 9,5–13 mm lang; Hypochil flach schüsselförmig, weißlich, in der Mitte mit 2 orangegelben Längsleisten, jederseits mit einem dreieckigen Seitenlappen; Epichil rundlich, weiß, wellig, am Grund mit 2 gezähnten, gelbrandigen Wülsten. Fremdbestäubung.
Standort: Flachmoore, Naßwiesen, nasse Dünensenken; bis 2000 m; auf basenreichen (meist kalkreichen) Böden, die ganzjährig oder zeitweilig gut durchfeuchtet sind. **Blütezeit:** Juni bis August. **Fotos:** An, Vil. Bolu, 22. 7. 82 (l); Ge, Nordwürttemberg, 23. 7. 77 (r/o); Br, Hampshire, 21. 7. 84 (r/u).
Verbreitung: In Europa und Vorderasien in der temperaten und submeridionalen Zone weit verbreitet, dringt vereinzelt in die boreale Zone (Skandinavien) und die meridionale Zone (bis Süditalien, Mittelgriechenland, Südostanatolien) vor. Außerdem in der temperaten Zone Asiens ostwärts bis Zentralsibirien, weiter südlich in Kaukasien und Westpersien sowie Turkomanien. **Florenelement:** (z + o-mediterran) (orientalisch) submeridional temperat (skandinavisch). **Länder: Eur: SO** Gr Tu Al Ju Bu Rm RK, **S** It Co, **SW** Hs Lu, **W** Ga Be Ho Br Hb, **M** He Au Hu Ge Da Cz Po RB, **N** Su No Fe, **O** RW RE RC; **Asi:** An.

Germerblättrige Stendelwurz *Epipactis veratrifolia* BOISS. & HOHEN.

Synonyme: *E. consimilis* HOOKER fil. (non D. DON), *E. abyssinica* PAX, *E. somaliensis* ROLFE

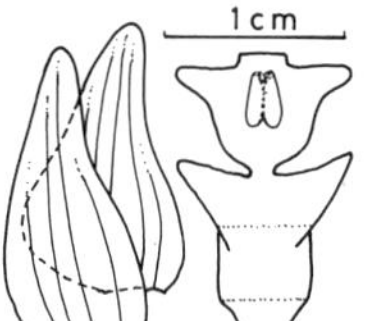

Merkmale: Pflanze mit kurz kriechendem Rhizom. Stengel 15–100 (–150) cm hoch, mit 3–4 scheidigen Schuppenblättern am Grund und 3–9 Laubblättern. Untere Laubblätter schmal bis eiförmig-lanzettlich, spitz, 8–25 cm lang und 1,2–6 cm breit. Blütenstand ziemlich locker, bis 60 cm lang, kurzhaarig; untere Tragblätter viel länger als die Blüten. Blüten 4–25, nickend, mit lang gestielten, kurzhaarigen Fruchtknoten. Perianthblätter grünlich mit braunroter Randzone; Kelchblätter 10–21 mm lang, unterseits behaart, das mittlere schmal elliptisch, 4–7 mm breit, die seitlichen eiförmig-lanzettlich, 7–10 mm breit; seitliche Kronblätter eiförmig, am Rückennerv behaart, 8–18 mm lang und 4–8 mm breit; Lippe wenig kürzer als die Kelchblätter; Hypochil 7–12 mm lang, länglich-kahnförmig, am Grund mit 2 zahnartigen Seitenlappen, innen dunkelpurpurn warzig und mit 2 blaß braunroten Höckern; Epichil 9–11 mm lang, mit 2 dreieckigen Seitenlappen am Grund und länglichem, spitzem Mittellappen, weißlich bis rötlich mit braungelbem Querband und weißer Spitze. Fremdbestäubung.
Standort: Quellfluren, Ufer, Naßwiesen, wasserüberrieselte Felshänge; 200–2100 m; auf nassen, basenreichen Böden, meist über Kalk. **Blütezeit:** März bis August. **Fotos:** An, Vil. Maraş, 15. 6. 73 (l); 28. 6. 75 (r).
Verbreitung: Vorderasien, von der Südost- und Südtürkei (westwärts bis in die Gegend von Anamur) entlang der Levante bis zur Sinaihalbinsel, auf Zypern, wenige Funde auch in der Nordosttürkei. Außerdem ostwärts durch Irak, Persien, Afghanistan und Pakistan bis Nepal sowie isoliert in Ostafrika (Somalia).
Florenelement: o-mediterran orientalisch (o-submediterran). **Länder: Eur: S:** It Sa Co, **Asi:** Sn IJ LS Cy An.

Violette Stendelwurz *Epipactis purpurata* J. E. SM.

Synonyme: *E. violacea* (DUR.-DUQ.) BOREAU, *E. sessilifolia* PETERM., *E. helleborine subsp. varians* (CRANTZ) SOÓ. **Merkmale:** Pflanze mit langem, verzweigtem, absteigendem Rhizom, oft mit mehreren (bis 10) dichtstehenden Blütentrieben, diese dunkel graugrün und violett überlaufen. Stengel 20–70 cm hoch, mit 2–3 scheidigen Schuppenblättern und 4–10 spiralig angeordneten Laubblättern. Größte Laubblätter schmal eiförmig bis schmal lanzettlich, 5–10 cm lang und (1–) 1,5–3 cm breit. Blütenstand mit meist bleichgrüner und violett überlaufener, dicht kurzhaariger Achse, dicht- und reichblütig. Blüten schwach duftend, mit gestielten, kurzhaarigen Fruchtknoten. Perianthblätter (weißlich) grün, zuweilen schwach violett überlaufen, seidig glänzend; Kelchblätter 8–12 mm lang und 4–5 mm breit, eiförmig, unterseits behaart; seitliche Kronblätter etwas schmaler; Lippe 8–10 mm lang, weißlich bis schwach rosa, das halbkugelige Hypochil innen grau- bis violettrosa; Epichil herzförmig, etwa so lang wie breit, mit (2) 3 glatten Erhebungen, an der Spitze zurückgekrümmt. Fremdbestäubung.

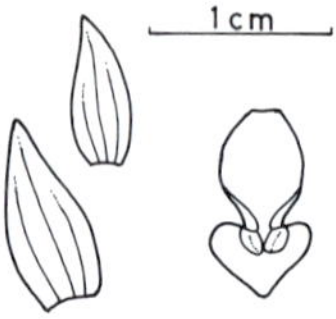

Standort: Schattige Laubmischwälder, auch Fichtenforste; bis etwa 1000 m; auf tiefgründigen, frischen bis mäßig feuchten Böden. **Blütezeit:** Juli bis September. **Fotos:** Ge, Südwürttemberg, 20. 8. 74; siehe auch S. 259.
Verbreitung: In der temperaten Zone West- und Mitteleuropas konzentriert, strahlt nach Süden und Südosten in die submeridionale Zone aus; selten im atlantischen Gebiet; ostwärts bis Litauen, Polen und zur Moldaurepublik, südwärts bis Norditalien, Nordjugoslawien und Südrumänien.

● **Florenelement:** w + z-submediterran pannonisch danubisch (pontisch) s + m-atlantisch subatlantisch zentraleuropäisch. **Länder: Eur: SO** Ju ?Bu Rm, **S** It, **W** Ga Be Br, **M** He Au Hu Ge Da Cz Po RB, **O** RW.

Dichtblütige Stendelwurz *Epipactis condensata* D. P. YOUNG

Synonym: *E. helleborine subsp. condensata* (D. P. YOUNG) SUNDERMANN
Merkmale: Pflanze mit kräftigem, absteigendem Rhizom, oft mit mehreren, dichtstehenden Blütentrieben. Stengel 30–75 cm hoch, mit 2–3 Schuppenblättern und 4–8 hellgrünen Laubblättern, die manchmal unterseits violett überlaufen sind. Größte Laubblätter länglich-eiförmig, 3,5–9,5 cm lang und 2,2–4,5 cm breit, gefaltet; untere Laubblätter rundlich, kurz. Blütenstand dicht- und reichblütig, dicht kurzhaarig; Tragblätter kräftig, länger als die Blüten. Blüten mit gestielten, kurzhaarigen Fruchtknoten. Kelchblätter grün, 10–11 mm lang und 6–7 mm breit, eiförmig, unterseits kurzhaarig; seitliche Kronblätter grünlichweiß, oft mit rosa Schimmer, 9–10 mm lang und 5–6 mm breit; Lippe 9–10 mm lang; Hypochil halbkugelig, innen schwarzviolett, außen grünlichweiß; Epichil breit dreieckig, etwa 4 mm lang und 6 mm breit, weißlich, mit 2 rosa bis roten, gefurchten Höckern. Fremdbestäubung; vielleicht auch Selbstbestäubung, nachdem die Rostelldrüse eingetrocknet ist.
Standort: Lichte Kiefernwälder der montanen Stufe, 600–2000 m; auf basenreichen Böden, gern in etwas felsigem Gelände. **Blütezeit:** Juni bis August, 2–3 Wochen früher als *E. helleborine*. **Fotos:** An, Vil. Denizli, 22. 6. 75 (l); An, Vil. Burdur, 1. 7. 76 (r).
Verbreitung: Kleinasiatische Art, ziemlich selten in den nordanatolischen Küstengebirgen, häufiger in West- und Südanatolien ostwärts bis zum Vilayet Adana, von hier südwärts bis Libanon, ferner auf Zypern; auch auf Samos? Außerdem im Kaukasus (Georgien).
Florenelement: o-mediterran o-submediterran. **Länder: Asi:** LS Cy An ?AE.

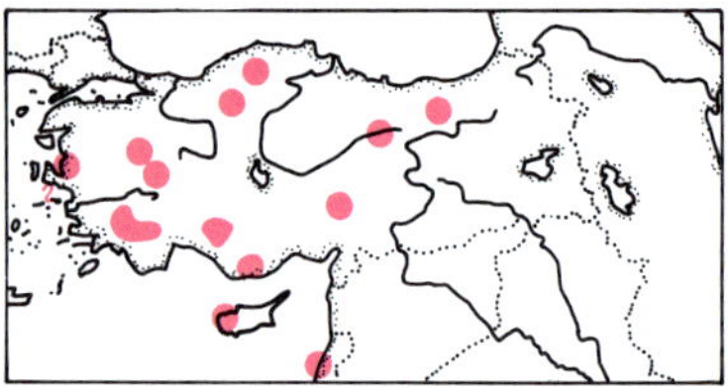

Breitblättrige Stendelwurz *Epipactis helleborine* (L.) CRANTZ

Synonym: *E. latifolia* (L.) ALL.
Problematik: Die Art ist vielgestaltig. Da eine umfassende Bearbeitung des Formenkreises fehlt, ist die Unterscheidung von 3 Unterarten nur als vorläufige Lösung anzusehen.
Schlüssel zum Bestimmen der Unterarten:

1 Blätter mit welligem Rand, breit eiförmig bis kreisrund, die größten 6–10 cm lang . . . . 2. *E. h. subsp. tremolsii*
1* Blattrand nicht wellig; Blätter oft schmaler (eiförmig bis lanzettlich) und länger (bis 17 cm), falls sehr breit bis rundlich, dann meist kürzer als 6 cm 2
2 Stengel (normal entwickelt) 40–100 cm hoch; Blütenstand ziemlich locker; untere Tragblätter meist länger als die Blüten . . . . . . 1 *E. h. subsp. helleborine*
2* Stengel 15–35 cm hoch; Blütenstand dicht; untere Tragblätter die Blüten nicht überragend 3. *E. h. subsp. neerlandica*

1. *E. h. subsp. helleborine*
Synonym: *E. h. subsp. viridis* SOÓ.

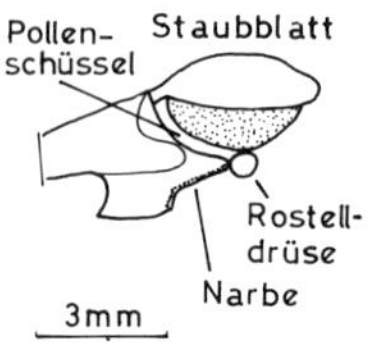

Merkmale: Stengel mit 2–4 Schuppenblättern und 4–12 Laubblättern. Größte Laubblätter eiförmig bis lanzettlich, 7–17 cm lang und 3–10 cm breit, horizontal abstehend, selten rundlich (3 cm) und schräg aufrecht. Blüten weit geöffnet, grünlich, meist rot(violett) getönt, selten ohne Rot (»viridis«); Hypochil innen oliv bis purpurbraun. Kelchblätter eiförmig, 8–12 (–15) mm lang und 4–8 mm breit; seitliche Kronblätter und Lippe 7–11 mm lang; Epichil breit dreieckig, am Grund mit 2 Höckern. Fremdbestäubung.
Standort: Wälder, Gebüsche, (halb)schattig wachsend; bis 2000 m; auf frischen, nährstoffreichen, tiefgründigen Böden. **Blütezeit:** Juni bis August. **Fotos:** He, Kt. Solothurn, 25. 7. 79 (o/l); Ge, Hessen, 12. 8. 62 (o/r).
Verbreitung: In Europa von der meridionalen bis zur temperaten Zone verbreitet, dringt in Skandinavien in die boreale Zone ein. Im westlichen Mittelmeergebiet ist die Verbreitung noch zu klären, da die Angaben vielleicht zum Teil zur Unterart *tremolsii* gehören (Hs, Lu, Ag, Ma). Außerdem in der temperaten Zone ostwärts bis Zentralsibirien und Dahurien, in der meridionalen Zone von Kaukasien bis Pakistan und Turkestan. In Nordamerika eingebürgert.
Florenelement: meridional/montan submeridional temperat skandinavisch. **Länder: Eur: SO** Cr Gr Tu Al Ju Bu Rm RK, **S** Si It Sa Co, **SW** Bl Hs Lu, **W** Ga Be Ho Br Hb, **M** He Au Hu Ge Da Cz Po RB, **N** Su No Fe RN, **O** RW RE RC; **Asi:** IJ LS Cy An AE; **?Afr.**

2. *E. h. subsp. tremolsii* (PAU) E. KLEIN; Tremols' Stendelwurz
Synonym: *E. tremolsii* PAU. **Merkmale:** Stengel 40–60 cm hoch, purpurn überlaufen. Blätter schräg aufrecht stehend. Blüten wie bei der Unterart *helleborine.*
Standort: Lichte Kiefern- und Eichenwälder, Waldsäume, Magerrasen; bis 1500 m; auf trockenen, kalkreichen Böden. **Blütezeit:** April bis Juli, mehrere Wochen früher als *E. helleborine.* **Fotos:** Lu, Prov. Algarve, 14. 4. 79 (u/l); Hs, Prov. Tarragona, 26. 5. 82 (u/r). **Verbreitung:** Westliches Mittelmeergebiet; vom Dept. Pyrénées-Orientales südwärts bis Südportugal, Südwestfuß der Alpen (Dept. Var, Drôme), wohl auch in Nordafrika. ● **Florenelement:** w-mediterran w-submediterran. **Länder: Eur: SW** Hs Lu, **W** Ga; **?Afr:** Ag, Ma.

3. *E. h. subsp. neerlandica* (VERMEULEN) BUTTLER; Holländische Stendelwurz
Merkmale: Laubblätter eiförmig bis rundlich, schräg aufrecht stehend, 4–7 (–8) cm lang. Blüten meist wenig geöffnet, glockenförmig.
Standort: Küstendünen, besonders auf der Graudüne. **Blütezeit:** August. **Fotos:** Ho, Prov. Noord-Holland, 10. 8. 79 (S. 20). **Verbreitung:** Küsten von Nord- und Ostsee; Belgien, Holland, Jütland und Pommern; wahrscheinlich an der Kanalküste (Manche) und auf den Nordfriesischen Inseln, vielleicht in Wales (Glamorgan). ● **Florenelement:** m-atlantisch n-subatlantisch n-zentraleuropäisch. **Länder: Eur: W** ?Ga Be Ho ?Br, **M** Ge Da.
Verwandtschaft: Auf Dünen Nordjütlands wächst eine ähnlich aussehende, aber selbstbestäubende (autogame) Sippe. Pollenschüssel und Rostelldrüse sind zurückgebildet und funktionslos. Fotos: Da, 29. 7. 80 (S. 21).

E. h. subsp. helleborine

E. h. subsp. tremolsii

E. h. subsp. neerlandica

Kleinblättrige Stendelwurz *Epipactis microphylla* (EHRH.) SWARTZ

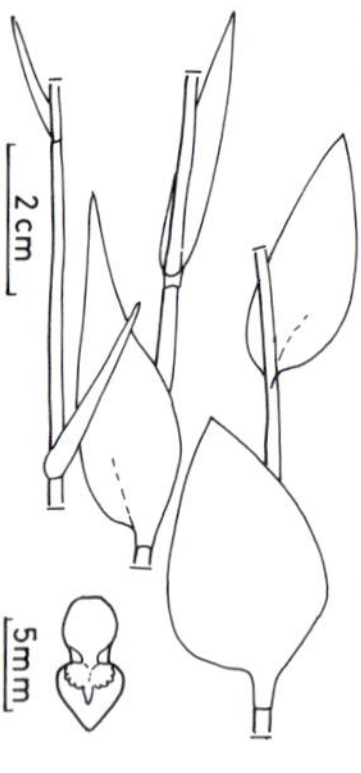

Merkmale: Pflanze mit kurzem Rhizom. Stengel 15–50 cm hoch, mit 2–3 Schuppenblättern am Grund und 3–12 Laubblättern, diese bis 1,5mal so lang wie die Internodien, manchmal alle scheidig-stengelumfassend. Größte Laubblätter schmal lanzettlich bis breit eiförmig, meist kürzer als 4 cm, 0,5–2,2 cm breit. Blütenstand locker, 4–20 cm lang, mit 4–27 Blüten, dicht kurzhaarig. Blüten nickend, duftend, mit gestielten, dichthaarigen Fruchtknoten. Kelchblätter eiförmig, 2–3 mm breit; seitliche Kronblätter ähnlich in Form und Länge; Lippe 5–7 mm lang; Hypochil weißlich, innen mit schwach rosa, außen mit grünlicher Tönung; Epichil grünlich- bis rötlichweiß, mit runzelig-warzigen Erhebungen im hinteren Abschnitt (2 rundliche Höcker und 1 längliche Mittelleiste). Rostelldrüse während der Blühphase bleibend, wohl selten in Funktion, daher meist Selbstbestäubung.

Standort: Schattige Laubwälder und Gebüsche, selten auch Nadelwälder; bis 1800 m; auf frischen, nährstoffreichen und meist kalkhaltigen Böden. **Blütezeit:** Mai bis August. **Fotos:** Ge, Südbaden, 1. 7. 65.

Verbreitung: In Europa und Vorderasien in der meridionalen, submeridionalen und der Südhälfte der temperaten Zone verbreitet, fehlt den kontinentalen Gebieten Osteuropas. Außerdem in Kaukasien und Nordpersien.

Florenelement: mediterran (orientalisch) submediterran pannonisch s-atlantisch s+(n)-subatlantisch s-zentraleuropäisch.

Länder: Eur: SO Cr Gr Al Ju Bu Rm RK, **S** Si It Sa Co, **SW** Bl Hs, **W** Ga Be, **M** He Au Hu Ge Cz Po; **Asi:** An AE.

»neerlandica« (autogame Sippe)

Braunrote Stendelwurz *Epipactis atrorubens* (BERNH.) BESSER

Synonyme: *E. a. subsp. borbasii* (SOÓ) SOÓ, *E. rubiginosa* (CRANTZ) W. D. J. KOCH, *E. atropurpurea* autorum (non RAFIN.)

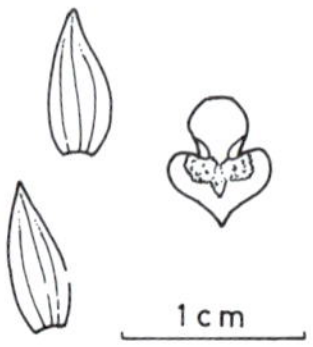

Merkmale: Pflanze mit kurzem Rhizom. Stengel (10–) 25–80 cm hoch, mit 2–3 Schuppenblättern und 5–11 Laubblättern, die oft 2zeilig angeordnet sind, das Internodium unter dem Blütenstand oft deutlich verlängert. Laubblätter schmal bis breit eiförmig, meist länger als 5 cm (wenig kürzer bei »borbasii«), 1–4,5 cm breit, Blütenstand reichblütig, einseitswendig, dicht kurzhaarig. Blüten purpur- bis braunrot, nickend, nach Vanille duftend. Kelchblätter eiförmig, 2,5–4 mm breit, unterseits behaart; seitliche Kronblätter ähnlich in Form und Länge; Lippe 5–6,5 mm lang, Hypochil halbkugelig, Epichil breit dreieckig bis rundlich, meist breiter als lang, die 2 seitlichen runden Höcker und die längliche Mittelleiste runzelig-warzig. Fremdbestäubung.
Standort: Lichte Wälder und Gebüsche, gern mit Kiefern, Sanddünen, Magerrasen; bis 2200 m; auf trockenen, sandigen oder steinigen und meist kalkhaltigen Böden. **Blütezeit:** Mai bis August. **Fotos:** Ge, Oberbayern, 22. 7. 65 (l); Br, Cumbria, 20. 7. 79 (r).
Verbreitung: In Europa von der borealen zur submeridionalen Zone verbreitet, dringt im östlichen Mittelmeergebiet vereinzelt in die meridionale Zone ein. Außerdem ostwärts in der temperaten Zone Asiens bis Zentralsibirien, selten im Kaukasus; wird auch für die turkestanischen Gebirge angegeben.
Florenelement: o-mediterran submediterran pannonisch atlantisch subatlantisch zentraleuropäisch sarmatisch m-sibirisch skandinavisch. **Länder: Eur: SO** Gr Al Ju Bu Rm, **S** It, **SW** Hs ?Lu, **W** Ga Be Ho Br Hb, **M** He Au Hu Ge Da Cz Po RB, **N** Su No Fe RN, **O** RW RE RC; **Asi:** AE.
Variation: Durch Defekt der Farbstoffbildung treten hellrot- oder grünblütige Pflanzen auf.

Kleinblütige Stendelwurz *Epipactis parviflora* (A. & C. NIESCHALK) E. KLEIN

Synonym: *E. atrorubens subsp. parviflora* A. & C. NIESCHALK

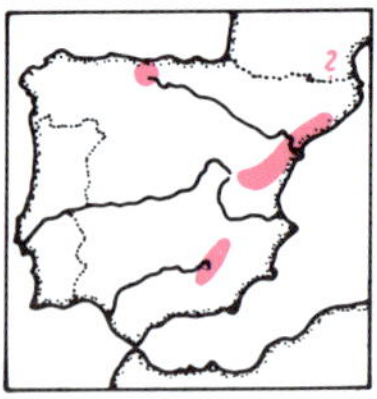

Merkmale: Im Wuchs ähnlich *E. atrorubens,* aber schlanker. Stengel 20–60 cm hoch. Größte Laubblätter 3–6 cm lang und 1–3,5 cm breit. Stengel und Blätter oft violett überlaufen (purpurrot bei *E. atrorubens*). Blütenstand 8–25 cm lang, ziemlich locker, mit 10–40 Blüten. Kelchblätter unterseits graugrün und zuweilen blaß violett getönt, oberseits gelbgrün; Hypochil innen braunrot, grünrandig; Epichil weißlich bis hellrot oder -violett, Höcker und Mittelleiste hell- bis dunkelviolett. Fremdbestäubung.
Standort: Lichte Kiefern- (Eichen-)wälder der montanen Stufe; 1200–1500 m; kalkhaltige, (mäßig) trockene Böden. **Blütezeit:** Mai, Juni. **Fotos:** Hs, Prov. Tarragona, 12. 6. 80 (r); Hs, Prov. Jaén, 10. 6. 80 (l).
Verbreitung: Ostspanische Gebirge. Angaben für Frankreich (Dept. Aude, Pyrénées-Orientales) bedürfen der Bestätigung.
● **Florenelement:** w-mediterran w-submediterran. **Länder: Eur: SW** Hs, **W** ?Ga.

Schlüssel für die Arten der *Epipactis-microphylla*-Gruppe:

1 Blüten klein; Kelchblätter 5–6 mm lang, Vorderabschnitt der Lippe (Epichil) 2–2,5 mm lang . . . . *E. parviflora*
1* Blüten größer: Kelchblätter (6–) 6,5–10 mm lang, Epichil 2,5–3,5 mm lang . 2
2 Größtes Laubblatt (4–) 5–12 cm lang; Blüten gewöhnlich purpurrot, sich weit öffnend (die Perianthblätter schräg spreizend) . . . . *E. atrorubens*
2* Größtes Laubblatt 2–4 (–4,5) cm lang; Blüten grünlich, manchmal mit blaß rötlicher Tönung, sich halb öffnend (die Perianthblätter glockenförmig vorgeneigt) . . . . *E. microphylla* (S. 20)

Müllers Stendelwurz *Epipactis muelleri* GODFERY
(und weitere autogame Arten mit behaarten Blütenstandsachsen)

Synonym: *E. helleborine subsp. muelleri* (GODFERY) SOÓ Säule vom Typ 2, selten Typ 1. **Standort:** Lichte Wälder und Säume, verbuschte Magerrasen, halbschattig, selten schattig wachsend; bis 1100 m; auf mäßig trockenen, basenreichen Böden. **Blütezeit:** Juni bis August. **Fotos:** Ge, Hessen, 23. 7. 65 (l/o); Ge, Südwürttemberg, 2. 8. 78 (r/o). **Verbreitung:** West-, Mittel- und nördliches Südeuropa; vom Nordrand der Mittelgebirge (Be, Ho, Ge) bis zu den Pyrenäen, Mittelitalien, Istrien, ostwärts bis zur Slowakei. ● **Florenelement:** w + z-submediterran s + m-atlantisch s-subatlantisch s-zentraleuropäisch pannonisch. **Länder: Eur: SO** Ju, **S** It, **W** Ga Be Ho, **M** He Au Hu Ge Cz.

Ähnliche Arten: Die folgenden Arten mit kleinen Verbreitungsgebieten (siehe auch die jütländische »neerlandica«-Sippe S. 18) bilden mit den weit verbreiteten *E. muelleri* und *E. leptochila* (S. 28) eine Gruppe ähnlich aussehender Arten, die sich durch Selbstbestäubung (Autogamie) fortpflanzen. Hierzu befähigt sie die speziell gebaute Säule; es kommen 2 Typen vor; Typ 1: Pollenschüssel vorhanden, Rostelldrüse nicht funktionsfähig oder fehlend, Narbenfläche schräg zur Längsachse des Fruchtknotens orientiert; Typ 2: Pollenschüssel (fast) fehlend, keine Rostelldrüse, Narbenfläche senkrecht zur Längsachse des Fruchtknotens. – Gemeinsame Merkmale sind: Nickende, halb offene (glokkenförmige) Blüten von grüner Färbung (kaum Rottöne außer innen im Hypochil); Blätter oft 2zeilig angeordnet (außer bei *E. pontica*). Unterschiede siehe im Schlüssel S. 238.

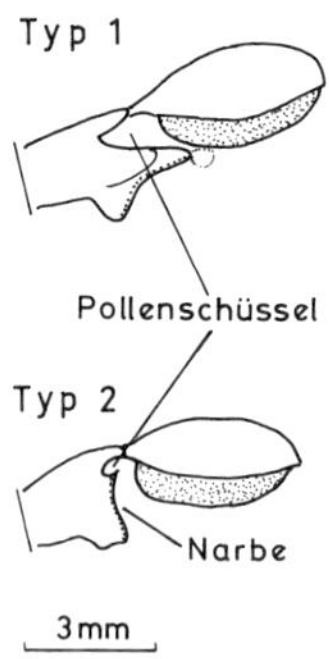

Elbe-Stendelwurz *E. albensis* NOVÁKOVÁ & RYDLO Säule vom Typ 1.
Standort: Schattige Auwälder. **Blütezeit:** August bis Oktober. **Fotos:** Cz, Böhmen, 23. 8. 79 (u). **Verbreitung:** Böhmen und Mähren; seit der Entdeckung 1967 in den Flußtälern von Elbe, Eger, Moldau, Aupa, Dědina, March und Thaya gefunden. ● **Florenelement:** s-zentraleuropäisch. **Land: Eur: M** Cz.

Dünen-Stendelwurz *E. dunensis* (T. & T. A. STEPHENSON) GODFERY
Synonym: *E. helleborine subsp. dunensis* (T. & T. A. STEPHENSON) SOÓ
Säule vom Typ 1 oder Typ 2.
Standort: Küstendünen, feuchte Senken, auch in Kiefernforsten. **Blütezeit:** Juni bis August. **Fotos** (S. 26): Br, Anglesey, 4. 8. 79 (l/o); Br, Merseyside, 23. 7. 84 (r/o). **Verbreitung:** Küsten von Nordengland (Northumberland, Lancashire, Merseyside) und Wales (Gwynedd). Vermeintliche Funde auf dem Kontinent waren Verwechslungen mit anderen Arten. ● **Florenelement:** m-atlantisch. **Land: Eur: W** Br.

Youngs Stendelwurz *E. youngiana* A. J. RICHARDS & A. F. PORTER Säule vom Typ 1. **Standort:** Laubwälder. **Blütezeit:** Juli, August. **Fotos** (S. 26 u): 26. 7. 84. **Verbreitung:** Nordengland; die 1976 entdeckte Art ist von 2 Fundorten in Northumberland bekannt. ● **Florenelement:** m-atlantisch. **Land: Eur: W** Br.

Pontische Stendelwurz *E. pontica* TAUBENHEIM
Synonym: *E. helleborine subsp. pontica* (TAUBENHEIM) SUNDERMANN Säule vom Typ 2. **Standort:** Feuchte Buchenwälder; 200–1200 m. **Blütezeit:** Juli, August. **Fotos** (S. 27 o): An, Vil. Rize, 3. 8. 75. **Verbreitung:** In Nordanatolien vom Vilayet Balıkesir bis zur türkischen Ostgrenze verbreitet. ● **Florenelement:** o-submediterran. **Land: Asi:** An.

Greuters Stendelwurz *E. greuteri* H. BAUMANN & KÜNKELE Säule vom Typ 1. **Standort:** Tannen-(Buchen-)wälder; 1200–1500 m; auf kalkhaltigen Böden. **Blütezeit:** Juli, August. **Fotos** (S. 27 u): Gr, Nomos Trikala, 28. 7. 82. **Verbreitung:** Nordgriechenland; die 1972 entdeckte Art ist von wenigen Fundorten im Pindus- und Timfristos-Gebirge bekannt. ● **Florenelement:** o-submediterran. **Land:** Eur: **SO** Gr.

E. muelleri

E. albensis

E. dunensis

E. youngiana

E. pontica

E. greuteri

Schmallippige Stendelwurz *Epipactis leptochila* (GODFERY) GODFERY

Synonyme: *E. helleborine subsp. leptochila* (GODFERY) SOÓ, *E. cleistogama* C. THOMAS, *E. viridiflava* U. LÖW **Merkmale:** Pflanze mit langem, absteigendem Rhizom. Stengel 30–70 cm hoch, mit mehreren Schuppenblättern und 3–6 schlaffen, oft hellgrünen Laubblättern, oben kurzhaarig. Größte Blätter eiförmig-elliptisch, 5–10 cm lang und 2,2–3,6 cm breit. Blütenstand locker, bis 30blütig; Tragblätter auffällig groß. Blüten weit offen oder geschlossen bleibend, grün, oft (besonders die Lippe) rötlich getönt. Kelchblätter 10–15 mm lang, manchmal lang zugespitzt; seitliche Kronblätter 8–11 mm lang; Hypochil innen braunrot; Epichil länger als breit, 4–5,5 × 3–5 mm, spitz, gerade vorgestreckt. Pollenfächer gestielt; Rostelldrüse fehlend oder nicht funktionsfähig. Selbstbestäubung.

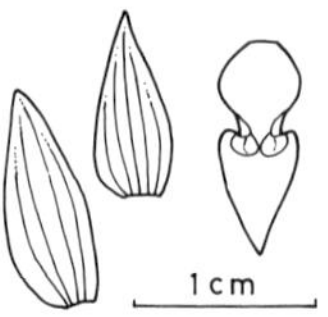

Standort: Schattige Laubwälder; bis 1000 m; auf mäßig trockenen, stets kalkreichen Böden. **Blütezeit:** Juni bis August, 2–3 Wochen früher als *E. helleborine*. **Fotos:** Ge, Hessen, 25. 7. 65 (l); He, Kt. Solothurn, 15. 8. 80 (r/o); Ge, Bez. Suhl, Typuspopulation (*neglecta*), 14. 7. 81 (r/u).

Verbreitung: Lückenhaft in West- und Mitteleuropa verbreitet; von Nordengland und Dänemark bis zu den Pyrenäen, Seealpen, ins Adriagebiet (Triest, Krk), ostwärts bis zur Slowakei. Insgesamt ähnlich verbreitet wie *E. muelleri*, doch mehr nördlich konzentriert.

● **Florenelement:** w + z-submediterran m-atlantisch subatlantisch s-zentraleuropäisch. **Länder: Eur: SO** Ju, **S** It, **W** Ga Be ?Ho Br, **M** He Au Hu Ge Da Cz.

Variation: Eine wenig beachtete, abweichende Rasse ist aus Deutschland und Österreich bekannt: *E. l. subsp. neglecta* KÜMPEL. Blätter dunkelgrün, Hypochil flach schüsselförmig (nicht halbkugelig), Epichil nach hinten gekrümmt, Pollenfächer ungestielt; blüht etwa 10 Tage vor der Unterart *leptochila*. Foto r/u.

Grünblütige Stendelwurz *Epipactis phyllanthes* G. E. SM.

Synonyme: *E. helleborine subsp. phyllanthes* (G. E. SM.) SUNDERMANN, *E. cambrensis* C. THOMAS, *E. pendula* C. THOMAS, *E. vectensis* (T. & T. A. STEPHENSON) BROOKE & F. ROSE **Merkmale:** Pflanze mit kurzem Rhizom. Stengel 10–60 cm hoch, kahl oder spärlich behaart. Laubblätter 3–7, lanzettlich bis rundlich, 3,5–7 cm lang. Blüten hängend, mit kurz gestielten, (fast) kahlen Fruchtknoten, gelblichgrün, manchmal schwach violett getönt, weit geöffnet oder glockenförmig oder geschlossen bleibend. Perianthblätter lanzettlich, 7–11 mm lang; Lippe 6–8 mm lang, weiß, in der Form sehr variabel, gegliedert in Hypo- und Epichil oder ungegliedert zungenförmig. Selbstbestäubung.

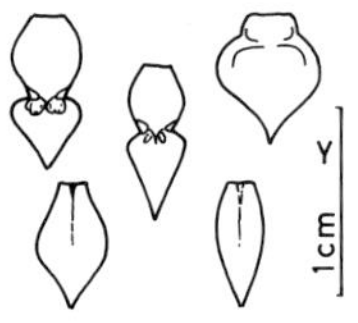

Standort: Laubwälder, Hecken, Kiefernforste, Küstendünen; auf feuchten bis trockenen, basenreichen Böden. **Blütezeit:** Juli bis September. **Fotos:** Br, Bedfordshire, 24. 7. 83 (l); Br, Northumberland, 26. 7. 84 (r). **Verbreitung:** Atlantisches Europa; von Irland und Nordengland bis Nordspanien. ● **Florenelement:** s + m-atlantisch. **Länder: Eur: SW** Hs, **W** Ga Be Br Hb. Siehe auch bei *E. persica* S. 30!

Verwandtschaft: Meist als eigene Art wird ***E. confusa*** D. P. YOUNG (Syn.: *E. helleborine subsp. confusa* [D. P. YOUNG] SUNDERMANN) abgetrennt. Unterscheidungsmerkmale sollen sein:

1 Blattrand schwach buchtig, mit büschelig zusammenstehenden Wimperhärchen (Lupe!); Hypochil innen grün; Perianthblätter nach der Befruchtung noch einige Zeit frisch bleibend *E. phyllanthes*

1* Blattrand gerade, gleichmäßig mit Wimperhärchen besetzt (Lupe!); Hypochil innen meist rötlich; Perianthblätter nach der Befruchtung schnell welkend . *E. confusa*

Verbreitung: Ostseegebiet von Ostjütland bis Gotland und Östergötland bis Brandenburg. ● **Florenelement:** n-subatlantisch n-zentraleuropäisch. **Länder: Eur: M** Ge Da; **N** Su. Der Status der Pflanzen ist zu überprüfen.

Persische Stendelwurz *Epipactis persica* (SOÓ) NANNF.

Synonym: *E. helleborine subsp. persica* (SOÓ) SUNDERMANN **Merkmale**: Pflanze mit langem, absteigendem Rhizom. Stengel 10–60 cm hoch, oben spärlich behaart, über dem Boden mit 2–3 Schuppenblättern, gegen die Mitte mit 2–4 Laubblättern, diese 3–8 cm lang und 1,5–4,5 cm breit, horizontal abstehend. Blütenstand locker, mit großen Tragblättern. Blüten weit offen, kaum nickend. Perianthblätter grün bis rötlich. Hypochil innen braunrot; Epichil weißlich mit grüner Spitze und rötlichem Grund, am Rand fein gekerbt. Selbstbestäubung, Rostelldrüse vorhanden, doch nicht funktionsfähig.

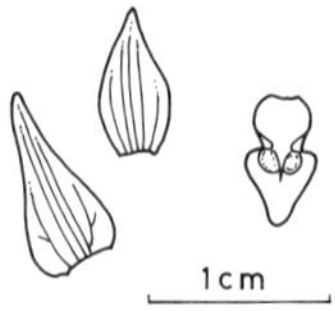

Standort: Schattige Wälder, Haselpflanzungen; bis 1700 m; auf basenreichen, tiefgründigen Böden. **Blütezeit**: Juni, Juli. **Fotos**: An, Vil. Artvin, 10. 7. 82 (r); An, Vil. Ordu, 26. 6. 82 (l). **Verbreitung**: Türkei, besonders in Nordanatolien. Außerdem in den Gebirgen Persiens, Afghanistans und Westpakistans. **Florenelement**: o-mediterran orientalisch o-submediterran. **Länder**: **Eur**: **SO** Tu; **Asi**: An.
Verwandtschaft: Ähnliche Pflanzen sind aus Griechenland (Nomi Imathia, Larissa, Pela) und Italien (Prov. Neapel, Frosinone, Isérnia) bekannt. Ihre Zugehörigkeit ist zu überprüfen.
Schlüssel für die Arten der *Epipactis-troodi*-Gruppe:

1 Vorderabschnitt der Lippe (Epichil) am Grund mit 2 länglichen, mehrfach gefurchten Querwülsten; Spitze der seitlichen Kronblätter nach vorn gebogen . . . . . . *E. cretica*
1* Epichil am Grund mit 2 rundlichen, nahezu glatten Höckern; Spitze der seitlichen Kronblätter zurückgebogen 2
2 Kelchblätter 10–12 mm lang; Stengel und Blätter (vor allem Unterseite) intensiv violett überlaufen . . . . *E. troodi*
2* Kelchblätter 9–10 mm lang; Stengel und Blätter dunkelgrün . . . . . *E. persica*

Kretische Stendelwurz
Epipactis cretica KALOPISSIS & ROBATSCH

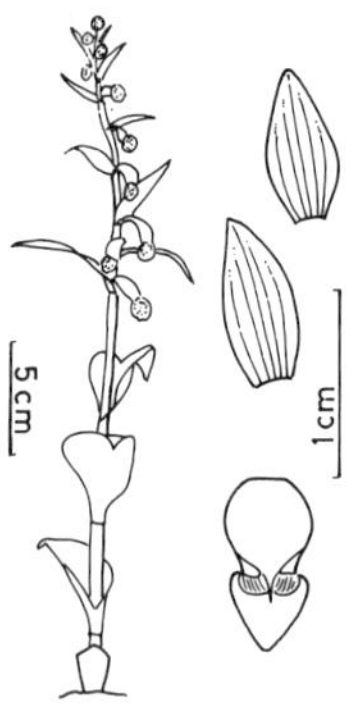

Merkmale: Stengel 10–40 cm hoch, mit 1–2 rundlich-scheidigen und 2–4 eiförmigen Blättern, diese bis 5 cm lang und 3,5 cm breit, violett überlaufen. Perianthblätter grünlich, 8–9 mm lang; Hypochil innen dunkelolivbraun, Epichil an Rand und Grund rosa.
Standort: Schattige Mischwälder in der montanen Stufe, 1100–1400 m. **Blütezeit**: Juni, Juli. **Foto**: Herkunft Cr (Nomos Iraklion, 22. 6. 79). **Verbreitung**: Kreta. Die Art wurde 1980 beschrieben und ist bis heute nur von wenigen Fundstellen im Ida- und Lasithi-Gebirge bekannt. ● **Florenelement**: o-mediterran. **Land**: **Eur**: **SO** Cr.

Zyprische Stendelwurz
Epipactis troodi H. LINDB. fil.

Synonym: *E. helleborine subsp. troodi* (H. LINDB. fil.) SUNDERMANN **Merkmale**: Im Erscheinungsbild *E. cretica* ähnlich. Perianthblätter grün und besonders die seitlichen Kronblätter oft schwach purpurn überlaufen, Hypochil innen grünlich-braun; Epichil grünlich, an Rand und Grund ebenso wie das Hypochil außen rosa bis intensiv purpurn. Wie bei *E. cretica* Selbstbestäubung.

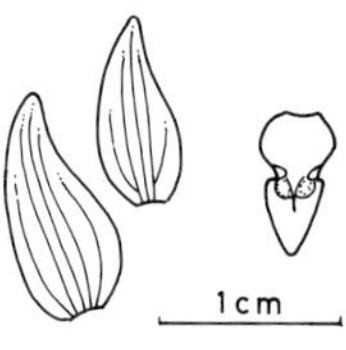

Standort: Kiefernwälder, bachbegleitende Laubwälder; 800–2100 m. **Blütezeit**: Juni, Juli. **Foto**: Herkunft Cy (Troodos-Gebiet, 17. 6. 79). **Verbreitung**: Zypern; wird außerdem für das Amanus-Gebirge in der Südtürkei angegeben. ● **Florenelement**: o-mediterran. **Länder**: **Asi**: Cy ?An.
Problematik: Es ist zu prüfen, ob *E. troodi* und *E. persica* stets zu trennen sind.

Weißes oder Bleiches Waldvögelein *Cephalanthera damasonium* (MILLER) DRUCE

Synonyme: *C. alba* (CRANTZ) SIMONKAI, *C. grandiflora* S. F. GRAY, *C. pallens* (JUNDZ.) L. C. M. RICHARD

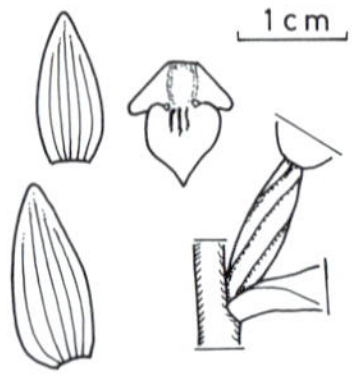

Merkmale: Pflanze mit kurzem, kriechendem Rhizom. Stengel 15–60 cm hoch, kahl, mit 2–3 Schuppenblättern am Grund und 2–5 Laubblättern. Untere Laubblätter kurz, eiförmig; obere größer, 4–7 (–10) cm lang und 1,8–3,5 cm breit, (schmal) elliptisch, schräg bis waagerecht abstehend, längs gefaltet bis flach. Blütenstand locker, 3–20blütig; Tragblätter nach oben allmählich kleiner werdend, in der Größe nicht scharf von den Laubblättern getrennt. Blüten weißlich-cremefarben. Kelchblätter eiförmig-lanzettlich, 15–20 mm lang (selten länger) und 4–8 mm breit, stumpf; seitliche Kronblätter etwas kürzer; Lippe 10–14 mm lang, 2gliedrig, ohne Sporn; Hypochil 4–6 mm lang, konkav, mit aufrecht stehenden, schief dreieckigen Seitenlappen, innen mit gelbem Fleck; Epichil dreieckig-herzförmig, mit welligen, etwas hochgebogenen Rändern, an der Spitze nach unten gebogen, auf der Fläche mit 3 (5) orangefarbenen Längsleisten.
Standort: Wälder; bis 1800 m; meist schattig, auch halbschattig wachsend, gern auf basenreichen Böden. **Blütezeit:** Mai bis Juli. **Fotos:** Ge, Hessen, 25. 5. 75 (l); Br, Buckinghamshire, 7. 6. 82 (r).
Verbreitung: In Europa und Vorderasien von der meridionalen bis zur temperaten Zone verbreitet, aber kaum in das kontinentale Osteuropa eindringend. Außerdem in Kaukasien, ostwärts bis Nordpersien reichend.
Florenelement: mediterran submediterran pannonisch danubisch (pontisch) s + m-atlantisch subatlantisch zentraleuropäisch (sarmatisch). **Länder: Eur: SO** Cr Gr Tu Al Ju Bu Rm RK, **S** Si It Sa Co, **SW** Bl Hs ?Lu, **W** Ga Be Ho Br, **M** He Au Hu Ge Da Cz Po RB, **O** RW RC; **Asi:** ?Cy An; ?**Afr.**

Kotschys Waldvögelein *Cephalanthera kotschyana* RENZ & TAUBENHEIM

Synonym: *C. damasonium subsp. kotschyana* (RENZ & TAUBENHEIM) SUNDERMANN

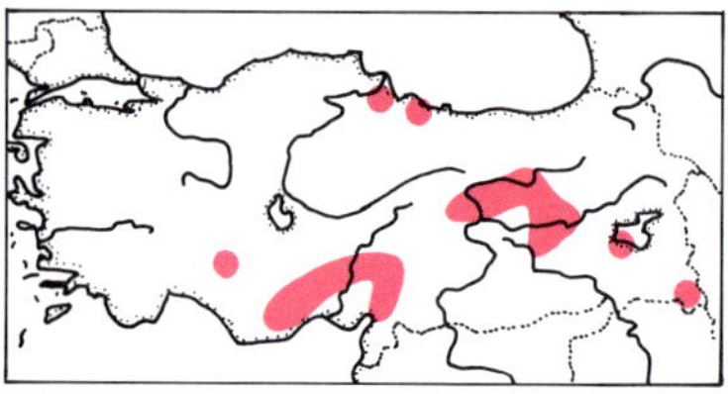

Merkmale: Ähnlich *C. damasonium*, doch insgesamt von robusterem Aussehen. Pflanze 30–60 cm hoch. Blätter 6–10 cm lang und 2–5 cm breit, oft längs gefaltet. Blütenstand 10–20blütig. Blüten weiß. Kelchblätter elliptisch-lanzettlich, mit stielartig verschmälertem Grund, 20–30 mm lang und 7–11 mm breit; Lippe 13–16 mm lang. Fruchtknoten wie bei *C. damasonium* relativ kurz und kräftig.
Standort: Laubwälder und Gebüsche; in der montanen Stufe, 700–1800 m. **Blütezeit:** Mai bis Juli. **Fotos:** An, Vil. Ordu, 26. 6. 82.
Verbreitung: Endemische Art der asiatischen Türkei; Verbreitungsschwerpunkt in Ostanatolien östlich der »Anatolischen Diagonalen«, in den Randgebirgen nach Westen vordringend.
● **Florenelement:** o-mediterran orientalisch o-submediterran. **Land: Asi:** An.

Schlüssel für die Arten der *Cephalanthera-damasonium*-Gruppe:

1 Fruchtknoten aufrecht-abstehend, mit der Blütenstandsachse einen Winkel von etwa 30° bildend, die Blüten geschlossen bleibend oder wenig geöffnet und in Verlängerung des Fruchtknotens orientiert, Blütenstand daher von schmalem und lockerem Aussehen; Kelchblätter bis 20 mm lang . . . . *C. damasonium*

1* Fruchtknoten schräg-abstehend, mit der Blütenstandsachse einen Winkel von etwa 45° bildend, Blüten weit geöffnet und nach außen geneigt, Blütenstand daher von breitem und dichtem Aussehen; Kelchblätter länger als 20 mm . . . . . . *C. kotschyana*

Rotes Waldvögelein *Cephalanthera rubra* (L.) L. C. M. RICHARD

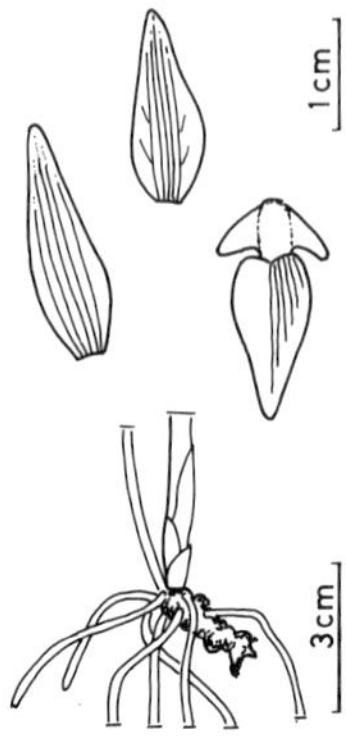

Merkmale: Pflanze mit verlängertem, abwärts gerichtetem Rhizom. Stengel 20–60 cm hoch, oben drüsig behaart, mit mehreren Schuppenblättern am Grund und 2–6 Laubblättern. Laubblätter lanzettlich bis lineal-lanzettlich, bis 14 cm lang und 3 cm breit. Blütenstand locker, bis 15blütig; Tragblätter nach oben allmählich kleiner werdend, unterste(s) die Blüte(n) überragend, drüsig. Blüten hell bis kräftig rotlila, sich weit öffnend. Kelchblätter eiförmig-lanzettlich, 17–25 mm lang und 6–8 mm breit, zugespitzt, außen flaumig behaart; seitliche Kronblätter 15–20 mm lang, kahl; Lippe heller als die Perianthblätter, 17–23 mm lang, 2gliedrig, ohne Sporn; Hypochil von knapp ⅓ der Lippenlänge, konkav, mit aufrecht stehenden Seitenlappen; Epichil eiförmig-lanzettlich, mit 7–15 bräunlichen Längsleisten. Fruchtknoten schlank, drüsig.

Standort: Halbschattige und schattige Wälder; bis 2000 m; auf basenreichen Böden, überwiegend über Kalk. **Blütezeit:** Mai bis Juli. **Fotos:** Ge, Südwürttemberg, 2. 7. 66 (l); Ge, Südbaden, 18. 5. 72 (r/o); He, Kt. Zürich, 23. 6. 78 (r/u).

Verbreitung: In Europa, Nordafrika und Vorderasien von der temperaten Zone bis zur meridionalen Zone verbreitet, allerdings nur selten im atlantischen und pontischen Florengebiet. Außerdem in Kaukasien und weiter südöstlich bis Nord- und Westpersien.

Florenelement: meridional/montan submeridional temperat. **Länder: Eur: SO** Cr Gr Tu Al Ju Bu Rm RK, **S** Si It Sa Co, **SW** Hs Lu, **W** Ga Be †Ho Br, **M** He Au Hu Ge Da Cz Po RB, **N** Su No Fe, **O** RW RE RC; **Asi:** LS Cy An AE; **Afr:** Ag Ma.

Langblättriges Waldvögelein, Schwertblättriges Waldvögelein *Cephalanthera longifolia* (L.) FRITSCH

Synonyme: *C. ensifolia* (MURRAY) L. C. M. RICHARD, *C. xiphophyllum* (L. fil.) REICHENB. fil.

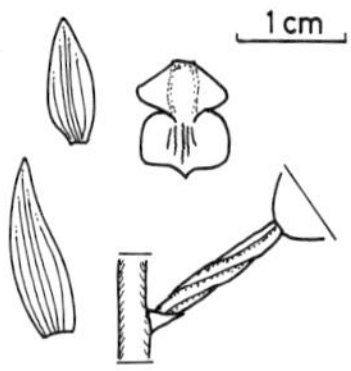

Merkmale: Die Art unterscheidet sich von *C. damasonium* (S. 32), der sie entfernt ähnelt, in folgenden Merkmalen: Stengel mit 4–12 Laubblättern, diese lanzettlich bis lineal-lanzettlich, bis 18 cm lang und 4 cm breit. Tragblätter klein, bis 5 mm lang, in der Größe scharf von den Laubblättern abgesetzt, aber manchmal das unterste und zweitunterste Tragblatt noch laubblattartig. Blüten weiß, sich halb öffnend. Kelchblätter 14–18 mm lang und 4–6 mm breit, spitz; Lippe 7–10 mm lang; Hypochil 3–4 mm lang; Epichil mit 4–7 orangefarbenen Längsleisten und orangefarbener, papillöser Spitze. Fruchtknoten relativ lang und schlank.

Standort: Lichte Wälder, grasige Waldränder; bis 2000 m; meist halbschattig wachsend, auf basenreichen Böden. **Blütezeit:** April bis Juli. **Fotos:** Su, Öland, 11. 6. 78 (l); Ga, Dept. Var, 19. 4. 71 (r).

Verbreitung: In Europa, Nordafrika und Vorderasien von der temperaten bis zur meridionalen Zone verbreitet, klingt im kontinentalen Osteuropa aus. Außerdem in Kaukasien sowie in der meridionalen Zone durch Persien bis zum Westhimalaya.

Florenelement: meridional/montan submeridional temperat. **Länder: Eur: SO** Cr Gr Tu Al Ju Bu Rm RK, **S** Si It Sa Co, **SW** Bl Hs Lu, **W** Ga Be Ho Br Hb, **M** He Au Hu Ge Da Cz Po RB, **N** Su No Fe, **O** RW RC; **Asi:** IJ LS ?Cy An AE; **Afr:** Tn Ag Ma.

Verwandtschaft: Nahe steht das **Kaukasische Waldvögelein** (*C. caucasica* KRÄNZLIN) mit breiteren, eiförmig-lanzettlichen Blättern und größeren Blüten; endemisch in den Gebirgen am Südufer des Kaspischen Meeres.

Gesporntes Waldvögelein

Cephalanthera epipactoides FISCHER & C. A. MEYER

Synonym: *C. cucullata subsp. epipactoides* (FISCHER & C. A. MEYER) SUNDERMANN

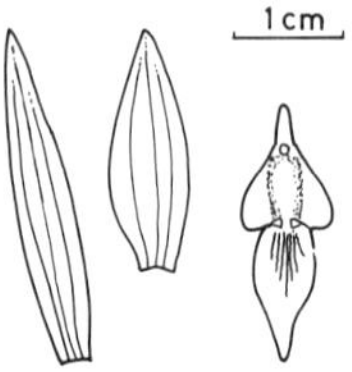

Merkmale: Nah verwandt mit *C. kurdica,* unterscheidet sich in folgenden Merkmalen (siehe auch den Schlüssel): Stengel bis 1 m hoch, oft mehrere nah beieinander aus einem Rhizom. Blütenstand ziemlich dicht. Blüten meist schräg aufrecht orientiert, sich meist weit öffnend, größer als bei der anderen Art. Kelchblätter 25–36 mm lang und 4–7 mm breit; seitliche Kronblätter 18–25 mm lang; Seitenlappen des Hypochils vorn gestutzt; Epichil mit (6–) 7–9 braungelben Längsrippen.

Standort: Lichte Wälder und Macchien, Garriguen; bis 1200 m; meist im Halbschatten, auf basenreichen Böden. **Blütezeit:** März bis Juni. **Foto:** Tu, Vil. Çanakkale, 28. 5. 81.

Verbreitung: Art des östlichen Mittelmeergebiets; Hauptvorkommen in West- und Südwestanatolien, nordwestwärts bis griechisch Thrazien, ostwärts im pontischen Gebirge bis Kastamonu, scheint weiter östlich zu fehlen.

● **Florenelement:** o-mediterran o-submediterran. **Länder: Eur: SO** Gr Tu; **Asi:** An AE.

Kretisches Waldvögelein

Cephalanthera cucullata BOISS. & HELDR.

Merkmale: Stengel 10–30 cm hoch. Blätter bis 6 cm lang, tütenförmig eingerollt. Blüten weiß bis schwach rosa, schräg aufrecht orientiert. Seitliche Kronblätter 12–16 mm lang; Seitenlappen des Hypochils abgerundet; Epichil herzförmig, mit 3–6 gelblichen Längsrippen.

Standort: Lichte Wälder der montanen Stufe; bis 1500 m; auf frischen, basenreichen Böden. **Blütezeit:** Mai, Juni. **Foto:** Cr, Prov. Iraklion, 21. 5. 75.

Verbreitung: Endemische Art der Insel Kreta.

● **Florenelement:** o-mediterran. **Land: Eur: SO** Cr.

Kurdisches Waldvögelein

Cephalanthera kurdica BORNM.

Synonyme: *C. cucullata subsp. kurdica* (BORNM.) SUNDERMANN, *C. floribunda* WORONOW, *C. cucullata subsp. floribunda* (WORONOW) SUNDERMANN

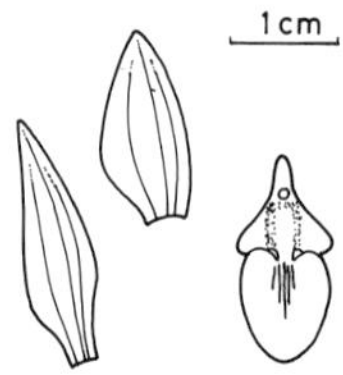

Merkmale: Pflanze mit kurzem Rhizom. Stengel 10–70 cm hoch, mit 1–3 Schuppenblättern am Grund und 2–4 Laubblättern. Laubblätter bis 5 cm lang, eiförmig(-elliptisch), alle tütenförmig oder das größte mit flacher, abstehender Spreite. Blütenstand lokker, meist viel länger als der halbe Stengel; Tragblätter nach oben allmählich kleiner werdend. Blüten meist kräftig rosa, sich halb oder ganz öffnend, horizontal orientiert. Kelchblätter lanzettlich, 20–25 mm lang und 5–8 mm breit; seitliche Kronblätter 16–18 mm lang; Lippe 14–16 mm lang, 2gliedrig, gespornt; Hypochil rosa, 5–6 mm lang, konkav, mit breit dreieckigen, aufrechten Seitenlappen; Epichil weißlich, mit 6 (7) braungelben Längsrippen.

Standort: Lichte Wälder und Gebüsche, vor allem in Eichenbuschwäldern; 800–1500 m; auf basenreichen Böden. **Blütezeit:** April bis Juni. **Fotos:** An, Vil. İçel, 14. 5. 83.

Verbreitung: Von der westlichen Südtürkei ostwärts durch türkisch und irakisch Kurdistan bis Westpersien, ferner in der Nordosttürkei. Das Areal schließt östlich an das von *C. epipactoides* an; die beiden Arten sind geographische Vikarianten.

Florenelement: o-mediterran orientalisch (o-submediterran). **Länder: Asi:** LS An.

Schlüssel für die Arten der *Cephalanthera-epipactoides*-Gruppe:

1 Sporn 1–2 mm lang; Kelchblätter 14–20 mm lang . . . . *C. cucullata*

1* Sporn 3–4 mm lang; Kelchblätter 20–36 mm lang 2

2 Blüten weißlich-cremefarben bis (grünlich-)gelblich; vorderer Teil der Lippe (Epichil) dreieckig-lanzettlich *C. epipactoides*

2* Blüten rosa, selten weißlich; Epichil eiherzförmig . . . . *C. kurdica*

Violetter Dingel *Limodorum abortivum* (L.) SWARTZ

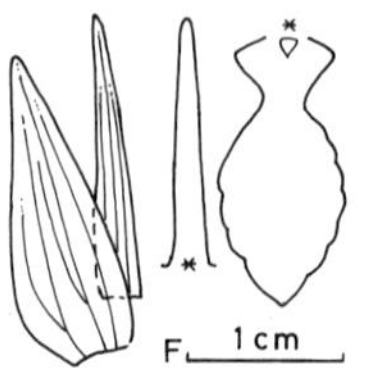

Merkmale: In der allgemeinen Erscheinung der folgenden Art ähnlich (siehe die Beschreibung dort). Stengel bis 80 cm hoch, bis 25blütig. Blüten gewöhnlich violett, sich weit öffnend. Kelchblätter eiförmig-lanzettlich, 16–25 mm lang und 5–11 mm breit, seitliche Kronblätter deutlich kürzer und schmal lanzettlich. Lippe 14–22 mm lang, 2gliedrig; Hypochil 4–7 mm lang und breit, mit hochstehenden Rändern, daher stielförmig erscheinend; Epichil 10–15 mm lang und 7–12 mm breit, mit konkav hochgebogenen, welligen Rändern, in der Längsrichtung konvex gekrümmt, oberseits in der Mitte heller bis gelblich gefärbt mit dunklen Längsnerven; Sporn mindestens halb so lang wie der Fruchtknoten, 15–25 mm, abwärts gerichtet.

Standort: Lichte Wälder, Gebüsch, auch in Magerrasen; bis 2300 m; oft, aber nicht ausschließlich auf basenreichen Böden. **Blütezeit**: April bis Juli. **Fotos**: It, Prov. Trient, 8. 6. 68 (I/o); An, Vil. Hatay, 7. 5. 72 (I/u); AE, Rhodos, 14. 4. 73 (r).

Verbreitung: Mittelmeergebiet, nordwärts bis Mitteleuropa, ostwärts außerhalb des Gebiets von Kaukasien bis Südpersien.

Florenelement: mediterran submediterran pannonisch danubisch s-atlantisch s-subatlantisch s-zentraleuropäisch. **Länder**: **Eur**: **SO** Cr Gr Tu Al Ju Bu Rm RK, **S** Si It Sa Co, **SW** Bl Hs Lu, **W** Ga Be, **M** He Au Hu Ge Cz; **Asi**: IJ LS Cy An AE; **Afr**: Tn Ag Ma.

Variation: Eine auffällige rotblütige Farbvariante ist von der Türkei und Cypern bekannt (Foto I/u). Stärker vom Normaltyp weicht ***L. a. subsp. gracile*** B. & E. WILLING ab: Pflanze zierlich, 10–30 cm hoch; Blütenstand 3–6 (–9)blütig; Blüten weiß bis sehr blaß violett; bisher nur in Arkadien (Peloponnes) in der Ebene von Megalopolis, an schattigen Stellen in humiden Eichenwäldern, 380–450 m; blüht im Mai, deutlich früher als der Normaltyp.

Trabuts Dingel *Limodorum trabutianum* BATT.

Synonym: *L. abortivum subsp. trabutianum* (BATT.) ROUY

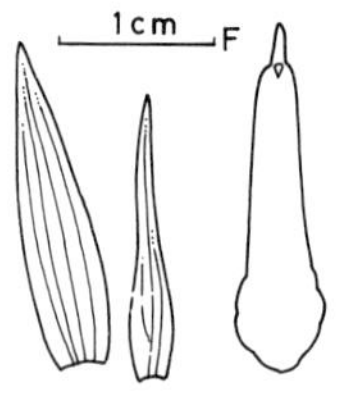

Merkmale: Pflanze mit kurzem Rhizom, das fleischige Wurzeln trägt. Stengel ohne Laubblätter, mit zahlreichen scheidigen Schuppenblättern, wie diese violett gefärbt, kaum Blattgrün vorhanden. Blütenstand ziemlich locker; Blüten kurz gestielt, dem Stengel angedrückt. Stengel bis 55 cm hoch, bis 20blütig. Blüten violett, sich kaum öffnend, die Kronblätter nach vorn gerichtet, schmaler als bei der anderen Art. Von dieser besonders im Lippenbau verschieden: Lippe nicht 2gliedrig, schmal spatelförmig, bis 18 mm lang und 5 mm breit, die Spitze nach außen gekrümmt; Sporn kurz, bis 4 mm lang. Säule auf der Bauchseite mit zahnförmigem Fortsatz (fehlt der anderen Art).

Standort: Lichte Eichen- und Kiefernwälder und Gebüsche; bis 2000 m; auf basenreichen Böden; wächst oft mit *L. abortivum* zusammen. **Blütezeit**: April bis Juni, ungefähr gleichzeitig mit der anderen Art. **Fotos**: Hs, Prov. Málaga, 10. 5. 80.

Verbreitung: Südwestliches Europa und westliches Nordafrika, nordwärts bis zu den Dept. Charente-Maritime und Deux-Sèvres an der französischen Atlantikküste, ostwärts bis zur Côte d'Azur und nach Kalabrien.

● **Florenelement**: w + z-mediterran w-submediterran s-atlantisch. **Länder**: **Eur**: **S** Si It Sa, **SW** Bl Hs Lu, **W** Ga; **Afr**: Ag Ma.

Schlüssel für die *Limodorum*-Arten:

1 Sporn 15–25 mm lang; Lippe nahe dem verbreiterten Grund eingeschnürt, der vordere Teil (Epichil) eiförmig, 7–12 mm breit . . . . *L. abortivum*

1* Sporn 1–4 mm lang; Lippe nicht eingeschnürt, spatelförmig, 3–5 mm breit . . . . . *L. trabutianum*

Widerbart, Ohnblatt *Epipogium aphyllum* SWARTZ

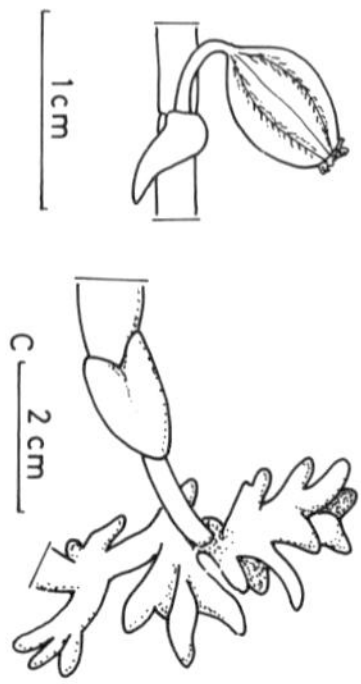

Merkmale: Pflanze mit korallenartigem, verzweigtem, von Schuppenblättern besetztem Rhizom, ohne Wurzeln, mit dünnen Ausläufern, ohne Laubblätter und Blattgrün, kahl. Stengel 5–30 cm hoch, 1–8blütig, am Grund mit braunen Schuppenblättern. Blüten kurz gestielt, hängend, nicht gedreht, daher Lippe nach oben orientiert. Kelchblätter und seitliche Kronblätter fast gleich lang, blaßgelb bis rötlich, 8–15 mm lang. Lippe weißlich, 6–9 mm lang, 2gliedrig, Hypochil mit 2 breit dreieckigen Seitenlappen, Epichil herzförmig, konkav, auf der Oberseite mit 4–6 Papillenreihen, oft rot gefleckt oder überlaufen; Sporn dick, 3–5 mm lang, oft gebogen.

Standort: Schattige Wälder besonders der montanen Stufe; bis 1700 m; auf nährstoff- und basenreichen Böden. **Blütezeit:** Juli, August; blüht oft unterirdisch und ist dann am Wuchsort nicht zu sehen. **Fotos:** Ge, Südbaden, 21. 8. 65 (l); An, Vil. Kastamonu, 23. 7. 83 (r).

Verbreitung: In weiten Teilen Europas und Vorderasiens, fehlt den mediterranen und kontinentalen Gebieten. Ostwärts durch das temperate Asien bis Japan, Korea, Kamtschatka; weiter südlich in Kaukasien und im Himalaya.

Florenelement: submediterran m-atlantisch subatlantisch zentraleuropäisch karpatisch sarmatisch m-sibirisch skandinavisch. **Länder: Eur: SO** Gr Al Ju Bu Rm RK, **S** It, **W** Ga Be Br, **M** He Au Hu Ge Da Cz Po RB, **N** Su No Fe, **O** RW RC; **Asi:** An.

Verwandtschaft: Zur Gattung gehört außer der besprochenen noch eine zweite Art, *E. roseum* (D. DON) LINDLEY; sie wächst in den Tropen und Subtropen der Alten Welt.

Nestwurz, Vogel-Nestwurz *Neottia nidus-avis* (L.) L. C. M. RICHARD

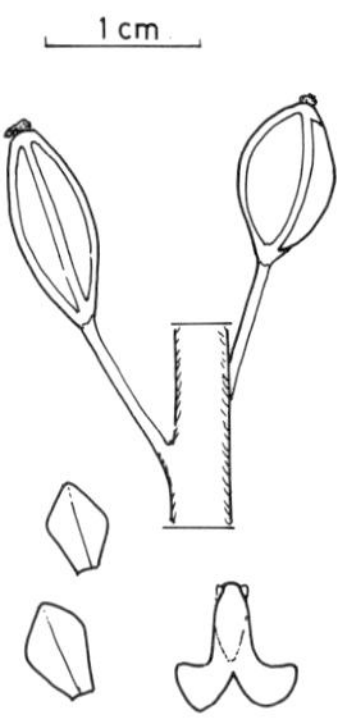

Merkmale: Pflanze mit kurzem, kriechendem Rhizom, dieses dicht mit unverzweigten, fleischigen Wurzeln besetzt und von vogelnestförmigem Aussehen, ohne Laubblätter, (gelblich-)braun, nur mit Spuren von Blattgrün (vor allem im Blütenstand), das nicht zur Selbsternährung ausreicht. Stengel 20–45 cm hoch, mit scheidigen Schuppenblättern. Blütenstand reichblütig, am Grund oft aufgelockert, kahl oder fein drüsig. Blüten (gelblich-)braun, kurz gestielt, gedreht, duftend. Kelch- und seitliche Kronblätter gleich gestaltet, 4–6 mm lang, umgekehrt eiförmig, zusammenneigend; Lippe bis 12 mm lang, am Grund kahnförmig ausgehöhlt, an der Spitze tief 2spaltig mit auswärts spreizenden, vorn verbreiterten Zipfeln.

Standort: Schattige Laubwälder (oft mit Buche), auch Kiefernmischwälder; bis 2000 m; auf nährstoff- und basenreichen Böden. **Blütezeit:** Mai bis Juli; blüht gelegentlich unterirdisch, Samenbildung dann nach Selbstbestäubung. **Fotos:** Ge, Allgäu, 2. 6. 81 (l/o); Ge, Südbaden, 1. 6. 66 (l/u); Ge, Südwürttemberg, 13. 6. 70 (r).

Verbreitung: In Europa, Nordafrika und Vorderasien von der temperaten bis zur meridionalen Zone weit verbreitet, in der borealen Zone (nordeuropäisches Nadelwaldgebiet) nur sehr vereinzelt. Ostwärts in der temperaten Zone bis Zentralsibirien, ferner in Kaukasien und Nordwestpersien.

Florenelement: meridional/montan submeridional temperat (boreal). **Länder: Eur: SO** Gr Tu Al Ju Bu Rm RK, **S** Si It Sa Co, **SW** Bl Hs Lu, **W** Ga Be Ho Br Hb, **M** He Au Hu Ge Da Cz Po RB, **N** Su No Fe RN, **O** RW RE RC; **Asi:** An; **Afr:** Ag.

Widerbart

Nestwurz

Großes Zweiblatt *Listera ovata* (L.) R. BR.

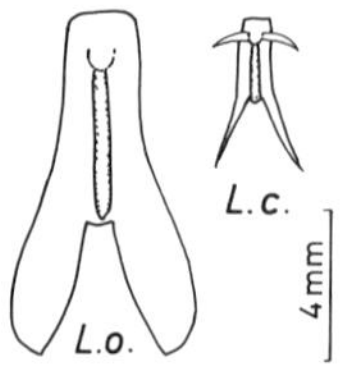

Merkmale: Stengel 20–60 cm hoch, oben dicht behaart, am Grund mit 2–3 braunen und unter dem Blütenstand mit 1–3 grünen Schuppenblättern. Laubblätter meist 2, fast gegenständig, 4–13 cm lang und 3–8 cm breit. Blütenstand 20–80blütig. Blüten gelbgrün. Perianthblätter nach vorn geneigt, etwa gleich lang (4–5 mm), Kelchblätter um 2 mm, seitliche Kronblätter um 1 mm breit; Lippe 7–15 mm lang, mit stumpfen Lappen, basales Nektarium seitlich von Leisten begrenzt, nach vorn in eine Furche längs der Lippenmitte übergehend.

Standort: Wälder, Gebüsche, Wiesen, Magerrasen, Flachmoore; bis 2000 m; auf tiefgründigen, basenreichen, frischen bis nassen Böden; Art mit weitem Standortsspektrum. **Blütezeit:** Mai bis Juli. **Fotos:** Su, Öland, Ende Mai 73 (l); Ge, Oberbayern, 18. 5. 64 (r).

Verbreitung: Weit verbreitet in Europa und Vorderasien von der borealen bis zur meridionalen Zone, im mediterranen Gebiet seltener. In Asien ostwärts durch die temperate Zone bis Zentralsibirien sowie von Kaukasien durch die meridionale Zone bis zum Westhimalaya. In Nordamerika eingeschleppt.

Florenelement: meridional submeridional temperat boreal. **Länder: Eur: SO** Cr Gr Al Ju Bu Rm RK, **S** Si It Sa Co, **SW** Hs, **W** Ga Be Ho Br Hb, **M** He Au Hu Ge Da Cz Po RB, **N** Su No Fe RN Is, **O** RW RE RC; **Asi:** An AE.

Schlüssel für die *Listera*-Arten:

1 Pflanze kräftig, Stengel höher als 20 cm und etwa 3 mm dick; Blätter eiförmig(-elliptisch), länger als 4 cm; Lippe am Grund ohne Zähne, die beiden Lappen stumpf . . . . *L. ovata*

1* Pflanze zart, Stengel selten höher als 15 cm und etwa 1 mm dick; Blätter breitherzförmig, bis 3 cm lang; Lippe am Grund mit einem Paar hornförmiger Zähne, die beiden Lappen spitz . . . *L. cordata*

Kleines Zweiblatt, Herz-Zweiblatt *Listera cordata* (L.) R. BR.

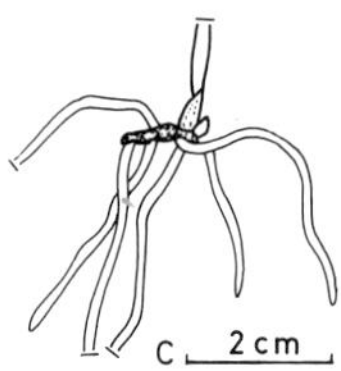

Merkmale: Pflanze mit schlankem, kriechendem Rhizom, das mit dünnen Wurzeln besetzt ist. Stengel 5–15 (–25) cm hoch, unten kahl, oben spärlich behaart, am Grund mit 1–2 braunen Schuppenblättern. Die 2 Laubblätter fast gegenständig, 1–3 cm lang und breit, oberseits glänzend. Blütenstand locker, bis 25blütig; Tragblätter kürzer als die Stiele der keuligen Fruchtknoten. Blüten von grüner Grundfarbe, meist (wie der Stengel) braunrot überlaufen. Perigonblätter spreizend, elliptisch-lanzettlich, etwa gleich lang (1,5–2,5 mm); Lippe keilförmig, 3,5–4,5 mm lang, bis zur Hälfte gespalten mit spitzen, spreizenden Zipfeln; hornförmige Auswüchse des basalen Nektariums 0,5–0,7 mm lang.

Standort: Nadelwälder, meist an feuchten bis nassen Standorten, auch in Mooren; bis 2200 m; auf nährstoffarmen, sauren Böden; manchmal mit Nadelbäumen als »Forstunkraut« verschleppt. **Blütezeit:** Mai bis August. **Fotos:** An, Vil. Artvin, 17. 7. 76 (l); Au, Salzburg, 31. 5. 71 (r).

Verbreitung: Schwerpunkt der Vorkommen in Nordeuropa, dort im kontinentalen Gebiet ausklingend; südwärts bis in die submeridionale Zone, doch fast nur in den Gebirgen wachsend. Art mit zirkumpolarem Areal, überwiegend boreal-temperat, hie und da in die arktische und submeridionale Zone reichend, mit großer Lücke in Sibirien (Jakutien).

Florenelement: submeridional/montan temperat boreal (arktisch). **Länder: Eur: So** Gr Ju Bu Rm, **S** It Co, **SW** Hs, **W** Ga Ho Br Hb Fa, **M** He Au Hu Ge Da Cz Po RB, **N** Su No Fe RN Is, **O** RW RC; **Asi:** An.

Variation: Wenig variable Art. Im westlichen Nordamerika wächst eine abweichende Sippe mit etwas größeren Blättern und Blüten: *L. c. var. nephrophylla* (RYDBERG) HULTÉN (siehe LUER 1975).

Sommer-Drehwurz *Spiranthes aestivalis* (POIRET) L. C. M. RICHARD

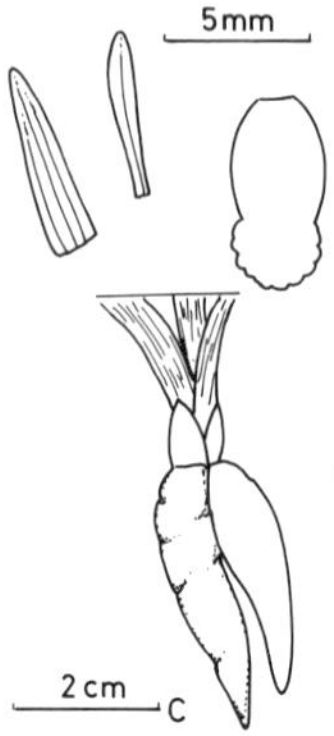

Merkmale: Pflanze mit 2–6 fleischigen, schmal zylindrischen oder spindelförmigen Wurzeln von 5–8 cm Länge. Stengel 10–40 cm hoch, oben spärlich drüsig. Stengelgrund mit 1–2 braunen Schuppenblättern; grundständige Laubblätter 3–6, lineal-lanzettlich, bis 12 cm lang und 1 cm breit, aufrecht; Blätter nach oben am Stengel kleiner werdend. Blütenstand 3–10 cm lang, ziemlich locker, mit 6–20 Blüten in 1 spiraligen Reihe; Tragblätter 6–9 mm lang, etwas länger als die Fruchtknoten. Blüten weiß, duftend, horizontal orientiert. Perianthblätter zusammenneigend, an der Spitze wenig nach oben gebogen; Kelchblätter 6–7 mm lang, außen drüsig; seitliche Kronblätter 5–6 mm lang; Lippe 6–7 mm lang, zungenförmig, Vorderteil mit gekerbtem Rand und nach unten gebogen, oberseits am Grund gelblich.
Standort: Flachmoore; bis 1400 m; meist auf kalkhaltigen Böden und oft an Standorten mit Kalktuffbildung; wegen der speziellen Ansprüche zerstreut bis selten. **Blütezeit:** Juni bis August. **Fotos:** Ge, Allgäu, 23. 7. 72 (l); He, Kt. Schwyz, 30. 7. 78 (r).
Verbreitung: Die Vorkommen sind im westlichen und zentralen Mittelmeergebiet konzentriert, nordwärts reicht die Art bis West- und Mitteleuropa, ostwärts bis Jugoslawien.
● **Florenelement:** w + z-mediterran w + z-submediterran s + m-atlantisch s-subatlantisch s-zentraleuropäisch. **Länder:** **Eur:** **SO** Ju, **S** It Sa Co, **SW** Hs Lu, **W** Ga Be Ho Br, **M** He Au Hu Ge Cz; **Afr:** Ag Ma.

Schlüssel für die *Spiranthes*-Arten S. 46.

Herbst-Drehwurz *Spiranthes spiralis* (L.) CHEVALL.

Synonym: *S. autumnalis* L. C. M. RICHARD

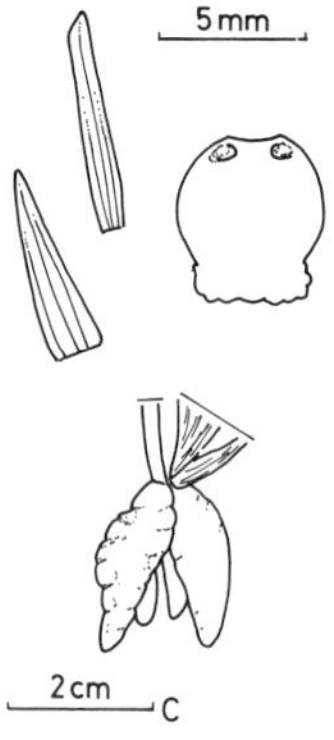

Merkmale: Pflanze mit 2–3 (–5) länglich eiförmigen Wurzeln von 1,5–4 cm Länge. Stengel 6–40 cm hoch, oben drüsig, mit 3–7 scheidigen Schuppenblättern. Die Blattrosette des nächstjährigen Blütentriebs entwikkelt sich bereits während der Blüte neben dem diesjährigen; Blätter eiförmig bis elliptisch, überwinternd, vor der Blüte verwelkend. Blütenstand 3–15 cm lang mit 6–30 Blüten in 1 spiraligen Reihe. Blüten (grünlich-)weiß, duftend, horizontal orientiert. Perianthblätter 4–7 mm lang; Kelchblätter außen drüsig, die seitlichen spreizend, das mittlere mit den seitlichen Kronblättern röhrig zusammenneigend; Lippe gelblichgrün mit weißem Rand, 4–7 mm lang, rundlich, am Grund mit 2 kleinen Warzen, vorn gekerbt, mit hochgebogenen Rändern.
Standort: Magerwiesen und -weiden, lichte Nadelwälder, Garriguen, seltener Feuchtwiesen, Dünen; bis 1200 m; auf sauren, kalkfreien wie auf neutralen, kalkhaltigen Böden. **Blütezeit:** August bis Oktober. **Fotos:** Ge, Südwürttemberg, 3.9.82 (l); An, Vil. Hatay, 9.9.78 (r/o); Ge, Hessen, 8.9.66 (r/u).
Verbreitung: In Europa weit verbreitet mit Schwerpunkt im Südwesten des Subkontinents sowie in Nordafrika, fehlt in Nordeuropa in der borealen Zone und in Osteuropa im kontinentalen Bereich der temperaten Zone. Außerdem in Kaukasien und Nordpersien.
Florenelement: mediterran submediterran s + m-atlantisch subatlantisch zentraleuropäisch. **Länder:** **Eur:** **SO** Cr Gr Tu Al Ju Bu Rm, **S** Me Si It Sa Co, **SW** Bl Hs Lu, **W** Ga Be Ho Br Hb, **M** He Au Hu Ge Da Cz Po, **N** Su, **O** RW; **Asi:** IJ LS Cy An AE; **Afr:** Tn Ag.

Chinesische Drehwurz *Spiranthes sinensis* (PERS.) AMES

Synonym: *S. amoena* (BIEB.) SPRENGEL

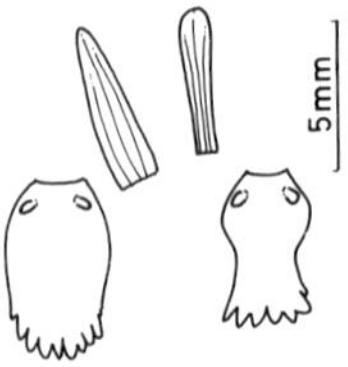

Merkmale: Die Art ist mit *S. aestivalis* verwandt und ähnelt dieser, auffälliger Unterschied sind die roten Blüten. Stengel bis 50 cm hoch. Blütenstand 2–15 cm lang, 5–30blütig. Kelchblätter 4–7 mm lang; seitliche Kronblätter gleich lang oder etwas kürzer; Lippe 4–7 mm lang, zungenförmig bis geigenförmig (in der Mitte eingeschnürt), am Grund mit 2 kleinen Warzen (fehlen der anderen Art), in der Mitte papillös, hinterer Teil weißlich, vorderer purpurrosa.
Standort: Feuchtwiesen, Moore. **Blütezeit:** Juli, August. **Fotos:** Herkunft Japan, kult., 28. 8. 77 (r), 5. 10. 79 (l).
Verbreitung: In Europa nur im Gebiet des mittleren Ural (Kama) an der Nordwestgrenze des Areals. Verbreitet in der gesamten temperaten Zone Asiens, südwärts bis in die Gebirge der meridionalen Zone (Himalaya); außerdem auf der Südhalbkugel (Neu-Guinea, Australien, Neuseeland).
Florenelement: sarmatisch. **Land: Eur: O** RC.
Schlüssel für die *Spiranthes*-Arten:

1 Blüten in 3 spiralig gewundenen Reihen angeordnet; Tragblätter der Blüten 10–22 mm lang; Kelchblätter 8–12 mm lang . . . . . *S. romanzoffiana*
1* Blüten in 1 Spiralreihe angeordnet; Tragblätter 5–9 mm lang; Kelchblätter 4–7 mm lang 2
2 Blütentrieb neben der Blattrosette des kommenden Jahres, nur mit Schuppenblättern besetzt; Rosettenblätter eiförmig bis elliptisch . . . . *S. spiralis* (S. 44)
2* Blütentrieb ohne seitliche Blattrosette, am Grund mit Laubblättern, die nach oben am Stengel allmählich kleiner werden; Blätter schmal lanzettlich 3
3 Blüten weiß . . . *S. aestivalis* (S. 44)
3* Blüten rot . . . . *S. sinensis*

Romanzoffs Drehwurz, Irische oder Amerikanische Drehwurz *Spiranthes romanzoffiana* CHAM.

Synonyme: *S. gemmipara* (SM.) LINDLEY, *S. stricta* (RYDB.) A. NELSON

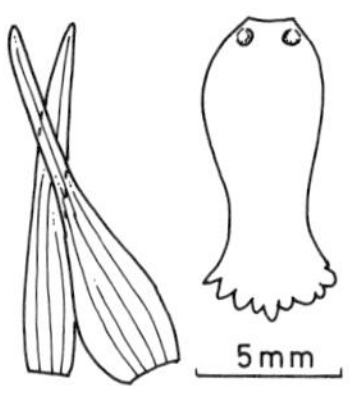

Merkmale: Pflanze mit 2–6 fleischigen, schmal zylindrischen Wurzeln. Stengel 12–50 cm hoch, oben spärlich drüsig. Untere Blätter linealisch bis schmal lanzettlich, bis 25 cm lang und 1,5 cm breit, aufrecht; obere Blätter klein, tragblattähnlich. Blütenstand 2,5–8 cm lang, 20–60blütig, Blüten in 3 spiraligen Reihen angeordnet; Tragblätter größer als bei den anderen Arten, 10–22 mm lang. Blüten weißlich-cremefarben, schräg aufwärts gerichtet. Perianthblätter röhrig zusammenneigend, an der Spitze nach oben gekrümmt, etwa gleich lang, 8–12 mm; Lippe 8–11 mm lang, geigenförmig (oberhalb der Mitte eingeschnürt und vorn erweitert), am Grund mit 2 kleinen Warzen, vorderer Abschnitt gekerbt und nach unten gekrümmt.
Standort: Feuchtwiesen, Flachmoore, in Nordamerika auch lichte Wälder, Hochmoore und felsige Magerrasen; auf basenreichen Böden.
Blütezeit: Juli, August. **Fotos:** Hb, Antrim, 11. 8. 84 (r); Hb, Kerry, 27. 7. 84 (l).
Verbreitung: In Europa am Ostrand des Areals, nur auf der Westseite der Britischen Inseln (West- und Nordirland, Westschottland, Südwestengland). Hauptverbreitung in Nordamerika; in der borealen und temperaten Zone des gesamten Kontinents westwärts bis zu den Aleuten, südwärts entlang der Rocky Mountains bis in die meridionale Zone vordringend.
Florenelement: m-atlantisch. **Länder: Eur: W** Br Hb.
Variation: Die europäischen Populationen variieren in der Form der Blätter (linealisch; länglich-lanzettlich) und Blütenstände (kurz, kompakt; verlängert, aufgelockert), fallen aber nicht aus dem in Nordamerika zu beobachtenden Variationsbereich der Art heraus.

Kriechendes Netzblatt *Goodyera repens* (L.) R. BR.

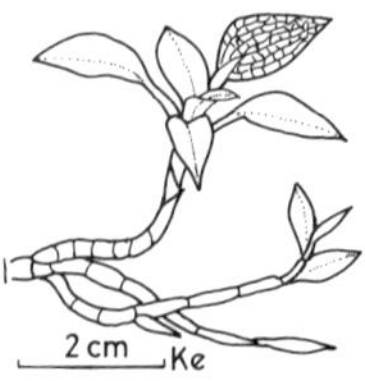

Merkmale: Pflanze mit langen oberirdischen Ausläufern. Stengel 10–30 cm hoch, am Grund mit Laubblättern, oberwärts mit Schuppenblättern, drüsig. Grundblätter herzförmig bis eiförmig, kurz breit gestielt, netznervig. Blütenstand 5–15blütig, undeutlich spiralig. Blüten weiß bis cremefarben, nickend, duftend. Perianthblätter zusammenneigend, 3–5 mm lang; Kelchblätter außen drüsig; Lippe 2,5–4 mm lang, 2gliedrig; Hypochil halbkugelig ausgehöhlt, innen papillös; Epichil dreieckig, flach. Die neuen Blattrosetten wachsen im Herbst heran und überwintern.

Standort: Moosreiche Nadelwälder, oft halbschattig wachsend; bis 2100 m; auf mäßig trockenen bis feuchten, basenreichen Böden; wird mit Nadelbäumen bei Aufforstungen verschleppt. **Blütezeit:** Juni bis September. **Fotos:** Au, Kärnten, 24. 7. 81 (l); Ge, Südwürttemberg, 29. 7. 81 (r).

Verbreitung: In Europa und Vorderasien von der borealen bis zur submeridionalen Zone verbreitet, nur selten im ozeanischen Westeuropa. Gesamtareal zirkumpolar, boreal-temperat, in Gebirgen weiter nach Süden vordringend.

Florenelement: submeridional/montan temperat boreal. **Länder: Eur: SO** Ju Bu Rm RK, **S** It, **SW** Hs, **W** Ga Be* Ho Br, **M** He Au Hu Ge Da Cz Po RB, **N** Su No Fe RN, **O** RW RC; **Asi:** An.

Schlüssel für die *Goodyera*-Arten:

1 Untere Blätter bis 3,5 cm lang; Blüten 3–5 mm lang . . . . *G. repens*

1* Untere Blätter länger als 5 cm; Blüten 12–13 mm lang . . . . *G. macrophylla*

Das **Großblättrige Netzblatt** *G. macrophylla* LOWE ist ein wenig bekannter Endemit der Insel Madeira. Die Pflanzen sind robust, 20–60 cm hoch, mehr als 30blütig. **Standort:** Feuchte, schattige Wälder. **Blütezeit:** September bis November. ● **Florenelement:** madeirisch.

Einknolle, Honigorchis *Herminium monorchis* (L.) R. BR.

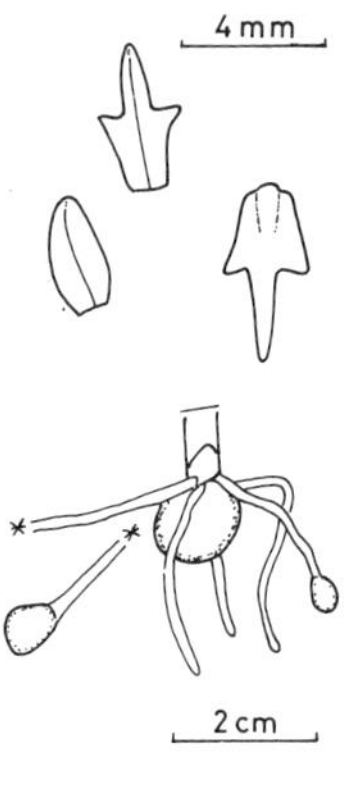

Merkmale: Pflanze mit 1kugeligen Knolle. Stengel 7–30 cm hoch, mit 1–2 Schuppenblättern am Grund, 2 (selten 3–4) Laubblättern am Boden und 0–2 Schuppenblättern weiter oben. Rosettenblätter lanzettlich bis elliptisch, 2–12 cm lang und 0,6–2 cm breit. Blütenstand 1,5–10 cm lang, schmal, lokker; Tragblätter etwas kürzer als die Fruchtknoten. Blüten nickend, gelblich- oder weißlich-grün, mit Honigduft. Kelchblätter eiförmig-lanzettlich, 2,5–3 mm lang und 1–1,5 mm breit, trichterähnlich nach vorn gerichtet; seitliche Kronblätter 3,2–3,9 mm lang, zungenförmig, im hinteren Drittel gezähnt bis gelappt, mit zurückgebogener Spitze; Lippe 3,5–4,5 mm lang, im hinteren Drittel mit 2 schmalen Seitenlappen, am Grund mit schüsselförmiger Aushöhlung. **Vermehrung:** Die Pflanze bildet mehrere neue Knollen an langen Ausläufern; Blütentriebe oft in Truppen.

Standort: Magerrasen und -weiden, Flachmoore; bis 2000 m; auf basenreichen Böden, meist über Kalk. **Blütezeit:** Mai bis August. **Fotos:** Ge, Oberbayern, 18. 6. 67 (l); Au, Liechtenstein, 22. 6. 74 (r).

Verbreitung: Hauptverbreitung in der temperaten Zone Europas, dringt auf der Apenninen- und der Balkanhalbinsel in die submeridionale Zone, in Skandinavien wenig in die boreale Zone ein. Außerdem in Kaukasien und in der temperaten Zone ostwärts bis Japan, von dort durch die Gebirge Chinas bis zum Himalaya.

Florenelement: (w) + z + (o)-submediterran pannonisch karpatisch (s) + m-atlantisch subatlantisch zentraleuropäisch sarmatisch (skandinavisch). **Länder: Eur: SO** Ju Bu Rm, **S** It, **W** Ga Be Ho Br, **M** He Au †Hu Ge Da Cz Po RB, **N** Su No †Fe RN, **O** RW RE RC.

Netzblatt

Einknolle

Grünstendel *Gennaria diphylla* (LINK) PARL.

Synonyme: *Orchis diphylla* (LINK) SAMP., *Coeloglossum diphyllum* (LINK) FIORI & PAOL.

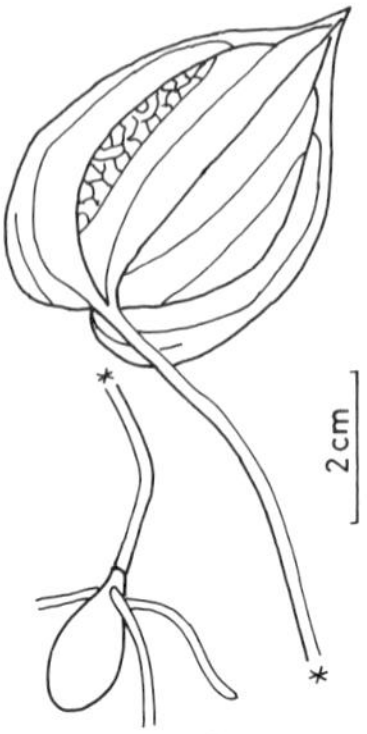

Merkmale: Pflanze mit 1 ellipsoidischen Knolle. Stengel 10–50 cm hoch, mit 1–2 scheidigen Schuppenblättern am Grund und 2 wechselständigen Laubblättern. Unteres Laubblatt breit herzförmig, 3–12,5 cm lang und 2,2–8 cm breit, stengelumfassend, das obere ähnlich, nur kleiner. Blütenstand bis 13,5 cm lang, 10–45blütig, dicht, einseitswendig. Perianthblätter etwa gleich lang, 3,5–4 mm; Kelchblätter grün, gerade nach vorn gerichtet, mit kapuzenförmiger Spitze; seitliche Kronblätter gelbgrün, rhombisch, mit zurückgekrümmter Spitze; Lippe gelbgrün, breit zungenförmig, vorn 3lappig mit dreieckigem Mittellappen und halb so breiten, etwas kürzeren Seitenlappen, nach unten gebogen; Sporn um 1,5 mm lang, sackförmig, gefurcht. **Vermehrung:** An der Spitze dünner Wurzelausläufer entstehen neue Knollen, die einige Jahre jeweils 1 langgestieltes Laubblatt tragen, bevor sie blühen.

Standort: Immergrüne Laubwälder, Nadelwälder, Garriguen, schattige Felsspalten; bis 1000 m. **Blütezeit:** Januar bis April. **Fotos:** Cl, Teneriffa, 1. 4. 79 (l); Lu, Prov. Estremadura, 31. 3. 71 (r).

Verbreitung: Von Sardinien und Korsika durch das westliche Mittelmeergebiet bis zu den mittelatlantischen Inseln verbreitet, nur in relativer Küstennähe. Ist auf den madeirischen Inseln von Madeira und Porto Santo, auf den Kanaren vom Westteil des Archipels, nicht aber von Lanzarote und Fuerteventura bekannt.

● **Florenelement:** z + w-mediterran madeirisch kanarisch z-submediterran. **Länder: Eur: S** Sa Co, **SW** Bl Hs Lu; **Afr:** Ag Ma Ml Cl.

Kanarenstendel *Habenaria tridactylites* LINDLEY

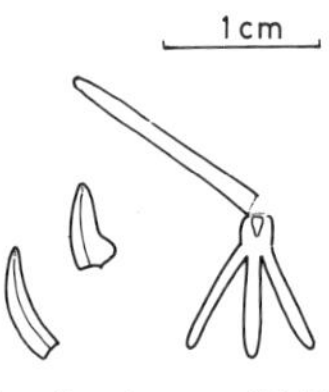

Merkmale: Pflanze mit 2 ellipsoidischen Knollen. Stengel 10–30 (–60) cm hoch, mit meist 3 Blättern am Grund, oben nackt. Unteres Blatt schuppenförmig, die 2 oberen flächig, fast gegenständig, schmal bis eiförmig elliptisch, (1,5–) 5–18 cm lang (1–) 1,5–7 cm breit, stachelspitzig. Blütenstand locker, schmal zylindrisch, 2–12(–24)blütig; Tragblätter ½–¾ so lang wie die Fruchtknoten. Blüten gelblich-grün, duftend. Seitliche Kelchblätter etwas abwärts gerichtet und zurückgeschlagen, linealisch bis elliptisch, sichelförmig, 5–7 mm lang und 1–2,5 mm breit; mittleres Kelchblatt breit eiförmig, 4–6 mm lang, mit den etwa gleich langen, eiförmigen seitlichen Kronblättern helmförmig zusammenneigend, diese am Vorderrand mit einem basalen Zahn; Lippe 7–9 mm lang, tief 3geteilt mit fast gleich langen, linealischen, spreizenden Lappen; Sporn 9–14,5 (–17) mm lang, schmal kegelförmig, abwärts gerichtet und nach vorn gebogen.

Standort: Wahrscheinlich eine Art des Lorbeerwaldes, heute infolge der großflächigen Waldzerstörung auf humide Felshänge zurückgedrängt; die Art vermag sich in der Ersatzvegetation des Waldes im Baum-Heide-Gestrüpp und in der Kulturlandschaft (an alten Terrassenmauern, in verwilderten Obstanlagen) an schattigen Stellen anzusiedeln; auf schwach sauren, meist feuchten Böden; bis 800 m. **Blütezeit:** November bis April. **Fotos:** Cl, Teneriffa, 5. 4. 79 (l), 3. 1. 81 (r).

Verbreitung: Endemische Art der Kanarischen Inseln, vor allem im westlichen Teil der Inselgruppe, auf den östlichen trockeneren Inseln entweder selten (Lanzarote) oder nicht nachgewiesen (Fuerteventura). ● **Florenelement:** kanarisch. **Land: Afr:** Cl.

Verwandtschaft: Die Gattung ist mit mehreren hundert Arten in den Tropen und Subtropen verbreitet.

Grünstendel

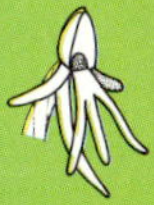

Kanaren-
stendel

Algerische Waldhyazinthe *Platanthera algeriensis* BATT. & TRABUT

Synonym: *P. chlorantha subsp. algeriensis* (BATT. & TRABUT) EMBERGER **Merkmale:** Pflanze mit 2 eiförmig-länglichen Knollen. Stengel 25–70 cm hoch, am Grund mit 1–2 Schuppenblättern, am Boden mit 2 großen und darüber am Stengel verteilt mit 4–6 kleinen Laubblättern. Untere Blätter schräg aufrecht, breit lanzettlich, 9–30 cm lang und 2–5 cm breit. Blütenstand bis 25 cm lang, dicht, reichblütig, im Aspekt schmal (Blüten wenig abspreizend); Tragblätter oft groß, länger als die Blüten. Blüten gelbgrün, kleiner als bei *P. chlorantha.* Mittleres Kelchblatt breit herzförmig, 6–8 mm lang und breit, mit den gleich langen, lanzettlichen, 2–2,5 mm breiten seitlichen Kronblättern helmförmig zusammenneigend; seitliche Kelchblätter eiförmig, 8–11 mm lang und 4–6 mm breit, etwas konkav, vorn nicht oder nur wenig gedreht, spreizend; Lippe schmal zungenförmig, 8–12 mm lang und 1,7–3,4 mm breit, vorn oft stark rückwärts gekrümmt; Sporn 18–24 mm lang, in der hinteren Hälfte seitlich flachgedrückt und (von der Seite gesehen) etwas verbreitert. Staubbeutelfächer zueinander schräg stehend.

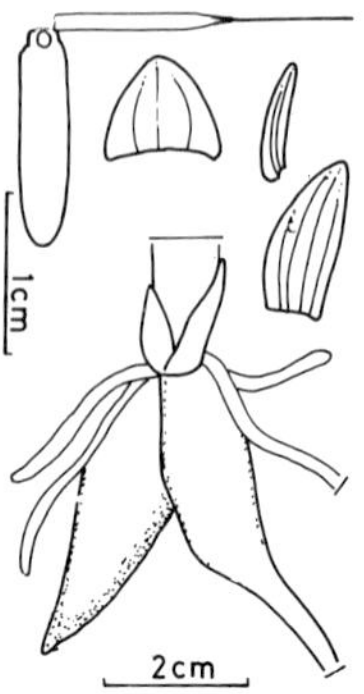

Standort: Naßwiesen; bis 2100 m. Die Standorte in der Ebene sind wahrscheinlich alle durch Trockenlegung vernichtet, heute daher überwiegend in der montanen Stufe wachsend. **Blütezeit:** Mai, Juni. **Fotos:** Ma, Mittlerer Atlas, 20. 5. 80 (l), 23. 5. 81 (r).
Verbreitung: Westliches Mittelmeergebiet; Hauptverbreitung in Nordafrika in Marokko, ostwärts bis in die Region von Algier; von Europa aus der Sierra Nevada (Prov. Granada) bekannt. ● **Florenelement:** w + z-mediterran. **Länder: Eur:** S Sa, **SW** Hs; **Afr:** Ag Ma.

Holmboes Waldhyazinthe *Platanthera holmboei* H. LINDB. fil.

Synonym: *P. chlorantha subsp. holmboei* (H. LINDB. fil.) J. J. WOOD

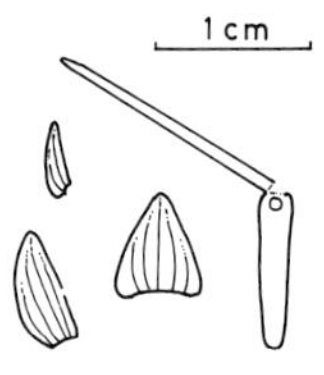

Merkmale: Sehr ähnlich *P. algeriensis,* mehr durch quantitative denn durch qualitative Merkmale verschieden; Pflanzen meist weniger kräftig mit kürzeren Blättern und armblütigeren, lockeren Blütenständen; Perianthblätter bei gleicher Länge durchschnittlich etwas schmaler, seitliche Kelchblätter oft stärker gedreht; Sporn ebenfalls seitlich abgeflacht, doch nicht (ob nie?) verbreitert.
Standort: Kiefernwälder, auch Garriguen; in der montanen Stufe; bis 2000 m; auf frischen bis wechselfeuchten Böden. **Blütezeit:** Mai bis Juli. **Fotos:** Cy, Troodos-Gebiet, 6. 5. 80 (l), kult. 11. 4. 84 (r).
Verbreitung: Östliches Mittelmeergebiet; Zypern und küstennahe Gebirge des Festlandes von der Südtürkei bis Israel. Die Art galt lange Zeit als Endemit von Zypern und wurde erst in den letzten Jahren auf dem Festland gefunden. Die genaue Verbreitung bleibt zu klären.
● **Florenelement:** o-mediterran. **Länder: Asi:** IJ LS Cy An.

Schlüssel für die Arten der *Platanthera-algeriensis*-Gruppe:

1 Sporn (von der Seite gesehen) in der hinteren Hälfte etwas verbreitert; seitliche Kelchblätter eiförmig, 8–11 mm lang und 4–6 mm breit . . . . . *P. algeriensis*

1* Sporn schlank, nicht verbreitert; seitliche Kelchblätter schmal eiförmig, 7–10 mm lang und 3–4 mm breit . . *P. holmboei*

Problematik: Durch vergleichende Untersuchungen ist zu klären, ob zwei Arten unterscheidbar sind; die Indizien sprechen eher für Unterarten. Möglicherweise sind die angeführten Unterschiede vom Standort abhängig (auch die Spornform könnte mit der Statur der Pflanzen korreliert sein), dann wären die Sippen selbst als Unterarten zu hoch bewertet.

Grünliche Waldhyazinthe *Platanthera chlorantha* (CUSTER) REICHENB.

Synonym: *P. montana* REICHENB. fil.

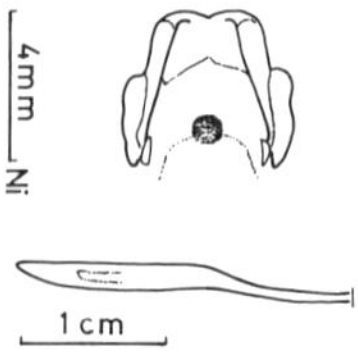

Merkmale: Pflanze mit 2 eiförmig-länglichen Knollen. Stengel 20–80 cm hoch, mit 1–3 scheidigen Schuppenblättern am Grund, 2 (3) großen Laubblättern nahe dem Boden und 1–4 kleinen Blättern darüber. Untere Blätter elliptisch bis eiförmig, 6–20 cm lang und 2,5–8 cm breit. Blütenstand bis 25 cm lang, ziemlich locker, reichblütig, im Aspekt breit (Blüten spreizend); Tragblätter wenig länger als die Blüten. Blüten weiß, oft schwach grünlich oder gelblich. Mittleres Kelchblatt breit herzförmig, 6,5–10 mm lang und breit, mit den fast gleich langen und 2–3 mm breiten seitlichen Kronblättern helmförmig zusammenneigend; seitliche Kelchblätter schief eiförmig, 9–12 mm lang und 5–6 mm breit, meist gedreht und mit welligem Rand, spreizend; Lippe zungenförmig, 9–18 mm lang und 2,3–4 mm breit, abwärts oder rückwärts gebogen, vorn intensiv gefärbt; Sporn 18–40 mm lang, in der hinteren Hälfte seitlich flachgedrückt und verbreitert. Staubbeutelfächer zueinander schräg stehend.

Standort: Feuchte, lichte Wälder, Feucht- und Naßwiesen, Flachmoore, auch Magerrasen; bis 2200 m; auf basenreichen Böden, oft über Kalk. **Blütezeit:** Mai bis August, etwa 2 Wochen früher als *P. bifolia.* **Fotos:** Ge, Pfalz, 29. 5. 66 (l/o); Ge, Allgäu, 27. 5. 81 (l/u); Ge, Oberbayern, 3. 7. 83 (r).

Verbreitung: In Europa, Nordafrika und Vorderasien von der meridionalen zur temperaten Zone verbreitet, im ozeanischen Skandinavien auch in der borealen Zone, ostwärts im sarmatischen Gebiet ausklingend. Außerdem in Kaukasien und Westpersien. **Florenelement:** meridional/montan submeridional temperat (boreal). **Länder: Eur: SO** Gr Tu Al Ju Bu Rm RK, **S** Si It Sa Co, **SW** Hs, **W** Ga Be Ho Br Hb, **M** He Au Hu Ge Da Cz Po RB, **N** Su No Fe, **O** RW RC; **Asi:** ?IJ ?LS Cy An AE; **Afr:** Ma.

Zweiblättrige Waldhyazinthe *Platanthera bifolia* (L.) L. C. M. RICHARD

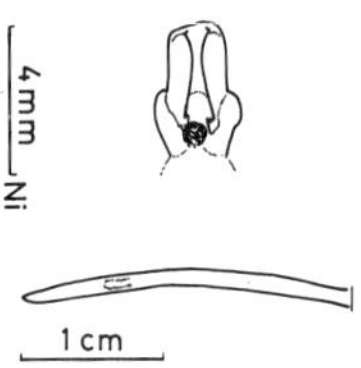

Merkmale: Ähnlich *P. chlorantha,* durchschnittlich schlanker im Wuchs und mit etwas kleineren, süßlicher duftenden Blüten; seitliche Kelchblätter oft weniger gedreht bis flach; Sporn nicht verbreitert. Staubbeutelfächer parallel und nahe beieinander.

Standort: Lichte Wälder, Magerwiesen, Heiden; bis 2300 m; auf trockenen bis feuchten Böden über verschiedenen Substraten. **Blütezeit:** Mai bis August. **Fotos:** Ge, Südwürttemberg, 2. 7. 66 (l); He, Kt. Schaffhausen, 25. 6. 78 (r).

Verbreitung: In Europa, Nordafrika und Vorderasien verbreitet, aber seltener in der meridionalen Zone. Ostwärts in der temperaten Zone bis Zentralsibirien, ferner in Kaukasien, Nord- und Westpersien. **Florenelement:** meridional/montan submeridional temperat boreal. **Länder: Eur: SO** Gr Tu Al Ju Bu Rm RK, **S** Si It Sa Co, **SW** Bl Hs Lu, **W** Ga Be Ho Br Hb Fa, **M** He Au Hu Ge Da Cz Po RB, **N** Su No Fe RN, **O** RW RE RC; **Asi:** An; **Afr:** Tn Ag.

Problematik: Die Art ist sehr vielgestaltig. Ob die folgenden Unterarten unterscheidbar sind, sollte überprüft werden:

1. *P. b. subsp. graciliflora* BISSE. Dichtblütig, die Blüten im Mittel 2–6 mm entfernt; Sporn 13–23 mm lang; Lippe 6–12 mm lang. An sauren, nährstoffarmen Standorten des Tieflandes um Nord- und Ostsee (m-atlantisch n-subatlantisch; Ho Br Ge Da Su No); blüht 3 Wochen nach der folgenden Unterart.

2. *P. b. subsp. latiflora* (DREJER) LØJTNANT. Lokkerblütig, Blüten 5–10 mm entfernt; Sporn 20–41 mm lang; Lippe 10–16 mm lang. Entspricht dem weit verbreiteten Typ (Standort und Areal wie bei der Art angegeben). Hierher gehört wahrscheinlich ***P. kuenkelei*** H. BAUMANN aus Nordafrika (Pflanzen besonders hochwüchsig, bis 90 cm; in anderen Merkmalen aber nicht aus dem Variationsbereich der Unterart herausfallend).

Isländische Waldhyazinthe, Nördliche Waldhyazinthe

Platanthera hyperborea (L.) LINDLEY

Synonyme: *Habenaria hyperborea* (L.) R. BR., *Limnorchis hyperborea* (L.) RYDB., *P. convallariifolia* (FISCHER) LINDLEY **Merkmale:** Pflanze mit rübenförmig verdickten Wurzeln. Stengel 8–40 cm hoch, am Grund mit 1–2 Schuppenblättern, darüber mit 4–8 Laubblättern. Größte Blätter lanzettlich, bis 13 cm lang und 2 cm breit. Blütenstand 2–9 cm lang, dicht- und reichblütig. Blüten gelblich-grün bis grünlich, duftend. Mittleres Kelchblatt 3–5 mm lang, eiförmig, mit den etwa gleich langen, aber schmaleren und sichelförmigen seitlichen Kronblättern helmförmig zusammenneigend; seitliche Kronblätter 4–6 mm lang, abwärts spreizend, gedreht; Lippe 4–7 mm lang, lanzettlich, mit etwas kürzerem und oft gekrümmtem Sporn.

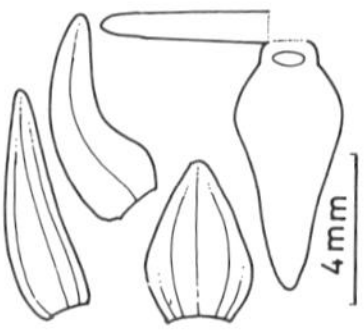

Standort: Überwiegend in Feucht- und Naßwiesen, auch in trockeneren Magerrasen; außerhalb Europas zudem in nassen Wäldern, Weidengebüschen und Zwergstrauchheiden, Flach- und Hochmooren. **Blütezeit:** Juli, August. **Fotos:** USA, Wisconsin, 14. 7. 77 (l); USA, Vermont, 30. 7. 72 (r).

Verbreitung: In Europa nur auf Island an der Ostgrenze des Areals. Hauptverbreitungsgebiet in Nordamerika von der arktischen zur temperaten Zone, in den Rocky Mountains bis in die meridionale Zone vordringend; westwärts bis Ostasien (Kamtschatka, Japan). **Florenelement:** n-atlantisch. **Land: Eur: N** Is.

Variation: Die Art umfaßt mehrere sehr variable Formenkreise; sie unterscheiden sich zum Beispiel in der Anzahl und Form der Blätter, der Lippenform und Spornlänge. Je nach Einschätzung ihres Verwandtschaftsgrades werden sie als Varietäten einer Art oder als getrennte Arten eingestuft. Bei Anwendung des weiten Konzeptes gehören die isländischen Pflanzen zu *P. hyperborea var. hyperborea.*

Azoren-Waldhyazinthe

Platanthera azorica SCHLECHTER

Synonym: *Habenaria longibracteata* HOCHST.

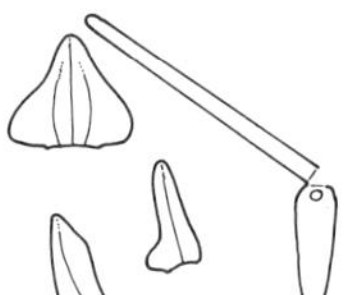

Merkmale: In den vegetativen Organen ähnlich *P. micrantha,* robuster; Stengel und Blätter größer. Blüten weißlich-grün. Mittleres Kelchblatt und seitliche Kronblätter um 3 mm lang, breit dreieckig, helmförmig zusammenneigend; seitliche Kelchblätter um 4 mm lang, länglich-verkehrt-eiförmig, fast senkrecht abwärts weisend; Lippe um 3,3 mm lang, schmal zungenförmig, aufwärts gebogen, mit 7–9 mm langem Sporn.

Standort: Grasige Strauchheiden in der Zone der Passatwolken; 500–1000 m. **Blütezeit:** Juni, Juli. **Foto:** Az, São Miguel, 16. 6. 80.

Verbreitung: Endemische Art der Azoren, von den Inseln Santa Maria, São Miguel, São Jorge, Pico und Flores bekannt. ● **Florenelement:** azorisch. **Land: Eur: W** Az.

Kleinblütige Waldhyazinthe

Platanthera micrantha (HOCHST.) SCHLECHTER

Synonym: *Habenaria micrantha* HOCHST.

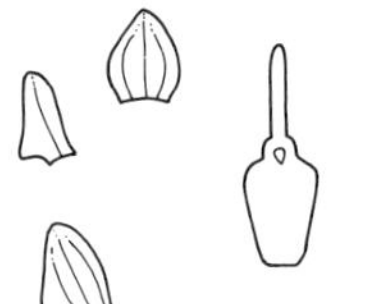

Merkmale: Ähnlich *P. hyperborea* (Wurzeln, Beblätterung, Blütenstand, Stellung der Perianthblätter). Stengel bis 50 cm hoch, Blätter bis 23 cm lang und 5 cm breit. Blüten gelbgrün, duftend. Kelchblätter 2,5–4 mm lang, breit eiförmig, die seitlichen spreizend und schräg nach unten weisend; seitliche Kronblätter und Lippe etwas kürzer; Lippe breit zungenförmig, nach unten gebogen, mit 2–3 mm langem, gebogenem Sporn.

Standort: Grasige Strauchheiden; 200–1300 m; auf sauren, feuchten Böden. **Blütezeit:** Mai bis Juli. **Foto:** Herkunft Az (São Miguel, 14. 6. 80).

Verbreitung: Endemische Art der Azoren, von allen Inseln außer Gracioso bekannt. ● **Florenelement:** azorisch. **Land: Eur: W** Az.

Wenigblütige Waldhyazinthe

Platanthera obtusata (PURSH) LINDLEY *subsp. oligantha* (TURCZ.) HULTÉN

Synonyme: *P. oligantha* TURCZ., *Lysiella oligantha* (TURCZ.) NEVSKI, *P. parvula* SCHLECHTER

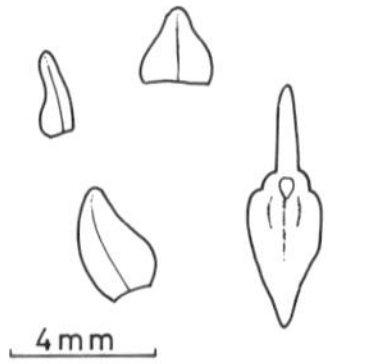

Merkmale: Pflanze mit fleischigen, nicht oder kaum verdickten Wurzeln. Stengel 6–20 cm hoch, am Grund mit 1–2 Schuppenblättern und 1 Laubblatt, dieses eiförmig-lanzettlich, 4–7,5 cm lang und 1,2–2,1 cm breit, darüber manchmal noch 1 weiteres kurzes, linealisches Blatt. Blütenstand 2–9blütig, ziemlich dicht; Tragblätter etwa so lang wie die Fruchtknoten. Blüten grünlichweiß. Mittleres Kelchblatt 2–2,3 mm lang und breit, mit den etwa gleich langen, aber schmaleren seitlichen Kronblättern helmförmig zusammenneigend; seitliche Kelchblätter 2,5–3 mm lang, lanzettlich, spreizend; Lippe 3–3,5 mm lang, dreieckig-zungenförmig, nach unten gebogen, mit 2,5–3 mm langem Sporn.

Standort: Die Unterart wächst in Europa in Zwergstrauchheiden der subalpinen Stufe auf kalkreichen Böden, in Asien auch in feuchten Birken- und Kiefernwäldern. **Blütezeit:** Juli. **Fotos:** No, Troms, 4./5. 7. 76.

Verbreitung: In Europa nur von wenigen Fundorten im nordskandinavischen Gebirge bekannt (Provinzen Troms, Finnmark und Torne Lappmark). Hauptverbreitungsgebiet im borealen und arktischen Asien, südwärts bis in die zentralsibirischen Hochgebirge in der temperaten Zone reichend. **Florenelement:** skandinavisch. **Länder: Eur: N** Su No.

Verwandtschaft: *P. obtusata subsp. obtusata* (**Syn.:** *Lysiella obtusata* [PURSH] RYDB., *Habenaria obtusata* [PURSH] RICHARDSON) besiedelt Nordamerika (submeridional/montan temperat boreal arktisch); die Blüten sind größer (Kelchblätter bis 6,5 mm, Lippe bis 10 mm lang). Da Übergangsformen vorkommen, werden die beiden Rassen nicht immer als selbständige Unterarten anerkannt.

Zwergorchis *Chamorchis alpina* (L.) L. C. M. RICHARD

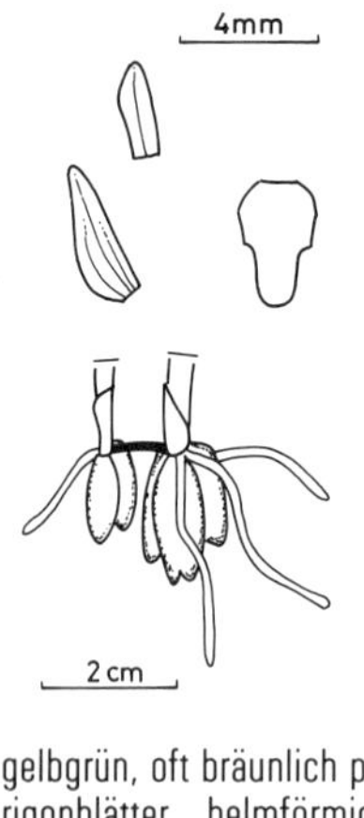

Merkmale: Pflanze mit ellipsoidischen Knollen. Laubblätter 4–10, in grundständiger Rosette, am Grund von 2–3 Schuppenblättern umhüllt, grasartig, rinnig gefaltet, den Blütenstand erreichend oder überragend. Stengel 5–15 cm hoch. Blütenstand 2–12blütig, ziemlich dicht; untere Tragblätter länger als die Blüten. Blüten gelbgrün, oft bräunlich purpurn überlaufen. Perigonblätter helmförmig zusammenneigend; Kelchblätter eiförmig, 3,5–4,2 mm lang; seitliche Kronblätter etwas schmaler, 2,3–3,0 mm lang; Lippe zungenförmig, 3–4 mm lang, mit rückwärts gebogenen Rändern, meist mit 2 zahnartigen Seitenlappen, spornlos. Pollinien mit getrennten Klebscheiben in gemeinsamer Bursikula. **Vermehrung:** Die Pflanzen vermögen zusätzliche Tochterknollen (2 statt 1 jährlich) und kurze Ausläufer zu bilden, daher oft mehrere Blütentriebe dicht beieinander.

Standort: Steinige und felsige Magerrasen an exponierten Standorten mit geringer Schneebedeckung im Winter; in der subalpinen und alpinen Stufe oberhalb der Waldgrenze, bis 2700 m; auf flachgründigen, trockenen Böden über kalkhaltigen Gesteinen. **Blütezeit:** Juli, August. **Fotos:** He, Kt. Tessin, 17. 7. 71 (l); He, Kt. Graubünden, 20. 8. 83 (r).

Verbreitung: Die Art ist auf die europäischen Hochgebirge beschränkt; verbreitet im gesamten Alpenzug, in den Nord- und Südkarpaten sowie in den skandinavischen Gebirgen nordostwärts bis zur Kolahalbinsel. ● **Florenelement:** alpisch karpatisch skandinavisch lapponisch. **Länder: Eur: SO** Ju Rm, **S** It, **W** Ga, **M** He Au Ge Cz Po, **N** Su No Fe RN.

Verwandtschaft: Monotypische Gattung mit einer Art ohne nähere Verwandte.

Wald-
hyazinthe

Zwergorchis

Hohlzunge *Coeloglossum viride* (L.) HARTMAN *subsp. viride*

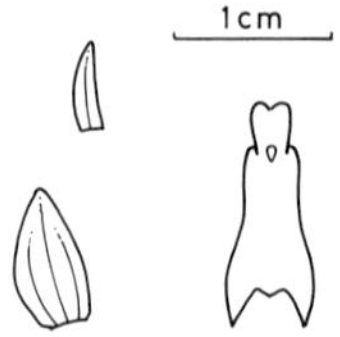

Merkmale: Pflanze mit handförmig geteilter Knolle. Stengel 5–30 cm hoch. Laubblätter 3–7, untere eiförmig, nahe dem Stengelgrund, schräg aufrecht, bis 10 cm lang und 5 cm breit, obere lanzettlich. Blütenstand 5–25blütig; Tragblätter kaum bis deutlich länger als die Blüten. Blüten (gelb-)grün, oft braunrot überlaufen. Perianthblätter helmförmig zusammenneigend, etwa gleich lang, 3,5–7 mm; Kelchblätter eiförmig, 2–3 mm breit; seitliche Kronblätter lineal-lanzettlich, 0,7–1,5 mm breit; Lippe zungenförmig, 5–11 mm lang, vorn verbreitert, 3lappig mit parallelen Seitenlappen und kürzerem, zahnförmigem Mittellappen; Sporn sackförmig, gefurcht, 2–3 mm lang.

Standort: Magerrasen und -wiesen, Zwergstrauchheiden, lichte Wälder; bis 2900 m; überwiegend auf sauren Böden. **Blütezeit:** Mai bis August. **Fotos:** Au, Osttirol, 16. 7. 83 (l); It, Prov. Verona, 19. 6. 70 (r).

Verbreitung: In Europa und Vorderasien südwärts bis zur meridionalen Zone, fehlt im pontischen Gebiet, selten im mediterranen Gebiet. Unterart mit zirkumpolarem Areal, vorwiegend boreal-temperat, in Asien auch weiter südlich im Kaukasus und Himalaya.

Florenelement: (meridional/montan) submeridional/montan temperat boreal arktisch. **Länder: Eur: SO** Gr Al Ju Bu Rm RK, **S** It, **SW** Hs, **W** Ga Be Ho Br Hb Fa, **M** He Au Hu Ge Da Cz Po RB, **N** Su No Fe RN Is, **O** RW RC; **Asi:** An.

Variation: Im Norden und in den Hochgebirgen treten niedrigwüchsige Varianten mit wenigen Blättern und Blüten auf; sie entsprechen *C. v. var. islandicum* (LINDLEY) M. SCHULZE. Die andere Unterart *C. v. subsp. bracteatum* (WILLD.) K. RICHTER wächst in Nordamerika und Ostasien; Merkmale: Robuster, bis 80 cm hoch, Blätter waagerecht abstehend, bis 18 cm lang, Lippe vorn nicht verbreitert.

Kapuzenorchis *Neottianthe cucullata* (L.) SCHLECHTER

Synonym: *Gymnadenia cucullata* (L.) L. C. M. RICHARD

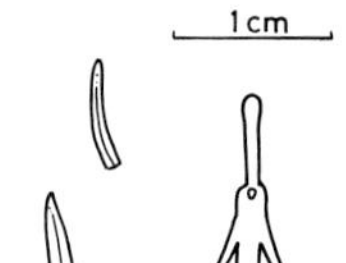

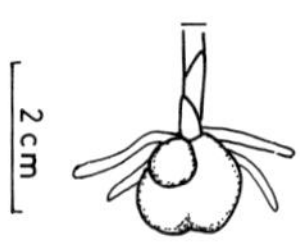

Merkmale: Pflanze mit 2 kugeligen bis ellipsoidischen Knollen. Stengel 10–30 (–40) cm hoch, mit 1–2 scheidigen Schuppenblättern und 2 Laubblättern am Grund sowie 1–2 (–5) Schuppenblättern weiter oben. Das untere Laubblatt länglich-elliptisch bis kreisrund, 2,5–9 cm lang und 1,5–5 cm breit, schräg aufrecht, das obere kleiner und schmaler. Blütenstand 3–8 cm lang, 6–20blütig, ziemlich locker, oft mehr oder weniger einseitswendig; Tragblätter kaum länger als die Fruchtknoten. Blüten purpurrosa, übergeneigt, geruchlos. Perianthblätter 6–8 mm lang und 1–1,5 mm breit, zu einem aufwärts gebogenen Helm zusammenneigend; Lippe 7–9 mm lang, abwärts gerichtet, am Grund mit hellerem Feld und 2–8 Punkten, bis über die Hälfte 3lappig, mit lineal-länglichem Mittellappen und ⅔ so langen, ½ so breiten, spreizenden Seitenlappen; Sporn 5–6,5 mm lang, abwärts gerichtet, S-förmig gebogen, am Ende erweitert.

Standort: Nadel- und Laubwälder, meist halbschattig wachsend, auch in Gebüschen und auf Bergwiesen; wahrscheinlich auf sauren Böden. **Blütezeit:** Juni bis August, im östlichen Mitteleuropa meist erst ab Ende Juli. **Fotos:** Po, Wojewod. Białystok, 7. 8. 74.

Verbreitung: Osteuropa und östliches Mitteleuropa, Westgrenze in Polen. Die häufigen Vorkommen enden an der Westgrenze des sarmatischen Florengebiets, einzelne Vorposten liegen weiter westlich. Ostwärts in der temperaten Zone Asiens, in China und Japan auch in der submeridionalen Zone. **Florenelement:** (n-zentraleuropäisch) sarmatisch m-sibirisch. **Länder: Eur: M** Po RB, **O** RW RC.

Hohlzunge

Kapuzen-
orchis

Höswurz, Weißzüngel *Leucorchis albida* (L.) E. H. F. MEYER

Synonyme: *Gymnadenia albida* (L.) L. C. M. RICHARD, *Pseudorchis albida* (L.) Á. & D. LÖVE

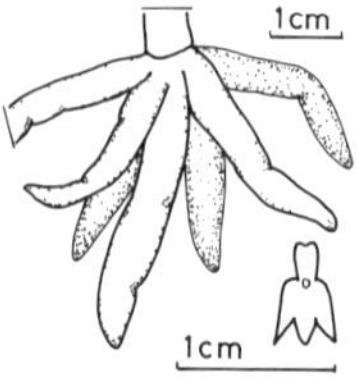

Merkmale: Pflanze mit 2 Knollen, die fast bis zum Ansatz gespalten sind. Stengel 10–40 cm hoch, mit 2–3 Schuppenblättern am Grund und 3–7 Laubblättern. Untere Laubblätter länglich-eiförmig, 2,5–8 cm lang und 1–2,5 cm breit. Blütenstand 2–10 cm lang, dicht- und reichblütig. Perianthblätter helmförmig zusammenneigend; Lippe im vorderen Drittel kammförmig 3lappig mit fast gleich langen Lappen; Sporn 2–3 mm lang, am Ende erweitert.

Standort: Magerrasen, Zwergstrauchheiden; bis 2500 m; auf sauren Böden. **Blütezeit**: Mai bis August. **Fotos**: He, Kt. Graubünden, 19. 7. 74 (l); Au, Osttirol, 7. 8. 78 (r).

Variation: Die Art umfaßt zwei Unterarten, deren Berechtigung noch zu überprüfen ist:

1. *L. a. subsp. albida.* Mittleres Kelchblatt 20–28 mm lang, seitliche Kelchblätter und Lippe 24–32 mm lang; Blüten grünlich-weiß bis blaßgelb. Tragblätter kürzer bis länger als die Blüten. **Verbreitung**: In Europa von der submeridionalen zur borealen Zone im Gebiet mit ozeanischem Klima. ● **Florenelement**: submediterran/montan karpatisch⁰ atlantisch subatlantisch zentraleuropäisch skandinavisch n-rossisch samojedisch⁰. **Länder**: **Eur**: **SO** Gr Al Ju Bu Rm, **S** It Co, **SW** Hs, **W** Ga Be †Ho Br Hb Fa⁰, **M** He Au Ge Da Cz Po, **N** Su No RN⁰, **O** RW. In den mit ⁰ markierten Gebieten vielleicht (auch) die folgende Unterart.

2. *L. a. subsp. straminea* (FERNALD) Á. LÖVE. **Syn.**: *L. a. var. subalpina* (NEUMAN) HYL. Mittleres Kelchblatt 27–40 mm lang, seitliche Kelchblätter und Lippe 33–45 mm lang; Blüten blaßgelb; Tragblätter stets länger als die Blüten. **Verbreitung**: Nordeuropa, Alpen; östliches Nordamerika. **Florenelement**: alpisch n-atlantisch skandinavisch/montan lapponisch. **Länder**: **Eur**: **M** He, **N** Su No Fe Is.

Balkan-Händelwurz, Frivalds Händelwurz *Gymnadenia frivaldii* GRISEB.

Synonyme: *Leucorchis frivaldii* (GRISEB.) SCHLECHTER, *Pseudorchis frivaldii* (GRISEB.) P. F. HUNT

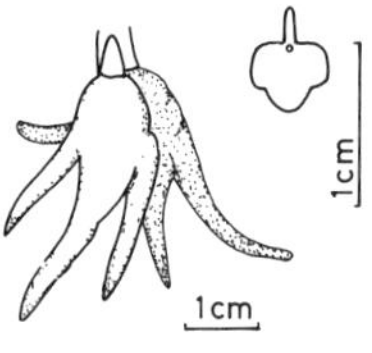

Merkmale: Pflanze mit 2 etwa zur Hälfte handförmig geteilten Knollen. Stengel 10–30 cm hoch, mit meist 2 braunen Schuppenblättern am Grund, darüber 3–5 Laubblättern. Untere Laubblätter länglich-lanzettlich, bis 9 cm lang und 1 (1,5) cm breit. Blütenstand eiförmig, 1,5–3 cm lang, dichtblütig, Tragblätter etwa so lang wie die Fruchtknoten. Blüten weißlich-cremefarben, oft mit rosa Schimmer oder bleichrot. Mittleres Kelchblatt 3–3,5 mm lang, eiförmig, mit den kaum kürzeren seitlichen Kronblättern helmförmig zusammenneigend; seitliche Kelchblätter etwas länger als das mittlere, schief rhombisch, horizontal spreizend; Lippe 3,5–4 mm lang, 3lappig mit zahnartigen Seitenlappen, zuweilen fast ungeteilt, vorn nach unten gebogen; Sporn 1,5–3 mm lang, schlank, am Ende nicht erweitert, schwach gebogen.

Standort: Naßwiesen; subalpine und alpine Stufe, gelegentlich in die montane Stufe bis etwa 1200 m absteigend; über Silikatgestein. **Blütezeit**: Juni bis August. **Fotos**: Ju, Kosovo und Metohija, 19. 6. 82.

Verbreitung: Gebirge der Balkanhalbinsel von Montenegro bis Nordgriechenland, ostwärts bis zum zentralen Balkan in Bulgarien; westliche Südkarpaten. ● **Florenelement**: z+o-submediterran/alpin karpatisch. **Länder**: **Eur**: **SO** Gr Al Ju Bu Rm.

Verwandtschaft: Die Art wird neuerdings stets zur Gattung *Leucorchis* gerechnet, doch sprechen die Merkmale eher für eine enge Verwandtschaft mit *Gymnadenia*; dies sind: Form der Knollen, Farbe der Blüten, Stellung der Perianthblätter, Form von Lippe, Kronblättern und Sporn. Dagegen soll der Bau der Säule dem bei *Leucorchis* entsprechen, was durch die Untersuchung von Frischmaterial nachzuprüfen ist.

Höswurz

Händelwurz

Mücken-Händelwurz *Gymnadenia conopsea* (L.) R. BR.

Synonyme: *G. c. subsp. densiflora* (WAHLENB.) K. RICHTER, *G. c. subsp. montana* BISSE, *G. c. var. alpina* REICHENB. fil., *G. c. var. lapponica* ZETT.

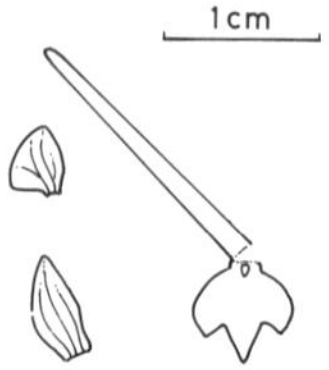

Merkmale: Pflanze mit 2 etwa zur Hälfte handförmig geteilten Knollen. Stengel mit 2–3 Schuppenblättern am Grund und 3–9 Laubblättern. Untere Laubblätter 5–25 cm lang und 0,5–4 cm breit, linealisch bis lanzettlich. Blüten rosa bis rotlila. Kelchblätter 4–7 mm lang, elliptisch, die seitlichen horizontal spreizend, das mittlere mit den etwas kürzeren, eiförmigen seitlichen Kronblättern helmförmig zusammenneigend; Lippe 3,5–6 mm lang, Seitenlappen halb bis fast so lang wie der Mittellappen; Sporn 10–20 mm lang, schlank, abwärts gebogen.
Standort: Feucht- und Naßwiesen, Flachmoore, Magerrasen, Bergwiesen, lichte Wälder; bis 2800 m; auf mäßig trockenen bis nassen, sauren bis basischen Böden. **Blütezeit:** Mai bis August. **Fotos:** Hb, Clare, 5. 8. 84 (l); Hs, Prov. Huesca, 22. 5. 82 (r/o); Ge, Hessen, 16. 6. 60 (r/u); siehe auch S. 271.
Verbreitung: In Europa und Vorderasien verbreitet, aber seltener im mediterranen Florengebiet. Ostwärts durch die temperate und boreale Zone bis Ostasien, in Gebirgen bis in die meridionale Zone (Kaukasien, Nordpersien, durch China bis zum Himalaya). **Florenelement:** meridional/montan submeridional temperat boreal (arktisch). **Länder: Eur: SO** Gr Al Ju Bu Rm RK, **S** Si It Co, **SW** Bl Hs Lu, **W** Ga Be Ho Br Hb, **M** He Au Hu Ge Da Cz Po RB, **N** Su No Fe RN, **O** RW RE RC; **Asi:** An AE.
Variation: Sehr formenreich hinsichtlich Pflanzengröße, Blattbreite, Blütengröße, -farbe und -duft, Spornlänge. Es ist nicht geklärt, ob mehrere Unterarten unterscheidbar sind. Auffällige Typen: »conopsea«, bis 50 cm hoch, Blätter 0,5–1,5 cm breit, Blüten geruchlos, früh blühend; ähnlich sind »alpina« und »lapponica«, Wuchs gedrungen, Blüten intensiv gefärbt, Lippe oft gefleckt; »densiflora«, bis 1 m hoch, Blätter 1–3 (–4) cm breit, Blüten duftend, spät blühend (Foto: l); ähnlich ist »montana« mit geruchlosen Blüten.
Schlüssel für die *Gymnadenia*-Arten:
1 Sporn länger als 10 mm; Lippe tief 3lappig, Winkel zwischen Mittel- und Seitenlappen spitz, unter 90° . . *G. conopsea*
1* Sporn kürzer als 6 mm; Lippe seicht 3lappig; Winkel zwischen Mittel- und Seitenlappen stumpf, über 90° 2
2 Sporn 3,5–6 mm lang; Blütenstand mehr als 2,5mal so lang wie breit . . . . . . *G. odoratissima*
2* Sporn 1,5–3 mm lang; Blütenstand bis 2mal so lang wie breit *G. frivaldii* (S. 62)

Wohlriechende Händelwurz *Gymnadenia odoratissima* (L.) L. C. M. RICHARD

Merkmale: Ähnlich schlankwüchsigen Exemplaren der *G. conopsea.* Stengel bis 30 (50) cm hoch. Blätter linealisch, bis 8 mm breit. Blüten kräftig rosarot bis weiß in allen Zwischenstufen, selten hellgelb, stark duftend. Seitliche Kelchblätter 3–4 mm lang, etwas länger als die übrigen Perianthblätter und die Lippe; Sporn 3,5–6 mm lang, schlank, schwach gebogen.
Standort: Magerrasen und -wiesen, lichte Kiefernwälder, Flachmoore; bis 2500 m; gern auf wechselfeuchten Böden, nur über Kalk. **Blütezeit:** Mai bis August. **Fotos:** Ge, Allgäu, 19. 7. 71 (r); He, Kt. Graubünden, 18. 7. 71 (l).
Verbreitung: In der submeridionalen und temperaten Zone Europas verbreitet, besonders in den Gebirgen; von Südschweden und dem Baltikum bis Nordspanien, Mittelitalien und Nordgriechenland, ostwärts nur wenig in das sarmatische Gebiet Rußlands eindringend.
● **Florenelement:** submediterran/montan pannonisch karpatisch s+(m)-atlantisch s-subatlantisch zentraleuropäisch (sarmatisch). **Länder: Eur: SO** Gr Ju Rm, **S** It, **SW** Hs, **W** Ga Be ?Br, **M** He Au Hu Ge Cz Po RB, **N** Su, **O** RW RC.

»densiflora«

Schwarzes Kohlröschen *Nigritella nigra* (L.) REICHENB. fil.

Synonyme: *N. angustifolia* L. C. M. RICHARD, *Gymnadenia nigra* (L.) REICHENB. fil.

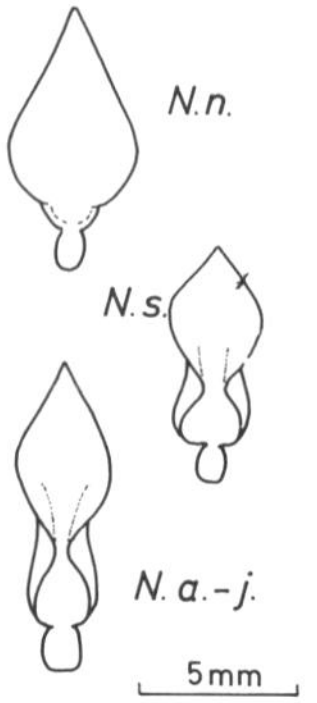

Merkmale: Blütenstand kugelig bis eiförmig. Lippe 6–7 mm lang, um 4 mm breit, konkav, ausnahmsweise sattelförmig verengt; Sporn 1,1–1,5 mm lang. Geschlechtliche Fortpflanzung (Alpen), ungeschlechtliche (Skandinavien). **Variation:** Auffällig sind die hellen Farbvarianten; sie wachsen meist mit der dunklen Normalform, selten auch in größeren Beständen ohne sie wie etwa in Südtirol.
Standort: Magerrasen und -wiesen; meist oberhalb 1300 m, in Skandinavien bis 1300 m; auf basischen bis schwach sauren Böden.
Blütezeit: Juni bis August. **Fotos:** It, Prov. Bozen, 21. 7. 73 (l/o, l/M); He, Kt. Graubünden, 10. 7. 82 (r/o), 17. 7. 75 (r/M).
Verbreitung: Höhere Gebirge Süd- und Mitteleuropas sowie Mittel- und Nordskandinavien.
● **Florenelement:** o-mediterran submediterran s-subatlantisch alpisch karpatisch skandinavisch. **Länder: Eur: SO** Gr Al Ju Bu Rm, **S** It, **SW** Hs, **W** Ga, **M** He Au Hu Ge Cz, **N** Su No, **O** RW.

Schlüssel für die *Nigritella*-Arten:

1 Blüten rotbraun, selten gelb, orange, sehr selten rosa; Lippe konkav, selten auch sattelförmig verengt . . . . . *N. nigra*
1* Blüten rubinrot oder rosa; Lippe konkav, außerdem fast immer im unteren Drittel sattelförmig verengt 2
2 Blüten rubinrot . . . . *N. rubra* (S. 68)
2* Blüten rosa 3
3 Blüten halb geschlossen bleibend, nur die seitlichen Kelchblätter spreizen ab . . . . . . *N. archiducis-joannis*
3* Blüten öffnen sich 4
4 Perianthblätter 2farbig, rosalila mit weißlicher Spitze . . . . *N. stiriaca*
4* Perianthblätter einfarbig (aber Blüten oft verschiedenfarbig) oder 2farbig und an der Spitze dunkler 5
5 Lippe im Hinterabschnitt stark bauchig erweitert, breiter als im Vorderabschnitt . . . . . *N. widderi* (S. 235)
5* Vorderabschnitt der Lippe breiter als der schwach bauchige Hinterabschnitt . . 6
6 Sattelförmige Verengung der Lippe etwa ⅓ vom Lippengrund entfernt; Blüten rosarot (warmer Rotton) *N. corneliana* (S. 68)
6* Sattelförmige Verengung nahe dem Lippengrund; Blüten rosalila (kalter Rotton) . . . . *N. lithopolitanica* (S. 68)

Steirisches Kohlröschen
Nigritella stiriaca (K. RECH.) TEPPNER & E. KLEIN

Merkmale: Blütenstand zylindrisch, wenig bis deutlich länger als breit. Lippe 5,5–6,5 mm lang und 3,5–4 mm breit, 1,5–3 mm über dem Grund sattelförmig verengt; seitliche Kelchblätter dreieckig-eiförmig, etwas breiter als das mittlere und deutlich breiter als die seitlichen Kronblätter; Sporn 1–1,3 mm lang. Ungeschlechtliche Fortpflanzung.
Standort: Alpine Kalkmagerrasen, 1800 bis 2000 m. **Blütezeit:** Juni bis August. **Foto:** Au, Steiermark, 10. 8. 84. **Verbreitung:** Nordöstliche Kalkalpen: endemisch im Salzkammergut. ● **Florenelement:** alpisch. **Land: Eur: M** Au.

Erzherzog-Johann-Kohlröschen
Nigritella archiducis-joannis TEPPNER & E. KLEIN

Merkmale: Blütenstand kugelig. Blüten hell bis dunkel fleischfarben. Lippe, mittleres Kelchblatt und seitliche Kronblätter gerade vorgestreckt, nicht spreizend. Lippe 8 mm lang, 2–4 mm über dem Grund sattelförmig verengt; seitliche Kelchblätter etwas breiter als die seitlichen Kronblätter; Sporn 1,4 mm lang. Ungeschlechtliche Fortpflanzung.
Standort: Alpine Kalkmagerrasen, 1800 bis 2000 m. **Blütezeit:** Juli, August. **Foto:** Au, Steiermark, 3. 8. 84. **Verbreitung:** Nordöstliche Kalkalpen: endemisch im Toten Gebirge. ● **Florenelement:** alpisch. **Land: Eur: M** Au.

Cornelias Kohlröschen *Nigritella corneliana* (BEAUVERD) GÖLZ & REINHARD

Synonyme: *N. nigra subsp. corneliana* BEAUVERD, *N. lithopolitanica subsp. corneliana* (BEAUVERD) TEPPNER & E. KLEIN **Merkmale:** Blütenstand kugelig bis etwas verlängert, zylindrisch. Knospen intensiver gefärbt als die offenen Blüten; Rosa mit Zinnoberkomponente. Lippe 8–9,5 mm lang, meist 1,5–3 mm über dem Grund sattelförmig verengt, selten nahe dem Grund verengt oder nicht verengt; seitliche Kelchblätter nur wenig breiter als die seitlichen Kronblätter; Sporn 0,9–1,2 mm lang. Geschlechtliche Fortpflanzung.

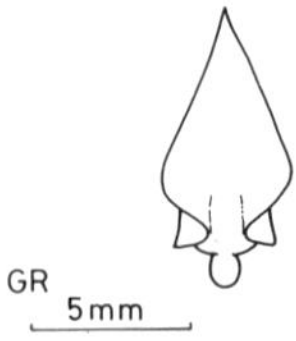

Standort: Alpine Kalkmagerrasen, oberhalb 1800 m. **Blütezeit:** Juli, August, früher als *N. nigra*. **Foto:** It, Prov. Turin, 13. 7. 77. **Verbreitung:** Südwestalpen; von Savoyen südwärts bis zu den Seealpen. ● **Florenelement:** alpisch. **Länder: Eur: S** It, **W** Ga.

Steineralpen-Kohlröschen *Nigritella lithopolitanica* RAVNIK

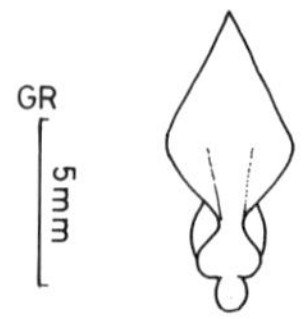

Merkmale: Blütenstand kugelig. Knospen intensiver gefärbt als die offenen Blüten; Rosa mit Blaukomponente. Lippe 6,5–8,5 mm lang, meist nahe dem Grund (selten mehr davon entfernt) sattelförmig verengt. Seitliche Kelchblätter wenig bis deutlich breiter als die seitlichen Kronblätter; Sporn 0,9–1,2 mm lang. Geschlechtliche Fortpflanzung.

Standort: Alpine Kalkmagerrasen, oberhalb 1500 m. **Blütezeit:** Juli, August, früher als *N. nigra*. **Foto:** Au, Kärnten, 10. 7. 81. **Verbreitung:** Südöstliche Kalkalpen; bekannt aus den Steiner Alpen, Ostkarawanken und von der Koralpe; möglicherweise weiter verbreitet. ● **Florenelement:** alpisch. **Länder: Eur: SO** Ju, **M** Au.

Siehe auch Nachtrag Seite 234

Rotes Kohlröschen *Nigritella rubra* (WETTST.) K. RICHTER

Synonyme: *N. nigra subsp. rubra* (WETTST.) BEAUVERD, *Gymnadenia nigra subsp. rubra* (WETTST.) SUNDERMANN, ? *N. miniata* (CRANTZ) JANCHEN (Die Zuordnung des Namens ist umstritten; falls er zu dieser Art gehört, ist er gegenüber *N. rubra* prioritätsberechtigt.)

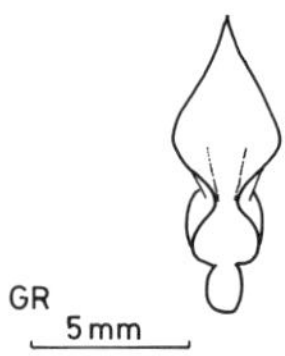

Merkmale: (Die allgemeine Beschreibung gilt zugleich für die anderen Arten der Gattung.) Pflanze mit 2 handförmig geteilten Knollen. Stengel 5–30 cm hoch, mit 2–3 scheidigen Schuppenblättern am Grund, 5–12 Laubblättern in einer Grundrosette und 2–8 weiter oben. Grundblätter grasartig, hohl rinnig; obere Stengelblätter flach, nicht scheidig. Blütenstand kurz, dicht- und reichblütig; Tragblätter etwas kürzer bis so lang wie die Blüten. Blüten nicht gestielt, nicht gedreht (resupiniert) und daher mit nach oben gerichteten Lippen. – Blütenstand oft verlängert zylindrisch, aber auch eiförmig-kugelig. Blüten rubinrot (intensives warmes Rot). Lippe 7–8 mm lang und 4–4,5 mm breit, konkav gebogen und 1,5–2,5 mm über dem Grund sattelförmig verengt; seitliche Kelchblätter etwas breiter als das mittlere und die seitlichen Kronblätter; Sporn 1,3–1,7 mm lang. Ungeschlechtliche Fortpflanzung.

Standort: Alpine Kalkmagerrasen; oberhalb 1300 m; über Kalk und Kalkschiefer. **Blütezeit:** Juni bis August, etwa 2 Wochen früher als *N. nigra*. **Fotos:** Ge, Oberbayern, 20. 6. 72 (l); He, Kt. Tessin, 6. 7. 73 (r).

Verbreitung: Alpen und Karpaten; vom Tessin und Toggenburg ostwärts bis Niederösterreich, rumänische Ost- und Südkarpaten.

● **Florenelement:** alpisch karpatisch. **Länder: Eur: SO** Ju Rm, **S** It, **M** He Au Ge.

Bastarde: *Nigritella-* und *Gymnadenia*-Arten bilden nicht selten Bastarde. Sie sehen *Nigritella* ähnlich, besitzen aber schief orientierte Blüten (Lippenstellung seitwärts, variabel) und Sporne von 3 mm und mehr Länge.

Römisches Knabenkraut *Dactylorhiza romana* (SEBASTIANI) SOÓ

Synonyme: *Orchis romana* SEBASTIANI, *O. pseudosambucina* TEN., *O. mediterranea* KLINGE, *D. sulphurea* FRANCO, *D. sulphurea subsp. pseudosambucina* (TEN.) FRANCO, *D. sambucina subsp. pseudosambucina* (TEN.) SUNDERMANN

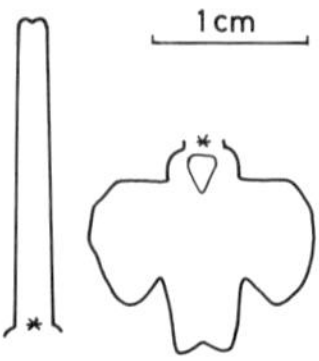

Merkmale: Pflanze mit 2 eiförmig-kugeligen, bis höchstens ⅓ ihrer Länge gespaltenen Knollen. Stengel 15–35 cm hoch, mit 2–3 Schuppenblättern am Grund, 3–7 Laubblättern in einer Grundrosette und 1–3 kleineren Blättern weiter oben. Laubblätter lineal-lanzettlich, bis 15 (20) cm lang und 1,5 (3,5) cm breit. Blütenstand eiförmig-zylindrisch, dicht- und meist reichblütig; Tragblätter etwas länger als die Blüten. Seitliche Kelchblätter aufgerichtet und nach außen gedreht, breit eiförmig, 6–10 mm lang und 3,5–7 mm breit, das mittlere etwas kürzer und über die sehr breiten seitlichen Kronblätter geneigt; Lippe 7,5–12 mm lang und (8–) 10–18 mm breit, ziemlich flach, 3lappig mit vorgezogenem Mittellappen; Sporn gebogen, zylindrisch, 1–1,5 mm dick.

Variation: Die Art tritt in mehreren Farbvarianten auf: Blüten gelb, fleischfarben, rotviolett, cremefarben, dazu Mischtypen. Die Varianten wachsen oft zusammen, kommen aber in manchen Regionen allein vor (z. B. Cy nur gelb).

Standort: Lichte Wälder und Macchien; bis 2000 m; auf mäßig trockenen, oft skelettreichen, schwach sauren bis basischen Böden.

Blütezeit: März bis Juni. **Fotos:** Si, Prov. Messina, 7. 4. 67 (l); It, Prov. Grosseto, 12. 4. 71 (r).

Verbreitung: Östliches und zentrales Mittelmeergebiet, Schwarzmeergebiet; fehlt an der südlichen Levante sowie dem nördlichen submediterranen Gebiet in Jugoslawien und Italien (nordwärts bis Hvar, zur Prov. Grosseto).

● **Florenelement:** o + z-mediterran o + z-submediterran. **Länder:** **Eur:** **SO** Cr Gr Tu Al Ju Bu RK, **S** Si It; **Asi:** LS Cy An AE.

Georgisches Knabenkraut, Gelbliches Knabenkraut

Dactylorhiza flavescens (C. KOCH) HOLUB

Synonyme: *Orchis flavescens* C. KOCH, *O. georgica* (KLINGE) LIPSKY, *D. sambucina subsp. georgica* (KLINGE) SUNDERMANN, *D. romana subsp. georgica* (KLINGE) RENZ & TAUBENHEIM, *D. ruprechtii* AVERYANOV

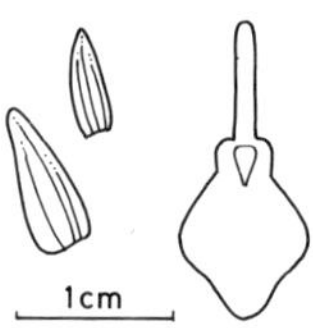

Merkmale: Stengel (5–) 10–40 cm hoch. Grundständige Laubblätter (3–) 5–12, schmal lanzettlich, bis 18 cm lang und 1,5 cm breit. Blütenstand arm- bis reich- und dichtblütig, eiförmig-zylindrisch; Tragblätter so lang oder oft kürzer als die Blüten. Blüten weißlich-gelb mit zitronengelber Lippe oder rot, oft in derselben Population, insgesamt gelbe Pflanzen häufiger. Maße und Stellung der Kelch- und seitlichen Kronblätter wie bei *D. markusii*; Sporn 7–11 mm lang, gebogen, oft fast horizontal gerichtet.

Standort: Lichte Wälder und Gebüsche, Bergwiesen; bis 2000 m; auf mäßig trockenen bis feuchten Böden. **Blütezeit:** April bis Juni. **Fotos:** An, Vil. Gümüşhane, 3. 6. 74 (l); An, Prov. Artvin, 26. 6. 76 (r).

Verbreitung: Gebirge Ostanatoliens, westwärts bis zur Anatolischen Diagonale. Außerdem in Kaukasien, Nord- und Westpersien, Turkomanien.

Florenelement: orientalisch o-submediterran.

Land: **Asi:** An.

Schlüssel für die Arten der *Dactylorhiza-romana*-Gruppe:

1 Sporn (13–) 17–25 mm lang, länger als der Fruchtknoten, meist steil aufrecht . . . . . *D. romana*

1* Sporn 7–15 mm lang, oft kürzer als der Fruchtknoten, meist schräg aufrecht . . 2

2 Lippe (ausgebreitet!) meist deutlich breiter als lang, 7–10 × (8–) 10–14 mm, 3lappig . . . . . . *D. markusii* (S. 72)

2* Lippe wenig breiter als lang oder länger als breit, 5–9 × 5–9 (–11) mm, 3lappig oder ungeteilt . . . . *D. flavescens*

Sizilianisches Knabenkraut *Dactylorhiza markusii* (TINEO) H. BAUMANN & KÜNKELE

Synonyme: *Orchis markusii* TINEO, *D. sambucina subsp. siciliensis* (KLINGE) SUNDERMANN, *D. sulphurea subsp. siciliensis* (KLINGE) FRANCO, *Orchis sicula* TINEO, *O. sulphurea* LINK

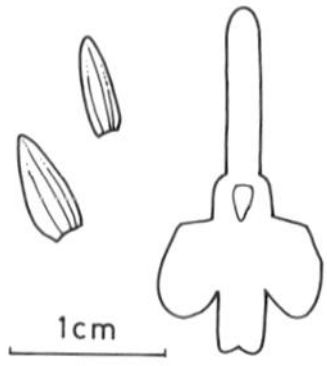

Merkmale: Pflanze mit 2 eiförmig-kugeligen, an der Spitze wenig gespaltenen Knollen. Stengel 15–45 cm hoch, mit 2–3 Schuppenblättern am Grund, 5–7 Laubblättern in einer Grundrosette und 2–4 kleineren Blättern weiter oben. Grundblätter schmal lanzettlich, bis 18 cm lang und 1,6 cm breit. Blütenstand dicht- und reichblütig, eiförmig-zylindrisch; Tragblätter etwa so lang wie die Blüten. Blüten weißlich-gelb, die Lippe hell zitronengelb ohne rote Zeichnung. Seitliche Kelchblätter aufgerichtet und nach außen gedreht, eiförmig, 5,5–10 mm lang und 2,5–4 mm breit, das mittlere etwas kleiner und über die seitlichen Kronblätter geneigt; Lippe konvex gewölbt, 3lappig mit vorgezogenem Mittellappen; Sporn 9–13 (–15) mm lang und meist um 2 mm dick, manchmal dünner, gebogen, oft flach zusammengedrückt, am Ende abgerundet bis gekerbt, schräg aufrecht.

Standort: Lichte Wälder, meist halbschattig wachsend, auch Bergwiesen; bis 1900 m; auf frischen bis mäßig feuchten, sauren Böden. **Blütezeit:** März bis Juni. **Fotos:** Si, Prov. Palermo, 17. 4. 80 (l); Hs, Prov. Jaén, 4. 6. 70 (r).

Verbreitung: Westliches Mittelmeerbecken; Areal mit südlichem Schwerpunkt in der meridionalen Zone, ostwärts bis Kalabrien.

● **Florenelement:** z + w-mediterran w-submediterran. **Länder: Eur: S** Si It Sa, **SW** Bl Hs Lu; **Afr:** Ag Ma.

Problematik: Die Sippengrenzen in der *D.-romana*-Gruppe sind genauer zu untersuchen. Für Anatolien werden Pflanzen mit intermediären Merkmalen zwischen *D. romana* und *D. flavescens* angegeben. Ferner ist die Ähnlichkeit zwischen *D. markusii* und *D. flavescens* auffällig.

Insel-Knabenkraut *Dactylorhiza insularis* (SOMMIER) LANDWEHR

Synonyme: *Orchis insularis* SOMMIER, *D. sambucina subsp. insularis* SOÓ, *D. romana subsp. bartonii* HUXLEY & P. F. HUNT, *D. insularis var. bartonii* (HUXLEY & P. F. HUNT) LANDWEHR

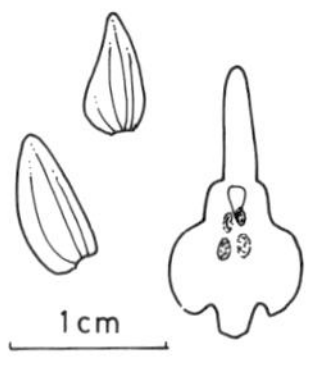

Merkmale: Pflanze mit 2 eiförmigen, an der Spitze wenig gespaltenen Knollen. Stengel 20–50 cm hoch. Laubblätter 6–8, hellgrün, am Stengel verteilt und nicht in einer deutlichen Grundrosette, länglich-lanzettlich, bis 15 cm lang und 2 cm breit, ungefleckt. Blütenstand ziemlich locker, zylindrisch, bis 20blütig; Tragblätter so lang oder kürzer als die Blüten. Blüten zitronengelb. Seitliche Kelchblätter horizontal bis schräg aufrecht spreizend, eiförmig, 7–10 mm lang und 3,5–5 mm breit, das mittlere etwas kürzer und über die seitlichen Kronblätter geneigt; Lippe 5–9 mm lang und 5,5–11 mm breit, fast flach, 3lappig, Mittellappen kleiner bis fast so groß wie die Seitenlappen und vorgezogen; Sporn zylindrisch, 7,5–11 mm lang, 1,5–2 mm dick, gerade, horizontal oder leicht ab- oder aufwärts gerichtet.

Variation: Die Lippe ist unterschiedlich rot gezeichnet, selten ungezeichnet. Oft sind wenige Punkte vorhanden, die bei anderen Pflanzen zu 2 großen leuchtenden Flecken verschmolzen sind (Variante »bartonii«).

Standort: Kiefern- und Kastanienwälder, Magerwiesen; bis 1500 m; auf mäßig trockenen bis mäßig feuchten, sauren Böden. **Blütezeit:** April bis Juni. **Fotos:** Sa, Prov. Sassari, 28. 4. 84 (l); Hs, Prov. Teruel, 8. 6. 67 (r).

Verbreitung: Westliches Mittelmeerbecken; ähnlich wie *D. markusii* verbreitet, doch mit nördlichem Schwerpunkt in der submediterranen Zone. Östlichste Funde auf den tyrrhenischen Inseln Elba und Gíglio sowie auf dem Festland in der Prov. Grosseto, nördlichste Funde in den Corbières. ● **Florenelement:** z + w-mediterran z + w-submediterran. **Länder: Eur: S** It Sa Co, **SW** Hs, **W** Ga.

Holunder-Knabenkraut *Dactylorhiza sambucina* (L.) SOÓ

Synonym: *Orchis sambucina* L. (Neuerdings wird die Art manchmal »*D. latifolia*« genannt.)

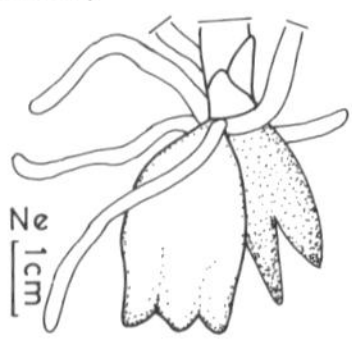

Merkmale: Pflanze mit 2 eiförmigen, halb oder weniger tief gespaltenen Knollen. Stengel 10–30 cm hoch, hohl, am Grund mit 2 Schuppenblättern, darüber 4–7 Laubblätter, diese am Stengel verteilt oder die unteren rosettig genähert, lanzettlich, 5–12 cm lang und 1–2,5 (–3) cm breit, ungefleckt. Blütenstand eiförmig, dicht- und reichblütig; Tragblätter so lang oder länger als die Blüten. Seitliche Kelchblätter schräg abstehend bis aufgerichtet, schmal eiförmig, 8–13 mm lang und 4–5,5 mm breit, das mittlere etwas kürzer und über die eiförmigen seitlichen Kronblätter geneigt; Lippe quer-elliptisch, 7,5–11 mm lang und 11–17 mm breit, meist schwach, selten tief 3lappig oder ungeteilt, leicht konvex; Sporn zylindrisch-kegelförmig, abwärts gebogen, 10–15 mm lang, etwa 3 mm dick.

Variation: Die Art tritt in 2 Farbvarianten auf, die in den Populationen oft gemeinsam wachsen: die nach Holunder duftenden Blüten sind gelb oder rot; Lippe mit feinen bis kräftigen Punkten in Schleifenmuster.

Standort: Lichte Wälder, Magerrasen und -wiesen; bis 2100 m; auf mäßig trockenen bis wechselfeuchten, basenreichen, oft schwach sauren Böden. **Blütezeit:** März bis Juli. **Fotos:** It, Prov. Cúneo, 15. 6. 84 (r); It, Prov. Fóggia, 1. 4. 74 (l).

Verbreitung: In Europa von der meridionalen zur temperaten Zone verbreitet, meidet aber extreme Klimate, fehlt im pontischen, w-mediterranen und atlantischen Gebiet, im sarmatischen Gebiet nur im Westen, ostwärts bis zum Oberlauf des Dnjepr. ● **Florenelement:** o+z-mediterran submediterran pannonisch subatlantisch zentraleuropäisch sarmatisch. **Länder: Eur: SO** Gr Al Ju Bu Rm, **S** Si It ?Co, **SW** Hs ?Lu, **W** Ga, **M** He Au Hu Ge Da Cz Po RB, **N** Su No Fe, **O** RW RC.

Iberisches Knabenkraut *Dactylorhiza iberica* (WILLD.) SOÓ

Synonym: *Orchis iberica* WILLD.

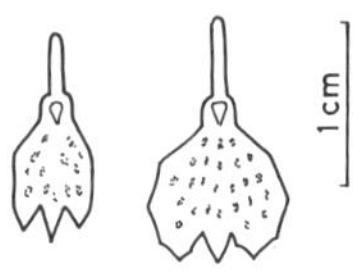

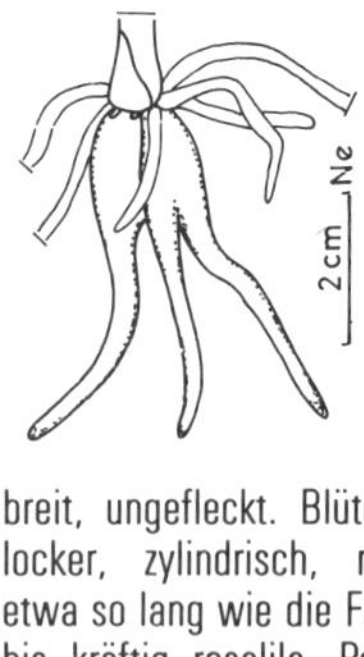

Merkmale: Pflanze mit 2 schmal-rübenförmigen, ganzen oder gespaltenen Knollen, im Herbst bis 6 cm lange, dünne unterirdische Ausläufer treibend (vegetative Vermehrung). Stengel 20–60 cm hoch, mit 2–3 Schuppenblättern am Grund und 3–7 Laubblättern, diese lineal-lanzettlich, bis 25 cm lang und 2 (3) cm breit, ungefleckt. Blütenstand meist ziemlich locker, zylindrisch, reichblütig; Tragblätter etwa so lang wie die Fruchtknoten. Blüten hell bis kräftig rosalila. Perianthblätter zu einem lockeren, nur selten geschlossenen Helm zusammenneigend; Kelchblätter eiförmig, 5–9 mm lang und 2–4 mm breit, seitliche Kronblätter etwas kürzer und schmäler; Lippe rot gepunktet, von variabler Form, 7,5–11 mm lang und 6–9 mm breit, am Grund stielförmig verschmälert, 3lappig mit kleinem, oft zahnförmigem Mittellappen, selten ungeteilt, flach; Sporn zylindrisch, abwärts gebogen, 5–7 mm lang, etwa 1 mm dick.

Standort: Naßwiesen; 600–2500 m; auf kalkreichen Böden. **Blütezeit:** Juni bis August. **Fotos:** An, Vil. Kastamonu, 23. 7. 83 (l); An, Vil. Bolu, 22. 7. 82 (r); siehe auch S. 262.

Verbreitung: Vorderasien, Krim, Griechenland; die Art ist in Anatolien weit verbreitet, reicht an der Levante bis zum Libanon, fehlt aber dem ägäischen Gebiet; weiter westlich besiedelt sie ein isoliertes Teilareal in den griechischen Gebirgen (Westmazedonien bis Nordpeloponnes). Außerdem in Kaukasien, Nord- und Westpersien.

Florenelement: o-mediterran orientalisch o-submediterran. **Länder: Eur: SO** Gr RK; **Asi:** LS Cy An.

Persisches Knabenkraut *Dactylorhiza umbrosa* (KAR. & KIR.) NEVSKI

Synonyme: *Orchis umbrosa* KAR. & KIR., *O. turcestanica* (KLINGE) KLINGE, *O. sanasunitensis* H. FLEISCHM., *D. persica* (SCHLECHTER) SOÓ, *D. sanasunitensis* (H. FLEISCHM.) SOÓ, *D. vanensis* E. NELSON, *D. incarnata subsp. turcestanica* (KLINGE) SUNDERMANN, *D. chuhensis* RENZ & TAUBENHEIM

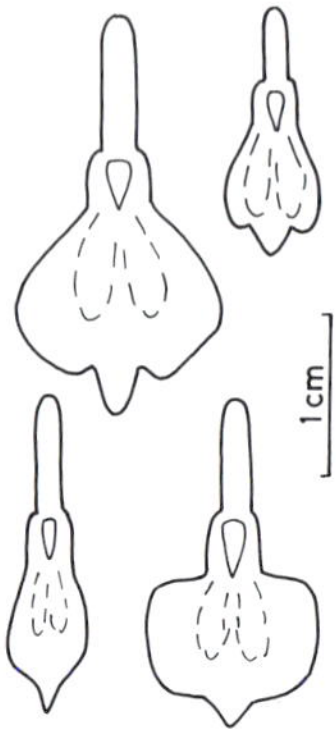

Merkmale: Stengel 10–60 (–80) cm hoch, hohl, mit 4–9 Laubblättern, diese lanzettlich, 6–16 (–22) cm lang und 1,5–4 (–6) cm breit, um die Mitte am breitesten. Blütenstand dicht- und reichblütig, (eiförmig-)zylindrisch. Blüten purpur- oder magentarot, selten rosa. Seitliche Kelchblätter schräg aufgerichtet, (eiförmig-)lanzettlich, 6,5–11 mm lang und 2,5–5 mm breit; seitliche Kronblätter schmal lanzettlich, 5–9 mm lang; Lippe auf dem hellen Mittelteil mit Zeichnung im Schleifenmuster, von sehr variabler Form, oft länger als breit mit keilförmigem Grund, auch breiter als lang mit gestutztem Grund, 6–13 mm lang und 4–12 mm breit, fast flach, ungeteilt oder 3lappig mit zahnförmig aufgesetztem Mittellappen; Sporn zylindrisch-kegelförmig, 7–13 (–15) mm lang und 2–3,5 (–5) mm dick, abwärts gebogen.
Standort: Naßwiesen, feuchtes Gebüsch; 1300–2800 m. **Blütezeit:** Mai bis Juli. **Fotos:** An, Vil. Erzurum, 2. 7. 82 (l); An, Vil. Van, 15. 5. 72 (M); An, Vil. Ağrı, 21. 5. 74 (r).
Verbreitung: Ost- und Südostanatolien von der Prov. Erzincan ostwärts, ein Fund weiter westlich (Prov. Maraş). Außerdem von irakisch Kurdistan und Transkaukasien durch Persien, Afghanistan bis Mittelasien (Kasachstan).
Florenelement: orientalisch. **Land: Asi:** An.
Variation: Ab und zu treten Pflanzen mit ein- oder beidseitig gefleckten Blättern auf (»vanensis«, »chuhensis«, Foto: r).

Osmanisches Knabenkraut *Dactylorhiza osmanica* (KLINGE) SOÓ

Synonyme: *Orchis osmanica* (KLINGE) LIPSKY, *O. cataonica* H. FLEISCHM., *O. cilicica* (KLINGE) SCHLECHTER, *D. cataonica* (H. FLEISCHM.) J. HOLUB, *D. cilicica* (KLINGE) SOÓ, *D. incarnata subsp. cilicica* (KLINGE) SUNDERMANN, *D. elata subsp. anatolica* E. NELSON, *D. osmanica var. anatolica* (E. NELSON) RENZ & TAUBENHEIM

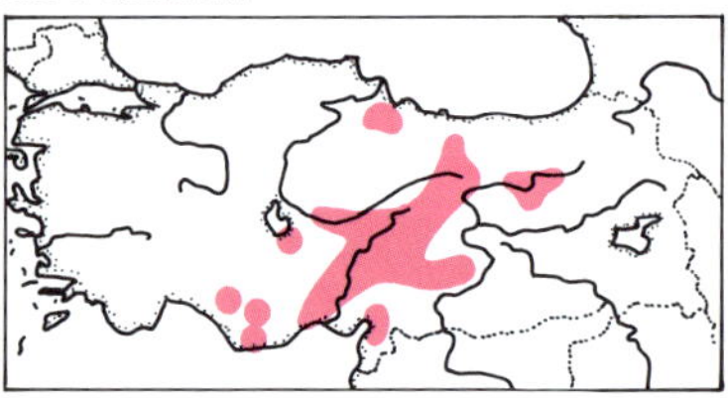

Merkmale: Stengel 20–100 (–120) cm hoch, hohl, mit 4–10 Laubblättern, diese flach oder gefaltet, breit lanzettlich, 10–22 cm lang und 2–5 cm breit, in der Mitte am breitesten. Blütenstand dicht- und reichblütig, zylindrisch; Tragblätter länger als die Blüten. Blüten purpurrot, selten heller. Seitliche Kelchblätter schräg bis senkrecht aufgerichtet, eiförmig-lanzettlich, 8–14 mm lang und 3,5–5,5 mm breit; seitliche Kronblätter 6–10 mm lang; Lippe auf dem hellen Mittelteil mit Schleifenmuster, manchmal auch in der Randzone verwaschen gezeichnet, rundlich bis quer-elliptisch, (7–) 9–16 mm lang und (8–) 11–16 mm breit, schwach konvex, ungeteilt oder angedeutet 3lappig; Sporn zylindrisch-kegelförmig, leicht gebogen, 5–11 mm lang und 3–4 mm dick. Hochwüchsige Pflanzen entsprechen der Variante »anatolica«.
Standort: Naßwiesen, bachbegleitende Staudenfluren; 500–2400 m. **Blütezeit:** Mai bis Juli. **Fotos:** An, Vil. Konya, 18. 6. 76 (l); An, Vil. Samsun, 13. 6. 73 (r).
Verbreitung: Die Art gehört zu einem in Anatolien häufigen Verbreitungstyp; sie wächst in einem etwa 250 km breiten Streifen entlang der Anatolischen Diagonalen, die von der Bucht von İskenderun nach Nordosten verläuft (entlang der Linie Adana–Trabzon).
● **Florenelement:** o-mediterran orientalisch o-submediterran. **Länder: Asi:** ?LS An.

»chuhensis«

Nieschalks Knabenkraut *Dactylorhiza nieschalkiorum* H. BAUMANN & KÜNKELE

Synonyme: *D. osmanica* autorum (nicht SOÓ, siehe S. 76), *D. maculata subsp. osmanica* SUNDERMANN **Merkmale:** Pflanze mit 2 tief gespaltenen Knollen. Stengel (20–) 40–70 cm hoch, hohl, mit 4–7 Laubblättern, diese eiförmig-lanzettlich, 8–20 cm lang und 2–6,5 cm breit, etwas über der Mitte am breitesten. Blütenstand sehr dicht- und reichblütig (bis 90 Blüten); Tragblätter etwas länger als die Blüten. Blüten (purpur)rot. Seitliche Kelchblätter schräg aufrecht oder vorgeneigt, eiförmig-lanzettlich, 11–17 mm lang und 4–6 mm breit; seitliche Kronblätter 8,5–13 mm lang; Lippe auf der ganzen Fläche reich gezeichnet (meist kein Schleifenmuster), breit-elliptisch, 10–16 mm lang und 14–23 mm breit, flach oder mit etwas aufgebogenen Rändern, schwach 3lappig, Mittellappen meist viel kleiner als die Seitenlappen und vorgezogen; Sporn dick-zylindrisch, gerade (8–) 10–15 mm lang und 3–6 mm dick, abwärts gerichtet oder fast horizontal.

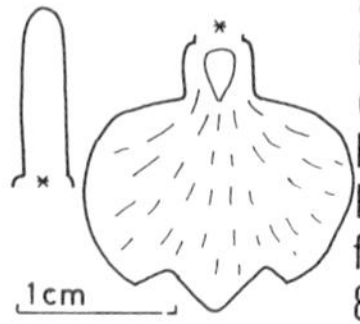

Standort: Naßwiesen, auch Naßstellen in lichten Wäldern; 1000–1700 m. **Blütezeit:** Juni bis August. **Fotos:** An, Vil. Bolu, 18. 6. 75 (l); An, Vil. Kastamonu, 21. 7. 82 (r).
Verbreitung: Nordostanatolisches Küstengebirge vom Vil. Bursa (Bithynischer Olymp = Ulu dağ) bis zum Vil. Ordu, Hauptvorkommen in den Vil. Bolu und Kastamonu.
● **Florenelement:** o-submediterran. **Land:** **Asi:** An.
Schlüssel für die Arten der *Dactylorhiza-urvilleana*-Gruppe:

1 Sporn deutlich (mehr als 1¼mal) länger als die Lippe; Lippe meist kleiner als 10 × 15 mm; Blätter meist kräftig gefleckt, oft auch die Tragblätter . . *D. urvilleana*

1* Sporn etwa so lang wie die Lippe; Lippe meist größer als 10 × 15 mm; Blätter ungefleckt oder gefleckt (Flecken oft klein oder verwaschen) . . . . *D. nieschalkiorum*

D'Urvilles Knabenkraut *Dactylorhiza urvilleana* (STEUDEL) H. BAUMANN & KÜNKELE

Synonyme: *Orchis urvilleana* STEUDEL, *O. triphylla* C. KOCH, *O. amblyoloba* NEVSKI, *D. triphylla* (C. KOCH) CZEREP., *D. maculata subsp. triphylla* (C. KOCH) SUNDERMANN

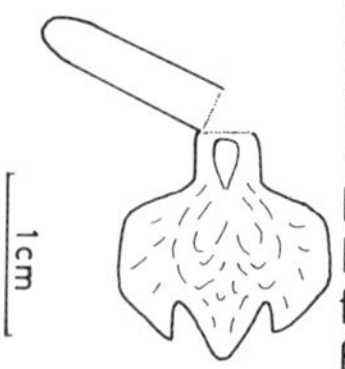

Merkmale: Pflanze mit 2 tief gespaltenen Knollen. Stengel (15–) 30–70 cm hoch, hohl, mit 3–9 Laubblättern, diese eiförmig-lanzettlich, 6–20 cm lang und 1,2–5 cm breit, etwas über der Mitte am breitesten. Blütenstand dicht- und reichblütig; Tragblätter länger als die Blüten, manchmal um das Mehrfache. Blüten purpurrot bis rotviolett, zuweilen rosa. Seitliche Kelchblätter schräg aufrecht oder vorgeneigt, eiförmig-lanzettlich, 8–13 mm lang und 3–4,5 mm breit; seitliche Kronblätter 6,5–9 mm lang; Lippe auf der gesamten Fläche reich gezeichnet (Schleifenmuster meist ausgeprägt), breit-elliptisch, 8–12 (–14) mm lang und 11–17 (–19) mm breit, flach oder etwas konvex gefaltet, 3lappig, selten fast ungeteilt, Mittellappen kleiner als die Seitenlappen und vorgezogen; Sporn dick-zylindrisch, gerade, 11–17 mm lang und 2,5–5 mm dick, fast horizontal.
Standort: Nasse Wälder, Naßwiesen; bis 2600 m. **Blütezeit:** Juni bis August. **Fotos:** An, Vil. Gümüşhane, 18. 7. 82 (l); An, Vil. Artvin, 10. 7. 82 (r).
Verbreitung: Nordanatolisches Küstengebirge vom Vil. Kastamonu an ostwärts, dringt in Ostanatolien südwärts bis zu den Vil. Erzincan und Erzurum vor. Außerdem in Kaukasien.
Florenelement: (orientalisch) o-submediterran. **Land:** **Asi:** An.
Verwandtschaft: *D. urvilleana* steht *D. saccifera* nahe (ob in Anatolien gut getrennt?). Ähnlich ist ferner *D. lancibracteata* (C. KOCH) RENZ (= *Orchis lancibracteata* C. KOCH) aus dem Kaukasus und Nordpersien. Sie besitzt im Durchschnitt etwas kürzere Sporne. Manchmal wird sie zu *D. urvilleana* gerechnet.

Schwarzmeer-Knabenkraut *Dactylorhiza euxina* (NEVSKI) CZEREP.

Synonyme: *Orchis euxina* NEVSKI, *O. caucasica* (LIPSKY) LIPSKY, *D. caucasica* (LIPSKY) SOÓ, *D. majalis subsp. caucasica* (LIPSKY) SUNDERMANN, *D. euxina var. markowitschii* (SOÓ) RENZ & TAUBENHEIM, *D. markowitschii* (SOÓ) AVERYANOV

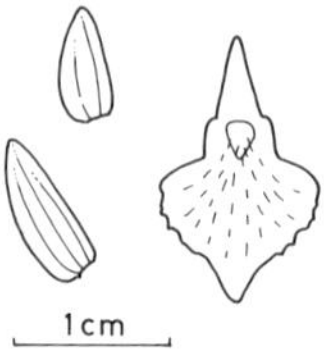

Merkmale: Stengel 5–25 (–35) cm hoch. Laubblätter 3–6, eiförmig, ungefleckt oder gefleckt. Blüten (purpur-)rot. Seitliche Kelchblätter 8–14 mm lang und 3–5 mm breit; Lippe 7–10 (–13) mm lang und 8–13 (–15) mm breit, ungeteilt oder angedeutet 3lappig, ei- bis herzförmig, mit grob gezähntem, aufgebogenem Rand; Sporn 6–9 mm lang und 3–4 mm dick.
Standort: Naßwiesen der oberen montanen und alpinen Stufe; 1700–2800 m; (Bodenansprüche ?). **Blütezeit:** Juni, Juli. **Fotos:** An, Vil. Artvin, 25. 6. 78 (l); An, Vil. Kars, 6. 7. 82 (r). **Verbreitung:** Gebirge Nordostanatoliens, westwärts bis Vil. Giresun, südwärts bis Vil. Erzurum und Ağrı. Außerdem in Kaukasien. **Florenelement:** (orientalisch) o-submediterran. **Land: Asi:** An.

Schlüssel für die Arten der *Dactylorhiza-majalis*-Gruppe:

1 Sporn zylindrisch (Aufsicht von oben!), 8–14 (oft mehr als 10) mm lang; Blätter meist in oder unter der Mitte am breitesten . . . . *D. majalis* (S. 82)
1* Sporn kegelförmig, am Ansatz erweitert, 5–12 (oft weniger als 10) mm lang; Blätter meist in oder über der Mitte am breitesten 2
2 Lippe mit deutlichem Schleifenmuster aus Strichen und in der Randzone nicht gezeichnet; größte Blätter 5–15 cm lang und 2–5,5 cm breit . . . . *D. cordigera*
2* Lippe meist ohne oder mit angedeutetem Schleifenmuster, bis in die Randzone (verwaschen) punktiert; größte Blätter 3–6 (–9) cm lang und 1–2,5 (–5) cm breit . . . . *D. euxina*

Herz-Knabenkraut *Dactylorhiza cordigera* (FRIES) SOÓ

Synonyme: *Orchis cordigera* FRIES, *O. bosniaca* G. BECK, *D. lagotis* (REICHENB. fil.) H. BAUMANN, *D. cordigera subsp. bosniaca* (G. BECK) SOÓ, *D. cordigera subsp. siculorum* (SOÓ) SOÓ, *D. majalis subsp. cordigera* (FRIES) SUNDERMANN

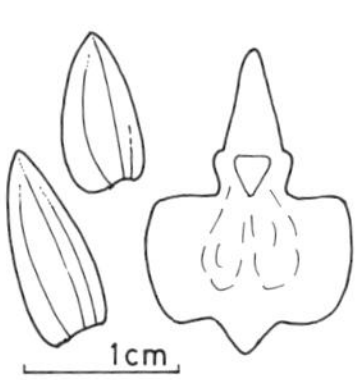

Merkmale: Pflanze mit 2 tief gespaltenen Knollen. Stengel 15–40 cm hoch, hohl, mit 2–3 Schuppenblättern am Grund, darüber 3–7 Laubblätter, diese (breit) eiförmig bis breit lanzettlich, kräftig oder seltener schwach gefleckt, selten ungefleckt. Blütenstand eiförmig bis zylindrisch, bis 12 cm lang und 40blütig; Tragblätter oft viel länger als die Blüten. Blüten purpurn, selten purpurrosa. Seitliche Kelchblätter schräg aufgerichtet bis vorgeneigt, eiförmig, 10–16 mm lang und 3,5–6 mm breit, das mittlere über die breit eiförmigen, 8–12,5 mm langen seitlichen Kronblätter geneigt; Lippe 8–16 mm lang und (8–) 10–20 mm breit, von sehr variabler Form, ungeteilt (eiförmig, rhombisch, breit herzförmig) bis tief 3lappig mit meist vorgezogenem Mittellappen, Seitenlappen flach oder hochgebogen, oft gezähnt; Sporn kegelförmig, 5–12 mm lang und am Ansatz 3–5 mm dick, halb so lang bis etwas länger als die Lippe, abwärts gerichtet.
Standort: Naßwiesen der montanen und unteren alpinen Stufe; bis 2400 m; auf nährstoffreichen Böden. **Blütezeit:** Mai bis Juli. **Fotos:** Gr, Nomos Serres, 10. 6. 83 (l); Ju, Kosovo und Metohija, 19. 6. 82 (M, r).
Verbreitung: Nördliche Balkanhalbinsel; von Nordgriechenland bis Bosnien und Bulgarien, Süd- und Ostkarpaten.
● **Florenelement:** o + z-submediterran karpatisch. **Länder: Eur: SO** Gr Al Ju Bu Rm, **O** RW.
Variation: Die Art ist in Wuchs und Blütenmerkmalen sehr variabel. Hochwüchsige Pflanzen mit langen Spornen (»siculorum«) nähern sich *D. majalis.*

Breitblättriges Knabenkraut *Dactylorhiza majalis* (REICHENB.) P. F. HUNT & SUMMERHAYES

Synonyme: *Orchis latifolia* L. p. p., *D. latifolia* (L. p. p.) SOÓ, *D. fistulosa* (MOENCH) H. BAUMANN & KÜNKELE. Die wissenschaftliche Benennung der Art ist umstritten. **Merkmale**: Stengel 15–40 (–60) cm hoch, hohl, mit 3–6 (–9) Laubblättern, diese eiförmig-lanzettlich, 6–16 cm lang und 1,5–3,5 (–5) cm breit, oberseits (selten beidseits) gefleckt oder weniger häufig ungefleckt. Blütenstand zylindrisch, bis 10 (16) cm lang und 35 (50)blütig; Tragblätter länger als die Blüten, am Rand scharf gezähnt (Lupe!), Blüten hell bis dunkel purpurn oder purpurrot. Seitliche Kelchblätter schräg oder senkrecht aufgerichtet, selten vorgeneigt, schmal eiförmig, 7–12,5 mm lang und 2,5–5 mm breit; seitliche Kronblätter 5–9 mm lang; Lippe im hellen Mittelteil mit Schleifenmuster, zuweilen auch in der Randzone gezeichnet, 5–10 mm lang und 7–14 mm breit, 3lappig mit vorgezogenem Mittellappen und ausgebreiteten bis herabgebogenen Seitenlappen; Sporn schwach abwärts gebogen.

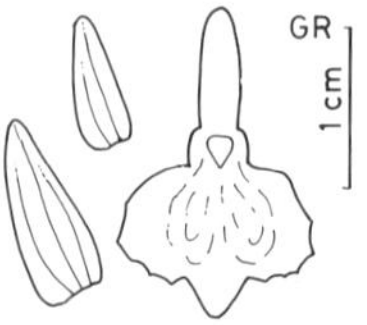

Standort: Naßwiesen, Quellsümpfe; bis 2500 m; auf nährstoffreichen Böden. **Blütezeit**: Mai bis August. **Fotos**: Ga, Dept. Moselle, 22. 5. 71 (l); Be, Prov. Luxembourg, 30. 5. 83 (r).
Verbreitung: Submeridionales und besonders temperates Europa, fehlt im Osten und Südosten. Südwärts bis Nordspanien, in Italien nicht südlich der Alpen, auf der Balkanhalbinsel wahrscheinlich nur im Norden; ob auch im pontischen Gebiet (Ostrand der Karpaten)?
● **Florenelement**: z + w-submediterran pannonisch (?pontisch) s + m-atlantisch subatlantisch zentraleuropäisch. **Länder**: **Eur**: **SO** Ju Rm, **S** It, **SW** Hs, **W** Ga Be Ho, **M** He Au Hu Ge Da Cz Po RB, **N** Su No, **O** RW.
Variation: In den Alpen wachsen Pflanzen mit großen, schwach oder nicht 3lappigen Lippen (*D. majalis subsp. alpestris* [PUGSLEY] SENGHAS, **Syn.**: *Orchis alpestris* PUGSLEY). Ihr Status ist zu überprüfen. – Siehe auch S. 94.

Kalopissis' Knabenkraut *Dactylorhiza kalopissii* E. NELSON

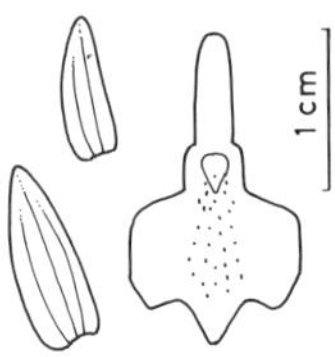

Merkmale: Stengel 20–60 cm hoch, hohl, mit 4–9 Laubblättern, diese lanzettlich, 9–18 cm lang und 2–5,5 cm breit, ungefleckt oder gefleckt (oft punktiert). Blütenstand zylindrisch, dichtblütig; Tragblätter etwa so lang wie die Blüten. Blüten rosa bis hell-lila, selten dunkler getönt. Seitliche Kelchblätter schräg aufgerichtet bis nach vorn geneigt, schmal eiförmig, 8–15 mm lang und 3–5,5 mm breit; seitliche Kronblätter 7–11 mm lang; Lippe im helleren Mittelteil mit Punkten (selten auch Strichen) in Reihen oder im Schleifenmuster gezeichnet, 8,5–12 mm lang und 9–15 mm breit, 3lappig bis nahezu ungeteilt, Mittellappen vorgezogen, Seitenlappen flach oder wenig herabgebogen; Sporn zylindrisch, 8–12,5 mm lang und 2,5–4 mm dick.
Standort: Naßwiesen, Flachmoore; 1200 bis 1600 m; auf nährstoffreichen, wahrscheinlich meist kalkarmen Böden. **Blütezeit**: Mai, Juni. **Fotos**: Gr, Nomos Ioannina, 7. 6. 83 (l, M).
Verbreitung: Nordwestgriechenland; Pindusgebirge, in der weiteren Umgebung des Katara-Passes. ● **Florenelement**: o-submediterran. **Land**: **Eur**: **SO** Gr.
Problematik: In den höheren Gebirgen Nord- und Nordwestgriechenlands wachsen ähnliche Sippen, die bisher wenig untersucht sind. Gemeinsames Kennzeichen sind die hellroten Blüten, in anderen Merkmalen (etwa Blatt- und Blütenmaße) ist die Variation beträchtlich. Eine der Sippen ist vor kurzem als ***D. graeca*** H. BAUMANN beschrieben worden, sie wächst in Naßwiesen des Varvous-Gebirges bei 1500 m; Merkmale: Blätter schmal lanzettlich, 13–20 cm lang und 1,5–2,5 cm breit, seitliche Kelchblätter 10–12 mm lang und 3–4 mm breit, Lippe schwach 3lappig, 9–10 mm lang und 10–11 mm breit, Sporn 8–9 mm lang. **Foto**: Gr, Nomos Serres, 2. 7. 81 (r).

D. kalopissii

D. graeca

Purpurblütiges Knabenkraut *Dactylorhiza purpurella* (T. & T. A. STEPHENSON) SOÓ

Synonyme: *Orchis purpurella* T. & T. A. STEPHENSON, *D. majalis subsp. purpurella* (T. & T. A. STEPHENSON) D. MORESBY MOORE & SOÓ, *D. purpurella subsp. majaliformis* LØJTNANT (nicht E. NELSON, siehe unten), *D. purpurella var. pulchella* (DRUCE) SOÓ (nicht verwechseln mit *D. incarnata* »pulchella«, S. 90!).

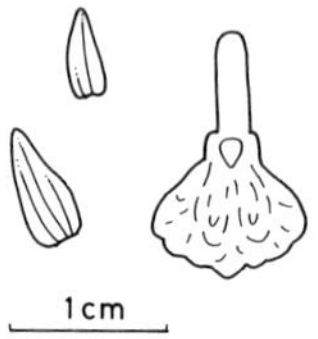

Merkmale: Pflanze mit 2 tief gespaltenen Knollen. Stengel 10–30 (–40) cm hoch, hohl, mit 2–3 Schuppenblättern am Grund, darüber 4–8 Laubblätter, diese eiförmig-lanzettlich, 5–10 (–16) cm lang und (1–) 1,5–3,5 cm breit, meist ungefleckt, auch gefleckt (»majaliformis«), keines oder die 1–2 obersten nicht scheidig stengelumfassend. Blütenstand zylindrisch, dicht, kurz (bis 7 cm lang); Tragblätter kürzer bis so lang wie die Blüten, am Rand scharf gezähnt (Lupe!). Blüten meist dunkel, selten heller purpurrot bis karminrot. Seitliche Kelchblätter schräg aufgerichtet, schmal eiförmig, 6–8,5 mm lang und 2,5–3,5 mm breit, oft gefleckt; seitliche Kronblätter 5–6 mm lang; Lippe mit auf die Randzone ausgedehntem Schleifenmuster, manchmal mit Punkten und Strichen (»pulchella«), breit rhombisch, 5–8 mm lang und 6,5–12 mm breit; Sporn zylindrisch(-kegelförmig?), gerade, 6–10 mm lang und 2–3,5 mm dick.

Standort: Naßwiesen und Quellsümpfe, oft in Küstennähe, Dünensenken; bis 500 m; auf neutralen bis schwach sauren Böden. **Blütezeit:** Juni, Juli; 3–4 Wochen später als *D. kerryensis*. **Fotos:** Br, Highland, 9. 7. 75 (l); Br, Cumbria, 13. 6. 80 (r).

Verbreitung: Atlantisches Europa und Südschweden; südwärts auf den Britischen Inseln bis Irland, Wales und Nordengland, isoliert in Hampshire, nordwärts an der Küste Norwegens bis Sør-Trøndelag, ostwärts bis Nordjütland, isoliert in Schonen. ● **Florenelement:** m + n-atlantisch (n-subatlantisch). **Länder:** **Eur:** **W** Br Hb Fa, **M** Da, **N** Su No.

Westliches Knabenkraut *Dactylorhiza kerryensis* (WILMOTT) P. F. HUNT & SUMMERHAYES

Synonyme: *Orchis majalis var. occidentalis* PUGSLEY, *O. kerryensis* WILMOTT, *D. majalis subsp. occidentalis* (PUGSLEY) P. D. SELL, *D. majalis subsp. cambrensis* (R. H. ROBERTS) R. H. ROBERTS, *D. majalis subsp. scotica* E. NELSON, *D. purpurella subsp. majaliformis* E. NELSON

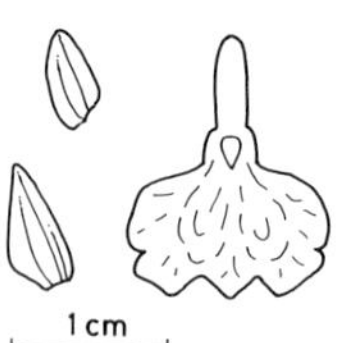

Merkmale: Im allgemeinen Erscheinungsbild ähnlich *D. purpurella.* Stengel 8–25 (–35) cm hoch, mit 4–10 Laubblättern, diese oft am Stengelgrund zusammengedrängt, durchschnittlich etwas schmaler als bei *D. purpurella,* meist schwach bis kräftig gefleckt, seltener ungefleckt. Tragblätter kürzer als die Blüten, vielfach gefleckt. Blüten meist dunkel, selten heller magenta- oder purpurrot. Seitliche Kelchblätter schräg bis senkrecht aufgerichtet, 6,5–9 mm lang und 3–3,5 mm breit, manchmal gefleckt; Lippe auf der ganzen Fläche gezeichnet, mit Schleifenmuster oder Punkten und Strichen, breit elliptisch, 6–10 mm lang und 8–13 mm breit, Mittellappen klein, oft nicht oder kaum vorgezogen, Seitenlappen oft mit 1 (2) tiefen Kerbe; Sporn 5–10 mm lang und 2,5–3 mm dick.

Standort: Naßwiesen, Flachmoore, Dünensenken; bis 200 m; auf sauren oder basischen Böden. **Blütezeit:** Mai, Juni. **Fotos:** Hb, Clare, 11. 6. 79. **Verbreitung:** Britische Inseln; streng an maritimes Klima gebunden, jeweils auf die küstennahen Zonen der Westseiten der Inseln beschränkt, in Wales (Gwynedd, Dyfed), Schottland (Strathclyde, Highland), Irland (Mayo bis Cork). ● **Florenelement:** m + n-atlantisch. **Länder:** **Eur:** **W** Br Hb.

Schlüssel für die Arten der *Dactylorhiza-purpurella*-Gruppe:

1 Lippe deutlich 3lappig, konvex gefaltet mit herabgebogenen Seitenlappen . . . . . . *D. kerryensis*

1* Lippe ungeteilt oder seicht 3lappig, flach und meist mit hochgebogenen Rändern . . . . *D. purpurella*

Übersehenes Knabenkraut *Dactylorhiza praetermissa* (DRUCE) SOÓ

Synonyme: *Orchis praetermissa* DRUCE, *D. majalis subsp. praetermissa* (DRUCE) D. MORESBY MOORE & SOÓ, *D. incarnata subsp. praetermissa* (DRUCE) SUNDERMANN, *D. praetermissa var. junialis* (VERMEULEN) SENGHAS, *D. majalis subsp. pardalina* (PUGSLEY) E. NELSON

Merkmale: Pflanze mit 2 tief gespaltenen Knollen. Stengel 20–70 cm hoch, hohl, mit 2–3 Schuppenblättern am Grund, darüber 4–9 Laubblätter, diese 8–25 cm lang und 1,5–4,5 cm breit, um die Mitte am breitesten, ungefleckt oder (oft ringförmig) gefleckt (»junialis«, »pardalina«). Blütenstand zylindrisch, 3–13 cm lang, bis 60blütig; Tragblätter so lang oder länger als die Blüten. Blüten in verschiedenen rotpurpurnen oder purpurnen Tönungen, meist hell (= rosa), seltener kräftig getönt. Seitliche Kelchblätter übergeneigt bis schräg aufgerichtet, schmal eiförmig, 8–11 mm lang und 3–4,5 mm breit, zuweilen gefleckt; seitliche Kronblätter 6–8 mm lang und 2,5–4 mm breit; Lippe in der Mitte oder auf der ganzen Fläche mit feinen Punkten (selten auch Strichen), manchmal im Schleifenmuster, 7–10 mm lang und 8–14 mm breit, ungeteilt oder schwach 3lappig, flach bis mäßig konvex. Sporn kegelförmig, 5–9,5 mm lang und 2–3,5 mm dick, schwach abwärts gebogen.

Standort: Naßwiesen, Flachmoore, Dünensenken, Großseggenbestände; in der planaren und kollinen Stufe; auf meist kalkreichen, nassen bis feuchten Böden. **Blütezeit:** Juni bis August. **Fotos:** Ge, Niederrhein, 11. 6. 71 (l); Br, Nordostengland, 22. 6. 80 (r).

Verbreitung: Atlantisches Europa; Britische Inseln (England, Wales), südwärts bis Mittelfrankreich (Dept. Cher, Indre-et-Loire), ostwärts bis zum deutschen Rheinland, selten in Jütland, nordwärts bis Südwestnorwegen. Angeblich in der Prov. Reggio (Norditalien).

● **Florenelement:** s+m-atlantisch. **Länder:** **Eur:** SW Hs, **W** Ga Be Ho Br, **M** Ge Da, **N** No.

Torf-Knabenkraut *Dactylorhiza sphagnicola* (HÖPPNER) SOÓ

Synonyme: *Orchis sphagnicola* HÖPPNER, *D. incarnata subsp. sphagnicola* (HÖPPNER) SUNDERMANN, *D. deweveri* (VERMEULEN) SOÓ. Falls der Name *D. wirtgenii* (HÖPPNER) SOÓ zu der Art gehört, hat er Vorrang vor *D. sphagnicola.*

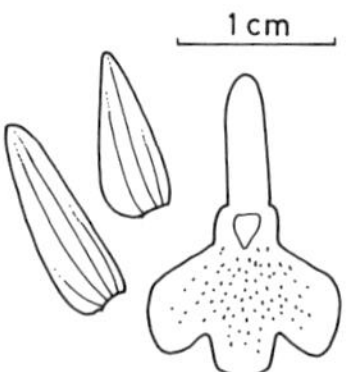

Merkmale: Stengel (20–) 30–60 cm hoch, mit 4–8 Laubblättern, diese 10–24 cm lang und 1–3 (–3,5) cm breit, ungefleckt. Blütenstand wie bei *D. praetermissa.* Blüten hell bis kräftig rosapurpurn. Seitliche Kelchblätter übergeneigt, schräg oder senkrecht aufgerichtet und gedreht, 9–12,5 mm lang und 3–5 mm breit; Lippe auf fast der ganzen Fläche punktiert, manchmal auch mit kurzen Strichen und Tendenz zum Schleifenmuster, oft rhombisch, 7–11,5 mm lang und 8,5–14 mm breit, 3lappig mit kleinem, vorgezogenem Mittellappen, seltener ungeteilt; Sporn 8–14 mm lang und 2–3,5 mm dick, gerade oder schwach gebogen.

Standort: Hoch- und Zwischenmoore, mit Torfmoos; bis 600 m; auf nährstoffarmen, sauren und nassen Torfböden. **Blütezeit:** Juni, Juli. **Fotos:** Ge, Niedersachsen, 24. 6. 70.

Verbreitung: Küstennahe Gebiete Westeuropas und Südskandinaviens; das Areal ist wegen der speziellen Standortsansprüche der Art lückenhaft; Mittelgebirge von Nordfrankreich (Dept. Ardennes) bis Südholland, Rheinland, Norddeutsche Tiefebene, Insel Læsø im Kattegat, Schonen in Schweden bis Østfold in Norwegen. ● **Florenelement:** m-atlantisch n-subatlantisch. **Länder:** **Eur:** **W** Ga Be Ho, **M** Ge Da, **N** Su No.

Schlüssel für die Arten der *Dactylorhiza-praetermissa*-Gruppe:

1 Größtes Blatt 3,5–6(–7)mal so lang wie breit; Sporn meist kürzer als die Lippe, selten wenig länger . . *D. praetermissa*

1* Größtes Blatt (6–)7–14mal so lang wie breit; Sporn deutlich (1,2–1,4mal) länger als die Lippe . . . . . . *D. sphagnicola*

Hohes Knabenkraut *Dactylorhiza elata* (POIRET) SOÓ

Synonyme: *Orchis elata* POIRET, *O. sesquipedalis* WILLD., *O. munbyana* BOISS. & REUTER, *D. elata subsp. sesquipedalis* (WILLD.) SOÓ, *D. elata subsp. durandii* (BOISS. & REUTER) SOÓ, *D. elata subsp. brennensis* E. NELSON, *D. incarnata subsp. africana* (KLINGE) SUNDERMANN

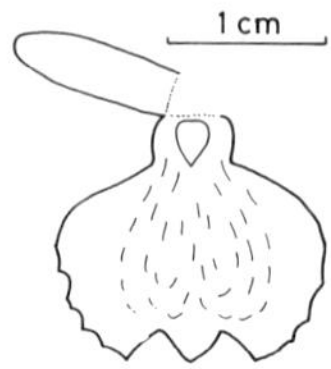

Merkmale: Stengel 30–125 cm hoch, hohl, mit 5–10 Laubblättern, diese variabel, schmal bis eiförmig-lanzettlich, bis 25 (45) cm lang und 4,5 (5,5) cm breit, in oder unter der Mitte am breitesten, ungefleckt oder selten gefleckt. Blütenstand lang und reichblütig; Tragblätter länger als die Blüten. Blüten dunkel purpurrot bis rosalila. Seitliche Kelchblätter aufgerichtet und gedreht, 9–18 mm lang und 3–6 mm breit, oft gefleckt; seitliche Kronblätter 7–14 mm lang; Lippe auf dem deutlich bis kaum helleren Mittelteil mit Schleifenmuster (reiche Zeichnung, Tendenz zur Punktung), 9–15 mm lang und 10–22 mm breit, 3lappig mit kleinem Mittellappen bis ungeteilt, Seitenlappen ausgebreitet bis herabgebogen; Sporn zylindrisch-kegelförmig, gerade bis (stark) abwärts gebogen, 9–16 mm lang und 2–4 mm dick.

Standort: Naßwiesen, Flachmoore, Quellfluren; bis 2500 m; auf basenreichen Böden. **Blütezeit**: April bis Juli. **Fotos**: Hs, Prov. Granada, 3. 6. 72 (l); Ga, Dept. Lot, 31. 5. 81 (r).

Verbreitung: Westliches Mittelmeerbecken, nordwärts in Frankreich bis zu den Dept. Deux-Sèvres, Vienne, Indre. Eine Fundmeldung für Holland ist zu überprüfen. ● **Florenelement**: z + w-mediterran z + w-submediterran s-atlantisch s-subatlantisch. **Länder**: **Eur**: **S** Co, **SW** Hs Lu, **W** Ga; **Afr**: Tn Ag Ma.

Variation: Die Art ist sehr vielgestaltig. Eine Gliederung in 3–4 Unterarten, die zuweilen befürwortet wird, wäre bei der Variabilität aller Merkmale willkürlich. Die Population »brennensis« (Dept. Indre) weicht durch niedrigen Wuchs und kleine Blüten stärker ab.

Baltisches Knabenkraut *Dactylorhiza baltica* (KLINGE) ORLOVA

Synonyme: *Orchis latifolia subsp. baltica* KLINGE, *O. baltica* (KLINGE) KLINGE, *D. majalis subsp. baltica* (KLINGE) SENGHAS, *D. latifolia subsp. baltica* (KLINGE) SOÓ

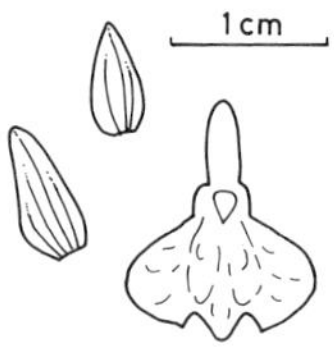

Merkmale: Pflanze mit 2 tief gespaltenen Knollen. Stengel 25–70 cm hoch, dünn (am Grund bis 1 cm dick), hohl, mit 2 Schuppenblättern am Grund, darüber 4–7, meist 5 Laubblätter, diese aufrecht-abstehend, länglich-lanzettlich, 10–25 cm lang und 1,5–3,7 cm breit, in der Mitte oder wenig darunter am breitesten, oberseits mit zahlreichen kleinen, oft verwaschenen Flecken, selten ungefleckt. Blütenstand eiförmig bis zylindrisch, 3–9,5 cm lang, dichtblütig; Tragblätter etwas länger als die Blüten. Blüten purpurrot. Seitliche Kelchblätter schräg bis senkrecht aufgerichtet, schmal eiförmig, 8–10 mm lang und 3–4,5 mm breit, meist gefleckt, das mittlere über die 6,5–8 mm langen seitlichen Kronblätter geneigt; Lippe auf dem kaum helleren Mittelteil mit Schleifenmuster, oft auch in der Randzone gezeichnet, breit keilförmig, querelliptisch, 6,5–9 mm lang und 8–13 mm breit, 3lappig mit kleinem Mittellappen, längs schwach konvex gefaltet mit aufgebogenen, gezähnten Seitenlappen; Sporn kegelförmig, fast gerade, abwärts gerichtet, 6–9 mm lang und 2–3 mm dick.

Standort: Naßwiesen, im Ostseegebiet gern in Strandnähe. **Blütezeit**: Juni, Juli, später als *D. majalis*. **Fotos**: RB, Rajon Tukums, 1. 7. 78 (l); Herkunft RB, kultiv., 11. 6. 82 (r).

Verbreitung: Eurasiatische Art, erreicht von Osten durch das temperate und boreale Rußland das Ostseegebiet, hier von den Aaland-Inseln durch das Baltikum bis Mecklenburg (Zingst); in Asien ostwärts bis Zentralsibirien, zur Mongolei und Nordwestchina.

Florenelement: n-zentraleuropäisch sarmatisch sibirisch n-rossisch. **Länder**: **Eur**: **M** Ge Po RB, **N** Fe RN, **O** RC.

Synonyme: *Orchis incarnata* L., *O. strictifolia* OPIZ, *D. strictifolia* (OPIZ) RAUSCHERT, *D. incarnata subsp. punctata* DOLL
Problematik: Die *D.-incarnata*-Gruppe ist ausgesprochen formenreich und die taxonomische Gliederung entsprechend schwierig.
Schlüssel für die Arten:

1 Blüten hellgelb, Lippe im Zentrum dunkler gelb, tief 3lappig mit nach unten geschlagenen und meist gezähnten Seitenlappen . . . 2. *D. ochroleuca*

1* Blüten rot, manchmal hellgelb, dann einheitlich gefärbt und ohne die anderen genannten Merkmale . . . 1. *D. incarnata*

1. *Dactylorhiza incarnata*

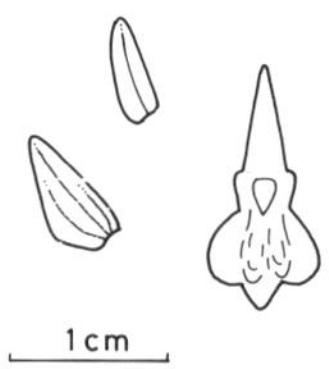

Merkmale: Stengel 25–60 (–80) cm hoch, hohl, mit 4–7 Laubblättern, diese steil aufrecht oder zurückgebogen, schmal lanzettlich, bis 20 cm lang und 3,5 cm breit, nahe dem Grund am breitesten, ungefleckt. Blütenstand 4–12 cm lang, bis 50blütig; Tragblätter grün, länger als die Blüten, mit fast glattem Rand. Blüten fleischfarben. Seitliche Kelchblätter oft aufgerichtet und gedreht, lanzettlich, 7–9 mm lang und 2,5–4 mm breit; seitliche Kronblätter 5,5–7,5 mm lang; Lippe im hellen Mittelteil mit Schleifenmuster, selten punktiert (»punctata«), 4,5–8 mm lang und 5–9 mm breit, meist seicht 3lappig mit kleinem, vorgezogenem Mittellappen, Seitenlappen mäßig abwärts gebogen und (fast) ganzrandig; Sporen kegelförmig, 6,5–10 mm lang und 2–3 mm dick, fast gerade.
Standort: Naßwiesen; bis 2100 m; auf basenreichen Böden. **Blütezeit:** April bis Juli. **Fotos:** Variante 2: He, Kt. Aargau, 2. 6. 79 (l/o); Ge, Allgäu, 16. 6. 67 (M/o); Br, Yorkshire, 17. 6. 81 (M/u). – Variante 3: Br, South Wales, 6. 7. 83 (r/o). – Variante 5: It, Prov. Bozen, 15. 4. 80 (l/u).
Verbreitung: In Europa und Vorderasien von der submeridionalen zur borealen Zone. Außerdem in der borealen und temperaten Zone ostwärts bis Jakutien und Dahurien, ferner im Kaukasus und den Gebirgen Turkestans.
Florenelement: submeridional/montan temperat boreal. **Länder: Eur: SO** Gr Al Ju Bu Rm RK, **S** It, **SW** Hs ?Lu, **W** Ga Be Ho Br Hb, **M** He Au Hu Ge Da Cz Po RB, **N** Su No Fe RN, **O** RW RE RC; **Asi:** An.
Varianten: Die obige Beschreibung gilt für die verbreitete Variante 1. – Variante 2 (*D. i. subsp. pulchella* [DRUCE] SOÓ; **Syn.:** *D. i. subsp. serotina* [HAUSSKN.] D. MORESBY MOORE & SOÓ): Stengel 15–40 cm hoch; Blätter bis 2 cm breit; Blütenstand bis 7 cm lang, 10–25 (–40)blütig, Tragblätter lila überlaufen; Blüten kräftig purpurrot bis rotviolett; ob die Sippe ein eigenes Areal besiedelt, ist ungeklärt. – Variante 3 (*D. i. subsp. coccinea* [PUGSLEY] SOÓ): Stengel 5–25 cm hoch; Blätter bis 2 (2,7) cm breit, oft am Stengelgrund gedrängt; Blütenstand bis 7 cm lang, Tragblätter lila überlaufen; Blüten leuchtend zinnober- bis karmesinrot (warmes Rot); Küsten der Britischen Inseln in nassen Dünensenken, auch im Binnenland. – Variante 4 (*D. i. subsp. haematodes* [REICHENB.] SOÓ): Wie Variante 1, Blätter oberseits gefleckt; hie und da. – Variante 5 (*D. i. var. hyphaematodes* [NEUMAN] LANDWEHR): Wie Variante 1, Blätter beidseitig gefleckt; hie und da (siehe auch *D. cruenta*, S. 92).

2. *Dactylorhiza ochroleuca* (BOLL) AVERYANOV; Hellgelbes Knabenkraut

Synonyme: *Orchis incarnata var. ochroleuca* BOLL, *D. incarnata subsp. ochroleuca* (BOLL) P. F. HUNT & SUMMERHAYES, *D. incarnata var. straminea* (REICHENB. fil.) SOÓ
Merkmale: Ähnlich *D. incarnata* (Variante 1); oft von hohem Wuchs (bis 90 cm, Blütenstand bis 18 cm); Laubblätter dem Stengel fast anliegend; Blütenmaße an der Obergrenze des Variationsbereichs von *D. incarnata*.
Standort: Naßwiesen, Flach- und Zwischenmoore, gern an verlandenden Seen; bis 600 m; auf basenreichen Böden. **Blütezeit:** Mai bis Juli. **Foto:** Ge, Oberschwaben, 20. 6. 68 (r/u). **Verbreitung:** Mitteleuropa und Randgebiete, bis England, ins Ostseegebiet, zum Karpatenbecken und zur Nordukraine. ● **Florenelement:** pannonisch m-atlantisch subatlantisch zentraleuropäisch ?skandinavisch. **Länder: Eur: SO** Rm, **W** ?Be Br **M** He Au Hu Ge Da Po RB, **N** Su ?No, **O** RW.

D. incarnata: »serotina«

»coccinea«

»hyphaematodes«

»pulchella«

D. ochroleuca

Lappländisches Knabenkraut *Dactylorhiza lapponica* (HARTMAN) SOÓ

Synonyme: *Orchis lapponica* (HARTMAN) REICHENB. fil., *O. pseudocordigera* NEUMAN, *O. angustifolia subsp. pycnantha* NEUMAN, *D. pseudocordigera* (NEUMAN) SOÓ, *D. pycnantha* (NEUMAN) AVERYANOV, *D. traunsteineri subsp. lapponica* (HARTMAN) SOÓ, *D. cruenta subsp. lapponica* (HARTMAN) E. NELSON, *D. majalis subsp. lapponica* (HARTMAN) SUNDERMANN

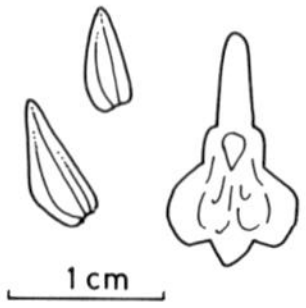

Merkmale: Pflanze mit 2 tief gespaltenen Knollen. Stengel 10–30 cm hoch, hohl, oben violett überlaufen, mit 1 Schuppenblatt am Grund und 2–5 (meist 3) Laubblättern, diese vom Stengel abstehend, oberseits kräftig gefleckt, lanzettlich, 3–8 cm lang und 0,6–2 (–2,5) cm breit, in der hinteren Hälfte am breitesten. Blütenstand ziemlich locker, 5–20blütig, zylindrisch; Tragblätter etwa so lang wie die Blüten. Blüten dunkel purpur- oder magentarot. Seitliche Kelchblätter aufgerichtet und nach außen gedreht, eiförmig-lanzettlich, 6–10 mm lang und 2–4 mm breit, manchmal gefleckt; seitliche Kronblätter 5–8 mm lang; Lippe auf dem oft kaum helleren Mittelteil mit Zeichnung im Schleifenmuster, von variabler Form (breiter als lang bis länger als breit), 4,5–8 mm lang und 6–11 mm breit, flach oder konvex gefaltet, 3lappig mit langem oder kurzem Mittellappen oder auch ungeteilt; Sporn kegelförmig, 6,5–11 mm lang und 2–3 mm dick, kaum gebogen, fast horizontal.

Standort: Flach- und Waldmoore, Naßwiesen, Bachschotter; bis 1000 m (Nordeuropa), 500–2400 m (Alpen); auf nassen, kalkhaltigen Standorten. **Blütezeit:** Juni, Juli. **Fotos:** No, Nordland, 18. 7. 84 (l); Su, Jämtland, 12. 7. 76 (r). **Verbreitung:** Das Areal umfaßt 2 Teilgebiete: Alpen vom Kt. Schwyz ostwärts, bekannt besonders in den südlichen Kalkalpen; Mittel- und Nordskandinavien sowie Gotland. ● **Florenelement:** alpisch + (n-zentraleuropäisch) skandinavisch. **Länder:** **Eur:** **S** It, **W** Br, **M** He Au, **N** Su No Fe.

Blutrotes Knabenkraut *Dactylorhiza cruenta* (O. F. MÜLLER) SOÓ

Synonyme: *Orchis cruenta* O. F. MÜLLER, *D. incarnata subsp. cruenta* (O. F. MÜLLER) P. D. SELL

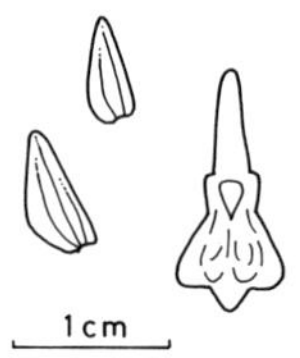

Merkmale: Stengel 15–30 cm hoch, hohl, mit 3–5 Laubblättern, diese eiförmig-lanzettlich, 4–10 cm lang und 1–2,5 cm breit, 2,5–6mal (das größte Blatt etwa 4mal) so lang wie breit, in der hinteren Hälfte am breitesten, meist beidseitig violett gefleckt bis flächig überlaufen, manchmal nur einseitig oder nicht gefleckt (Foto r). Blütenstand 3–8 cm lang, mit 10–30 dunkel purpurroten Blüten. Blütenmaße wie bei *D. incarnata*.

Standort: Naßwiesen (auch am Strand), Flach- und Kiefernwaldmoore; bis 2400 m (Alpen); auf nassen, kalkhaltigen Böden. **Blütezeit:** Juni, Juli. **Fotos:** He, Kt. Graubünden, 13. 7. 74 (l), 19. 7. 76 (r); Su, Jämtland, 11. 7. 76 (M).

Verbreitung: Osteuropa, Nordeuropa, nördliches Mitteleuropa (Ostseegebiet), Alpen. Außerdem in der temperaten und borealen Zone Asiens bis Jakutien und Dahurien.

Florenelement: alpisch ?m-atlantisch n-subatlantisch n-zentraleuropäisch sarmatisch m-sibirisch skandinavisch n-rossisch n-sibirisch.

Länder: **Eur:** **S** It, **SW** Ga, **W** ?Br ?Hb, **M** Ge †Da ?Po RB; **N** Su No Fe RN, **O** RC.

Problematik: Die Abgrenzung der Art ist zu klären. Schwierigkeiten bereitet vor allem die Unterscheidung von *D. incarnata*. *D. cruenta* ist durch die relativ kürzeren und breiteren Blätter und die dunkler gefärbten Blüten verschieden. Umstritten ist beispielsweise, wie Pflanzen mit ein- oder beidseitig gefleckten schmalen Blättern einzuordnen sind, die hier als Varianten zu *D. incarnata* gestellt wurden. Um solche Formen könnte es sich bei den »cruenta«-Pflanzen Irlands und Schottlands handeln. Im übrigen treten Pflanzen mit beidseitig gefleckten Blättern gelegentlich bei weiteren Arten auf (siehe *D. umbrosa* S. 76).

Traunsteiners Knabenkraut *Dactylorhiza traunsteineri* (REICHENB.) SOÓ

Synonyme: *Orchis traunsteineri* REICHENB., *O. angustifolia* REICHENB., *D. majalis subsp. traunsteineri* (REICHENB.) SUNDERMANN. Zu Pflanzen der Britischen Inseln gehören: *O. francis-drucei* WILMOTT, *O. majalis subsp. traunsteinerioides* PUGSLEY, *D. traunsteineri subsp. francis-drucei* (WILMOTT) SOÓ, *D. traunsteinerioides* (PUGSLEY) LANDWEHR, *D. majalis subsp. traunsteinerioides* (PUGSLEY) BATEMAN & DENHOLM, *D. traunsteineri subsp. hibernica* LANDWEHR

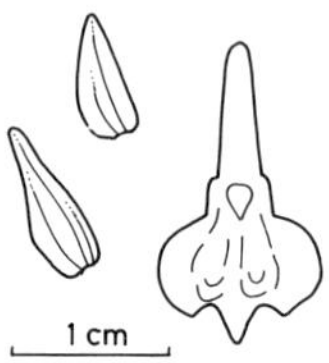

Merkmale: Stengel 10–40 cm hoch, dünn, markerfüllt oder hohl, mit 2–5 Laubblättern, diese schräg bis weit abstehend, lineal-lanzettlich, 5–16 cm lang und 0,5–1,9 cm breit, gefleckt oder ungefleckt. Blütenstand zylindrisch (locker bis 15blütig, Alpen) oder eiförmig (dicht bis 25blütig, England); Tragblätter kürzer oder oft länger als die Blüten. Blüten purpurrot. Seitliche Kelchblätter schräg aufgerichtet, schmal eiförmig, 8–11 mm lang und 2,5–4 mm breit, das mittlere meist nicht über die 6–8,5 mm langen seitlichen Kronblätter geneigt; Lippe im hellen Mittelteil mit Schleifenmuster, 6–10 mm lang und 6,5–13 (–14,5) mm breit, 3lappig mit kleinem aufgesetztem Mittellappen, Seitenlappen mäßig bis stark nach unten gebogen, manchmal mit aufgebogenen Rändern; Sporn kegelförmig bis zylindrisch, 9–12,5 (England 7–11) mm lang und 2–3,5 mm dick.

Standort: Flach- und Quellmoore, auch wechselnasse Magerwiesen; bis 1900 m; auf kalk- oder basenreichen Böden. **Blütezeit:** Mai bis Juli. **Fotos:** Au, Tirol, 25. 6. 77 (l/o); Ge, Oberbayern, 15. 6. 64 (r/o); Br, Oxfordshire, 24. 6. 84 (l/u, r/u).

Verbreitung: In der temperaten und borealen Zone Europas lückenhaft verbreitet, dringt in den Alpen und Pyrenäen in die submeridionale Zone vor. Außerdem in der temperaten Zone Asiens bis Mittelsibirien.

Florenelement: pyrenäisch alpisch m + n-atlantisch subatlantisch zentraleuropäisch sarmatisch skandinavisch n-rossisch. **Länder:** **Eur:** **SO** Ju, **S** It, **W** Ga Ho Br Hb, **M** He Au Ge Cz Po RB, **N** Su No Fe RN, **O** ?RW RC.

Problematik: Die *D.-traunsteineri*-Gruppe ist sehr vielgestaltig. Eine Neubearbeitung ist nötig, um die Verwandtschaft der Sippen in den verschiedenen Arealteilen zu klären.

Eine Sippe, die vielleicht einen selbständigen Status verdient, ist ***D. russowii*** (KLINGE) J. HOLUB (Syn.: *Orchis russowii* [KLINGE] KLINGE, *D. majalis subsp. russowii* [KLINGE] SUNDERMANN). **Fotos:** Ge, Bezirk Rostock, 16. 7. 75 (S. 96 l/o, r/o); Su, Västernorrland, 30. 6. 84 (S. 97 l/o). Stengelhöhe, Blattanzahl und -maße sowie die Maße der Blütenorgane liegen im Variationsbereich der *D. traunsteineri*. Unterschiede sollen sein: Stengel stets hohl, etwas dicker; Blätter weit abstehend bis zurückgebogen; Blütenstand meist dicht- und reichblütig, eiförmig (aber manchmal arm- und lockerblütig, zylindrisch); Blüten rosenrot, ohne oder mit schwacher Purpurkomponente. Angebliche Unterschiede in Blattfleckung und Lippenwölbung sind nicht vorhanden. Die Sippe ist beschrieben aus dem Ostseegebiet (Ge Po RB Su Fe RN; angeblich †Cz), außerdem wird sie für das kontinentale Europa östlich bis Mittelsibirien angegeben. Die genannten Merkmale treten einzeln oder gekoppelt auch bei *D. traunsteineri* auf, etwa die rote Blütenfarbe in den Alpen oder die reichblütigen eiförmigen Blütenstände in England.

Unklar ist, wie die Pflanzen mit sichelförmig zurückgekrümmten Blättern zu bewerten sind. Sie kommen im borealen Europa häufiger vor. Zuweilen werden sie als Art oder Unterart eingestuft, ***D. curvifolia*** (F. NYL.) CZEREP. (Syn.: *Orchis curvifolia* F. NYL., *D. traunsteineri subsp. curvifolia* [F. NYL.] SOÓ). Möglicherweise ist die Blattstellung als zwar auffälliges, doch unbedeutendes Extrem zu bewerten.

D. traunsteineri ähnlich sind Pflanzen, die als Unterarten von *D. majalis* beschrieben wurden: 1. ***D. m. subsp. brevifolia*** BISSE, **Foto:** Ge, Bezirk Suhl, 25. 6. 84 (S. 97 r/o), Kalkflachmoore (Ge, Su); 2. ***D. m. subsp. turfosa*** PROCHÁZKA, saure Zwischenmoore (Cz: Böhmerwald, Erzgebirge). Kennzeichen beider sind bis 20 (25) cm hohe Stengel, schmale Blätter (turfosa: 6–9,5 × 0,9–1,4 cm), bis 5 (6,5) cm lange Blütenstände.

D. traunsteineri

»traunsteinerioides«

Baumanns Knabenkraut *Dactylorhiza baumanniana* HÖLZINGER & KÜNKELE

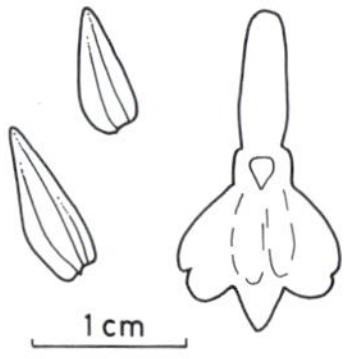

Merkmale: Pflanze mit 2 tief geteilten Knollen. Stengel 15–40 cm hoch, mit 1–2 Schuppenblättern am Grund, darüber (3–) 4–6 Laubblättern, diese lanzettlich, 7–12 (–15) cm lang und 0,8–3 (–4,2) cm breit, in oder unter der Mitte am breitesten, kräftig bis verwaschen gefleckt. Blütenstand schmal zylindrisch, etwas lockerblütig, 5–12 cm lang und 8–25 (–35)blütig; Tragblätter etwa so lang wie die Blüten. Blüten purpurrot, meist dunkel getönt. Seitliche Kelchblätter schräg bis fast senkrecht aufgerichtet und gedreht, schmal eiförmig, 8–12,5 mm lang und 3–4,5 mm breit; seitliche Kronblätter 6–10 mm lang; Lippe im helleren Mittelteil mit Schleifenmuster, manchmal nur verwaschen gestrichelt oder punktiert, 7,5–10 (–12) mm lang und 7,5–12 (–15) mm breit, meist deutlich 3lappig mit kleinem, oft vorgezogenem Mittellappen, selten fast ungeteilt, Seitenlappen mäßig bis schräg abwärts gebogen, manchmal seitlich mit kräftiger Kerbe; Sporn zylindrisch, in der Mitte (Aufsicht von oben) leicht erweitert, 8,5–12,5 mm lang und 2–3 mm dick, gerade oder leicht gebogen, abwärts gerichtet.

Standort: Naßwiesen, Flachmoore; 1000–1800 m; auf nährstoffreichen, wahrscheinlich kalkarmen Böden. **Blütezeit:** Mai, Juni. **Fotos:** Gr, Nomos Grevena, Typuspopulation, 16. 5. 83.

Verbreitung: Nordwestgriechenland; nördliches Pindusgebirge, bekannt aus den Nomi Grevena und Ioannina. Die Art ist in den Gebirgen Griechenlands, die bisher wenig nach *Dactylorhiza*-Arten abgesucht sind, wahrscheinlich weiter verbreitet; vermutlich im Vermion-Gebirge, möglicherweise auch weiter südlich in Fthiotis und Achaia.

● **Florenelement:** o-submediterran. **Land:** **Eur: SO** Gr.

»russowii«

»D. majalis subsp. brevifolia«

Langähriges Knabenkraut *Dactylorhiza saccifera* (BRONGN.) SOÓ

Synonyme: *Orchis saccifera* BRONGN., *O. gervasiana* TOD., *O. macrostachys* TINEO, *O. maculata subsp. saccifera* (BRONGN.) K. RICHTER, *O. maculata subsp. macrostachys* (TINEO) ROHLENA, *D. gervasiana* (TOD.) H. BAUMANN & KÜNKELE, *D. maculata subsp. saccifera* (BRONGN.) DIKLIĆ, *D. bithynica* H. BAUMANN

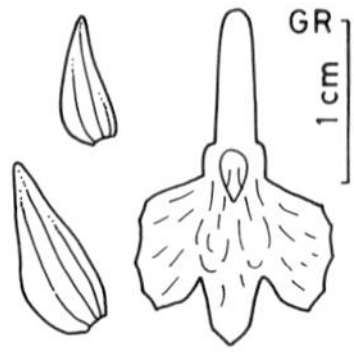

Merkmale: Pflanze mit 2 tief gespaltenen Knollen. Stengel 25–90 cm hoch, meist markerfüllt, mit 4–12 gefleckten Laubblättern, deren unterste kurz-eiförmig, mittlere lanzettlich, 10–20 cm lang und 2–6 cm breit, in, über (oder unter) der Mitte am breitesten, abstehend bis zurückgebogen, obere klein und tragblattartig. Blütenstand 6–22 cm lang, reichblütig; Tragblätter viel länger als die Blüten. Blüten purpurrosa oder -rot. Seitliche Kelchblätter vorgeneigt, lanzettlich, 7–14 mm lang und 2,5–5 mm breit; seitliche Kronblätter 5,5–10 mm lang; Lippe scharf bis verwaschen fächerförmig gezeichnet, 7–11 mm lang und 8,5–16 mm breit, flach, tief 3lappig mit vorgezogenem Mittellappen und gezähnten Seitenlappen, Fläche des Mittellappens (⅓) ½ bis fast so groß wie die eines Seitenlappens; Sporn breit zylindrisch, kaum gebogen, 9–15 mm lang und 2–4,5 mm dick.

Standort: Humide Wälder, Naßwiesen; überwiegend in der montanen Stufe, bis 2000 m; auf frischen bis nassen, basenreichen Böden. **Blütezeit:** Mai bis Juli. **Fotos:** Al, Prov. Vlorë, 26. 5. 83.

Verbreitung: Östliches und zentrales Mittelmeergebiet, nordwärts bis zu den Karpaten Siebenbürgens, ostwärts bis türkisch Kurdistan. Die Angaben für die Iberische Halbinsel sind wahrscheinlich Verwechslungen mit *D. maculata (fuchsii)*. ● **Florenelement:** o + z-mediterran (orientalisch) o + z-submediterran karpatisch. **Länder: Eur: SO** Gr Tu Al Ju Bu Rm, **S** Si It Sa Co; **Asi:** LS An.

Madeira-Knabenkraut *Dactylorhiza foliosa* (VERMEULEN) SOÓ

Synonym: *Orchis maderensis* SUMMERHAYES

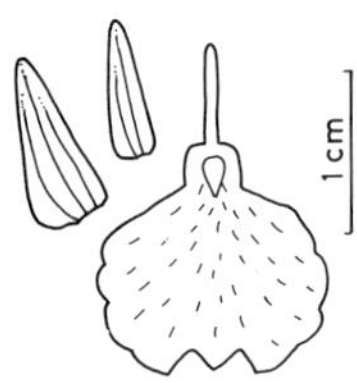

Merkmale: Pflanze mit 2 tief in 4–6 Abschnitte gespaltenen Knollen. Stengel 30–40 (–70) cm hoch, markerfüllt (oder hohl?), mit 2–3 Schuppenblättern am Grund, darüber 8–10 (–16) Laubblättern, die nach oben kleiner werden, oberste tragblattartig; untere Blätter länglich-lanzettlich, bis 20 cm lang und 6 cm breit, um die Mitte am breitesten, weit abstehend oder überhängend, ungefleckt oder selten verwaschen gefleckt. Blütenstand 5–13 cm lang, dicht; Tragblätter oft kürzer als die Blüten. Blüten hell bis kräftig purpurrot. Seitliche Kelchblätter nach vorn geneigt, eiförmig-lanzettlich, 8–11 mm lang und 2,5–4 mm breit, das mittlere ebenfalls schräg aufrecht und nicht über die seitlichen Kronblätter geneigt, diese 7,5–9 mm lang und manchmal spreizend; Lippe mit verwaschener fächerförmiger Zeichnung über die ganze Fläche, querelliptisch, 8–17 mm lang und 9,5–20 mm breit, flach, schwach 3lappig mit kleinem Mittellappen, der die oft buchtig gezähnten Seitenlappen meist nicht überragt; Sporn schmal zylindrisch, 5–11 mm lang und etwa 1 mm dick, abwärts gebogen. Narbe dunkelpurpurn berandet.

Standort: Feuchte Wälder, Naßwiesen, Felswände; 400–1000 m; auf nassen und sauren Böden, in schattig-luftfeuchter Lage auch auf trockeneren Böden. **Blütezeit:** Mai bis Juli. **Fotos:** MI, kultiv., 20. 6. 80, Gartenbastard? (l); 12. 5. 83 (r).

Verbreitung: Die Art ist ein Endemit der Insel Madeira. Sie wird seit 1828 in Gärten vor allem in England kultiviert. ● **Florenelement:** madeirisch. **Land: Afr:** MI.

Verwandtschaft: Die Stellung der isolierten Inselsippe wurde verschieden beurteilt. Vieles spricht für die enge Verwandtschaft zur *D.-maculata*-Gruppe. Diskutiert werden auch mögliche Beziehungen zur *D. elata*.

Geflecktes Knabenkraut *Dactylorhiza maculata* (L.) SOÓ

Synonym: *Orchis maculata* L.

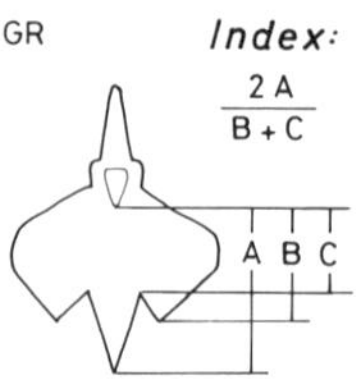

Merkmale: Stengel 15–60 (–100) cm hoch, markerfüllt oder selten hohl. Laubblätter 3–9 (–12), die unteren rosettenartig gehäuft, schmal lanzettlich bis spatelförmig, 3–13 (–20) cm lang und 0,5–3 (–4,5) cm breit, zugespitzt oder vorn abgerundet, gefleckt oder ungefleckt, die oberen (1–) 2–4 (–6) nicht scheidig und tragblattartig. Blütenstand kurz bis verlängert, dichtblütig; Tragblätter meist kürzer als die Blüten. Blütenfarbe variabel, purpurn bis weiß. Seitliche Kelchblätter nach vorn geneigt, eiförmig-lanzettlich, 5–11 mm lang und 1,5–4 mm breit, das mittlere oft schräg aufgerichtet, nicht über die 3,5–8 mm langen seitlichen Kronblätter geneigt; Lippe meist mit Schleifenmuster, auch gepunktet oder ungezeichnet, 5–11 mm lang und 6,5–15 mm breit, 3lappig mit ausgebreiteten Seitenlappen; Sporn zylindrisch, 4–12 mm lang und 0,5–2,5 mm dick.

Standort: Wälder, Heiden, Magerwiesen, Flach- und Zwischenmoore; bis 2200 m; auf sauren bis basischen, frischen bis nassen Böden. **Blütezeit:** Mai bis Juli.

Verbreitung: In Europa von der submeridionalen zur arktischen Zone verbreitet, fehlt im pontischen Gebiet; isoliert im Atlas. Außerdem in der temperaten Zone bis Zentralsibirien.

Florenelement: w-mediterran submeridional temperat boreal arktisch. **Länder: Eur: SO** Ju Rm, **S** It Co, **SW** ?Bl Hs Lu, **W** Ga Be Ho Br Hb Fa, **M** He Au Hu Ge Da Cz Po RB, **N** Su No Fe RN Is, **O** RW RE RC; **Afr:** Ag Ma.

Problematik: Die *D.-maculata*-Gruppe präsentiert sich in einer verwirrenden Formenvielfalt. Eine befriedigende Gliederung ist beim heutigen Kenntnisstand nicht möglich. Zwar sind einige Sippen gut abgegrenzt, doch lassen sich zahlreiche Populationen nicht zwanglos einordnen. Die Zweiteilung des Formenkreises nach der Lippenform scheint immer noch der beste Ansatz zu sein. **Typ 1:** Lippe seicht 3lappig, Mittellappen wesentlich kleiner und meist kürzer oder so lang wie die Seitenlappen; Lippenindex unter 1,2. **Typ 2:** Lippe tief 3lappig, Mittellappen groß, vorgezogen, seine Fläche mehr als halb so groß wie die eines Seitenlappens, Lippenindex über 1,2.

Typ 1: *D. maculata* im engen Sinn; West-, Nord- und nördliches Mitteleuropa

A. Hochwüchsige Sippen: 1. *D. m. subsp. ericetorum* (E. F. LINTON) P. F. HUNT & SUMMERHAYES, (Syn.: *D. m. subsp. rhoumensis* [H.-HARRISON] SOÓ); **Fotos:** Ga, Dept. Pyrénées-Orientales, 11. 7. 78 (S. 103 r/u/u); Ga, Dept. Hautes-Pyrénées, 22. 6. 84 (r/o); Br, E. Lothian, 24. 7. 80 (S. 102 l/o); Br, Argyll, 27. 7. 80 (S. 102 r/o). – 2. *D. m. subsp. caramulensis* VERMEULEN; Portugal. **B.** Niedrigwüchsige Sippe: *D. m. subsp. elodes* (GRISEB.) SOÓ.

Typ 2: »Fuchsii-Typ«; Europa (südlicher Schwerpunkt), Asien

A. Hochwüchsige Sippen: 1. *D. m. subsp. meyeri* (REICHENB. fil.) TOURNAY (Syn.: *Orchis fuchsii* DRUCE, *D. fuchsii* [DRUCE] SOÓ, *D. m. subsp. fuchsii* [DRUCE] HYL.); **Fotos:** He, Kt. Graubünden, 8. 7. 71 (S. 103 l/u), 23. 7. 71 (l/o); Ge, Südbaden, 1. 8. 65 (S. 103 r/u/o); untypisch: Au, Vorarlberg, 25. 6. 70 (l/u). – 2. *D. m. subsp. transsilvanica* (SCHUR) SOÓ; Blätter ungefleckt, Blüten gelblich-weiß, ohne Zeichnung; Karpaten bis Erzgebirge. **Foto:** Rm, Judeţ Braşov, 6. 7. 78 (r/u). – 3. *D. f. subsp. sooana* (BORSOS) BORSOS; Blätter gefleckt, Blüten weiß, purpurn gezeichnet; Ungarn. **B.** Niedrigwüchsige Sippen: 1. *D. m. subsp. sudetica* (REICHENB. fil.) VÖTH (Syn.: *D. f. subsp. psychrophila* [SCHLECHTER] HOLUB); montane Stufe. – 2. *D. f. subsp. okellyi* (DRUCE) SOÓ; Blüten weiß, duftend; Irland, Schottland; **Foto:** Hb, Clare, 5. 8. 84 (S. 103 r/o). – 3. *D. m. subsp. hebridensis* (WILMOTT) E. NELSON; Westküsten der Britischen Inseln; **Fotos:** Hb, Donegal, 9. 8. 84 (S. 102 l/u r/u).

Sippen mit intermediärer Lippenform:
1. Skandinavische Sippen; **Foto:** Su, Norbotten, 21. 6. 76 (S. 103 l/o): *D. m. subsp. deflexa* LANDWEHR. *D. m. subsp. montellii* (VERMEULEN) LANDWEHR. 2. Sippen des Atlas: *D. m. subsp. baborica* MAIRE & WEILLER; Kabylie. *D. m. subsp. maurusica* (EMBERGER & MAIRE) MAIRE & WEILLER; Rif. 3. Sippe der Karpaten: *D. m. subsp. schurii* (KLINGE) SOÓ; ähnlich »elodes«.

»meyeri«

»maculata«

»meyeri« (Überfärbung)

»transsilvanica«

»ericetorum«

»hebridensis«

skandinavische Sippe

»okellyi« (maculata – Lippe)

»meyeri«

»maculata«, darüber: »meyeri«

Kappenorchis *Steveniella satyrioides* (SPRENGEL) SCHLECHTER

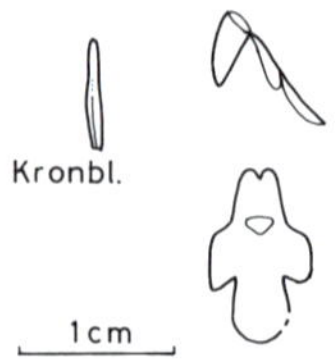

Merkmale: Pflanze mit 2 eiförmig-kugeligen Knollen. Stengel 15–40 (–60) cm hoch, mit 2 scheidigen Schuppenblättern am Grund, 1 großen Laubblatt am Boden und 2 langscheidigen Schuppenblättern darüber. Laubblatt länglich-lanzettlich, 6–20 cm lang und 1,5–6,5 cm breit, nach unten gebogen, oft (wie die ganze Pflanze) braunpurpurn überlaufen. Blütenstand bis 13 (18) cm lang, bis 20 (30)blütig, Blüten aufrecht; Tragblätter viel kürzer bis so lang wie die Fruchtknoten. Kelchblätter zu einem 3zähnigen Helm verwachsen, 7–10 mm lang, olivgrün und braunpurpurn überlaufen; seitliche Kronblätter 4–7 mm lang und 0,4–0,5 mm breit; Lippe olivgrün bis grünlich-gelb, am Grund purpurn, fein papillös, 6–7 mm lang, 3lappig mit umgekehrt eiförmigem Mittellappen und kurzen, rundlich-rhombischen Seitenlappen; Sporn 2–4 mm lang, am Ansatz ebenso breit, breit konisch mit 2spaltiger Spitze.
Standort: Lichte Nadel- und Laubwälder, grasige Waldränder, Gebüsch, Haselnußpflanzungen; von der Ebene bis zur unteren montanen Stufe, bis 1300 m (2100 m in Persien); auf kalkreichen Böden. **Blütezeit:** April, Mai. **Fotos:** An, Vil. Bolu, 5. 5. 74 (l), 19. 5. 83 (r).
Verbreitung: Randgebirge des Schwarzen Meeres in Nordanatolien und auf der Krim. Außerdem in Kaukasien sowie Nord- und Westpersien. **Florenelement:** o-submediterran. **Länder: Eur: SO** RK; **Asi:** An.
Verwandtschaft: Die Gattung steht isoliert und umfaßt nur die eine Art.

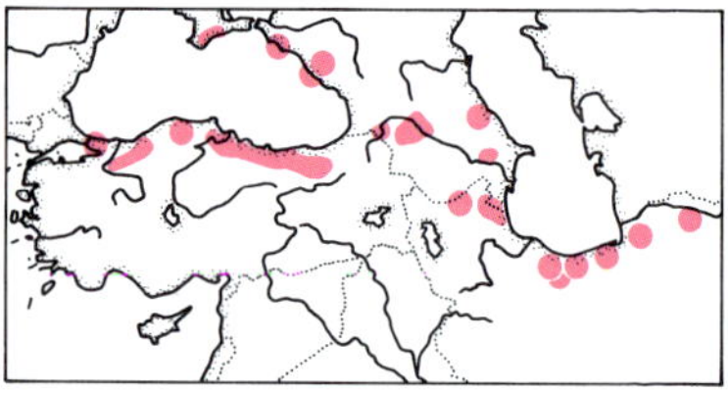

Bartorchis *Comperia comperiana* (STEVEN) ASCHERSON & GRAEBNER

Synonyme: *Orchis comperiana* STEVEN, *C. taurica* C. KOCH, *C. karduchorum* BORNM. & KRÄNZLIN

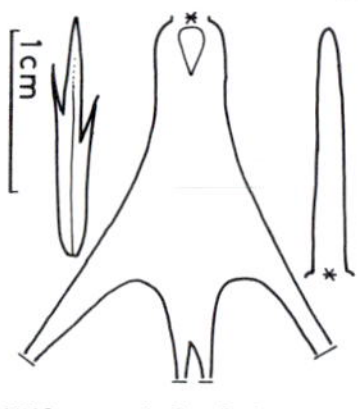

Merkmale: Pflanze mit 2 eiförmigen Knollen. Stengel 25–60 cm hoch, mit 2 scheidigen Schuppenblättern am Grund, 2–4 Laubblättern in der unteren Hälfte und 2–3 langscheidigen Schuppenblättern darüber. Laubblätter länglich-elliptisch, bis 15 cm lang und 4 cm breit, aufrecht. Blütenstand bis 25 cm lang, bis 30blütig; Tragblätter häutig, die unteren länger als die Blüten. Kelchblätter auf ¾ ihrer Länge helmförmig verwachsen, 13–20 mm lang, grünlich mit lila-bräunlicher Tönung; seitliche Kronblätter 14–16 mm lang, schmal lanzettlich, jederseits mit 1–2 spitzen Zähnen; Lippe 3lappig, hell-lila, dreieckig mit keilförmigem Grund, bis 1,5 cm lang, Seitenlappen und Zipfel des Mittellappens in fadenförmige, 3–8 cm lange Zipfel ausgezogen; Sporn abwärts gebogen, 12–18 mm lang, weißlich-lila.
Standort: Lichte Nadel- und Laubwälder der montanen Stufe; bis 1800 m. **Blütezeit:** Mai bis Juli. **Fotos:** An, Vil. Denizli, 24. 5. 74.
Verbreitung: In Europa nur auf der Krim, Hauptverbreitung in Kleinasien, westwärts bis zu den ostägäischen Inseln mit höheren Gebirgen (Lesbos, Samos, Kos, Rhodos), ostwärts durch irakisch Kurdistan bis Westpersien.
Florenelement: o-mediterran orientalisch o-submediterran. **Länder: Eur: SO** RK; **Asi:** LS An AE.
Verwandtschaft: Isolierte Gattung mit nur einer Art und von ungeklärter Verwandtschaft.

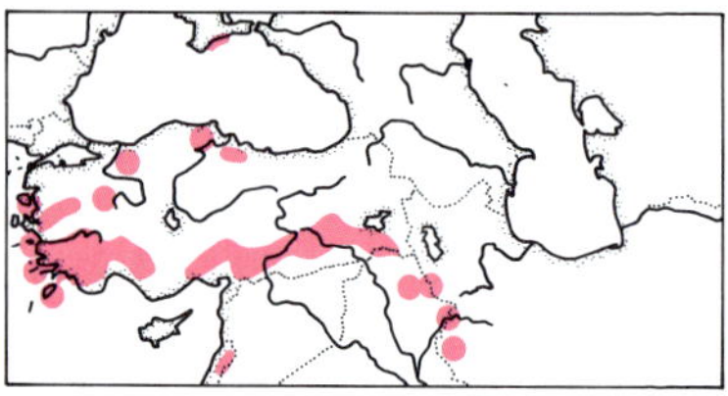

Kappenorchis

Bartorchis

Keuschorchis *Neotinea maculata* (DESF.) STEARN

Synonym: *N. intacta* (LINK) REICHENB. fil.

Merkmale: Pflanze mit 2 ellipsoidischen Knollen. Stengel 10–30 (–40) cm hoch, mit 1–2 braunen Schuppenblättern am Grund und 4–6 Laubblättern, von diesen 1–3 in grundständiger Rosette, obere scheidig-stengelumfassend. Laubblätter länglich-elliptisch, 3–12 cm lang und 1–4,5 cm breit, blaugrün, gefleckt oder ungefleckt. Blütenstand 2–8 cm lang, dicht- und reichblütig; Tragblätter kürzer als die Fruchtknoten. Blüten klein, duftend, verschieden gefärbt, rosa bis braunrot oder grünlich-weiß bis hellgelb. Kelchblätter 3–4 mm lang, lanzettlich, mit den etwas kürzeren seitlichen Kronblättern helmförmig zusammenneigend; Lippe 3–5 mm lang, meist rötlich gefleckt, schräg abwärts gerichtet, 3lappig; Mittellappen schmal rechteckig, an der Spitze 3zähnig, Seitenlappen linealisch, kürzer, meist spreizend; Sporn konisch, 1–2 mm lang.
Standort: Nadelwälder, Garriguen, buschige Magerrasen; bis 1600 m; auf trockenen bis frischen Böden, oft über Kalk. **Blütezeit:** März bis Mai (Juni in Irland). **Fotos:** Cy, Region von Limassol, 20. 3. 84 (l); AE, Rhodos, 4. 4. 81 (r).
Verbreitung: Mittelmeergebiet; mittelatlantische Inseln (Madeira und Kanaren, jedoch nicht auf Lanzarote und Fuerteventura); isoliert in Westirland und auf der Isle of Man.
● **Florenelement:** mediterran kanarisch madeirisch submediterran s + m-atlantisch. **Länder: Eur: SO** Cr Gr Ju, **S** Me Si It Sa Co, **SW** Bl Hs Lu, **W** Ga Br Hb; **Asi:** IJ LS Cy An AE; **Afr:** Tn Ag Ma Ml Cl.
Verwandtschaft: Die monotypische Gattung ist mit dem Militaris-Formenkreis von *Orchis* und mit *Aceras* verwandt.

Fratzenorchis, Ohnhorn, Ohnsporn, Männerorchis, Puppenorchis
Aceras anthropophorum (L.) AITON fil.

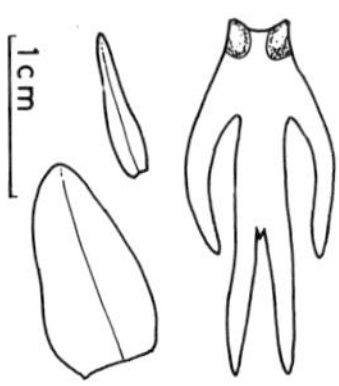

Merkmale: Pflanze mit 2 eiförmigen Knollen. Stengel 10–40 cm hoch, mit mehreren braunen Schuppenblättern am Grund und 4–9 Laubblättern. Untere Laubblätter rosettig genähert, länglich-lanzettlich, bis 15 cm lang und 2,6 cm breit, ungefleckt; obere lang scheidig, stengelumfassend. Blütenstand schmal zylindrisch, dicht- und reichblütig; Tragblätter kürzer als die Fruchtknoten. Blüten von grün-gelblicher Grundfarbe, verschieden intensiv braunrot getönt. Kelchblätter 5–8 mm lang und 2,5–5 mm breit, eiförmig, mit den etwas kürzeren, lanzettlichen seitlichen Kronblättern helmförmig zusammenneigend; Lippe 12–15 mm lang, hängend, am Grund mit 2 seitlichen Wülsten, tief 3lappig, Mittellappen 2zipflig und mit Mittelzahn, alle Abschnitte linealisch. Unterschiede zu den *Orchis*-Arten: Sporn fehlt; die 2 Klebscheiben der Pollinien genähert bis verschmolzen.
Standort: Mager- und Halbtrockenrasen, lichte Gebüsche und Wälder, Säume; bis 1500 m; auf trockenen bis mäßig frischen, meist kalkhaltigen Böden. **Blütezeit:** März bis Juni. **Fotos:** Br, Cambridgeshire, Juni 1981 (l); It, Prov. Grosseto, 19. 4. 82 (r).
Verbreitung: Im Mittelmeergebiet verbreitet, gehäuft im West- und Zentralteil, ziemlich selten im Ostteil; dringt im ozeanisch beeinflußten Gebiet bis West- und Mitteleuropa nach Norden vor. ● **Florenelement:** mediterran z + w-submediterran s + m-atlantisch s-subatlantisch. **Länder: Eur: SO** Cr Gr Al Ju, **S** Si It Sa Co, **SW** Bl Hs Lu, **W** Ga Be Ho Br, **M** He Ge; **Asi:** LS Cy An AE; **Afr:** Tn Ag Ma.
Verwandtschaft: Die monotypische Gattung ist mit dem Militaris-Formenkreis der Gattung *Orchis* nah verwandt. Bastarde sind nicht selten und treten zuweilen in individuenreichen Schwärmen auf (z. B. mit *Orchis simia*).

Keuschorchis

Fratzenorchis

Rote Kugelorchis *Traunsteinera globosa* (L.) REICHENB.

Synonym: *Orchis globosa* L.

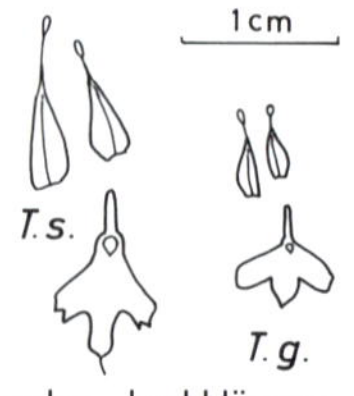

Merkmale: Pflanze mit zwei ellipsoidischen bis eiförmigen Knollen. Stengel 20–60 cm hoch, mit 2–3 braunen Schuppenblättern am Grund und 4–6 aufrecht stehenden Laubblättern, die gleichmäßig am Stengel verteilt sind. Untere Laubblätter länglich-lanzettlich, 5,5–13 cm lang und 1–3 cm breit, obere allmählich kleiner werdend. Blütenstand dichtblütig, zuerst pyramidenförmig-kugelig, sich beim Abblühen verlängernd, 1,5–6 cm lang und 1,5–3 cm breit; Tragblätter krautig, etwa so lang wie die Fruchtknoten. Blüten purpurrosa, Lippe und manchmal die Kronblätter mit purpurnen Flecken. Perianthblätter 4,5–8 (–9) mm lang, eiförmig, in einen schmalen Zipfel verlängert, der am Ende keulig verdickt ist, schwach nach vorn geneigt; seitliche Perianthblätter 3,5–6 (–7) mm lang, breit schief-eiförmig; Lippe breit keilförmig, 3,5–5 (–6) mm lang, etwa zur Hälfte 3lappig, Lappen dreieckig bis rhombisch; Sporn 2,5–3 mm lang, schlank.

Standort: Bergwiesen, Magerrasen; überwiegend in der montanen und subalpinen Stufe, bis 2500 m; auf frischen bis feuchten, tiefgründigen und basenreichen Böden. **Blütezeit:** Mai bis August. **Fotos:** It, Prov. Brescia, 14. 6. 71 (r), 12. 6. 74 (l).

Verbreitung: In der submeridionalen Zone Europas und Südwestasiens sowie in der temperaten Zone Mitteleuropas verbreitet, im wesentlichen auf die Hoch- und hohen Mittelgebirge beschränkt, selten in die Vorebenen herabreichend. Außerdem in Kaukasien. Unklar ist, ob die Pflanzen des Bithynischen Olymps bei Bursa zu dieser oder zur folgenden Art gehören. **Florenelement:** submediterran pannonisch (pontisch) alpisch karpatisch s-subatlantisch s-zentraleuropäisch. **Länder: Eur: SO** ?Al Ju Bu Rm RK, **S** It, **SW** Hs, **W** Ga, **M** He Au Hu Ge Cz Po, **O** RW; **Asi:** ?An.

Gelbe Kugelorchis *Traunsteinera sphaerica* (BIEB.) SCHLECHTER

Synonyme: *Orchis sphaerica* BIEB., *T. globosa subsp. sphaerica* (BIEB.) SOÓ

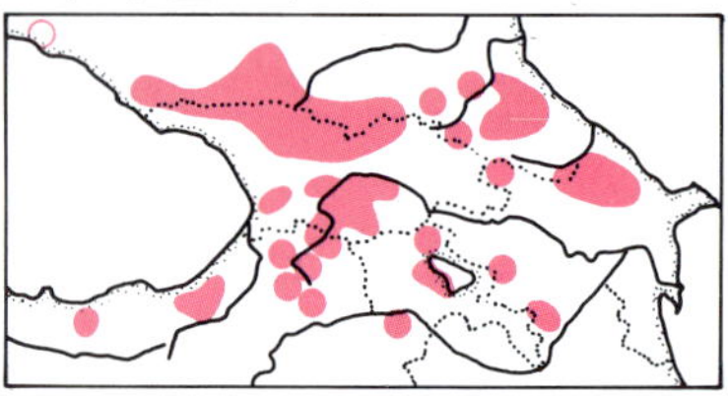

Merkmale: Im Erscheinungsbild *T. globosa* ähnlich (Knollen, Höhe des Stengels, Verteilung, Form und Größe der Blätter, Form des Blütenstands, Größe der Tragblätter), auch sind die Kelchblätter in die keulenförmigen Zipfel verlängert; Hauptunterschiede sind die Farbe und die Größe der Blüten: Blüten cremefarben bis blaßgelb, ohne Punkte; Kelchblätter 8–12,5 mm lang, seitliche Perianthblätter 4,5–7,5 mm lang, Lippe 5–9 mm lang, Mittellappen mit fadenförmigem Zipfel, Seitenlappen oft gezähnt, Sporn 3–5 mm lang.

Standort: Bergwiesen, lichte Kiefernwälder; in der montanen und subalpinen Stufe, 1600–2400 m; Standorte wahrscheinlich denen der anderen Art ähnlich. **Blütezeit:** Juni, Juli. **Fotos:** An, Vil. Trabzon, 13. 7. 82 (l); An, Vil. Giresun, 27. 6. 82 (r).

Verbreitung: Die Art ist in Kaukasien weit verbreitet und strahlt westwärts in das pontische Küstengebirge (Nordtürkei) aus. Der türkische Arealteil ist noch ungenügend bekannt, da die Art wenig beachtet wurde; westlichste Fundpunkte derzeit im Vilayet Giresun, vielleicht weiter nach Westen reichend.

Florenelement: o-submediterran, **Land: Asi:** An.

Verwandtschaft: Die Gattung umfaßt die beiden besprochenen Arten. Sie steht isoliert und ist ohne nähere Verwandte.

Schlüssel für die *Traunsteinera*-Arten:

1 Blüten rosa bis hell-lila, Perianthblätter und Lippe mit purpurnen Flecken; Kelchblätter 4,5–9 mm lang . . . . *T. globosa*

1* Blüten blaßgelb, ungefleckt; Kelchblätter 8–12,5 mm lang . . . . . *T. sphaerica*

Wanzen-Knabenkraut *Orchis coriophora* L.

Synonyme: *O. c. subsp. fragrans* (POLLINI) K. RICHTER, *O. c. subsp. martrinii* (TIMB.-LAGR.) NYMAN

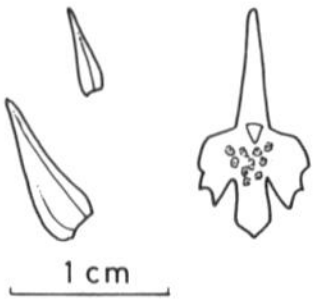

Merkmale: Stengel 15–60 cm hoch, mit 1–2 Schuppenblättern am Grund, 3–7 (–10) Laubblättern über dem Boden und einigen scheidigen Blättern höher am Stengel. Grundblätter linealisch bis lanzettlich, 5–15 cm lang und 0,5–4 cm breit. Blütenstand dicht- und reichblütig. Blüten braun, rot, rosa oder grünlich, nach Wanzen oder Vanille duftend. Perianthblätter zu einem geschnäbelten Helm zusammenneigend; seitliche Kelchblätter 6,5–10 mm lang, eiförmig-lanzettlich, das mittlere etwas kürzer; seitliche Kronblätter 4–6 mm lang, linealisch; Lippe 3lappig, 5–7 (–10) mm lang, Seitenlappen gezähnt, kürzer als der Mittellappen; Sporn 4–9 mm lang, kegelförmig, nach unten gebogen.

Standort: Magerwiesen, lichte Wälder und Gebüsche, selten Feuchtwiesen; bis 2500 m; auf trockenen bis feuchten, basenreichen Böden. **Blütezeit:** April bis Juni. **Fotos:** IJ, Golan, 16. 4. 81 (l); Ge, Oberbayern, 17. 6. 83 (M); Cy, Gebiet von Larnaca, 31. 3. 70 (r).

Verbreitung: In Europa, Nordafrika und Vorderasien von der meridionalen zur temperaten Zone verbreitet; fehlt dem m-atlantischen und n-subatlantischen Florengebiet. Außerdem in Kaukasien, irakisch Kurdistan sowie Nord- und Westpersien.

Florenelement: meridional submeridional temperat. **Länder: Eur: SO** Cr Gr Tu Al Ju Bu Rm RK, **S** Me Si It Sa Co, **SW** Bl Hs Lu, **W** Ga Be †Ho, **M** He Au Hu Ge Cz Po RB, **O** RW RE RC; **Asi:** IJ LS Cy An AE; **Afr:** Li Tn Ag Ma.

Variation: Die Lippengröße, die Länge von Mittellappen, Sporn und Kelchblattschnabel, die Blattbreite und der Duft der Blüten variieren beachtlich. Extremformen sind auffällig verschieden, Übergangsformen aber häufig; Unterarten sind daher kaum unterscheidbar.

Heiliges Knabenkraut *Orchis sancta* L.

Synonym: *O. coriophora subsp. sancta* (L.) HAYEK

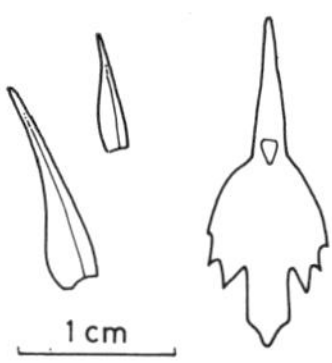

Merkmale: Pflanze mit 2 ellipsoidisch-kugeligen Knollen. Stengel 15–45 cm hoch, mit 1–2 Schuppenblättern am Grund, 5–12 Laubblättern am Boden (die zur Blütezeit oft schon verwelkt sind) und einigen scheidigen Blättern höher am Stengel. Grundblätter linealisch, 6–12 cm lang und 0,8–1,3 cm breit. Blütenstand lockerer als bei *O. coriophora*. Blüten blaßpurpurn, rosa oder karminrot, der Helm außen oft grünlich. Perianthblätter zu einem lang geschnäbelten Helm zusammenneigend; seitliche Kelchblätter 9–15 mm lang, eiförmig, das mittlere etwas kürzer; seitliche Kronblätter 8–13 mm lang, lineal-lanzettlich; Lippe 3lappig, 8–15 mm lang, Mittellappen schmal-länglich, spitz, deutlich länger als die relativ größeren, breiten, grob gezähnten Seitenlappen; Sporn 8–10 mm lang, kegelförmig, abwärts gerichtet und nach vorn gekrümmt.

Standort: Magerwiesen und -weiden; bis 500 m; auf trockenen, kalkreichen Böden. **Blütezeit:** April bis Juni. **Fotos:** An, Vil. Hatay, 7. 5. 72 (r); IJ, Galiläa, 26. 4. 81 (l).

Verbreitung: Östliches Mittelmeergebiet; von den Ägäischen Inseln durch die West- und Südtürkei bis zur Levante.

● **Florenelement:** o-mediterran. **Länder: Eur: SO** Cr Gr; **Asi:** IJ LS Cy An AE.

Schlüssel für die Arten des Coriophora-Formenkreises:

1 Lippe mit papillös behaartem und purpurn geflecktem Mittelteil; schnabelförmiger Abschnitt des Kelchblatthelms etwa ¼–⅓ so lang wie der bauchige hintere Teil (gemessen am Rücken entlang des mittleren Kelchblatts) . . *O. coriophora*

1* Lippe kahl und ungefleckt; Schnabel länger, etwa ⅓–⅖ so lang wie der bauchige Teil des Kelchblatthelms . . . *O. sancta*

Lockerblütiges Knabenkraut *Orchis laxiflora* LAM.

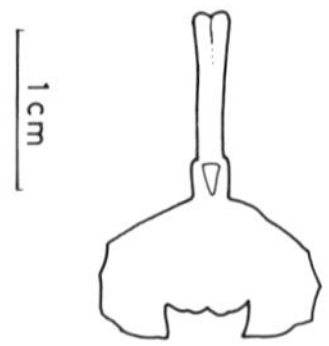

Merkmale: Pflanze mit 2 ellipsoidischen bis kugeligen Knollen. Stengel 20–60 (–100) cm hoch, mit 2–4 braunen Schuppenblättern und 3–8 Laubblättern, diese am Stengel verteilt, lineal-lanzettlich, 7–18 cm lang und 0,8–2 cm breit. Blütenstand locker; Tragblätter rötlich, etwas länger als die Fruchtknoten. Kelchblätter 7–12 mm lang und 3–5,5 mm breit, eiförmig, das mittlere schräg nach vorn gerichtet, die seitlichen fast senkrecht und nach außen gedreht; seitliche Kronblätter 6–9 mm lang und 3–5 mm breit, eiförmig, zusammenneigend; Lippe breiter als lang, 6–8,5 × 11–17 mm; Sporn schräg aufrecht, 10–19 mm lang, am Ende etwas erweitert und oft kurz 2teilig.
Standort: Sumpfwiesen; bis 1500 m; ähnlich wie von *O. palustris.* **Blütezeit:** März bis Juni, etwa 2 Wochen früher als *O. palustris.* **Fotos:** Ga, Dept. Var, 17. 4. 68 (r), 18. 4. 71 (l).
Verbreitung: Mittelmeergebiet, in Westeuropa nordwärts bis zu den Kanalinseln und zur Westschweiz.
● **Florenelement:** mediterran submediterran s-atlantisch s-subatlantisch. **Länder: Eur: SO** Cr Gr Tu Al Ju, **S** Si It Sa Co, **SW** ?Bl Hs Lu, **W** Ga, **M** He; **Asi:** Cy An AE.
Schlüssel für die Arten des Laxiflora-Formenkreises:

1 Lippe 3lappig, Mittellappen kürzer als die Seitenlappen, diese nach unten geschlagen, intensiv purpurrot, mit der weißen, meist nicht gepunkteten Lippenmitte kontrastierend . . . . *O. laxiflora*

1* Lippe 3lappig, Mittellappen länger als die Seitenlappen, oder 2lappig (in der Mitte eingeschnitten) oder ungeteilt; Seitenlappen flach ausgebreitet oder schräg abwärts gerichtet, selten nach unten geschlagen; Lippenmitte heller purpurrot als die Seitenlappen, doch meist nicht weiß und mit Punkten . . . . . *O. palustris*

Sumpf-Knabenkraut *Orchis palustris* JACQ.

Synonyme: *O. laxiflora subsp. palustris* (JACQ.) BONNIER & LAYENS, *O. l. subsp. elegans* (HEUFFEL) SOÓ, *O. pseudolaxiflora* CZERNIAKOVSKA, *O. robusta* (T. STEPHENSON) GÖLZ & REINHARD, *O. l. subsp. robusta* (T. STEPHENSON) SUNDERMANN, ?*O. dinsmorei* (SCHLECHTER) H. BAUMANN & DAFNI

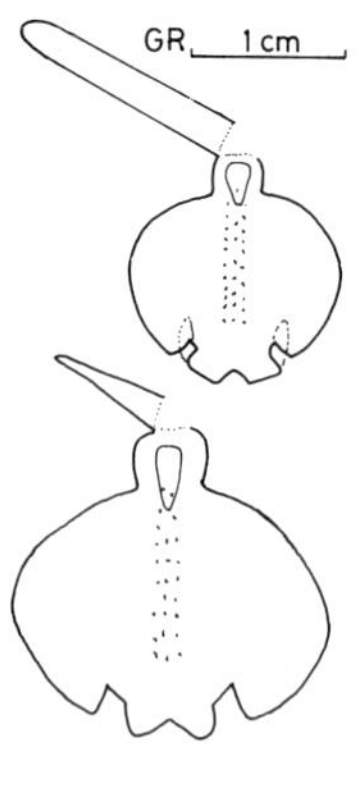

Merkmale: Im Erscheinungsbild *O. laxiflora* ähnlich; in allen Merkmalen sehr variabel. Stengel 15–100 (–150) cm hoch. Blätter linealisch bis lanzettlich, 0,5–5 cm breit. Blütenstand locker bis dicht; Tragblätter kürzer bis viel länger als die Fruchtknoten. Kelchblätter 7–15 mm lang und 3–6 mm breit; Lippe kürzer oder länger als breit, 8,5–17 × 8–24 mm; Sporn abwärts, waagerecht oder aufwärts gerichtet, (5–) 7–19,5 mm lang, gerade oder gebogen, am Ende abgerundet oder zugespitzt.
Standort: Sumpfwiesen, Flachmoore; bis 1200 m; auf basenreichen Böden, salzverträglich. **Blütezeit:** April bis Juli. **Fotos:** Bl, Mallorca, 2. 4. 75 (l); An, Vil. Eskişehir, 26. 5. 72 (r/o); Ge, Oberbayern, 20. 6. 64 (r/u).
Verbreitung: In Europa, Vorderasien und Nordafrika von der meridionalen zur temperaten Zone verbreitet, selten im mediterranen Gebiet und im ozeanischen Europa. Außerdem in der meridionalen Zone ostwärts durch Persien und Afghanistan bis Turkestan, Saudi-Arabien. **Florenelement:** meridional submeridional temperat. **Länder: Eur: SO** Cr Gr Al Ju Bu Rm RK, **S** Si It Co, **SW** Bl Hs, **W** Ga Be, **M** He Au Hu Ge Cz Po, **N** Su, **O** RW RE RC; **Asi:** IJ LS Cy An AE; **Afr:** Tn Ag Ma.
Variation: Mehrere der Varianten werden manchmal als eigene Arten oder Unterarten angesehen (siehe die Synonyme).

Kuckucks-Knabenkraut, Manns-Knabenkraut *Orchis mascula* L.

Problematik: Die Gliederung der vielgestaltigen *O.-mascula*-Gruppe ist noch nicht abschließend geklärt. Ebenso ist die Verbreitung einiger Arten unklar. Der **Schlüssel** für die Arten und Unterarten befindet sich auf S. 244 (Alternativen 5–8).

1. *Orchis mascula* (im engen Sinn)
Synonyme: *O. m. subsp. occidentalis* O. SCHWARZ, ? *O. m. subsp. wanjkowii* (WULF) SOÓ

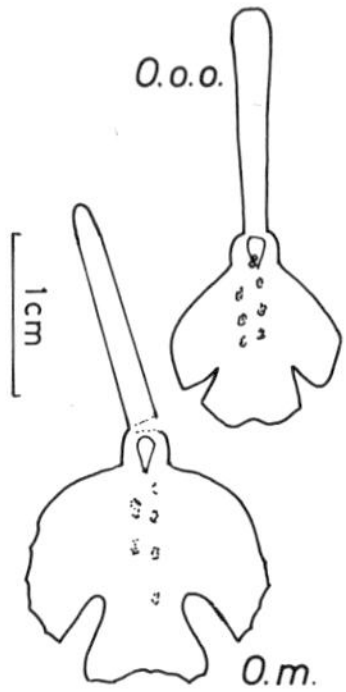

Merkmale: Grundblätter grob gefleckt oder ungefleckt, lanzettlich, 1,5–3,5 cm breit. Seitliche Kelchblätter nach außen gedreht (!), die Vorderhälfte meist übergeneigt, 7–15,5 mm lang, stumpf oder spitz; Lippe 7–14,5 mm lang und 8–18 mm breit, meist kürzer als der 11–21 mm lange, ziemlich schlanke Sporn.
Standort: Magerrasen, lichte Wälder, Bergwiesen; auf frischen bis mäßig trockenen, basenreichen (auch kalkfreien) Böden. **Blütezeit:** April bis Juni. **Fotos:** Su, Öland, Ende Mai 73 (l/o); Ge, Hessen, 17. 6. 84 (r/o). **Verbreitung:** Im westlichen Europa und Nordafrika von der meridionalen zur borealen Zone verbreitet, Kanaren (La Palma); die Angaben für Ost- und Südosteuropa, Kaukasien und Persien sind unsicher. ?● **Florenelement** (provisorisch): w + z-mediterran w + z-submediterran atlantisch subatlantisch zentraleuropäisch [?o-mediterran ?o-submediterran ?sarmatisch]. **Länder: Eur: SO** ?Gr ?Al ?Ju ?Bu ?RK, **S** ?Si It Co, **SW** Hs Lu, **W** Ga Be Ho Br Hb Fa, **M** He Au Ge Da Cz Po RB, **N** Su No Fe, **O** ?RW ?RC; **Afr:** Tn Ag Ma Cl.

2. *O. olbiensis* BARLA ***subsp. olbiensis*;** Hyères-Knabenkraut
Synonym: *O. mascula subsp. olbiensis* (BARLA) ASCHERSON & GRAEBNER
Merkmale: Stengel 10–25 cm hoch, 5–12(–20)blütig. Grundblätter mit oder ohne Flecken, lineal-lanzettlich, bis 2 cm breit. Seitliche Kelchblätter nach außen gedreht (!), 8–12 mm lang, stumpf; Lippe 7,5–12 mm lang und 10,5–15,5 mm breit.
Standort: Lichte Macchien, Garriguen, Magerrasen; bis 1800 m; auf trockenen, kalkhaltigen Böden, gern an Felshängen. **Blütezeit:** März bis Juni. **Fotos** (S. 117): Hs, Prov. Málaga, 5. 4. 71 (l/o, l/u); Hs, Prov. Burgos, 31. 5. 74 (r). **Verbreitung:** Westliches Mittelmeergebiet, ostwärts bis Ligurien, Korsika und Tunesien. ● **Florenelement:** w-mediterran w + z-submediterran. **Länder: Eur: S** It Co, **SW** Bl Hs ?Lu. **W** Ga; **Afr:** Tn Ag Ma.

3. *O. olbiensis subsp. ichnusae* (CORRIAS) BUTTLER; Sardisches Knabenkraut
Synonym: *O. mascula subsp. ichnusae* CORRIAS
Merkmale: Ähnlich der Unterart *olbiensis*, etwas kräftiger und reichblütiger, durch den kürzeren, geraden Sporn unterschieden.
Standort: Wie bei der Unterart *olbiensis*; bis 1300 m. **Blütezeit:** April, Mai. **Fotos** (S. 116): Sa, Prov. Nuoro, 20. 5. 76 (l); Sa, Prov. Cagliari, 21. 4. 80 (r). **Verbreitung:** Endemisch auf Sardinien; Gennargentu-Massiv und Berge bei Iglesias. ● **Florenelement:** z-mediterran. **Land: Eur: S** Sa.

4. *O. signifera* VEST; Prächtiges Knabenkraut
Synonyme: *O. mascula subsp. signifera* (VEST) SOÓ, *O. speciosa* HOST
Merkmale: Stengel 20–60 cm hoch, unten wie die Blätter oft mit winzigen Strichen und Punkten. Tragblätter so lang bis viel länger als die Fruchtknoten. Seitliche Kelchblätter nicht gedreht (!), etwa 12–15 mm lang, schmal eiförmig, spitz und gerade bis lang zugespitzt und unregelmäßig gekrümmt. Lippe am Rand grob gezähnt, oft länger als der ziemlich dicke Sporn.
Standort: Wahrscheinlich ähnlich dem von *O. mascula*. **Blütezeit:** April bis Juni. **Fotos:** It, Prov. Verona, 4. 6. 84 (l/u). **Verbreitung:** Ostalpen, Karpaten und mitteleuropäische Mittelgebirge; vielleicht auch in den Westalpen, den Gebirgen der Balkanhalbinsel und Korsikas. ● **Florenelement** (provisorisch): alpisch pannonisch karpatisch s-subatlantisch s-zentraleuropäisch. **Länder: Eur: SO** Ju Rm, **S** It, **M** He Au Hu Ge Cz ?Po.

O. mascula

O. signifera

O. o. subsp. ichnusae

Klippen-Knabenkraut *Orchis scopulorum* SUMMERHAYES

Synonym: *O. mascula subsp. scopulorum* (SUMMERHAYES) SUNDERMANN

Merkmale: Pflanze mit 2 eiförmig-ellipsoidischen Knollen. Stengel bis 70 cm hoch, mit 2–3 Schuppenblättern am Grund, 3–5 Laubblättern in einer Grundrosette und 3–5 scheidigen Blättern weiter oben. Grundblätter ungefleckt, länglich-elliptisch, 9–16 cm lang und 3–5 cm breit. Blütenstand ziemlich locker, bis 10 cm lang, 8–18blütig; Tragblätter etwa so lang wie die Blüten. Perianthblätter rosapurpurn; seitliche Kelchblätter eiförmig, 10–13 mm lang und etwa 4 mm breit, seitwärts spreizend mit nach vorn weisender Oberseite; das mittlere Kelchblatt 8–10 mm lang, mit den etwa gleich langen, aber schmaleren seitlichen Kronblättern helmförmig zusammenneigend; Lippe blaßrosa, mit dunklen Punkten, breit elliptisch bis rundlich, 14–33 mm lang und 13–25 mm breit, fast flach, am Rand grob gezähnt, 3lappig mit schmaler Bucht zwischen den Lappen, Mittellappen breit fächerförmig; Sporn 6–8 mm lang, schmal zylindrisch, horizontal oder abwärts gerichtet.

Standort: In Spalten oder im Feinschutt steiler Felsklippen, an Böschungen; 800–1800 m; über die Standortsansprüche der Art ist wenig bekannt. **Blütezeit:** Mai, Juni. **Fotos:** MI, Madeira (Botanischer Garten), 21. 5. 75.

Verbreitung: Endemische Art der Insel Madeira. Die Art scheint selten zu sein; sie wurde nur wenige Male gefunden und erst 1959 als selbständig erkannt. ● **Florenelement:** madeirisch. **Land:** **Afr:** MI.

Verwandtschaft: Die Art weicht durch den kurzen, horizontalen Sporn von den übrigen Vertretern des Mascula-Formenkreises ab. Die meisten Gemeinsamkeiten teilt sie mit *O. signifera.* Ob sie auf der Insel als altes Relikt oder als Neuentwicklung in erdgeschichtlich jüngerer Zeit anzusehen ist, bleibt zu untersuchen.

O. o. subsp. albiensis

Spanisches Knabenkraut *Orchis langei* K. RICHTER

Synonyme: *O. mascula subsp. laxifloriformis* RIVAS GODAY, *O. hispanica* A. & C. NIESCHALK, *O. mascula subsp. hispanica* (A. & C. NIESCHALK) SOÓ

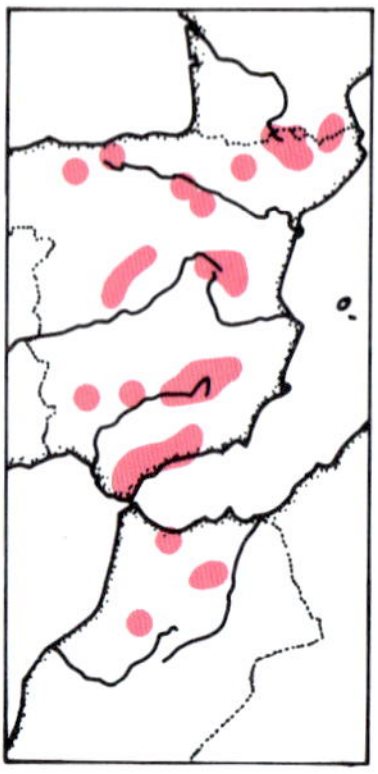

Merkmale: Pflanze mit 2 ellipsoidisch-kugeligen Knollen. Stengel 30–55 cm hoch, mit 2 Schuppenblättern am Grund, 2–5 (–10) Laubblättern in einer Grundrosette und 1–4 scheidigen Blättern weiter oben. Grundblätter lanzettlich, 5–15 cm lang und 1–2 cm breit. Blütenstand locker, 10–25 cm lang, mit 10–35 Blüten; Tragblätter etwa so lang wie die Fruchtknoten. Blüten hell-purpurrot. Seitliche Kelchblätter eiförmig, 8–13 mm lang und 3–6,5 mm breit, schräg seitwärts spreizend und aufgerichtet, ihre Oberseite nach vorn weisend; mittleres Kelchblatt 7–10,5 mm lang, über die etwa gleich langen, zusammenneigenden seitlichen Kronblätter gebogen; Lippe ohne Markierung oder mit feinen Punkten nahe dem Grund, breiter als lang, 7,5–13,5 × 10–18,5 mm, 3lappig mit 2spaltigem, weit vorgezogenem Mittellappen und herabgeschlagenen Seitenlappen; Sporn 9–15,5 mm lang, schwach aufwärts gebogen, am Ende etwas keulenförmig, 1–1,5mal so lang wie die Lippe.

Standort: Lichte Eichen- und Kiefernwälder; bis 1500 m; auf mäßig trockenen, sauren Sand- und Schieferböden; auch in felsigen Magerrasen über Kalk. **Blütezeit:** April bis Juni. **Fotos:** Hs, Prov. Teruel, 30. 5. 82.

Verbreitung: Westliches Mittelmeergebiet; von den Pyrenäen durch die Iberische Halbinsel bis zum Mittleren Atlas. ● **Florenelement:** w-mediterran w-submediterran. **Länder: Eur: SW** Hs, **W** Ga; **Afr:** Ma.

Kiefernwald-Knabenkraut *Orchis pinetorum* BOISS. & KOTSCHY

Synonym: *O. mascula subsp. pinetorum* (BOISS. & KOTSCHY) E. G. & A. CAMUS & BERGON

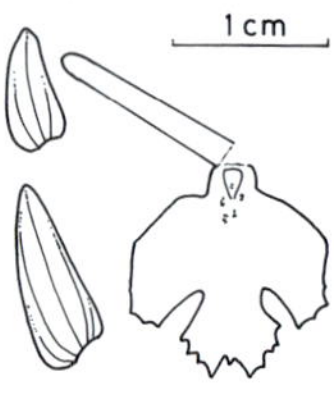

Merkmale: Ähnlich *O. langei* in vielen qualitativen Merkmalen (Blütenstand locker, seitliche Kelchblätter schräg seitwärts spreizend, Blüten hellfarbig, Lippe nicht oder wenig punktiert mit vorgezogenem Mittellappen) und quantitativen Merkmalen (Maße für Perianthblätter, Lippe und Sporn). – Stengel 20–60 cm hoch. Grundblätter eiförmig-lanzettlich, 6–15 cm lang und 1,6–3,3 cm breit. Seitenlappen der Lippe manchmal fast flach ausgebreitet, aber auch schräg abwärts gerichtet oder herabgeschlagen.

Standort: Lichte Laub- und Nadelwälder, Gebüsche, Waldsäume; bis 2400 m; auf frischen bis mäßig trockenen, wahrscheinlich basenreichen Böden. **Blütezeit:** März bis Juni. **Fotos:** An, Vil. Bursa, 27. 5. 72 (l), 9. 5. 83 (r).

Verbreitung: Kleinasien und südliche Balkanhalbinsel; das Areal ist ungenügend bekannt, weil die Art oft nicht von *O. mascula* unterschieden wurde. Das geschlossene Areal reicht nach derzeitiger Kenntnis von Osten bis Samos und zur europäischen Türkei; weiter westlich in jugoslawisch Mazedonien und im Pindus-Gebirge. Außerdem in Transkaukasien, irakisch Kurdistan sowie Nord-, West- und Südpersien. **Florenelement:** o-mediterran orientalisch o-submediterran. **Länder: Eur: SO** Gr Tu Ju ?RK; **Asi:** LS An AE.

Schlüssel für die Arten der *Orchis-pinetorum*-Gruppe:

1 Lippe schafsnasenförmig geknickt, Winkel des Knicks 50–70°; Blätter meist kräftig gefleckt, manchmal bei Einzelpflanzen einer Population ungefleckt . . *O. langei*

1* Lippe nur schwach schafsnasenförmig mit einem Winkel von höchstens 30° oder in der Längsrichtung nicht geknickt; Blätter oft ungefleckt, aber auch mit Punkten oder Strichen . . . . . . *O. pinetorum*

Blasses Knabenkraut, Bleiches Knabenkraut *Orchis pallens* L.

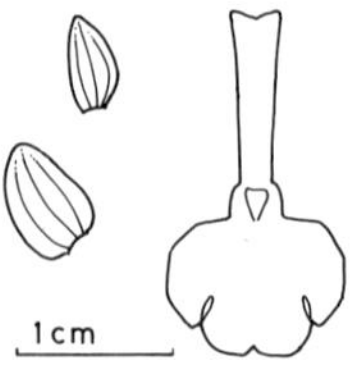

Merkmale: Pflanze mit 2 eiförmig-ellipsoidischen Knollen. Stengel 15–40 cm hoch, mit 2–3 Schuppenblättern am Grund, 4–6 Laubblättern in einer Grundrosette und 1–2 scheidigen Blättern in der unteren Hälfte. Grundblätter ungefleckt, elliptisch bis eiförmig, 6–12 cm lang und 1,5–4 cm breit. Blütenstand dicht- und reichblütig; Tragblätter etwa so lang wie die Fruchtknoten. Blüten hellgelb, nach Schwarzem Holunder duftend. Seitliche Kelchblätter breit eiförmig, gebogen, 6–9 mm lang und 3,5–5 mm breit, schräg oder senkrecht aufgerichtet und nach außen gedreht; mittleres Kelchblatt 5–7,5 mm lang, über die wenig kürzeren, zusammenneigenden seitlichen Kronblätter gebogen; Lippe ungezeichnet, fast flach bis längs oder quer gefaltet, breiter als lang, 6–11 × 7–14 mm, 3lappig mit vorgezogenem, 2spaltigem Mittellappen; Sporn aufwärts gebogen, selten horizontal, 7–14 mm lang, stumpf.

Standort: Laubmischwälder, seltener Nadelwälder und Magerrasen, in höheren Lagen auch auf Wiesen, meist halbschattig wachsend; bis 2400 m; auf frischen, kalkhaltigen Böden. **Blütezeit:** April bis Juni. **Fotos:** Ge, Südwürttemberg, 14. 5. 81 (l), 2. 5. 65 (r).

Verbreitung: In Europa und Vorderasien in der submeridionalen und temperaten Zone verbreitet, in Griechenland und Anatolien bis in die meridionale Zone; fehlt im atlantischen Europa. Außerdem in Kaukasien. **Florenelement:** o-mediterran submediterran pannonisch s-subatlantisch s-zentraleuropäisch. **Länder: Eur: SO** Gr Al Ju Bu Rm RK, **S** It Co, **SW** ?Hs, **W** Ga, **M** He Au Hu Ge Cz Po; **Asi:** An.

Problematik: Rotblütige Pflanzen mit Merkmalen der *O. pallens* sind Bastarde. Alle gelb- und rotblütigen Arten des Mascula-Formenkreises sind miteinander kreuzbar. Wo zwei Arten gemeinsam wachsen, ist mit Bastarden zu rechnen, bei denen die rote Farbe dominiert.

Provence-Knabenkraut, Französisches Knabenkraut *Orchis provincialis* LAM. & DC.

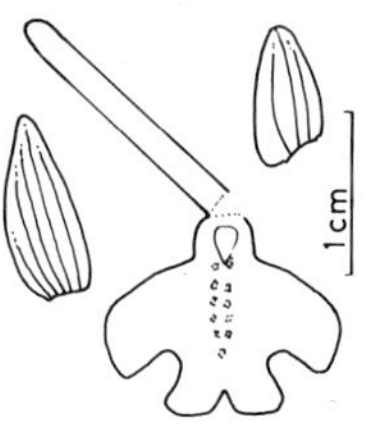

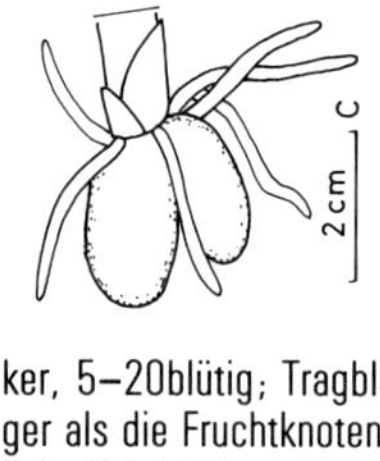

Merkmale: Pflanze mit 2 eiförmig-ellipsoidischen Knollen. Stengel 15–35 cm hoch, mit 2–3 Schuppenblättern am Grund, 3–7 Laubblättern in einer Grundrosette und weiter oben 2–3 scheidigen Blättern. Grundblätter kräftig gefleckt, (lineal-)lanzettlich, 5–15 cm lang und 1,3–2 cm breit. Blütenstand ziemlich lokker, 5–20blütig; Tragblätter so lang oder länger als die Fruchtknoten. Blüten hellgelb. Seitliche Kelchblätter eiförmig, 9–14 mm lang und 4–6 mm breit, senkrecht aufgerichtet, meist gedreht und mit welligem Rand; mittleres Kelchblatt 7–11 mm lang, über die etwa gleich langen seitlichen Kronblätter geneigt; Lippe schafsnasenförmig (Mittellappen von der Seite gesehen im Winkel von etwa 60° nach unten geknickt), rot gefleckt, breiter als lang, 8–13 × 11–18,5 mm, schwach 3lappig mit 2spaltigem Mittellappen und herabgeschlagenen Seitenlappen; Sporn aufwärts gebogen, 13–19 mm lang, am Ende stumpf und undeutlich keulenförmig erweitert.

Standort: Laub- und Nadelwälder, Macchien, seltener auch in Bergwiesen; bis 1700 m; auf frischen, mäßig sauren bis mäßig basischen Böden. **Blütezeit:** April bis Juni. **Fotos:** Ga, Dept. Var, 17. 4. 68 (l), 18. 4. 71 (r).

Verbreitung: Mittelmeergebiet, in der submeridionalen Zone konzentriert. Außerdem in Transkaukasien. **Florenelement:** z + o-mediterran submediterran. **Länder: Eur: SO** Cr Gr ?Tu Al Ju Bu RK, **S** Si It Sa CO, **SW** ?Bl Hs ?Lu, **W** Ga, **M** He; **Asi:** An AE.

Problematik: Rotblütige Pflanzen mit schafsnasenförmiger Lippe sind Bastarde.

Armblütiges Knabenkraut *Orchis pauciflora* TEN.

Synonym: *O. provincialis subsp. pauciflora* (TEN.) E. G. & A. CAMUS & BERGON

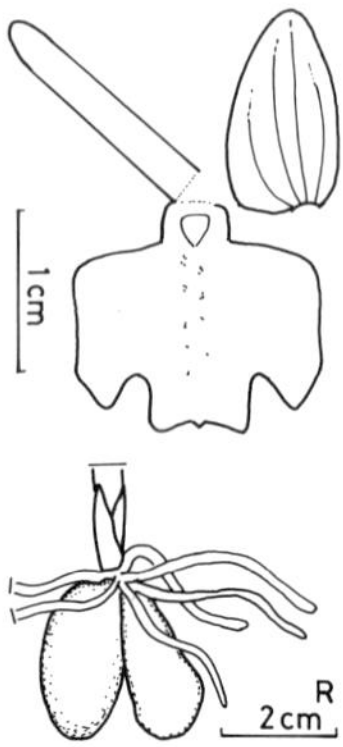

Merkmale: Pflanze mit 2 eiförmig-ellipsoidischen Knollen. Stengel 10–30 cm hoch. Grundblätter 4–9, ungefleckt, schmal lanzettlich, 4–7 cm lang und 0,8–1,7 cm breit, manchmal sichelförmig gebogen. Blütenstand ziemlich locker, meist armblütig (3–7blütig), seltener bis 15blütig; Tragblätter so lang oder länger als die Fruchtknoten. Perianthblätter hellgelb; seitliche Kelchblätter 10–14,5 mm lang und 5,5–9,5 mm breit, fast senkrecht aufgerichtet und nach außen gedreht; das mittlere Kelchblatt 7,5–11,5 mm lang, über die etwas kürzeren seitlichen Kronblätter geneigt; Lippe dunkler gelb als die Perianthblätter, mit kleinen braunroten Punkten, breiter als lang, (9–) 10–14,5 × (12–) 13–19 mm, schwach 3lappig mit vorgezogenem, 2spaltigem Mittellappen, am Rand unregelmäßig gezähnelt, mäßig bis stark längs gefaltet (dann schmal erscheinend); Sporn aufwärts gebogen, lang zylindrisch, stumpf.

Standort: Magerrasen, Garriguen; bis 1800 m; auf trockenen, skelettreichen, stets kalkhaltigen Böden. **Blütezeit:** März bis Juni. **Fotos:** It, Prov. Pisa, 16. 4. 83 (l); Cr, Nomos Rethimnon, 31. 3. 72 (r).

Verbreitung: Zentrales und östliches Mittelmeergebiet; westwärts bis Nordkorsika und Ostsizilien, ostwärts bis Thrazien und Kreta; die Angaben für die ostägäischen Inseln und Westanatolien scheinen alle zu *O. provincialis* zu gehören.

● **Florenelement:** z + o-mediterran z-submediterran. **Länder: Eur: SO** Cr Gr Al Ju, **S** Si It Co.

Helles Knabenkraut, Algerisches Knabenkraut *Orchis laeta* STEINHEIL

Synonym: *O. provincialis var. laeta* (STEINHEIL) MAIRE & WEILLER

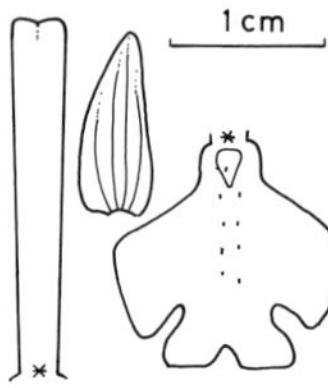

Merkmale: Ähnlich *O. pauciflora*, die Variationsbereiche der Arten gleichen sich bei Stengelhöhe, Blatt- und Blütenzahl, Tragblattlänge, Lippenform und -faltung sowie Spornform und -orientierung. Grundblätter lanzettlich, 6–10 cm lang und 1,5–2 cm breit. Seitliche Kelchblätter 9–13,5 mm lang und 4,5–7 mm breit, senkrecht aufgerichtet, manchmal sich überkreuzend; mittleres Kelchblatt 7,5–11 mm lang. Lippe etwas dunkler gelb als die hellgelben Perianthblätter (aber weniger intensiv gefärbt als bei *O. pauciflora*), mit kleinen roten Punkten, 8,5–13 mm lang und 11,5–17,5 mm breit.

Standort: Lichte Eichen- und Zedernwälder, Bergwiesen; bis 1500 m; auf frischen Böden über Silikatgestein. **Blütezeit:** Februar bis April. **Fotos:** Tn, Kroumirie, 30. 3. 72 (l); Ag, Prov. Algier, 7. 4. 72 (r).

Verbreitung: Tell-Atlas; von Nordwesttunesien bis in das Gebiet von Blida verbreitet.

● **Florenelement:** w-mediterran. **Länder: Afr:** Tn Ag.

Schlüssel für die Arten der *Orchis-pauciflora*-Gruppe:

1 Seitliche Kelchblätter breit eiförmig, 1,5–2mal so lang wie breit; Sporn 15–25 mm lang, 1,5–2mal so lang wie die Lippe; Lippe lebhaft gelb bis orangegelb . . . . *O. pauciflora*

1* Seitliche Kelchblätter eiförmig, 2–2,5mal so lang wie breit; Sporn 20–31 mm lang, meist mehr als doppelt so lang wie die Lippe; Lippe hellgelb . . . . . *O. laeta*

Problematik: Die beiden Arten werden hier vorläufig als selbständig behandelt. Ob sie diesen Status verdienen, bleibt nachzuprüfen. Möglicherweise sind die nordafrikanischen Pflanzen als Unterart zu bewerten oder gar nur als Variante der *O. pauciflora*.

Anatolisches Knabenkraut *Orchis anatolica* BOISS.

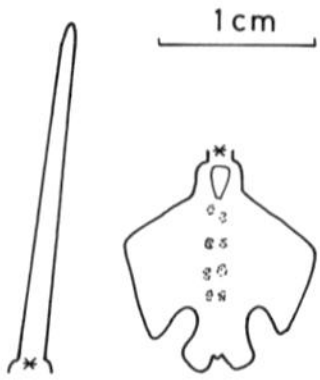

Merkmale: Pflanze mit 2 kugelig-eiförmigen Knollen. Stengel 10–50 cm hoch, mit 1–2 Schuppenblättern am Grund, 2–5 Laubblättern in einer Grundrosette und 1–2 scheidigen Blättern in der unteren Hälfte. Grundblätter lanzettlich bis schmal eiförmig, (3–) 8–13 cm lang und (0,8–) 1,5–3 cm breit, meist gefleckt. Blütenstand locker, 2–15blütig. Blüten rosa bis purpurrot. Kelchblätter eiförmig(-elliptisch), 8–10 mm lang und 4–5 mm breit, die seitlichen oft mit grünem Zentrum, schräg seitwärts spreizend, das mittlere über die 6–8 mm langen zusammenneigenden seitlichen Kronblätter gebogen; Lippe mit hellem gepunktetem Mittelstreifen, etwas breiter als lang, 8–17 × 8–22 mm, tief 3lappig mit 2spaltigem Mittellappen, längs gefaltet; Sporn 15–25 mm lang, gerade oder gebogen, meist steil aufwärts gerichtet, selten horizontal, am Eingang seitlich abgeflacht, nach hinten gleichmäßig verdünnt, selten mit etwas keuliger Spitze.

Standort: Lichte Wälder und Garriguen, vorwiegend halbschattig wachsend; bis 1700 m; auf trockenen und basenreichen Böden. **Blütezeit:** März bis Mai. **Fotos:** An, Vil. İçel, 5. 5. 72 (M); An, Vil. İzmir, 21. 3. 78 (l); Cy, Troodos-Gebiet, 1. 4. 70 (r).

Verbreitung: Östliches Mittelmeergebiet und anschließend in Südanatolien; die Art erreicht auf den Ägäischen Inseln die Westgrenze. Außerdem im Anschluß an die türkischen Vorkommen in irakisch Kurdistan und Westpersien. **Florenelement:** o-mediterran orientalisch o-submediterran. **Länder: Eur: SO** Cr Gr; **Asi:** IJ LS Cy An AE.

Variation: Die Art variiert mäßig. Hochwüchsige, reichblütige Pflanzen mit breiten Blättern und großen Blüten sind als *O. a. subsp. sitiaca* RENZ von Kreta und als *O. a. subsp. troodi* RENZ von Zypern beschrieben worden. Vielleicht sind dies Varianten mit lokaler Verbreitung.

Sacksporniges Knabenkraut, Hügel-Knabenkraut *Orchis collina* BANKS & SOLANDER

Synonyme: *O. saccata* TEN., *O. fedtschenkoi* CZERNIAKOVSKA, *O. leucoglossa* O. SCHWARZ

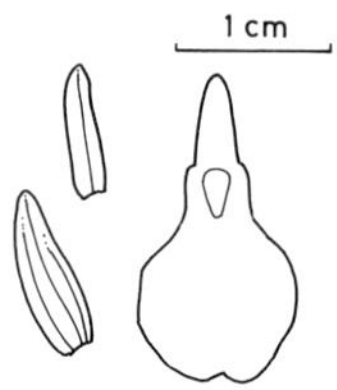

Merkmale: Pflanze mit 2 eiförmigen Knollen. Stengel 10–40 cm hoch, kräftig, mit 2 Schuppenblättern am Grund, 2–6 Laubblättern in einer Grundrosette und weiter oben mit bis zu 4 scheidig-stengelumfassenden Blättern. Grundblätter breit lanzettlich, 3–12 cm lang und 1–3,5 cm breit. Blütenstand locker, schmal zylindrisch, 4–20blütig; Tragblätter breit lanzettlich, die unteren länger als die Fruchtknoten. Perianthblätter grün, meist braun(-violett) überlaufen; Kelchblätter länglich-lanzettlich, 9–12 mm lang und 3–4 mm breit, die seitlichen fast senkrecht aufgerichtet und nach außen gedreht, das mittlere mit den 7–10 mm langen seitlichen Kronblättern helmförmig zusammenneigend; Lippe elliptisch, 9–12 mm lang und 8–11 mm breit, ungeteilt, vorn oft ausgerandet, am Rand fein gekerbt und wellig, braunrot, rotlila, rosa, selten grünlich oder weißlich (»leucoglossa«); Sporn 5–7 (–10) mm lang, sackförmig-kegelförmig, leicht gebogen, schräg abwärts gerichtet, heller als die Lippe.

Standort: Lichte Wälder, Garriguen, Magerrasen; bis 1300 m; auf trockenen, meist kalkhaltigen Böden. **Blütezeit:** Februar bis April. **Fotos:** Cr, Nomos Rethimnon, 10. 4. 81 (l); Hs, Prov. Málaga, 5. 4. 71 (r).

Verbreitung: Mittelmeergebiet, mit südlichem Schwerpunkt, im nördlichen, submediterranen Gebiet seltener, in der Südosttürkei in das orientalische Gebiet vordringend. Außerdem von Kaukasien durch Nordpersien bis Turkomanien und bis West- und Südpersien.

Florenelement: mediterran orientalisch submediterran. **Länder: Eur: SO** Cr Gr Tu ?Al, **S** Me Si It Sa, **SW** Bl Hs, **W** Ga; **Asi:** IJ LS Cy An AE; **Afr:** Li Tn Ag Ma.

Spitzels Knabenkraut *Orchis spitzelii* KOCH

Synonyme: *O. viridifusca* ALBOV, *O. patens subsp. orientalis* (REICHENB. fil.) K. RICHTER, *O. patens var. atlantica* BATT. & TRABUT

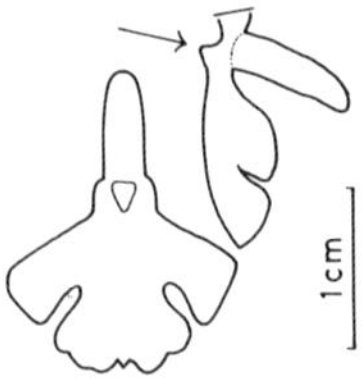

Merkmale: Pflanze mit 2 länglich-eiförmigen Knollen. Stengel 20–40 (–60) cm hoch. Grundständige Laubblätter 2–7, eiförmig-lanzettlich, 6–12 cm lang und 1,6–3,3 cm breit, ungefleckt, Blütenstand meist dicht, 10–35blütig. Perianthblätter zu einem offenen Helm zusammenneigend oder die seitlichen Kelchblätter etwas aufgerichtet. Kelchblätter einheitlich olivgrün, rötlich überlaufen und gepunktet, eiförmig, 7–11 mm lang und 3–5 mm breit; seitliche Kronblätter 5,5–8 mm lang; Lippe rosa- bis purpurrot, deutlich bis verwaschen reich gepunktet, breiter als lang, 9–12 × 11–18 mm, tief 3lappig mit 2spaltigem Mittellappen, längs gefaltet, die beiden Leisten neben dem Sporneingang (von der Seite gesehen) treppenförmig; Sporn kegelförmig, 6–10 mm lang und 3–4 mm dick, leicht abwärts gebogen, hellfarbig.
Standort: Lichte Wälder, Krummholz, Bergwiesen; meist von 1000 bis 2100 m, selten in niederen Lagen; auf frischen bis feuchten, basenreichen (nicht immer kalkhaltigen) Böden. **Blütezeit:** April bis Juli. **Fotos:** An, Vil. Denizli, 17. 5. 83 (r); Ga, Dept. Jura, 20. 6. 83 (l).
Verbreitung: In der meridionalen und submeridionalen Zone von Europa, Nordafrika und Vorderasien, weiter nördlich in den Alpen und als Nacheiszeitrelikt auf Gotland; früher bei Nagold (Württemberg). Das Areal ist disjunkt, die Teilgebiete sind durch große Lücken getrennt; etwas häufiger auf Pyrenäen- und Balkanhalbinsel, in den Ostalpen und dem äußeren Anatolien. Außerdem in Transkaukasien.
Florenelement: mediterran orientalisch submediterran alpisch (s-subatlantisch) n-zentraleuropäisch. **Länder: Eur: SO** Gr Al Ju Bu, **S** It, **SW** Bl Hs, **W** Ga, **M** Au †Ge, **N** Su; **Asi:** LS An; **Afr:** Ag Ma.

Kanaren-Knabenkraut *Orchis canariensis* LINDLEY

Synonym: *O. patens subsp. canariensis* (LINDLEY) SUNDING & KUNKEL

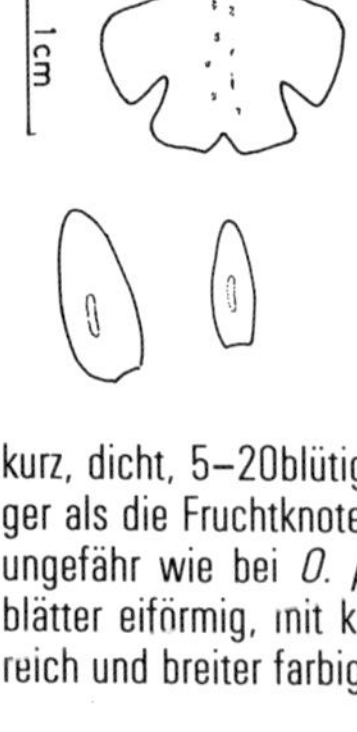

Merkmale: Pflanze mit 2 eiförmigen Knollen. Stengel 15–40 (–60) cm hoch, mit 2–3 Schuppenblättern am Grund, 3–5 Laubblättern in einer Grundrosette und 1 oder mehreren scheidigen Blättern weiter oben. Grundblätter lanzettlich, spitz, 5,5–18 cm lang und 1,8–4 cm breit, ungefleckt. Blütenstand ziemlich kurz, dicht, 5–20blütig; Tragblätter etwas länger als die Fruchtknoten. Maße der Blütenteile ungefähr wie bei *O. patens* (S. 128). Kelchblätter eiförmig, mit kleinem grünen Mittelbereich und breiter farbiger Randzone, manchmal ohne Grün, stets ohne Punkte, die seitlichen steil aufgerichtet, das mittlere über die helmförmig zusammenneigenden seitlichen Kronblätter gebogen; Lippe weißlich bis blaßviolett-rosa mit dunklerer Zeichnung, tief 3lappig mit 2spaltigem Mittellappen, fast flach, Ränder gezähnelt bis fast glatt, die beiden Leisten neben dem Sporneingang gerade (von der Seite gesehen); Sporn breit kegelförmig oder sackförmig, schräg aufwärts gerichtet in Verlängerung der Lippenebene, Narbe dazu fast parallel, von vorn nicht sichtbar.
Standort: An Biotopen mit luftfeuchtem Lokalklima, im Kiefernwald, gern auch in Schluchten an steilen Felswänden auf schmalen Rasenbändern; 800–1400 m, in der Zone der Passatwolken; auf schwach sauren vulkanischen Gesteinen. **Blütezeit:** Februar bis April. **Fotos:** Cl, Teneriffa, 1. 4. 79.
Verbreitung: Die Art besiedelt den Westteil des Kanarischen Archipels, sie fehlt auf Lanzarote und Fuerteventura. ● **Florenelement:** kanarisch. **Land: Afr:** Cl.

Atlas-Knabenkraut *Orchis patens* DESF.

Synonym: *O. brevicornis* VIV.

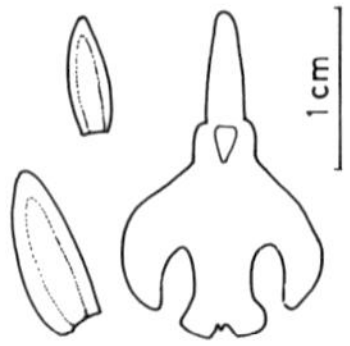

Merkmale: Pflanze mit 2 eiförmigen Knollen. Stengel 25–45 (–70) cm hoch, mit 2 Schuppenblättern am Grund, 3–5 (–9) Laubblättern in einer Grundrosette und weiter oben 1–3 scheidigen Blättern. Grundblätter lineal-lanzettlich, 7–20 cm lang und 0,8–2,3 cm breit, gefleckt oder ungefleckt. Blütenstand 6–30(–40)blütig, lokker; Tragblätter etwa so lang wie die Fruchtknoten. Kelchblätter eiförmig, mit grünem, geflecktem Zentrum und farbiger Randzone, (8–) 9–11 mm lang und 4–5 mm breit, die seitlichen steil aufgerichtet; seitliche Kronblätter eiförmig, 6,5–8 mm lang; Lippe hell bis intensiv purpurrosa mit hellem und geflecktem Mittelbereich, breiter als lang, 9–11 × 11–14 mm, tief 3lappig mit 2spaltigem Mittellappen, längs gefaltet, die beiden Leisten neben dem Sporneingang treppenstufenförmig (von der Seite gesehen); Sporn 6–8 mm lang und 4–4,5 mm dick, abgerundet, horizontal bis abwärts gerichtet.

Standort: Lichte Kastanien-, Eichen- und Zedernwälder, Waldränder, Magerwiesen; bis 1600 m im Atlas, bis 600 m in Ligurien; auf frischen, basenreichen Böden, für Ligurien werden auch saure Böden angegeben. **Blütezeit:** März bis Juni. **Fotos:** It, Prov. Genua, 12. 5. 73 (l), 11. 6. 71 (r).

Verbreitung: Ligurien (Prov. Savona, Genua, La Spezia), Tell-Atlas (Algerien, Tunesien). Das ungewöhnliche Areal besitzt zwei Zentren beiderseits des Mittelmeers; von den Inseln dazwischen sind keine Funde bekannt. Eine Erklärung könnte das »Messinische Modell« liefern, eine durch geologische Fakten gestützte Hypothese, nach der das Mittelmeer vor 5–6 Millionen Jahren weitgehend ausgetrocknet war und Wandermöglichkeiten für Pflanzen bestanden. ● **Florenelement:** w-mediterran z-submediterran. **Länder: Eur: S** It; **Afr:** Tn Ag.

Kreta-Knabenkraut *Orchis prisca* HAUTZINGER

Synonyme: *O. patens subsp. nitidifolia* TESCHNER, *O. spitzelii subsp. nitidifolia* (TESCHNER) SOÓ, *O. patens subsp. falcicalcarata* WILDHABER

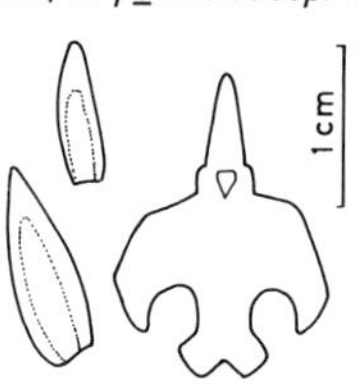

Merkmale: Pflanze mit 2 eiförmigen Knollen. Stengel 15–40 cm hoch, mit 3–7 Laubblättern in einer Grundrosette und weiter oben 2–3 scheidigen Blättern. Grundblätter lanzettlich(-elliptisch), 6–17 cm lang und 1,6–2,9 cm breit, ungefleckt. Blütenstand locker, 5–25blütig; Tragblätter etwa so lang wie die Fruchtknoten. Blüten ähnlich denen von *O. patens* gefärbt. Seitliche Kelchblätter 8–13 mm lang und 4–5,5 mm breit, schräg bis steil aufrecht, das mittlere 7–11 mm lang, den etwas kürzeren seitlichen Kronblättern fast aufliegend (entfernt bei *O. patens)*; Lippe 12–16 mm lang, längs gefaltet, der Mittellappen die Seitenlappen um 3–4 mm überragend, die beiden Leisten neben dem Sporneingang treppenförmig; Sporn 7–11 mm lang und 2–3,4 mm dick, abwärts gerichtet.

Standort: Lichte Kiefernwälder, auch in Kiefernmischwäldern mit Zypresse oder Ahorn; 600–1700 m; auf trockenen, flachgründigen und basenreichen Böden über Kalk. **Blütezeit:** April, Mai. **Fotos:** Cr, Nomos Lasithi, 25. 4. 74 (l), 23. 5. 75 (r).

Verbreitung: Endemische Art Kretas; bekannt von den Gebirgsstöcken im Westteil (Weiße Berge), im Zentralteil (Ida) und Ostteil der Insel (Thriptis). ● **Florenelement:** o-mediterran. **Land: Eur: S** Cr.

Schlüssel für die Arten der *Orchis-patens*-Gruppe:

1 Sporn gerade, sackförmig bis breit kegelförmig, höchstens 2,5mal so lang wie dick (vertikaler Durchmesser knapp hinter dem Sporneingang), meist aber deutlich kürzer . . . . *O. patens*

1* Sporn nach unten gebogen oder seltener fast gerade, schmal kegelförmig, 3–4mal so lang wie dick . . . . . . *O. prisca*

Schmetterlings-Knabenkraut *Orchis papilionacea* L.

Synonyme: *O. rubra* MURRAY, *O. p. subsp. rubra* (MURRAY) SUNDERMANN, *O. p. var. rubra* (MURRAY) BROT., *O. p. var. grandiflora* BOISS., *O. caspia* TRAUTV., *O. p. subsp. bruhnsiana* (GRUNER) SOÓ, ?*O. melchifafii* HAUTZINGER

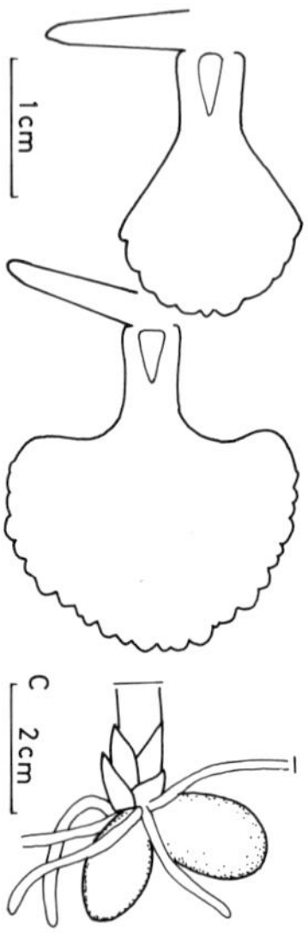

Merkmale: Pflanze mit kugelig-eiförmigen Knollen. Stengel 15–40 (–50) cm hoch, mit 2–3 Schuppenblättern am Grund, 3–8 Laubblättern in einer Grundrosette und 2–5 scheidigen Blättern weiter oben. Grundblätter lineal-lanzettlich, 4–18 cm lang und 0,5–1,5 cm breit, ungefleckt. Blütenstand dicht bis aufgelokkert, 4–14blütig; Tragblätter gefärbt, so lang oder länger als die Fruchtknoten. Perianthblätter nach vorn geneigt, keinen geschlossenen Helm bildend, dunkelnervig; seitliche Kelchblätter lanzettlich, 8–22 mm lang und 4–7,5 mm breit, das mittlere etwas kürzer; seitliche Kronblätter 6–16,5 mm lang; Lippe ungeteilt, vorn meist ausgerandet, aus stielförmigem Grund (Nagel) keilförmig bis breit fächerförmig erweitert (Platte), 9–26 mm lang und 7–23 mm breit; Sporn 8–14 mm lang, kegelförmig, am Ansatz horizontal, abwärts gebogen.

Standort: Magerrasen, Garriguen, lichte Wälder und Macchien; bis 1800 m; auf mäßig trockenen, basenreichen (aber auch kalkfreien) Böden. **Blütezeit:** Februar bis Mai. **Fotos:** Co, Dept. Corse du Sud, 7. 4. 81 (l/o); It, Prov. Cosenza, 9. 4. 81 (r/o); It, Prov. Como, 19. 5. 69 (l/M); IJ, Galiläa, 12. 4. 81 (r/u); Ga, Dept. Alpes Maritimes, 29. 4. 84 (r/M); An, Vil, Muğla, 22. 3. 78 (l/u).

Verbreitung: Mittelmeergebiet; nordwärts bis zum Südrand der Alpen und zur Wallachei. Außerdem in Kaukasien.

Florenelement: mediterran submediterran danubisch. **Länder: Eur: SO** Cr Gr Tu Al Ju Bu Rm, **S** Si It Sa Co, **SW** Bl Hs Lu, **W** Ga; **Asi:** IJ LS Cy An AE; **Afri:** Li Tn Ag Ma.

Problematik: Die Art ist sehr vielgestaltig und umfaßt mehrere morphologische Rassen, die auch eigene Areale zu besiedeln scheinen. Beim derzeitigen Kenntnisstand ist es unmöglich zu entscheiden, ob der Formenkreis in verschiedene Unterarten (oder gar selbständige Arten) differenziert ist. Dies kann nur durch eine Bearbeitung geklärt werden, die das Verbreitungsgebiet insgesamt berücksichtigt. Anschließend werden die Rassen kurz vorgestellt, wobei die charakteristische, »typische« Ausprägung beschrieben wird; Übergangsformen, die nicht selten sind, bleiben dabei unberücksichtigt. Zur Unterscheidung der Rassen werden Blütenmerkmale benutzt, vor allem Lippenform, Lippenfärbung und Blütengröße.

1. Typ »papilionacea« im engen Sinn (»rubra«) (Fotos l/o, r/o)
Blüten mittelgroß, seitliche Kelchblätter 14–19 mm lang, Lippe (9–) 12–17 (–22) mm lang, Platte breit keilförmig, nicht gezeichnet, rotviolett, gegen den Nagel weißlich.
Vorkommen: Hauptsächlich im zentralen Mittelmeergebiet, Einzelfunde auch in Algerien, Mittelgriechenland, Anatolien.

2. Typ »grandiflora« (Foto l/M)
Blüten groß, seitliche Kelchblätter 16–22 mm lang, Lippe 15–26 mm lang, Platte breit fächerförmig, oft am Grund herzförmig, rosa mit rosavioletter fächerförmiger Zeichnung.
Vorkommen: Westliches und südliches zentrales Mittelmeergebiet (Iberische Halbinsel, Südfrankreich, Nordafrika, Sizilien, Süditalien). Ähnliche Pflanzen kommen im östlichen Mittelmeergebiet vor (Balkanhalbinsel, Ägäis, Anatolien) (Foto l/u). Sie besitzen ähnlich gefärbte, aber mittelgroße Blüten mit Maßen, die etwa denen von »rubra« entsprechen; Platte breit fächerförmig.

3. Typ »caspia« (»bruhnsiana«) (Foto r/u)
Blüten klein, seitliche Kelchblätter 8–13 mm lang, Lippe 9–12 mm lang, Platte breit keilförmig, hellrosa im Zentrum, rosaviolett zum Rand, mit fächerförmiger Zeichnung.
Vorkommen: Levante, Kaukasien.

Brancifortis Knabenkraut *Orchis brancifortii* BIV.

Synonym: *O. quadripunctata var. brancifortii* (BIV.) BOISS.

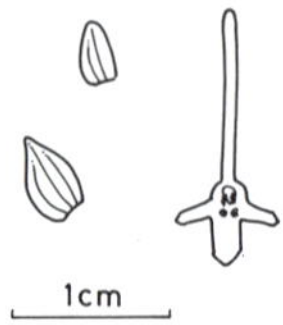

Merkmale: Ähnlich *O. quadripunctata,* durchschnittlich niedriger, kleinerblütig, Blüten weiter geöffnet (Kelchblätter und Lippe stehen in einer Ebene, bei der anderen Art stumpfwinklig zueinander). – Stengel 10–25 cm hoch. Seitliche Kelchblätter 3–5 mm lang; Lippe 3,5–5,5 mm lang, mit je 2 Punkten vor und neben dem Sporneingang, die manchmal paarweise verschmolzen sind; Mittellappen rechteckig, etwa doppelt so lang wie breit, vorn zugespitzt; Sporn horizontal, schwach S-förmig gebogen.
Standort: Die Art besiedelt ähnliche Standorte wie *O. quadripunctata,* 200–1300 m; überwiegend über Kalk. **Blütezeit:** April bis Juni. **Fotos:** Si, Prov. Palermo, 10. 4. 79 (l); Sa, Prov. Nuoro, 20. 5. 76 (r).

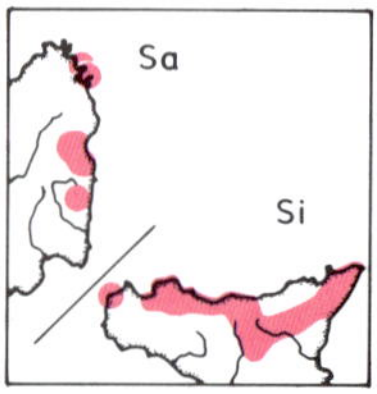

Verbreitung: Auf Sizilien und Sardinien endemisch. Die Art besiedelt auf Sizilien einen etwa 30 km breiten Streifen entlang der Nordküste und dringt nur gelegentlich ins Landesinnere vor; auf Sardinien ist sie auf die Ostküste beschränkt, maximal etwa 20 km landeinwärts. ● **Florenelement:** z-mediterran. **Länder: Eur: S** Si Sa.
Schlüssel für die Arten des Quadripunctata-Formenkreises:

1 Seitenlappen der Lippe etwa gleichgroß (Fläche) wie der Mittellappen oder größer, rundlich-eiförmig bis halbkreisförmig, mit einwärts gebogenen Außenrändern . . . . . . *O. quadripunctata*

1* Seitenlappen kleiner als der Mittellappen, schmal rechteckig (zahnartig), schräg spreizend und mit geraden Rändern . . . . . . *O. brancifortii*

Vierpunkt-Knabenkraut *Orchis quadripunctata* TEN.

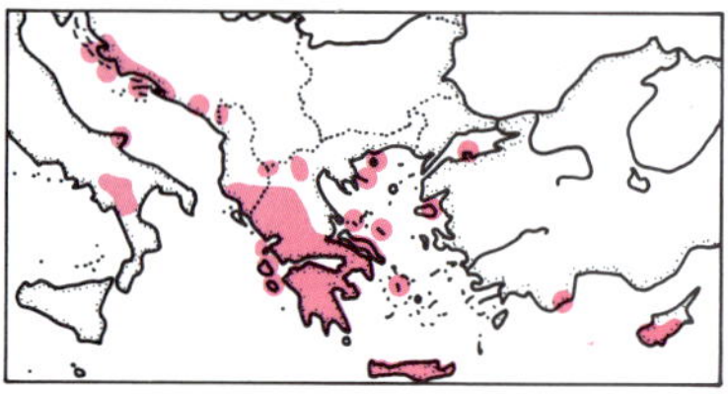

Merkmale: Pflanze mit 2 ellipsoidischen oder kugeligen Knollen. Stengel 10–30 (–40) cm hoch, mit 1–2 scheidigen Schuppenblättern am Grund, 2–6 Laubblättern in einer Grundrosette und weiter oben mit 1–2 lang scheidigen Blättern. Grundblätter linealisch bis schmal elliptisch, 4–12 cm lang und 1–2 (–3) cm breit, gefleckt oder ungefleckt. Blütenstand dicht bis locker, zylindrisch, 8–35blütig; Tragblätter kürzer bis so lang wie die Fruchtknoten. Blüten rosa- bis purpurrot. Kelchblätter weit spreizend, fast in einer Ebene orientiert, eiförmig, die seitlichen 4–7 mm lang und 1,5–4 mm breit, das mittlere etwas kürzer; seitliche Kronblätter 2–5 mm lang, helmförmig zusammenneigend; Lippe 4–7,5 mm lang und 6–11 mm breit, sehr variabel, tief 3lappig bis fast ungeteilt, in der Mitte weiß mit 2–5 Punkten vor und 2 (–4) Punkten neben dem Sporneingang; Mittellappen länger oder kürzer als die Seitenlappen, vorn abgerundet oder 2spaltig; Sporn 8–14 mm lang, abwärts gerichtet, am Ende oft leicht hochgebogen, sehr schlank und am Beginn kaum erweitert.
Standort: Magerrasen, Macchien, Garriguen; bis 1500 m; auf trockenen und steinigen Böden, oft über Kalk. **Blütezeit:** März bis Juni. **Fotos:** Gr, Nomos Attika, 10. 4. 82 (l); Cy, Gebiet von Limassol, 1. 4. 83 (r).
Verbreitung: Östliches und zentrales Mittelmeergebiet, westwärts bis Süditalien (Apulien, Kampanien), nordwärts bis Dalmatien, ostwärts bis Westanatolien und Zypern. Die Angaben für Sizilien und Sardinien beziehen sich wahrscheinlich alle auf *O. brancifortii.*
● **Florenelement:** z+o-mediterran z-submediterran. **Länder: Eur: SO** Cr Gr Al Ju, **S** It; **Asi:** Cy An AE.

Borys Knabenkraut *Orchis boryi* REICHENB. fil.

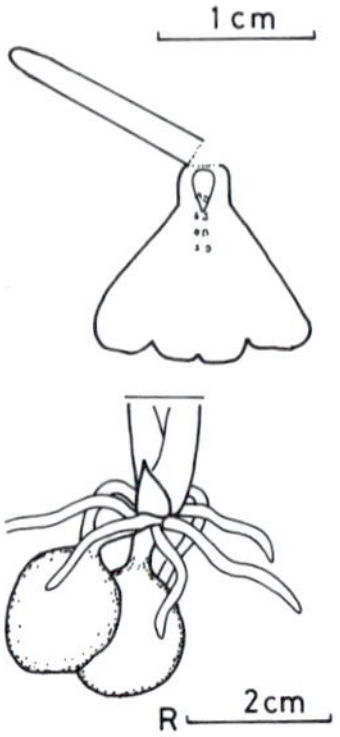

Merkmale: Pflanze mit 2 kugeligen Knollen. Stengel 10–35 cm hoch, mit 2–4 Schuppenblättern am Grund, 4–9 Laubblättern in einer Grundrosette und 2–6 lang scheidigen Blättern weiter oben. Grundblätter lineal-lanzettlich, 5–8 cm lang und 0,5–1 cm breit, ungefleckt. Blütenstand ziemlich locker, 5–15blütig; Tragblätter rot überlaufen, eiförmig, um die Fruchtknoten gerollt und etwa halb so lang wie diese. Kelchblätter nach vorn geneigt, keinen geschlossenen Helm bildend, breit eiförmig, intensiver gefärbt als die Lippe, die seitlichen 7,5–10 mm lang und 4–5,5 mm breit, das mittlere ⅕ kürzer; seitliche Kronblätter zusammenneigend, 5,5–7,5 mm lang; Lippe mit keilförmigem Grund, seicht 3lappig, oft mit welligem Rand, Mittellappen etwas länger als die Seitenlappen; Lippe auf der Fläche blasser als am Rand, mit 2 Reihen von 1–3 Punkten; Sporn schmal zylindrisch, schwach gebogen, horizontal oder abwärts gerichtet.
Standort: Lichte Wälder und Macchien, Garriguen, Magerrasen; bis 1200 m ansteigend; auf frischen bis feuchten Böden, über Kalk und Schiefer. **Blütezeit:** April, Mai. **Fotos:** Cr, Nomos Lasithi, 20. 4. 81 (l); Cr, Nomos Rethimnon, 2. 4. 66 (r).

Verbreitung: Östliches Mittelmeergebiet; im südlichen Griechenland (besonders auf der Peloponnes) und auf mehreren Inseln der Ägäis (Skiathos, Euböa, Kithnos, Kreta). ● **Florenelement:** o-mediterran. **Länder: Eur: SO** Cr Gr.

Israelisches Knabenkraut *Orchis israelitica* H. BAUMANN & DAFNI

Merkmale: Stengel 10–30 cm hoch. Grundblätter 3–6, lanzettlich, 5–12 cm lang und 1,5–3 cm breit, ungefleckt. Blütenstand ziemlich lokker, 5–20blütig; Tragblätter rosa überlaufen, etwa ⅔ so lang wie die Fruchtknoten. Kelchblätter nach vorn geneigt (etwas weiter als bei *O. boryi*), konkav, weißlich bis rosa, in der Mitte grünlich; die seitlichen 6–8 mm lang und 3–4,5 mm breit, das mittlere und die seitlichen Kronblätter 4,5–6,5 mm lang; Lippe deutlich 3lappig, Mittellappen länger und meist auch breiter als die Seitenlappen, am Lippengrund 2 oder 4 dunkelpurpurne Punkte; Sporn schmal zylindrisch, schwach gebogen, horizontal, rosa.
Standort: Garriguen; 400–800 m; auf kalkreichen Böden. **Blütezeit:** Februar bis April. **Fotos:** IJ, Galiläa, 12. 4. 81.
Verbreitung: Die 1978 entdeckte Art ist in Israel endemisch. Sie besiedelt ein kleines Areal in Unter- und Obergaliläa. ● **Florenelement:** o-mediterran. **Land: Asi:** IJ.

Schlüssel für die Arten des Boryi-Formenkreises:

1 Blüten meist intensiv rotlila, selten rosalila; Lippe (flach ausbreiten!) 8–10 mm lang und 9,5–12 mm breit; Sporn 13–17 mm lang . . . . *O. boryi*

1* Blüten weißlich bis hell-rosalila; Lippe 5–8 mm lang und 7–10 mm breit; Sporn 11–14 mm lang . . . . . *O. israelitica*

Die Blütenstände beider Arten blühen von oben nach unten auf.
Die Arten sind eng miteinander verwandt. Es bleibt an einer ausreichend großen Anzahl von Pflanzen zu untersuchen, ob der Status als selbständige Arten beibehalten werden kann. Vielleicht ist eine Einstufung als Unterarten (geographische Rassen) vorzuziehen, worauf die sich bei einigen Merkmalen etwas überlagernden Variationsbereiche hindeuten.

Kleines Knabenkraut, Salep-Knabenkraut *Orchis morio* L.

Problematik: Die *O.-morio*-Gruppe ist sehr vielgestaltig und bedarf einer gründlichen Neubearbeitung. Ihre Gliederung ist vorläufig.

Schlüssel zum Bestimmen der Unterarten:

1 Lippe gelblichweiß oder schwach rosalila, nicht gepunktet; Sporn rosalila . . . . . . 2. *O. m. subsp. syriaca*

1* Lippe anders gefärbt, oft intensiv purpurrot; falls weiß oder rosa, dann mit gepunktetem Mittelteil oder weißem Sporn 2

2 Lippe (ausbreiten!) höchstens 1,4mal so breit wie lang, 6–9 mm breit; Sporn 6–10 mm lang 3. *O. m. subsp. albanica*

2* Lippe mindestens 1,5mal so breit wie lang, 9–18 mm breit; Sporn 8–14 mm lang . . . . . . 1. *O. m. subsp. morio*

Standort: Lichte Wälder, Macchien, Garriguen, Magerwiesen, auf trockenen bis wechselfeuchten, basenhaltigen Böden.

1. *O. m. subsp. morio* **Merkmale:** Stengel 10–50 cm hoch. Laubblätter lanzettlich, 2,5–12 cm lang und 0,5–2 cm breit. Blütenstand 5–25blütig. Mittellappen kürzer oder länger als die Seitenlappen; Sporn horizontal bis aufwärts gerichtet. **Variation:** Oft werden 2 Rassen unterschieden, die aber nur unscharf getrennt sind. »Morio«-Variante: Lippe 6–10 mm lang und 10–18 mm breit; Kelchblätter 7,5–11 mm lang; Sporn 9,5–14 mm lang; Pflanzen robust, reichblütig; Blüten oft intensiv purpurrot, auch heller; mehr nördlich verbreitet. – »Picta«-Variante (*O. m. subsp. picta* [LOISEL.] K. RICHTER): Lippe 4–6,5 mm lang und 8,5–12 mm breit; Kelchblätter 6–8,5 mm lang; Sporn 8–11,5 mm lang; Pflanzen graziler, armblütiger; Blüten oft rosa bis hellviolett, auch dunkler; mehr südlich verbreitet.

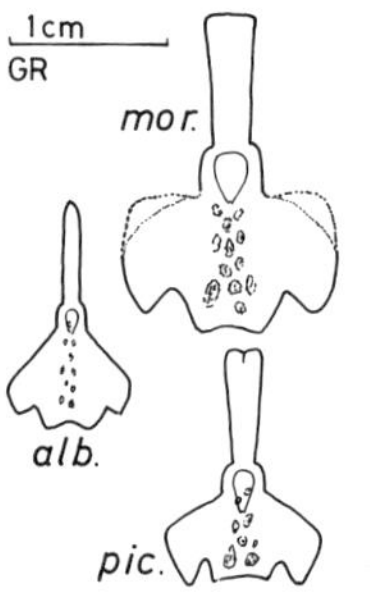

Standort: Bis 2000 m. **Blütezeit:** Februar bis Mai. **Fotos:** It, Prov. Fóggia, 11. 4. 82 (l/o/o); Ga, Dept. Var, 12. 5. 72 (l/o/u); An, Vil. İzmir, 21. 3. 78 (r/o). **Verbreitung:** In Europa, Nordafrika und Vorderasien von der meridionalen zur temperaten Zone, klingt im kontinentalen Osteuropa aus. Außerdem in Kaukasien, Nord- und Westpersien und irakisch Kurdistan. **Florenelement:** meridional submeridional temperat. **Länder: Eur: SO** Gr Tu Al Ju Bu Rm RK, **S** Me Si It Sa Co, **SW** Bl Hs Lu, **W** Ga Be Ho Br Hb, **M** He Au Hu Ge Da Cz Po RB, **N** Su No, **O** RW RC; **Asi:** An AE Cy; **Afr:** Ma.

2. *O. m. subsp. syriaca* E. G. & A. CAMUS & BERGON; Syrisches Knabenkraut

Synonyme: *O. syriaca* H. BAUMANN & KÜNKELE, *O. picta subsp. libani* RENZ. **Merkmale:** Stengel 10–25 cm hoch; Blütenstand kurz, 4–14blütig; Blütenmaße wie »picta«. **Standort:** Bis 1300 m. **Blütezeit:** Februar bis Mai. **Fotos** (S. 139): Cy, Gebiet von Limassol, 15. 3. 84 (l/o); Cy, Gebiet von Kyrenia, 24. 3. 83 (r/o). **Verbreitung:** Küstenzone von der Südtürkei bis zur Levante, Zypern.

● **Florenelement:** o-mediterran. **Länder: Asi:** ?IJ LS Cy An.

3. *O. m. subsp. albanica* (GÖLZ & REINHARD) BUTTLER; Albanisches Knabenkraut

Synonym: *O. albanica* GÖLZ & REINHARD. **Merkmale:** Stengel 15–30 cm hoch, grazil; Blütenstand 5–15blütig; Kelchblätter 5,5–8 mm lang; Lippe 4,5–7 mm lang; meist hellblütig. **Standort:** Bis 1500 m. **Blütezeit:** April bis Juni. **Fotos:** Al, Prov. Lushnjë, 18. 5. 80 (l/u); Al, Prov. Vlorë, 14. 4. 82 (r/u). **Verbreitung:** Albanien, Montenegro. ● **Florenelement:** (z-mediterran) z-submediterran. **Länder: Eur: SO** Al Ju.

Langsporniges Knabenkraut *Orchis longicornu* POIRET *Bilder auf Seite 138*

Merkmale: Stengel 10–35 cm hoch, 5–15blütig; Lippe breiter als lang, 6–8 × 12–18 mm; Sporn 11–16 mm lang, aufwärts gerichtet.

Standort, Blütezeit: Wie *O. m. subsp. morio*. **Fotos** (S. 138): Si, Prov. Palermo, 29. 3. 67 (l); Bl, Mallorca, 7. 3. 75 (r). **Verbreitung:** Westliches Mittelmeerbecken; Balearen bis Sizilien und Kalabrien, Korsika (Südteil) bis Nordafrika. ● **Florenelement:** w + z-mediterran z-submediterran. **Länder: Eur: S** Me Si It Sa Co, **SW** Bl, **W** ?Ga; **Afr:** Tn Ag.

darunter: »picta«

O. m. subsp. morio

O. m. subsp. albanica

O. longicornu (Text auf S. 136)

Dreiknollen-Knabenkraut *Orchis champagneuxii* BARN.

Synonym: *O. morio subsp. champagneuxii* (BARN.) E. G. & A. CAMUS

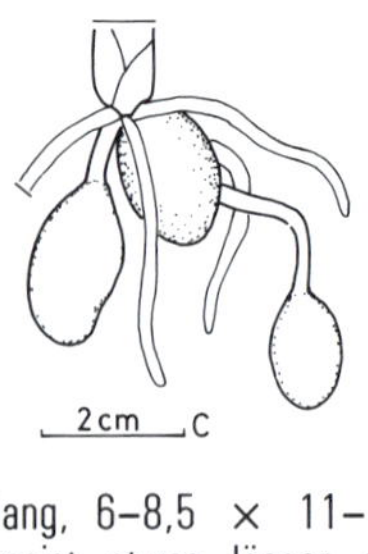

Merkmale: Stengel 10–25 cm hoch. Grundständige Laubblätter 5–9, lanzettlich, 3–8 cm lang und 0,7–1,5 cm breit; weiter oben 2–3 scheidige Blätter. Blütenstand locker 2–7(–10)blütig. Kelchblätter breit eiförmig, 6,5–10 mm lang und 3–4,5 mm breit; seitliche Kronblätter 4,5–6,5 mm lang; Lippe breiter als lang, 6–8,5 × 11–14 mm; Mittellappen meist etwas länger als die Seitenlappen; Sporn 10–15 mm lang, schwach gebogen, aufwärts gerichtet.

Standort: Lichte Wälder und Gebüsche, Magerwiesen; bis 1500 m; auf trockenen Böden.

Blütezeit: April bis Juni. **Fotos:** Ga, Dept. Var, 18. 4. 71 (l), 17. 4. 71 (r).

Verbreitung: Westliches Mittelmeergebiet; die Vorkommen sind auf die Iberische Halbinsel konzentriert, sie reichen ostwärts in Südfrankreich entlang der Küste bis zum Dept. Alpes-Maritimes. Angaben für Marokko bedürfen der Bestägigung. ● **Florenelement:** w-mediterran w-submediterran. **Länder: Eur: SW** Bl Hs Lu, **W** Ga; ?**Afr:** Ma.

Schlüssel für die Arten der *Orchis-longicornu*-Gruppe:

1 Mittelteil der Lippe mit purpurroten Punkten; Seitenlappen meist dunkel, purpurrot bis schwarzpurpurn, selten rosa oder rot; Pflanzen einzeln, da jährlich 1 neue Knolle gebildet wird . *O. longicornu* (S. 136)

1* Mittelteil der Lippe ohne Punkte oder diese nur angedeutet; Seitenlappen rosa bis purpurrosa; Pflanzen in Gruppen wachsend, da jährlich je Pflanze 2 langgestielte neue Knollen gebildet werden . . . . . . *O. champagneuxii*

Galiläa-Knabenkraut *Orchis galilaea* (BORNM. & M. SCHULZE) SCHLECHTER

Synonym: *O. punctulata subsp. galilaea* (BORNM. & M. SCHULZE) SOÓ

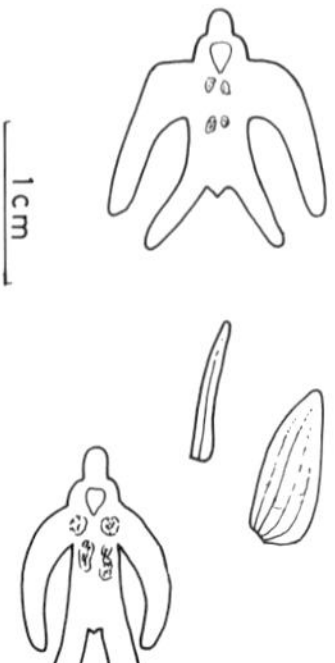

Merkmale: Stengel 15–50 cm hoch. Grundständige Laubblätter 3–6, ungefleckt, lanzettlich, 6–12 cm lang und 2,5–5 cm breit; weiter oben am Stengel 1–2 scheidige Blätter. Blütenstand ziemlich dicht, 4–12 cm lang, mit 15–30 Blüten. Von oben nach unten (!) aufblühend; Tragblätter 2–3 mm lang. Zur Färbung der Blüten siehe bei »Variation«. Kelchblätter helmförmig zusammenneigend, eiförmig, 8–10 mm lang; seitliche Kronblätter linealisch; Lippe 10–12 mm lang, tief 3lappig, Seitenlappen und Zipfel des Mittellappens etwa gleich breit, linealisch, gerade oder etwas gebogen, der Mittelzahn des Mittellappens wesentlich kürzer als die Zipfel; Sporn 3–4 mm lang, zylindrisch, schwach gebogen und nach unten gerichtet. **Variation:** Die Art tritt in auffällig verschiedenen Farbvarianten auf, die früher zu Fehlinterpretationen Anlaß gegeben haben. Stets ist die Innenseite der Kelchblätter purpurnervig, ist die Lippe mit ziemlich großen purpurnen Flecken markiert; es variiert die Grundfarbe der Blüten: a) weiß, b) purpurrosa (Lippe purpurn mit hellerem Mittelbereich), c) blaßgelb bis grünlichgelb.

Standort: Lichte Hartlaub- und Kiefernwälder, Garriguen; in der kollinen Stufe von 300 bis 900 m; auf (mäßig) trockenen, skelettreichen und kalkhaltigen Böden. **Blütezeit:** Februar bis April. **Fotos:** IJ, Samaria, 11. 4. 81.

Verbreitung: Endemische Art der Levante mit kleinem Verbreitungsgebiet in Libanon, Israel und Syrien.

● **Florenelement:** o-mediterran. **Länder:** **Asi:** IJ LS.

Punktiertes Knabenkraut *Orchis punctulata* LINDLEY

Synonyme: *O. p. subsp. sepulchralis* (BOISS. & HELDR.) SOÓ, *O. schelkownikowii* WORONOW

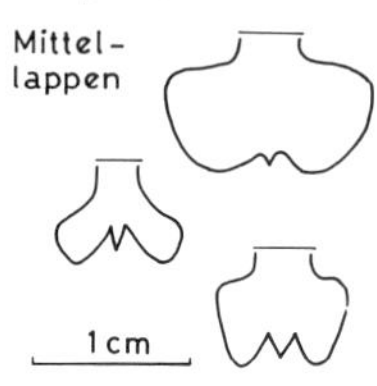

Merkmale: Pflanze mit 2 ellipsoidischen Knollen. Stengel 25–60 (–85) cm hoch, mit 2–3 Schuppenblättern am Grund, 4–8 Laubblättern nahe dem Boden und 1–2 scheidigen Blättern weiter oben. Untere Blätter ungefleckt, breit lanzettlich, 7–25 cm lang und 3–5,5 cm breit. Blütenstand dicht, bis über 100blütig; Tragblätter 1–5 mm lang. Perianthblätter helmförmig zusammenneigend; Kelchblätter außen grünlichgelb, innen bräunlich geadert und punktiert, 8–15 mm lang und 3,5–5 mm breit; seitliche Kronblätter linealisch, 8–12 mm lang; Lippe gelb, mit rötlichen Haarbüscheln, die Zipfel oft braunrot, 7–15 mm lang, tief 3lappig, Seitenlappen zungenförmig und einwärts gebogen, Zipfel des Mittellappens von variabler Form und wenig länger als der Mittelzahn; Sporn 3–6 mm lang, zylindrisch, abwärts gebogen.

Standort: Wälder, Macchien, Garriguen; bis 1400 m; auf mäßig trockenen, basenreichen Böden. **Blütezeit:** Februar bis Mai. **Fotos:** An, Vil. Antalya, 28. 3. 78 (l); IJ, Galiläa, 2. 4. 81 (r).

Verbreitung: Vorderasien, erreicht Europa auf der Krim und in Thrazien. Außerdem in Kaukasien, irakisch Kurdistan, Nord- und Westpersien. **Florenelement:** o-mediterran orientalisch o-submediterran. **Länder:** **Eur:** **SO** Gr ?Tu RK; **Asi:** IJ LS Cy An AE.

Variation: Besonders kräftige, großblütige Pflanzen wurden früher zu einer gesonderten Unterart gerechnet (»sepulchralis«).

Verwandtschaft: Ähnlich ist *O. adenocheilae* CZERNIAKOVSKA. (Die Art wurde manchmal irrtümlich als »*O. stevenii*« oder »*O. punctulata subsp. stevenii*« bezeichnet.) Blüten blasser gefärbt, Kelchblätter grün, Lippe grünlich-cremefarben. Beheimatet in Kaukasien, Nord- und Westpersien, Turkomanien. Eine Angabe für Anatolien gehört zu *O. purpurea.*

Kegel-Knabenkraut *Orchis conica* WILLD.

Synonyme: *O. pusilla* TYTECA; ?*O. acuminata* DESF.

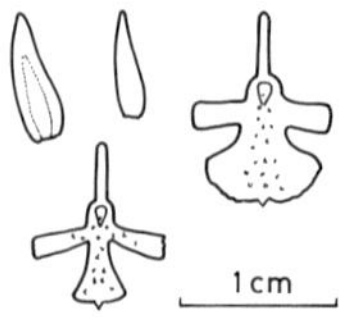

Merkmale: Pflanze mit 2 ellipsoidischen Knollen. Stengel 5–30 cm hoch, mit 1–2 Schuppenblättern und 5–8 bläulich-grünen Laubblättern, die meist rosettig gedrängt oder auch am Stengel verteilt sind. Untere Blätter breit lanzettlich, 6–10 cm lang und 1,5–2,5 cm breit. Blütenstand eiförmig bis lang zylindrisch, dicht. Blüten rosaviolett. Seitliche Kelchblätter mit grünem Zentrum, 6–8,5 mm lang und 1,5–3 mm breit, mit rinniger, gebogener Spitze; Lippe verwaschen bis kräftig punktiert, etwas breiter als lang, 5–7 × 5–8,5 mm; Sporn 3,5–5 mm lang, zylindrisch, abwärts gebogen.
Standort: Über die Standortsansprüche der Art ist wenig bekannt, sie scheinen denen von *O. lactea* zu ähneln; soweit bekannt auf trockenen, kalkhaltigen Böden. **Blütezeit:** Februar bis April. **Fotos:** Hs, Prov. Cádiz, 3. 4. 71 (l); Bl, Mallorca, 13. 3. 75 (r).
Verbreitung: Westliches Mittelmeergebiet. Da die Art erst seit kurzem von *O. lactea* unterschieden wird, ist ihr Areal noch nicht geklärt. Zu prüfen ist, ob die Angaben für Süditalien (frühblühende Pflanzen) hierher gehören.
● **Florenelement:** w-mediterran. **Länder:** **Eur:** **SW** Bl Hs Lu, **W** ?Ga; **Afr:** Tn Ag Ma.
Schlüssel für die Arten der *Orchis-tridentata*-Gruppe:

1 Lippe 5–7 mm lang . . . . . *O. conica*
1* Lippe länger als 8 mm, falls nur 7–8 mm lang, dann die Laubblätter schmal (nicht breit) lanzettlich und die Kelchblätter ohne grünes Zentrum 2
2* Lippe konvex: Mittel- und Seitenlappen nach unten gebogen; Kelchblätter mit grünem Zentrum oder ganz grün . . . . . . *O. lactea* (S. 144)
2* Lippe konkav oder flach: Mittel- und Seitenlappen nach oben gebogen oder flach; Kelchblätter ohne Grün . . *O. tridentata*

Dreizähniges Knabenkraut *Orchis tridentata* SCOP.

Synonyme: *O. commutata* TOD., *O. tridentata subsp. commutata* (TOD.) NYMAN

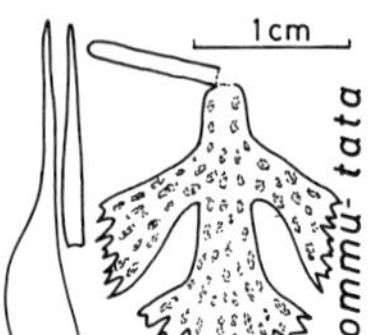

Merkmale: Pflanze mit 2 ellipsoidischen Knollen. Stengel 15–45 cm hoch, mit 2–3 Schuppenblättern am Grund, 3–5 bläulich-grünen, ungefleckten Laubblättern (rosettig gedrängt oder locker stehend) und 1–2 scheidigen Blättern weiter oben. Untere Blätter schmal lanzettlich, 4–12 cm lang und 1–2,5 cm breit. Blütenstand meist kugelig; Tragblätter 7–10 mm lang. Perianthblätter helmförmig zusammenneigend; Kelchblätter rosapurpurn mit dunkleren Adern, eiförmig, 8–13 (–25) mm lang und 3–5 mm breit, kurz bespitzt oder in eine lange, rinnige und gekrümmte Spitze verlängert; seitliche Kronblätter schmal zungenförmig, 5–8 (–15) mm lang; Lippe rosa, reichlich rot gefleckt, 7–12 (–16) mm lang und 7–13 (–16) mm breit, tief 3lappig, gezähnt; Sporn 5–10 (–13) mm lang, zylindrisch, abwärts gebogen.
Standort: Magerwiesen, Säume, lichte Wälder, Garriguen; bis 1900 m; auf frischen bis mäßig trockenen, basenreichen Böden. **Blütezeit:** März bis Juni. **Fotos:** An, Vil. Manisa, 6. 4. 78 (l); It. Prov. Trient, 16. 5. 83 (r); S. 264.
Verbreitung: Süd-, Südost- und Mitteleuropa; das geschlossene Areal reicht bis zum Südrand der Alpen und Karpaten, isoliert weiter im Norden von Hessen und Thüringen bis zur unteren Oder. Außerdem in Kaukasien und irakisch Kurdistan. **Florenelement:** z + o-mediterran orientalisch submediterran pannonisch danubisch (pontisch) subatlantisch zentraleuropäisch. **Länder:** **Eur:** **SO** Cr Gr Tu Al Ju Bu Rm RK, **S** Me Si It Sa Co, **W** Ga, **M** He Au Hu Ge Cz Po; **Asi:** IJ LS An AE.
Variation: Blütengröße, Kelchblattform und Lippengestalt sind sehr veränderlich. Großblütige Pflanzen entsprechen dem Typ »commutata«; es ist zu klären, ob sie den Status einer selbständigen Unterart verdienen.

Milchweißes Knabenkraut *Orchis lactea* POIRET

Synonym: *O. tridentata subsp. lactea* (POIRET) K. RICHTER, *O. hanrii* JORDAN

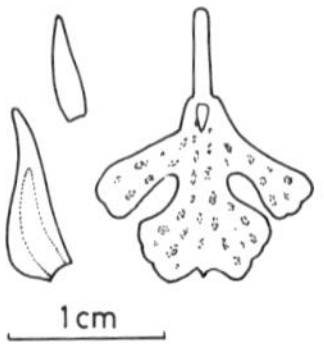

Merkmale: Pflanze mit 2 eiförmigen Knollen. Stengel (5–) 10–20 cm hoch, mit 1–3 Schuppenblättern am Grund, 3–8 lichtgrünen Laubblättern in einer Grundrosette und 1–3 scheidigen Blättern weiter oben. Grundblätter eiförmig-lanzettlich, 4–7 cm lang und 1–2,5 cm breit. Blütenstand eiförmig bis verlängert, dicht; Tragblätter etwa so lang wie die Fruchtknoten. Perianthblätter helmförmig zusammenneigend; Kelchblätter weißlich-rosa, selten intensiver rosa, stets mit grünem Zentrum oder auch ganz grün, dunkel geadert, eiförmig-lanzettlich, 9–12 mm lang und 3–4,5 mm breit, in eine rinnige, gerade oder gebogene Spitze verlängert; seitliche Kronblätter schmal lanzettlich, 5,5–8 mm lang; Lippe weißlich, reichlich gefleckt, oft die Lappen schwach bis intensiv rotlila oder purpurn gefärbt (dann nur die Mitte weißlich), 8–11 mm lang und 8–13 mm breit, tief 3lappig mit 2spaltigem Mittellappen; Lippe konvex, die Lappen am Ansatz nach unten gebogen (bei Vollblüte!), der Mittellappen manchmal plötzlich abgeknickt. Sporn 5–8 mm lang, zylindrisch, abwärts gebogen.

Standort: Lichte Wälder, Garriguen, Magerrasen; bis 1200 m; auf trockenen, kalkhaltigen Böden. **Blütezeit:** Februar bis April. **Fotos:** AE, Rhodos, 10. 4. 81 (l); Cr, Nomos Lasithi, 11. 4. 76 (r).

Verbreitung: Mittelmeergebiet, besonders in der meridionalen Zone, nur zerstreut in der submeridionalen Zone. Die Art scheint auf der Iberischen Halbinsel zu fehlen; die Angaben beziehen sich, soweit bekannt, auf *O. conica*. Unklar ist die Ostgrenze, sicher noch in Westanatolien; ob an der Levante? ● **Florenelement:** mediterran submediterran. **Länder: Eur: SO** Cr Gr Tu Al ?Ju ?Bu, **S** Me Si It Sa Co, **W** Ga; **Asi:** ?LS An AE; **Afr:** ?Tn Ag Ma.

Purpur-Knabenkraut *Orchis purpurea* HUDSON

Synonym: *O. lokiana* H. BAUMANN

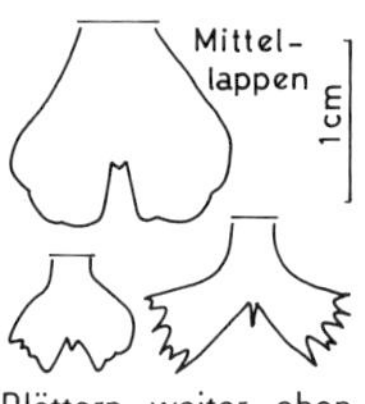

Merkmale: Pflanze mit eiförmigen Knollen. Stengel 30–90 cm hoch, mit 2–3 Schuppenblättern am Grund, 3–6 Laubblättern nahe dem Boden und 1–2 scheidigen Blättern weiter oben. Untere Blätter ungefleckt, glänzend, breit lanzettlich, 6–20 cm lang und 2–7 cm breit. Blütenstand dicht- und reichblütig; Tragblätter 1,5–3 mm lang. Blüten mit braunrotem Helm und weißlicher, mit zahlreichen braunroten Haarbüscheln markierter Lippe. Kelchblätter eiförmig, 8–13 mm lang und 4–6 mm breit; seitliche Kronblätter lanzettlich, 5–8 mm lang; Lippe 9–20 mm lang und 11–22 mm breit, tief 3lappig, sehr variabel; Sporn 3–8 mm lang, abwärts gebogen, am Ende erweitert und oft gekerbt.

Standort: Wälder, Säume, Magerrasen, Garriguen; bis 1800 m; auf mäßig trockenen bis wechselfeuchten, basenreichen Böden. **Blütezeit:** April bis Juni. **Fotos:** Ga, Dept. Moselle, 22. 5. 71 (r/o); An, Vil. Artvin, 23. 5. 74 (r/u); Ga, Dept. Dordogne, 23. 4. 84 (l).

Verbreitung: In Europa, Nordafrika und Kleinasien von der meridionalen bis zur temperaten Zone verbreitet, ziemlich selten im mediterranen Gebiet, im pontischen Gebiet nur am Ostfuß der Karpaten, sonst im kontinentalen Osteuropa fehlend. Außerdem in Kaukasien.

Florenelement: mediterran orientalisch submediterran pannonisch danubisch (pontisch) m + s-atlantisch subatlantisch zentraleuropäisch. **Länder: Eur: SO** Gr Tu Al Ju Bu Rm RK, **S** It Sa Co, **SW** Hs, **W** Ga Be Ho Br, **M** He Au Hu Ge Da Cz Po, **O** RW; **Asi:** An; **Afr:** Ag.

Variation: Blütengröße, Lippengestalt und Wuchshöhe sind sehr veränderlich. Eine kleinblütige Variante aus Nordafrika wurde als selbständige Art beschrieben (»lokiana«); ähnliche Pflanzen kommen auch anderswo vor. Selten sind Varianten mit blassen Blüten (Kelchblatthelm bräunlich-rosa, Lippe blaßrosa).

Helm-Knabenkraut *Orchis militaris* L.

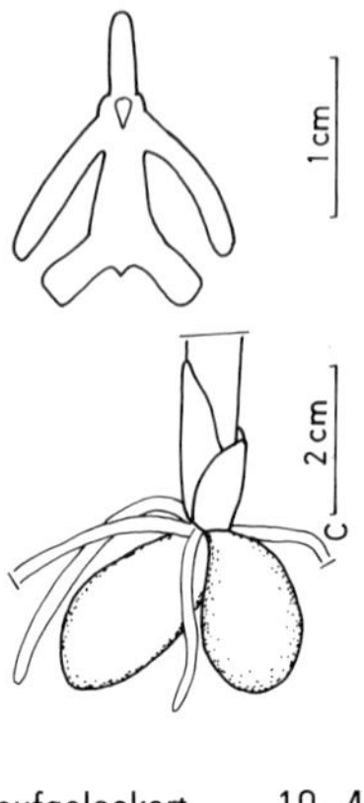

Merkmale: Pflanze mit 2 eiförmig-rundlichen Knollen. Stengel 20–45 (–65) cm hoch, mit 2–3 Schuppenblättern am Grund, 3–5 Laubblättern in einer Grundrosette und 1–2 scheidigen Blättern in der unteren Hälfte. Grundblätter elliptisch, 8–18 cm lang und 2–5 cm breit, ungefleckt. Blütenstand zuerst dicht, später aufgelockert, 10–40blütig; Tragblätter 2–3 (–5) mm lang. Perianthblätter helmförmig zusammenneigend; Kelchblätter außen weißlich bis blaß rosalila, innen mit purpurroten Nerven und verwaschenen Flecken, eiförmig, spitz, 10–15 mm lang und 4–6 mm breit; seitliche Kronblätter linealisch, 7–10 mm lang und 1–2 mm breit; Lippe rosa- bis purpurrot mit hellem Zentrum und dunklen Haarbüscheln, tief 3lappig, Seitenlappen linealisch und einwärts gebogen, Zipfel des Mittellappens breit elliptisch und spreizend; Sporn 5–7 mm lang, zylindrisch, abwärts gebogen.

Standort: Magerrasen und -wiesen, lichte Wälder und Gebüsche, selten auch Feuchtwiesen; bis 1800 m; auf kalkreichen, meist mäßig trockenen Böden. **Blütezeit:** April bis Juni. **Fotos:** Ge, Südwürttemberg, 31. 5. 70 (l); Su, Öland, 8. 6. 78 (r).

Verbreitung: In Europa in der submeridionalen und temperaten Zone verbreitet, in Spanien selten auch in der meridionalen Zone; alte Angaben für Mallorca und die europäische Türkei sind unsicher. Außerdem in der submeridionalen und temperaten Zone durch Sibirien bis Dahurien sowie in Kaukasien.

Florenelement: (w-mediterran) submeridional temperat. **Länder: Eur:** SO Gr ?Tu Al Ju Bu Rm RK, **S** It, **SW** ?Bl Hs, **W** Ga Be Ho Br, **M** He Au Hu Ge Cz Po RB, **N** Su Fe RN, **O** RW RE RC.

Stevens Knabenkraut *Orchis stevenii* REICHENB. fil.

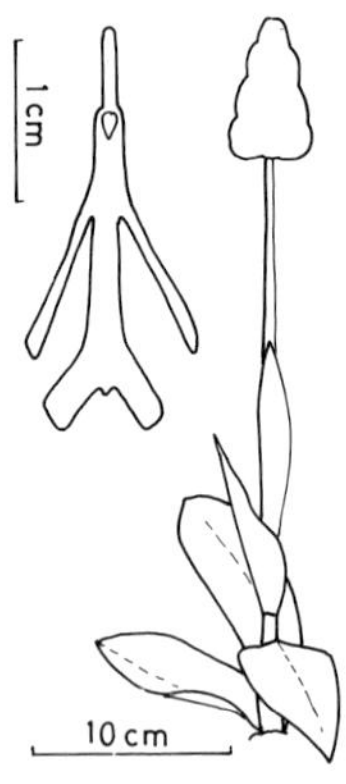

Merkmale: Stengel 20–50 cm hoch. Grundblätter 2–5, breit lanzettlich, bis 15 cm lang und 4 cm breit; in der unteren Stengelhälfte 2–3 scheidige Blätter. Blütenstand meist langgestreckt zylindrisch, reich- und lockerblütig; Tragblätter sehr kurz. Perianthblätter helmförmig zusammenneigend; Kelchblätter außen rosa, innen dunkel geadert, schmal eiförmig, 15–18 mm lang, spitz; seitliche Kronblätter kürzer, linealisch; Lippe rosa bis blaßviolett mit dunklen Haarbüscheln, tief 3lappig, Seitenlappen linealisch, bis 7 mm lang, Zipfel des Mittellappens rundlich-rhombisch; Sporn 6–7 mm lang, zylindrisch, abwärts gerichtet.

Standort: Ungedüngte Fett- und Feuchtwiesen; 600–1900 m; auf frischen bis feuchten, basenreichen Böden. **Blütezeit:** Mai, Juni. **Fotos:** An, Vil. Tunceli, 10. 6. 81 (r); An, Vil. Trabzon, 6. 6. 77 (l).

Verbreitung: Asiatische Türkei im Gebiet der »Anatolischen Diagonalen«; es sind nur wenige Fundorte in den Vilayets Trabzon, Tunceli und Niğde bekannt. Außerdem in Kaukasien. Angaben aus Persien und Turkomanien gehören nicht zu dieser Art, sondern zu *O. adenocheilae* (S. 140). **Florenelement:** orientalisch o-submediterran. **Land: Asi:** An.

Schlüssel für die Arten der *Orchis-militaris*-Gruppe:

1 Lippe 10–15 mm lang, vertikal hängend; stielartiger Teil des Mittellappens (gemessen vom Ansatz bis zur Verbreiterung in die beiden Spalthälften) bis 2½mal so lang wie breit . . . . . . *O. militaris*

1* Lippe 16–20 mm lang, horizontal vorgestreckt; stielartiger Teil des Mittellappens 3–5mal so lang wie breit . . *O. stevenii*

Italienisches Knabenkraut *Orchis italica* POIRET

Synonym: *O. longicruris* LINK

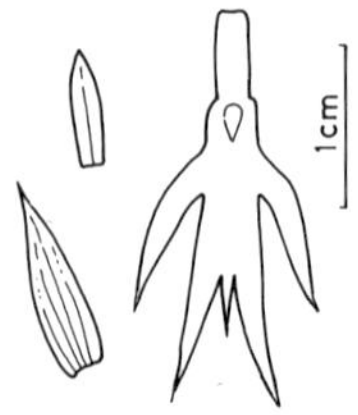

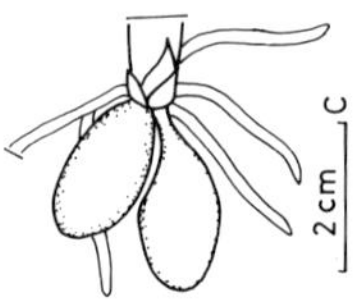

Merkmale: Pflanze mit 2 eiförmigen oder ellipsoidischen Knollen, Stengel 20–50 cm hoch, mit 2–4 Schuppenblättern am Grund, 5–10 Laubblättern in einer Grundrosette und 2–4 scheidigen Blättern weiter oben. Grundblätter elliptisch-lanzettlich, 5–13 cm lang und 1,2–2,8 cm breit, mit oder ohne Flecken, am Rand meist auffällig gewellt. Blütenstand dicht- und reichblütig, kugelig bis kurz zylindrisch; Tragblätter bis 5 mm lang. Grundfarbe der Blüten weißlich-rosa bis rosalila mit dunklerer Zeichnung auf Perianthblättern (Adern) und Zipfeln der Lippe (verwaschene Fleckung), selten Blüten purpurn (Variante »purpurea«). Perianthblätter zu einem lockeren Helm zusammenneigend; Kelchblätter lanzettlich, 8–15 mm lang und 3–5 mm breit, lang zugespitzt; seitliche Kronblätter zungenförmig, 5–10 mm lang, kurz bespitzt; Lippe 12–19 mm lang, tief 3lappig, Seitenlappen und Zipfel des Mittellappens lanzettlich, lang zugespitzt, aufwärts oder unregelmäßig gebogen; Sporn 4–8 mm lang, zylindrisch, abwärts gekrümmt.

Standort: Magerrasen, Garriguen, lichte Wälder; bis 1300 m; auf trockenen bis wechselfeuchten, basenreichen und oft skelettreichen Böden. **Blütezeit:** März bis Mai. **Fotos:** Cr, Nomos Rethimnon, 5. 4. 80 (l); Bl, Mallorca, 10. 3. 75 (r).

Verbreitung: Mittelmeergebiet; konzentriert in der meridionalen Zone, in der submeridionalen Zone außer in Mittelitalien nur sehr zerstreut. ● **Florenelement:** mediterran submediterran. **Länder: Eur: SO** Cr Gr Al Ju, **S** Me Si It, **SW** Bl Hs Lu; **Asi:** IJ LS Cy An AE; **Afr:** Li Tn Ag Ma.

Affen-Knabenkraut *Orchis simia* LAM.

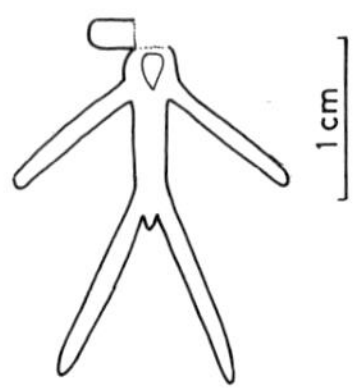

Merkmale: Pflanze mit 2 rundlich-eiförmigen Knollen. Stengel 20–45 (–60) cm hoch, mit 2 Schuppenblättern am Grund, 2–5 Laubblättern in einer Grundrosette und 1–2 scheidigen Blättern weiter oben. Grundblätter ungefleckt, elliptisch bis eiförmig, 5–20 cm lang und 1,5–4,5 cm breit. Blütenstand dicht- und reichblütig, eiförmig bis breit zylindrisch, von oben nach unten (!) aufblühend; Tragblätter 1–4 mm lang. Perianthblätter helmförmig zusammenneigend mit aufgebogenen Spitzen, spitz, außen weißlich-blaßlila, innen lila gepunktet und geadert; Kelchblätter schmal eiförmig, 10–15 mm lang und 3–4 mm breit; seitliche Kronblätter lineal-lanzettlich, 9–12 mm lang; Lippe 14–20 mm lang, tief dreilappig mit schmal rechteckigem, hellfarbigem und rot gepunktetem Mittelteil, Seitenlappen und Zipfel des Mittellappens schmal linealisch, 7–11 mm lang und 1 mm oder weniger breit, am Ende abgerundet, unregelmäßig gebogen, intensiv purpurn oder karminrot gefärbt; Sporn 4–8 mm lang, zylindrisch, abwärts gerichtet.

Standort: Magerrasen, lichte Wälder, Garriguen; bis 1200 m; auf mäßig trockenen (selten feuchten), kalkhaltigen Böden. **Blütezeit:** März bis Juni. **Fotos:** Cy, Troodos-Gebiet, 22. 3. 70 (r/o); An, Vil. Manisa, 6. 4. 78 (l); It, Prov. Trient, 29. 4. 84 (r/u).

Verbreitung: In Europa, Nordafrika und Vorderasien in der meridionalen und submeridionalen Zone verbreitet, dringt im ozeanisch beeinflußten Gebiet bis Südengland, Südholland und Süddeutschland vor. Außerdem in Kaukasien, von irakisch Kurdistan durch West- und Nordpersien bis Turkomanien. **Florenelement:** mediterran orientalisch submediterran pannonisch danubisch s+m-atlantisch s-subatlantisch. **Länder: Eur: SO** Cr Gr Tu Al Ju Bu Rm RK, **S** It, **SW** Bl Hs, **W** Ga Be Ho Br, **M** He Hu Ge; **Asi:** IJ LS Cy An AE; **Afr:** Li ?Tn Ag.

Brand-Knabenkraut *Orchis ustulata* L.

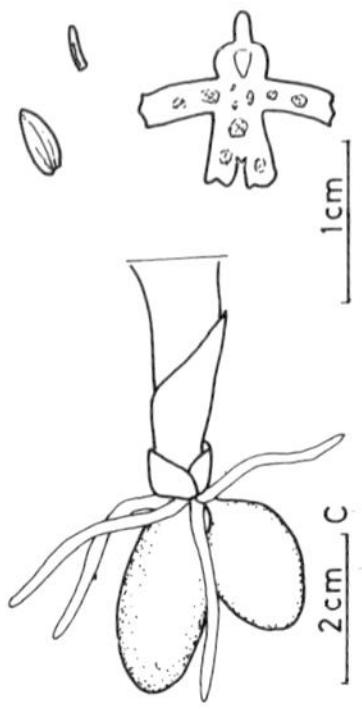

Merkmale: Pflanze mit 2 eiförmigen Knollen. Stengel 10–30 (–45) cm hoch, mit 2–3 Schuppenblättern am Grund und 5–9 Laubblättern, die stengelaufwärts an Größe abnehmen, untere flächig und etwas rosettig genähert, obere lang scheidig-stengelumfassend. Grundblätter lineal- bis eiförmig-lanzettlich, 2,5–10 cm lang und 0,5–2 cm breit. Blütenstand reichblütig, kurz bis lang zylindrisch, oben dicht, unten aufgelockert; Tragblätter wenig kürzer als die Fruchtknoten. Perianthblätter helmförmig zusammenneigend, auf der Außenseite rot- bis schwarzbraun, Knospen daher auffällig dunkel; seitliche Kelchblätter schief eiförmig, 3,5–4,5 mm lang und 1,7–2,4 mm breit; das lanzettliche mittlere Kelchblatt und die linealischen seitlichen Kronblätter 3–3,5 mm lang; Lippe (3,5–) 5–8 mm lang, weiß mit roten Punkten, tief 3lappig mit spreizenden, linealischen Seitenlappen und rechteckigem, 2spaltigem Mittellappen; Sporn 1–2 mm lang, zylindrisch, abwärts gerichtet.

Standort: Magerrasen und -wiesen, selten lichte Laubwälder; bis in die subalpine Stufe um 2500 m; auf trockenen bis wechselfeuchten, basenreichen (auch kalkfreien) Böden. **Blütezeit:** April bis August. **Fotos:** Su, Öland, 8. 6. 78 (l); Ge, Saargebiet, 24. 5. 81 (r).

Verbreitung: In Europa von der meridionalen bis zur temperaten Zone verbreitet, aber selten im mediterranen Florengebiet. Außerdem in der temperaten Zone ostwärts bis zum Ob (Mittelsibirien), ferner in Kaukasien.

Florenelement: (meridional/montan) submeridional temperat. **Länder: Eur: SO** Gr Al Ju Bu Rm, **S** It, **SW** Hs, **W** Ga Be †Ho Br, **M** He Au Hu Ge Da Cz Po RB, **N** Su, **O** RW RC.

Pyramidenorchis *Anacamptis pyramidalis* (L.) L. C. M. RICHARD

Synonyme: *A. p. var. brachystachys* (D'URV.) BOISS., *A. p. var. tanayensis* CHENEVARD, *A. urvilleana* SOMMIER & CARUANA GATTO

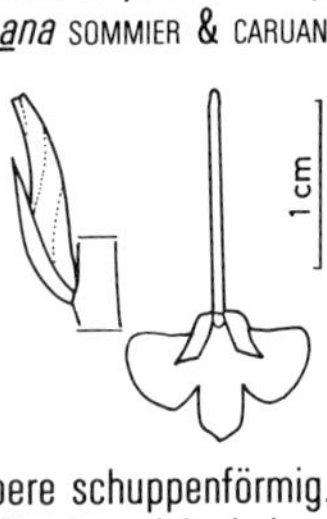

Merkmale: Pflanze mit 2 kugelig-eiförmigen Knollen. Stengel 20–80 cm hoch. Laubblätter 4–10, untere schmal lanzettlich, 8–25 cm lang und 0,7–2 cm breit, obere schuppenförmig. Blütenstand kegel- bis eiförmig, sich beim Abblühen verlängernd, 2–10 cm lang. Blüten hell bis dunkel purpurrot, auch rosa oder weiß. Kelchblätter eiförmig-lanzettlich, kaum nach vorn geneigt, die seitlichen 4–8, das mittlere 3,5–6 mm lang; seitliche Kronblätter 3,5–6 mm lang; Lippe 6–9 mm lang, mit 2 Längsleisten neben dem Sporneingang, tief 3lappig, Seitenlappen kürzer bis so lang wie der Mittellappen; Sporn 10–15 mm lang, 0,5 mm dick.

Standort: Magerrasen, lichte Wälder und Gebüsche; bis 2000 m; auf trockenen bis wechselfeuchten, basenreichen Böden. **Blütezeit:** März bis Juli. **Fotos:** Hs, Prov. Navarra, 1. 6. 80 (l); Rm, Judeţ Braşov, 6. 7. 78 (M); An, Vil. Aydın, 4. 4. 78 (r).

Verbreitung: In Europa, Nordafrika und Vorderasien von der meridionalen zur temperaten Zone verbreitet, fehlt in Osteuropa. Außerdem in Kaukasien und Nordwestpersien.

Florenelement: meridional submeridional temperat. **Länder: Eur: SO** Cr Gr Tu Al Ju Bu Rm RK, **S** Me Si It Sa Co, **SW** Bl Hs Lu, **W** Ga Be Ho Br Hb, **M** He Au Hu Ge Da Cz Po RB, **N** Su, **O** RW RC; **Asi:** IJ LS Cy An AE; **Afr:** Tn Ag Ma. **Variation:** Die Art variiert bezüglich Statur, Form des Blütenstands, Lippenform, Spornlänge und Blütenfarbe beträchtlich. Auffällige Varianten: »tanayensis«, Blüten intensiv gefärbt; höhere Gebirgslagen (Foto: M). – »brachystachys«, zierlich, kleinblütig; Südosten des Areals. – »urvilleana«, Blüten (hell-)rosa, Wuchs niedrig; Malta und Gozo (frühblühend, neben der Normalform), auch Kreta.

Roberts Mastorchis *Barlia robertiana* (LOISEL.) W. GREUTER

Synonyme: *B. longibracteata* (BIV.) PARL., *Himantoglossum longibracteatum* (BIV.) SCHLECHTER

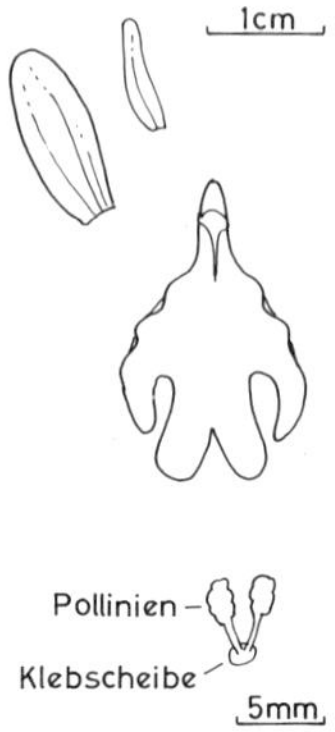

Merkmale: Pflanze mit 2 eiförmigen Knollen. Stengel 25–80 cm hoch, kräftig, mit 2–4 Schuppenblättern am Grund und 5–10 Laubblättern. Untere Laubblätter eiförmig bis elliptisch, fleischig, glänzend, bis 30 cm lang und 10 cm breit. Blütenstand 6–23 cm lang, dicht- und reichblütig; Tragblätter krautig, untere länger als die Blüten. Seitliche Kelchblätter eiförmig, 10–15 mm lang und 5–9 mm breit, aus zurückgeschlagenem Grund nach vorn gebogen; mittleres Kelchblatt etwas kürzer, mit den 7–11 mm langen und 1,5–3 mm breiten seitlichen Kronblättern helmförmig zusammenneigend; Lippe 13–20 mm lang, mit welligem Rand, 3lappig mit 2zipfligem Mittellappen, mit 2 am Sporneingang beginnenden Längsleisten; Sporn kegelförmig, 4–6 mm lang, innen nahe der Spitze mit einem Nektarium; Stiele der Pollinien mit gemeinsamer, von der Bursikula umgebener Klebscheibe.
Standort: Lichte Wälder, Macchien, Garriguen, Magerrasen; überwiegend in der planaren und kollinen Stufe, bis 1700 m ansteigend; auf trockenen bis frischen, basenreichen Böden. **Blütezeit:** Januar bis Mai. **Fotos:** Cr, Nomos Rethimnon, 2. 4. 80 (M); Bl, Mallorca, 4. 3. 75 (l); Hs, Prov. Madrid, 12. 4. 79 (r).
Verbreitung: In fast dem gesamten Mittelmeergebiet verbreitet, fehlt der Levante und dem nördlichen Adriagebiet.
● **Florenelement:** mediterran w + z-submediterran. **Länder: Eur: SO** Cr Gr Al Ju, **S** Me Si It Sa Co, **SW** Bl Hs Lu, **W** Ga; **Asi:** Cy An AE; **Afr:** Li Tn Ag Ma.

Metlesics' Mastorchis *Barlia metlesicsiana* TESCHNER

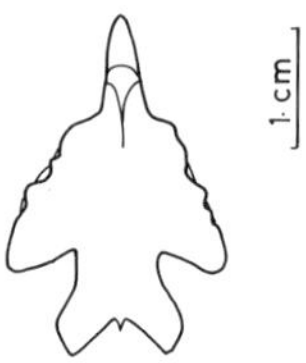

Merkmale: Der anderen Art ähnlich, durch die im Schlüssel genannten Merkmale gut unterschieden. Stengel 40–60 cm hoch. Laubblätter 6–8, untere eiförmig-lanzettlich, spitz, bis 20 cm lang und 7 cm breit. Blütenstand 8–16 cm lang. Seitliche Kelchblätter 11–13 mm lang und 5–7 mm breit, seitliche Kronblätter 8–9 mm lang und 3–4 mm breit; Lippe 16–22 mm lang, mit relativ wenig gewellten Rändern, meist fast so breit wie lang (bei *B. robertiana* deutlich länger als breit), Sporn 5–6 mm lang.
Standort: In locker verbuschtem Gelände auf kargem Lavaverwitterungsboden, auch auf ehemaligem Kulturland; 900–1100 m. **Blütezeit:** Dezember, Januar. **Fotos:** Cl, Teneriffa, 29. 12. 81, Typuspopulation (l); 28. 12. 82 (r).
Verbreitung: Endemisch auf der Insel Teneriffa. Eine offenbar seltene Art, von der nur wenige Wuchsorte bekannt sind; nach einem Fund im vorigen Jahrhundert wurde sie 1979 wiederentdeckt.
● **Florenelement:** kanarisch. **Land: Afr:** Cl.
Verwandtschaft: Die Gattung umfaßt die besprochenen Arten; sie steht isoliert und ist vielleicht mit *Himantoglossum* verwandt.
Schlüssel für die *Barlia*-Arten:

1 Stengelgrund mit rosettig gehäuften Blättern, obere Stengelblätter scheidig-stengelumfassend (nicht flächig); Lippe mit purpurner und (grau-)grüner Grundfarbe, je nach Mischung von mehr purpur-bräunlichem oder mehr grünlichem Aspekt; Seitenlappen lanzettlich, sichelförmig einwärts gebogen und meist nach unten geschlagen . . . . *B. robertiana*

1* Blätter am Stengel gleichmäßig verteilt, alle (auch die oberen) flächig ausgebildet; Lippenfarbe purpurn, ohne Grünkomponente; Seitenlappen der Lippe dreieckig bis rhombisch und flach ausgebreitet . . . . . *B. metlesicsiana*

Bocks-Riemenzunge *Himantoglossum hircinum* (L.) SPRENGEL

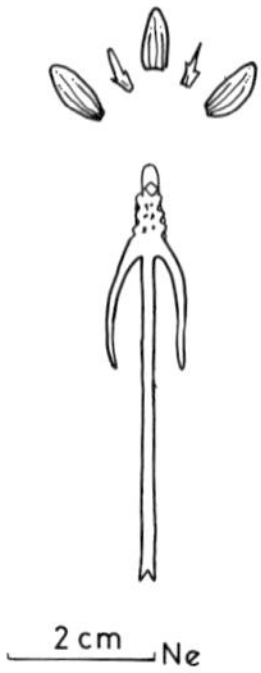

Merkmale: Stengel 20–90 (–120) cm hoch, mit 2–3 Schuppenblättern am Grund und zahlreichen Laubblättern, die stengelaufwärts kleiner werden. Untere Laubblätter eiförmig-lanzettlich, 6–15 cm lang und 3–5 cm breit. Blütenstand dicht- und reichblütig, mit (20–) 40–120 Blüten; Tragblätter häutig, 1–2mal so lang wie die Fruchtknoten. Blüten intensiv nach Ziegenbock riechend. Perianthblätter helmförmig zusammenneigend, grünlich- bis bräunlich-weiß, oberseits braunrot geadert; Kelchblätter eiförmig, seitliche 9,5–12,5 mm lang und 4–6,5 mm breit, mittleres 7,5–10 mm lang; seitliche Kronblätter linealisch, 7–9 mm lang und 1–2,2 mm breit; Lippe 3lappig, am Grund mit welligem Rand, hinterer Teil in der Mitte weißlich mit purpurroten Punkten, am Rand wie die Lappen gelbgrün bis blaß braunlila; Mittellappen 3–6 cm lang, jung spiralig eingerollt, später schraubig gedreht, an der Spitze bis 3,5 (–7) mm tief gespalten, Seitenlappen 5–15 mm lang, linealisch, spitz; Sporn kegelförmig, (2–) 3–6,5 mm lang.

Standort: Magerrasen, Gebüschsäume, lichte Wälder, auch Sanddünen; bis 1800 m; auf kalkhaltigen, mäßig trockenen Böden. **Blütezeit:** Mai bis Juli. **Fotos:** Hs, Prov. Santander, 7. 7. 79 (r); Hs, Prov. Palencia, 9. 7. 78 (l).

Verbreitung: Vom westlichen und zentralen Mittelmeergebiet nordwärts bis West- und Mitteleuropa. Unklar ist, ob die Art in Portugal, auf den Balearen, Sardinien und Korsika wächst; unklar ist auch die Ostgrenze. ● **Florenelement:** w + z-mediterran w-submediterran s + m-atlantisch s-subatlantisch s-zentraleuropäisch. **Länder: Eur: S** Si It, **SW** Hs Lu, **W** Ga Be Ho Br, **M** He Ge Cz; **Afr:** Tn Ag Ma.

Adriatische Riemenzunge *Himantoglossum adriaticum* H. BAUMANN

Synonym: *H. hircinum subsp. adriaticum* (H. BAUMANN) SUNDERMANN

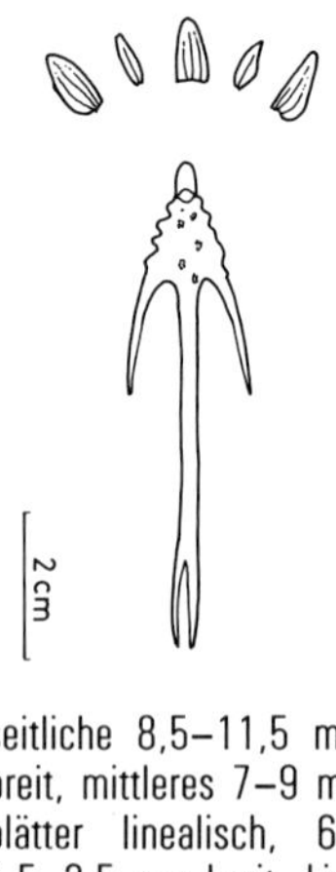

Merkmale: Im allgemeinen Erscheinungsbild *H. hircinum* ähnlich. Stengel 30–95 cm hoch. Untere Laubblätter lanzettlich, bis 16 cm lang und 3 cm breit. Blütenstand locker- und wenigerblütig, mit 15–50 Blüten, die schwach riechen. Perianthblätter weißlich-blaßrosa, oberseits braunrot geadert; Kelchblätter eiförmig, seitliche 8,5–11,5 mm lang und 4–6 mm breit, mittleres 7–9 mm lang; seitliche Kronblätter linealisch, 6–8,5 mm lang und 1,5–2,5 mm breit; Lippe kräftig gefärbt, Lippenrand, Lappen sowie die Punkte auf der hellen Fläche am Grund kräftig (braun)rot bis braunviolett; Mittellappen 3,5–6 cm lang, gedreht, an der Spitze 5–18 mm tief gespalten; Seitenlappen (5–) 10–25 mm lang, linealisch; Sporn kegelförmig, 2,5–3,5 (–5) mm lang.

Standort: Mager- und Steppenrasen, Gebüschsäume, lichte Wälder; in der kollinen und unteren montanen Stufe; bis 1400 m; auf basenreichen, trockenen Böden. **Blütezeit:** Mai, Juni. **Fotos:** Ju, Istrien, 2. 6. 78 (l), 4. 6. 82 (r).

Verbreitung: Mittel- und Norditalien, Illyrien, pannonisches Becken am Fuß der Ostalpen und Nordkarpaten. Da die Art erst seit wenigen Jahren unterschieden wird, ist ihr Areal noch nicht genau bekannt. Zu klären sind vor allem die Nordwestgrenze in Italien und die Nordostgrenze in Jugoslawien und Ungarn. ● **Florenelement:** z-submediterran pannonisch. **Länder: Eur: SO** Ju, **S** It, **M** Au Hu Cz.

Verwandtschaft: Die Art steht *H. caprinum* nahe. Es bleibt nachzuprüfen, ob die beiden auf der nördlichen Balkanhalbinsel und im Karpatenraum stets zu unterscheiden sind.

Ziegen-Riemenzunge *Himantoglossum caprinum* (BIEB.) SPRENGEL

Synonyme: *H. hircinum subsp. caprinum* (BIEB.) K. RICHTER, *H. calcaratum* (G. BECK) SCHLECHTER, *H. hircinum subsp. calcaratum* (G. BECK) SOÓ

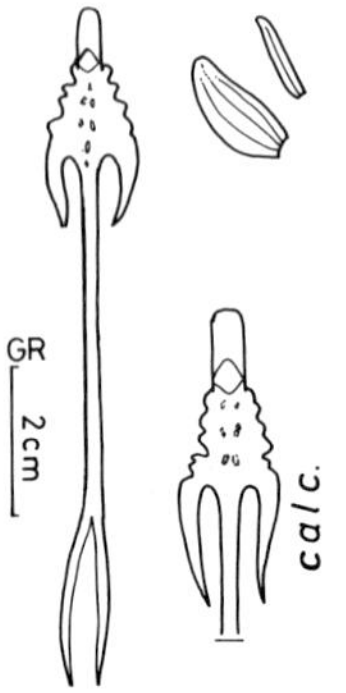

Merkmale: Stengel 30–90 cm hoch. Untere Laubblätter lanzettlich, bis 17 cm lang und 3,5 cm breit. Blütenstand ziemlich lockerblütig, mit 10–45 Blüten, die schwach riechen. Färbung der Blüten wie bei *H. adriaticum*; Kelchblätter eiförmig, seitliche 13–18,5 mm lang und 6–9 mm breit, mittleres 10–15 mm lang; seitliche Kronblätter schmal lanzettlich, 9,5–15 mm lang und 2–4 mm breit; Mittellappen der Lippe schräg nach unten gerichtet, 4,5–8,5 cm lang, gedreht, an der Spitze 10–50 mm tief gespalten; Seitenlappen 5–24 mm lang; Sporn lang kegelförmig, (5–) 6,5–13 mm lang.
Standort: Lichte Eichenwälder, Magerrasen, Wald- und Gebüschsäume; bis 1500 m; auf trockenen, kalkhaltigen Böden. **Blütezeit:** Juni bis August. **Fotos:** An, Vil. Bolu, 22. 7. 82.
Verbreitung: Die Art hat ihren Verbreitungsschwerpunkt in der submeridionalen Zone Südosteuropas und Vorderasiens, auf dem griechischen Festland und Kreta reicht sie bis in die meridionale Zone. Die Nordgrenze ist zu klären; möglicherweise gehören die Angaben für die Mittelgebirge Ungarns und Siebenbürgens (teils) zu *H. adriaticum*. ● **Florenelement:** o-mediterran o+z-submediterran pannonisch danubisch. **Länder: Eur: SO** Cr Gr Tu Al Ju Bu Rm RK, **M** Hu; **Asi:** An.
Variation: Die Art ist in allen Merkmalen sehr variabel. Eine auffällige Variante aus Südjugoslawien mit 9–13 mm langen Spornen, robustem Wuchs sowie großen Lippen mit langen Lappen ist als *H. calcaratum* bekannt.

Orientalische Riemenzunge *Himantoglossum affine* (BOISS.) SCHLECHTER

Synonyme: *H. hircinum subsp. affine* (BOISS.) SUNDERMANN, *H. bolleanum* (SIEHE) SCHLECHTER

Merkmale: Stengel 40–80 cm hoch, mit 2 Schuppenblättern am Grund und zahlreichen Laubblättern. Untere Laubblätter eiförmig-lanzettlich, 8–22 cm lang und 2,5–6,5 cm breit. Blütenstand lockerblütig, mit 10–35 Blüten, die schwach duften. Perianthblätter helmförmig zusammenneigend, weißlichgrün und braun überlaufen; Kelchblätter eiförmig, seitliche 10–14 mm lang und 4–7 mm breit, mittleres 9–12 mm lang; seitliche Kronblätter schmal lanzettlich, 7–11 mm lang und 2,5–3,5 mm breit; Lippe 3lappig, am Grund mit welligem Rand, heller Bereich am Grund ohne Punkte, Lippenrand und Lappen (grünlich)braun, selten braunviolett; Mittellappen 2,5–5 cm lang, wenig schraubig gedreht, bei der Vollblüte horizontal oder schwach abwärts gerichtet, an der Spitze 6–15 mm tief gespalten; Seitenlappen (1–) 3–6 mm lang, schmal dreieckig; Sporn kegelförmig, 3–5 mm lang.
Standort: Lichte Eichen- und Nadelwälder, Macchien; in der kollinen und unteren montanen Stufe, bis 1400 m; auf trockenen, kalkhaltigen Böden. **Blütezeit:** Mai bis Juli. **Fotos:** An, Vil. Konya, 17. 6. 76 (l); An, Vil. Maraş, 20. 5. 72 (r).
Verbreitung: In der meridionalen Zone Vorderasiens von West- und Südanatolien zur Levante, durch irakisch Kurdistan bis Südpersien; Peloponnes (Taigetos, Parnon).
Florenelement: o-mediterran orientalisch. **Länder: Eur: SO** Cr Gr; **Asi:** IJ LS An.
Verwandtschaft: Ähnlich ist *H. formosum* (STEVEN) K. KOCH, eine im Ostkaukasus endemische Art. Sie ist an der kurzen Lippe mit nur 1,2–2 cm langem Mittellappen zu erkennen.

Verkannter Zungenstendel *Serapias neglecta* DE NOT. *subsp. neglecta*

Synonym: *S. cordigera subsp. neglecta* (DE NOT.) K. RICHTER

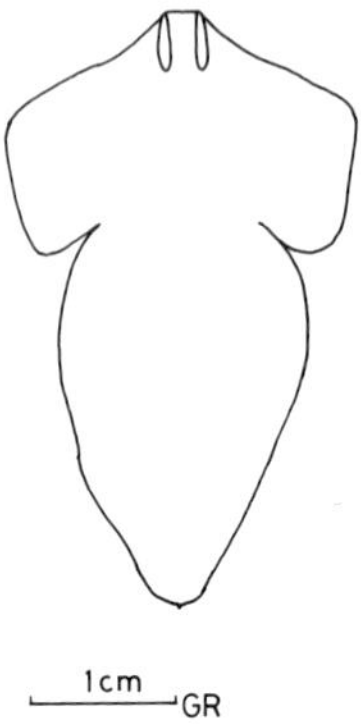

Merkmale: Pflanze mit 2 kugeligen Knollen. Stengel 10–30 cm hoch, ungefleckt, mit 1–2 Schuppenblättern am Grund und 4–7 Laubblättern, diese schmal bis breit lanzettlich, 5,5–11 cm lang und 0,7–2 cm breit, oft gefaltet und gebogen. Blütenstand 2–8(–18)blütig, kurz und dicht; Tragblätter meist kürzer als der etwas aufwärts gerichtete Kelchblatthelm. Kelchblätter 21,5–27,5 mm lang und 6–7,5 mm breit, außen trüb grauviolett bis etwas grünlich; seitliche Kronblätter 18,5–24 mm lang und 6–8 mm breit; Lippe 34–43 (–50) mm lang, am Ansatz mit 2 parallelen purpurnen Schwielen; Hypochil 14–18,5 mm lang und 22–26 mm breit, am Grund breit keilförmig, die Seitenlappen rosa bis braunpurpurn; Epichil breit eiförmig, 21–28 (–33) mm lang, am Ansatz 8–11 mm und an der breitesten Stelle 15–19,5 mm breit, vorn oft gestutzt-abgerundet, senkrecht oder schräg abwärts gerichtet, selten horizontal, ockerfarben bis rosabräunlich, selten intensiv braunrot.

Standort: Lichte Kiefernwälder, Garriguen, Feuchtwiesen, Olivenhaine; bis 600 m; überwiegend auf mäßig sauren Böden. **Blütezeit:** März bis Mai, etwa 2–3 Wochen früher als *S. cordigera.* **Fotos:** Ga, Dept. Var, 20. 4. 75 (l); It, Prov. Genua, 13. 4. 81 (r).

Verbreitung: Entlang der Küste des Ligurischen Meeres von der Provence (Dept. Var) bis zur Toskana (Insel Elba) sowie auf Korsika und Sardinien.

● **Florenelement:** z-mediterran z+w-submediterran. **Länder: Eur: S** ?Si It Sa Co, **W** Ga.

Ionischer Zungenstendel *Serapias neglecta* DE NOT. *subsp. ionica* E. NELSON

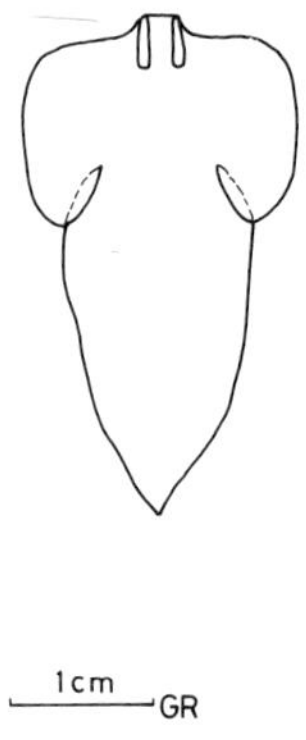

Merkmale: Stengel 5–15 (–20) cm hoch, ungefleckt. Grundständige Laubblätter 3–6, lineal-lanzettlich, 4–9 cm lang und 0,6–1,2 cm breit, längs gefaltet, stark gebogen (oft fast spiralig), blaugrün. Blütenstand 2–8(–13)blütig; Tragblätter meist kürzer als der annähernd horizontale Kelchblatthelm. Kelchblätter 19–28 mm lang und 5–7 mm breit; Lippe 28,5–38 mm lang; Hypochil 11,5–16 mm lang und 17–21 mm breit; Epichil 18,5–27 mm lang und 11,5–16 mm breit, meist rotbraun, manchmal etwas ockerfarben, am Rand oft wellig und hochgebogen.

Standort: Macchien, Garriguen, Nadelwälder; bis 400 m. **Blütezeit:** April. **Fotos:** Gr, Zakinthos, 9. 4. 80 (l); Ju, Brač, 6. 4. 80 (r).

Verbreitung: Inseln des Ionischen und des Adriatischen Meeres; bekannt von Kefallinia, Zakinthos (Zante) und Kerkira (Korfu) sowie von Korčula, Hvar und Brač. Art mit auffällig unterbrochener (disjunkter) Inselverbreitung; die beiden Arealteile sind durch eine Lücke von 400 km getrennt.

● **Florenelement:** z-mediterran z-submediterran (disjunkt). **Länder: Eur: SO** Gr Ju.

Schlüssel für die Unterarten der *Serapias-neglecta*-Gruppe:

1 Hypochil weit aus dem Kelchblatthelm herausragend, mit schräg seitwärts gerichteten Seitenlappen; bei flach ausgebreiteter Lippe überlappen sich Epichil und Hypochil nicht *S. n. subsp. neglecta*

1* Hypochil kaum aus dem Kelchblatthelm herausragend, mit senkrecht aufgerichteten Seitenlappen; Epichil und Hypochil überlappen sich fast immer . . . . . . *S. n. subsp. ionica*

Herzförmiger Zungenstendel *Serapias cordigera* L.

Synonym: *S. azorica* SCHLECHTER

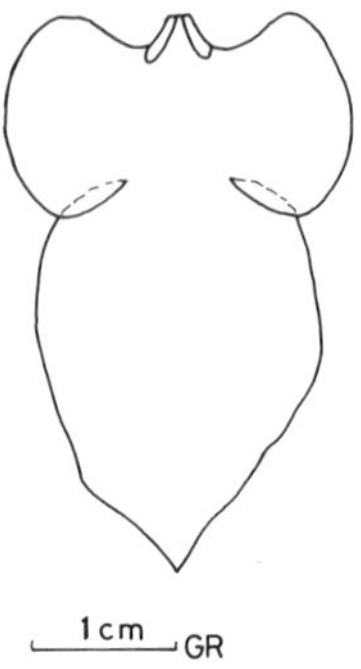

Merkmale: Stengel 15–50 cm hoch, unten gefleckt, mit 1–2 Schuppenblättern am Grund und 5–9 Laubblättern, diese lanzettlich, 7–16 cm lang und 0,8–2,3 cm breit. Blütenstand 3–10(–20)blütig, dicht; Tragblätter etwa so lang wie der schräg aufrechte Kelchblatthelm. Kelchblätter 23–30 mm lang und 6–8,5 mm breit, außen hell graulila; seitliche Kronblätter 19,5–26,5 mm lang und 6,5–8,5 mm breit; Lippe meist braunrot bis schwarzpurpurn, selten (Azoren) braunorange bis cremefarben, 31–42 (–48) mm lang, am Ansatz mit 2 schwärzlichen spreizenden Schwielen, Hypochil und Epichil überlappend (ausbreiten!); Hypochil 12,5–16 mm lang und 19,5–26 mm breit, am Grund herzförmig oder selten gestutzt, die Seitenlappen aufrecht und wenig aus dem Kelchblatthelm hervorragend; Epichil herzförmig, 20,5–29 (–34) mm lang, am Ansatz 6,5–9,5 mm und an der breitesten Stelle (13–) 16–23 (–26) mm breit, nach unten oder rückwärts gerichtet, bis etwa zur Mitte dicht behaart.

Standort: Lichte Wälder und Macchien, Garriguen, Feuchtwiesen; bis 1000 m; auf basenreichen (auch kalkfreien) Böden. **Blütezeit:** April–Juni. **Fotos:** Ga, Dept. Alpes Maritimes, 1. 5. 71 (l); Ga, Dept. Var, 11. 5. 83 (r).

Verbreitung: Mittelmeergebiet, ostwärts bis Kreta und Westanatolien; in der temperaten Zone entlang der französischen Atlantikküste bis zum Dept. Finistère; Azoren (alle Inseln außer Flores und Corvo).

● **Florenelement:** mediterran submediterran azorisch s-atlantisch. **Länder: Eur: SO** Gr Tu Al Ju, **S** Me Si It Sa Co, **SW** Bl Hs Lu Az, **W** Ga; **Asi:** An AE; **Afr:** ?Li Tn Ag Ma.

Côte-d'Azur-Zungenstendel *Serapias olbia* VERGUIN

Synonyme: *S. cordigera subsp. olbia* (VERGUIN) SUNDERMANN, *S. gregaria* GODFERY

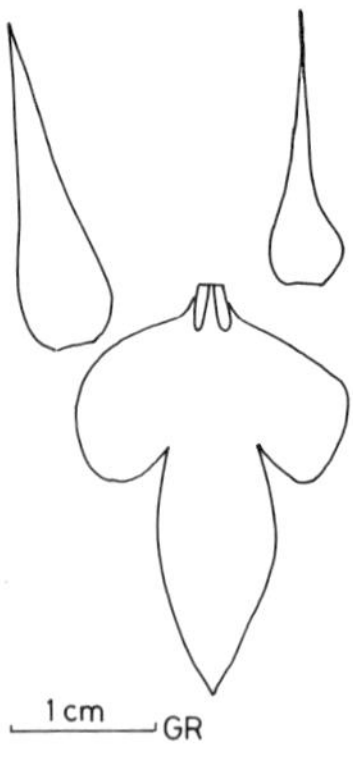

Merkmale: Pflanze mit 3 (4) kugeligen Knollen, die diesjährigen lang gestielt (vegetative Vermehrung); die Blütentriebe in Herden. Stengel 10–20 (–30) cm hoch, manchmal unten gefleckt, mit 2 Schuppenblättern am Grund und 5–7 Laubblättern, diese schmal lanzettlich, 4–10 cm lang und 0,7–1,1 cm breit. Blütenstand 2–4(–5)blütig, locker; Tragblätter viel kürzer als der schräg aufrechte Kelchblatthelm. Kelchblätter 19–25 mm lang und 5,5–7,5 mm breit, außen graulila, innen dunkler; seitliche Kronblätter 16,5–21 mm lang und 5,5–7 mm breit; Lippe 23,5–31 mm lang, am Ansatz mit 2 purpurnen, fast parallelen Schwielen; Hypochil 11,5–15 mm lang und 15,5–19,5 mm breit, am Grund gestutzt, die Seitenlappen schwarzpurpurn; Epichil eiförmig-lanzettlich, 13–18,5 mm lang, am Ansatz 4,5–6 mm und in der Mitte 6,5–9,5 mm breit, vorn spitz, stark zurückgekrümmt, schwarzpurpurn bis braunrot, bis zur Spitze dicht behaart.

Standort: Feuchtwiesen, feuchte Dünensenken, auch an trockenen Schieferhängen; in niederen Lagen in Küstennähe; auf sauren Böden (fehlt auf Kalk). **Blütezeit:** April, Mai. **Fotos:** Ga, Dept. Var, 15. 4. 79 (l), 18. 4. 71 (r).

Verbreitung: Südfrankreich; Dept. Var (la Seyne bei Toulon bis le Lavandou) und Alpes Maritimes (Antibes bis Nizza). Eine Angabe für Asturien (zwischen Belmonte und Ribadesella) ist zu überprüfen. ● **Florenelement:** w-submediterran. **Land: Eur: W** Ga.

Verwandtschaft: Die Art soll aus der Kreuzung *S. lingua* × *cordigera* entstanden sein.

Pflugschar-Zungenstendel *Serapias vomeracea* (BURM. fil.) BRIQ. *subsp. vomeracea*

Synonyme: *S. cordigera subsp. vomeracea* (BURM. fil.) SUNDERMANN, *S. longipetala* (TEN.) POLLINI, *S. pseudocordigera* (SEBASTIANI) MORIC.

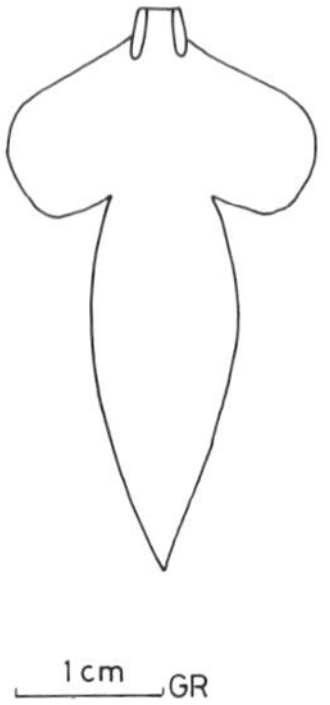

Merkmale: Pflanze mit 2 kugeligen Knollen. Stengel 20–60 cm hoch, manchmal gefleckt, mit 2 Schuppenblättern am Grund und 4–7 Laubblättern, diese schmal lanzettlich, 6–19 cm lang. Blütenstand 3–10blütig, locker, Kelchblätter 23–31 mm lang und 5–8,5 mm breit, der Helm außen graulila, steil aufgerichtet; seitliche Kronblätter 20–27,5 mm lang und 6–8,5 mm breit; Lippe am Ansatz mit 2 purpurnen parallelen Schwielen; Hypochil 12–17 mm lang und 18–24 mm breit, am Grund breit keilförmig bis gestutzt, die Seitenlappen aufrecht, dunkel purpurn, kaum aus dem Kelchblatthelm hervorragend; Epichil lanzettlich, 20–28 mm lang, am Ansatz 5–8 mm und in der Mitte 8–13 mm breit, abwärts gerichtet bis zurückgekrümmt, bis zur Mitte dicht behaart, meist rostrot bis braunviolett, selten ockerfarben.

Standort: Lichte Kiefern- und Kastanienwälder, Garriguen, Magerrasen, Feuchtwiesen, Olivenhaine; bis 1000 m; auf basischen bis schwach sauren Böden. **Blütezeit:** März bis Juni. **Fotos:** Ga, Dept. Gard, 14. 5. 81 (l); It, Prov. Como, 19. 5. 69 (r).

Verbreitung: Mittelmeergebiet, nordwärts bis zum Südfuß der Alpen und in der temperaten Zone in Frankreich bis zu den Dept. Charente-Maritime und Corrèze, ostwärts bis zu den ostägäischen Inseln und Zypern.

● **Florenelement:** mediterran submediterran s-atlantisch. **Länder: Eur: SO** Gr Al Ju, **S** Me Si It Co, **SW** Bl Hs Lu, **W** Ga, **M** He; **Asi:** Cy AE; **Afr:** ?Li Ag Ma.

Orientalischer Zungenstendel
Serapias vomeracea (BURM. fil.) BRIQ. *subsp. orientalis* W. GREUTER

Synonyme: *S. orientalis* E. NELSON, *S. cordigera subsp. orientalis* (E. NELSON) SUNDERMANN, *S. o. subsp. apulica* E. NELSON, *S. o. var. cordigeroides* E. NELSON

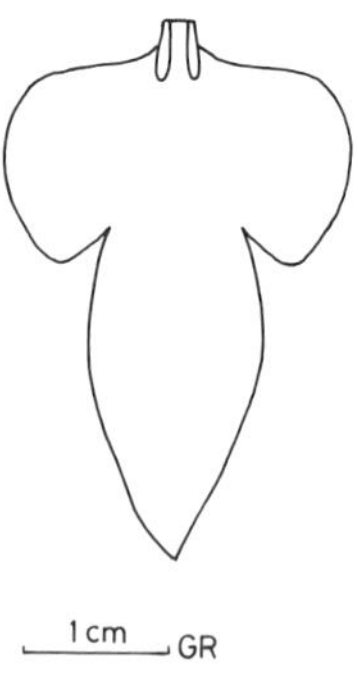

Merkmale: Ähnlich der Unterart *vomeracea,* durchschnittlich niedriger mit breiteren Lippen. Stengel 10–30 cm hoch. Hypochil 14–19 mm lang und 20–26 (–31) mm breit, am Grund gestutzt; Epichil 18–26 (–33) mm lang, am Ansatz 7–10 (–15) mm und in der Mitte 10–14 (–20) mm breit, blaß ockergelb bis purpurrot.

Standort: Garriguen, Magerrasen, Feuchtwiesen; bis 1000 m; bevorzugt kalkhaltige Böden. **Blütezeit:** März bis Juni. **Fotos:** An, Vil. Izmir, 7. 4. 78 (l); An, Vil. Kocaeli, 3. 6. 74 (r).

Verbreitung: Art mit Verbreitungszentrum im östlichen Mittelmeergebiet, westwärts bis Apulien; ähnliche Pflanzen auch auf Sizilien (Palermo). Außerdem in Transkaukasien.

Florenelement: o+z-mediterran orientalisch o-submediterran. **Länder: Eur: SO** Cr Gr Tu, **S** (Si) It; **Asi:** IJ LS Cy An AE.

Schlüssel für die Unterarten der *Serapias-vomeracea*-Gruppe:

1 Lippe 23–29 mm lang, Epichil 13,5–18 mm lang, Kelchblätter 18,5–24 mm lang . . . *S. v. subsp. laxiflora* (S. 164)

1* Lippe 32–42 mm lang, Epichil 18–33 mm lang, Kelchblätter 23–33 mm lang 2

2 Tragblätter meist viel länger als der Kelchblatthelm, 13–18,5 mm breit; Laubblätter 0,5–1,5 mm breit *S. v. subsp. vomeracea*

2* Tragblätter kaum länger als der Kelchblatthelm, 18–25 mm breit; Laubblätter 1,2–2 cm breit . *S. v. subsp. orientalis*

Zungenstendel

Lockerblütiger Zungenstendel

Serapias vomeracea (BURM. fil.) BRIQ. *subsp. laxiflora* (SOÓ) GÖLZ & REINHARD

Synonyme: *S. parviflora subsp. laxiflora* SOÓ, *S. cordigera subsp. laxiflora* (SOÓ) SUNDERMANN, *S. columnae* (ASCHERSON & GRAEBNER) LOJAC.

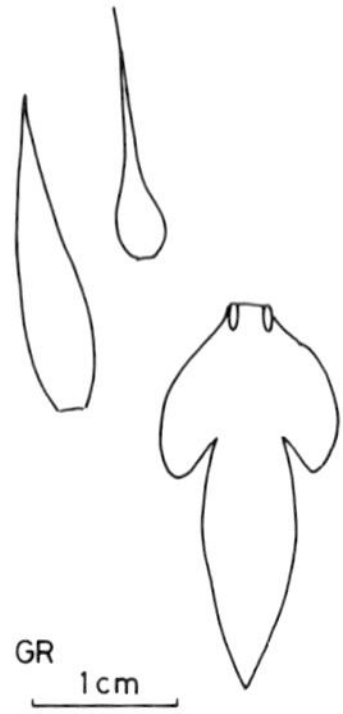

Merkmale: Pflanze mit 2 kugeligen Knollen. Stengel 15–40 cm hoch, oft gefleckt, mit 1–2 Schuppenblättern am Grund und 6–9 Laubblättern, diese lanzettlich, 6–14 cm lang und 0,9–1,6 cm breit, oft gebogen. Blütenstand 4–12blütig, locker; Tragblätter oft länger als der schräg aufgerichtete Kelchblatthelm. Kelchblätter 4–5,5 mm breit, außen graulila; Lippe mit 2 bräunlichen, parallelen Schwielen; Hypochil 10–13 mm lang und 11,5–14,5 mm breit, am Grund keilförmig, die Seitenlappen aufrecht und im Helm verborgen, schwarzpurpurn; Epichil lanzettlich, am Ansatz 3,5–5 mm und in der Mitte 4–7,5 mm breit, zurückgekrümmt, fast kahl, trüb braunrot bis ockerfarben.

Standort: Wächst an ähnlichen Standorten wie die Unterart *vomeracea*; bis 600 m. **Blütezeit:** März bis Juni. **Fotos:** Cr, Nomos Rethimnon, 14. 4. 81 (l); An, Vil. Antalya, 28. 3. 78 (r).

Verbreitung: Der Verbreitungsschwerpunkt liegt im östlichen Mittelmeergebiet, westwärts noch vereinzelte Vorkommen bis Sizilien (Prov. Ragusa) und Norditalien (Prov. Parma, Siena, Grosseto). ● **Florenelement:** o + z-mediterran o + z-submediterran. **Länder: Eur: SO** Cr Gr Tu Al Ju, **S** Si It; **Asi:** Cy An AE.

Verwandtschaft: Die Unterarten *vomeracea* und *laxiflora* bilden im geographischen Überlappungsgebiet Mischpopulationen (bekannt aus It, Al, AE, Cy), in denen Pflanzen mit intermediären Merkmalen nicht selten sind.

Nurra-Zungenstendel *Serapias nurrica* CORRIAS

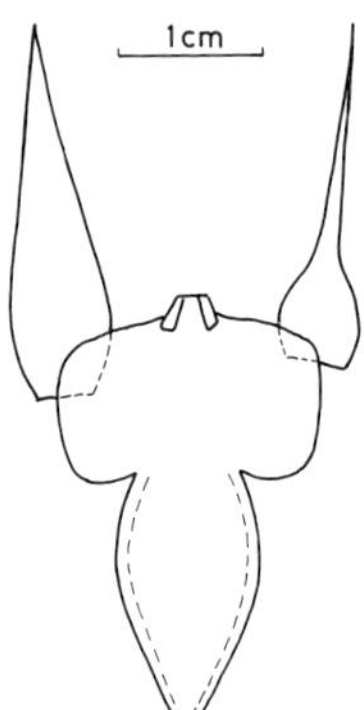

Merkmale: Pflanze mit 2 kugeligen Knollen. Stengel 20–35 cm hoch, mit 2 Schuppenblättern am Grund und 6–8 Laubblättern, diese lineallanzettlich, 10–18 cm lang und 0,8–1,6 cm breit. Blütenstand 5–8blütig, kurz und dicht; Tragblätter kürzer als der steil aufgerichtete Kelchblatthelm. Kelchblätter 23–26 mm lang und 5–7 mm breit, außen mattlila, innen braunrot geadert; seitliche Kronblätter 20–24 mm lang und 5,5–6,5 mm breit; Lippe 25–30 mm lang, am Ansatz mit 2 spreizenden purpurnen Schwielen; Hypochil 11–13 mm lang und 15–18 mm breit, am Grund gestutzt, die Seitenlappen mattlila, aufrecht und im Kelchblatthelm eingeschlossen; Epichil eiförmig-lanzettlich, 14–18 mm lang, am Ansatz 5,5–7,5 und in der Mitte 7–10 mm breit, vorn spitz, schräg bis senkrecht abwärts gerichtet, am Grund mäßig behaart, 2farbig mit braunrotem Zentrum und schmalem mattlilafarbenem Rand.

Standort: Garriguen; in niederen Lagen bis etwa 100 m in Küstennähe; auf trockenen Böden über verschiedenen Gesteinen (nicht über Kalk). **Blütezeit:** April bis Juni. **Fotos:** Sa, Prov. Sassari, Typuspopulation, 4. 5. 82.

Verbreitung: Endemisch auf den Inseln Sardinien und Korsika. Die Verbreitung der 1974 entdeckten Art ist noch ungenügend bekannt. Bisher gefunden an der Südwestküste (Insel S. Pietro) und der Nordküste Sardiniens (Alghero bis zur Insel Caprera) und der Südostküste Korsikas (Porto-Vecchio).

● **Florenelement:** z-mediterran z-submediterran. **Länder: Eur: S** Sa Co.

Verwandtschaft: Die Art steht *S. vomeracea* nahe und kommt in den Blütendimensionen der Unterart *laxiflora* am nächsten.

Kleinblütiger Zungenstendel *Serapias parviflora* PARL.

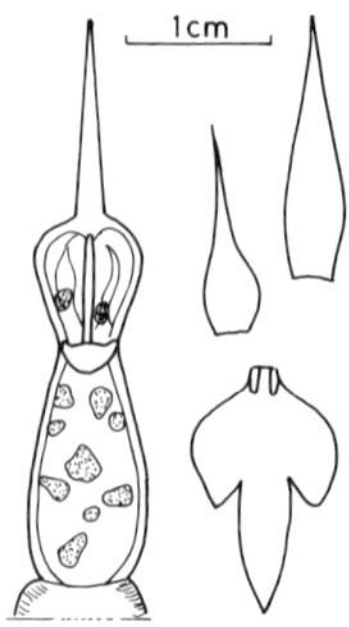

Merkmale: Pflanze mit 2 kugeligen, sitzenden Knollen. Stengel 10–30 cm hoch, unten gefleckt. Laubblätter 4–5, schmal lanzettlich, 6–10 cm lang und 0,7–1 cm breit. Blütenstand 3–5(–8)blütig, locker; Tragblätter kürzer bis so lang wie der schräg aufrechte Kelchblatthelm. Kelchblätter 14,5–17,5 mm lang und 3,5–4,5 mm breit, außen rötlich-grünlich bis graulila; seitliche Kronblätter 13–15,5 mm lang und 3–4 mm breit; Lippe 14–19 mm lang, am Ansatz mit 2 parallelen roten Schwielen; Hypochil 8–10 mm lang und 9–11,5 mm breit, am Grund breit keilförmig, die Seitenlappen im Kelchblatthelm versteckt, braunrot; Epichil lanzettlich, 7–11,5 mm lang, am Ansatz 2,5–3 mm und in der Mitte 3,5–4,5 mm breit, nach unten oder rückwärts gerichtet, schwach behaart, trübrot bis gelblich. Selbstbestäubung (siehe die Zeichnung der Säule links).
Standort: Lichte Kiefernwälder, Garriguen, Feuchtwiesen; bis 1000 m; auf basischen bis schwach sauren Böden. **Blütezeit**: April, Juni, später als *S. lingua.* **Fotos**: It, Prov. Matera, 1. 5. 81 (l); It, Prov. Bari, 13. 4. 74 (r).
Verbreitung: Mittelmeergebiet, ostwärts bis zu den ostägäischen Inseln und Zypern; in der temperaten Zone entlang der französischen Atlantikküste bis zum Dept. Morbihan; ferner auf den Kanarischen Inseln (Gran Canaria, Teneriffa, Hierro und La Palma).
● **Florenelement**: mediterran kanarisch w+z-submediterran s-atlantisch. **Länder**: **Eur**: **SO** Cr Gr Al Ju, **S** Me Si It Sa Co, **SW** Bl Hs Lu, **W** Ga; **Asi**: Cy AE; **Afr**: Tn Ag Ma Cl.
Verwandtschaft: Im Algarve (Portugal) wächst eine ähnliche Sippe mit gestielten neuen Knollen und dunkelrotem, nach vorn gerichtetem Epichil (siehe SUNDERMANN 1980).

Einschwieliger Zungenstendel *Serapias lingua* L.

Synonyme: *S. oxyglottis* WILLD., *S. stenopetala* MAIRE & T. STEPHENSON, *S. excavata* SCHLECHTER, *S. mauretanica* SCHLECHTER, *S. lingua subsp. duriaei* (BATT.) MAIRE

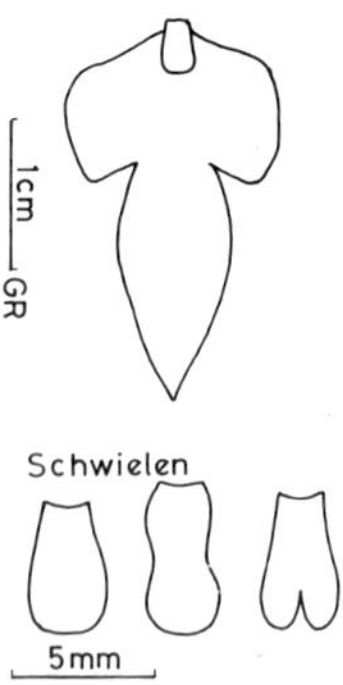

Merkmale: Pflanze mit (2) 3 kugeligen Knollen, die diesjährigen lang gestielt (vegetative Vermehrung). Stengel 10–35 cm hoch, unten manchmal gefleckt, mit 1–2 Schuppenblättern am Grund und 4–8 Laubblättern, diese lineal-lanzettlich, 5–13 cm lang und 0,4–1,3 cm breit. Blütenstand 2–8(–14)blütig, locker; Tragblätter kürzer als der horizontale Kelchblatthelm. Kelchblätter 15–21 mm lang und 4,5–6 mm breit, außen hell bis intensiv graulila; seitliche Kronblätter 13–17,5 mm lang und 3–4,5 mm breit; Lippe (16–) 22–29 mm lang, am Ansatz mit 1 purpurnen Schwiele, diese rundlich, geigenförmig oder vorn ausgerandet; Hypochil 8–12 mm lang und 13–17 mm breit, mit purpurroten aufrechten Seitenlappen; Epichil (8–) 13–18 mm lang, am Ansatz (2,5–) 4,5–7 mm und in der Mitte (4–) 7–12 mm breit, schräg abwärts gerichtet oder selten zurückgeschlagen, schwach behaart, variabel gefärbt (rosalila, weißlich oder gelblich).
Standort: Lichte Wälder, Garriguen, Magerrasen, Feuchtwiesen; bis 1200 m; auf basenreichen (aber auch kalkfreien) Böden. **Blütezeit**: März bis Juni. **Fotos**: Ga, Dept. Var, 11. 5. 83 (l); Bl, Mallorca, 10. 3. 75 (r); S. 264.
Verbreitung: Mittelmeergebiet, ostwärts bis zur Zentral- und Südägäis; in Süd- und Mittelfrankreich auch in der temperaten Zone (bis Morbihan, Indre-et-Loire, Loire, Isère).
● **Florenelement**: mediterran submediterran s-atlantisch s-subatlantisch. **Länder**: **Eur**: **SO** Cr Gr Al Ju, **S** Me Si It Sa Co, **SW** Bl Hs Lu, **W** Ga; **Afr**: Tn Ag Ma.

Braune Ragwurz *Ophrys fusca* LINK

Problematik: Die Art ist sehr vielgestaltig und bedarf einer gründlichen Bearbeitung.

Schlüssel für die Unterarten:

1 Mittellappen etwa ⅓ so lang wie die Lippe, schwach gebogen, vorgestreckt; Mal einheitlich gefärbt oder seltener mit hellem Rand . . . 1. *O. f. subsp. fusca*

1* Mittellappen fast ½ so lang wie die Lippe, zurückgekrümmt; Mal mit ω-förmigem hellem Rand . . . . . . 2. *O. f. subsp. vasconica*

1. *O. f. subsp. fusca*

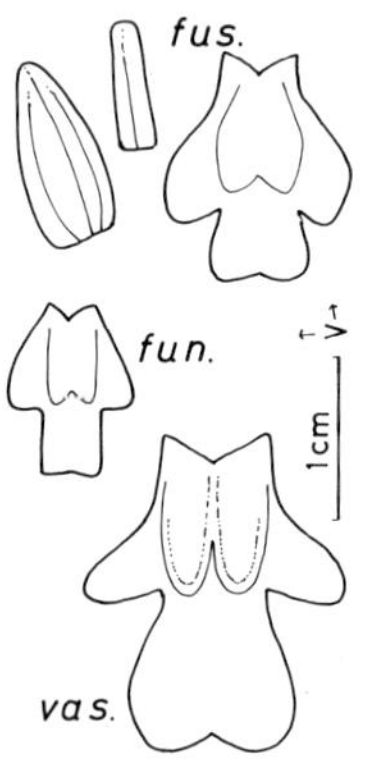

Merkmale: Stengel 10–40 cm hoch, 2–9blütig. Seitliche Kronblätter ⅔–⅘ so lang wie die grünen Kelchblätter; Lippe dunkelbraun bis schwarzviolett, am Grund mit Längsfurche, mit schmalem kahlem Rand. **Standort:** Lichte Wälder, Garriguen, Magerrasen, ehemaliges Kulturland; bis 1400 m; auf kalkhaltigen Böden. **Blütezeit:** Dezember bis Juni. **Fotos:** AE, Rhodos, 11. 4. 82 (l/o); It, Prov. Grosseto, 11. 4. 81 (l/M); Ju, Hvar, 9. 4. 80 (r/o); Cr, Nomos Rethimnon, 31. 3. 72 (r/M).

Verbreitung: Mittelmeergebiet, in Frankreich nordwärts bis zu den Dept. Vendée, Indre. Die Angaben für die Levante bedürfen der Bestätigung, kaum richtig sind die für Rumänien. ● **Florenelement:** mediterran submediterran s-atlantisch. **Länder: Eur: SO** Cr Gr Tu Al Ju ?Rm, **S** Me Si It Sa Co, **SW** Bl Hs Lu, **W** Ga; **Asi:** ?LS Cy An AE; **Afr:** Li Tn Ag Ma.

Variation: Die Unterart umfaßt mehrere Varianten mit unterschiedlicher Blütengröße (Kelchblätter 7,5–10/10–13,5 mm lang, Lippe 9–13/13–17 mm lang; kleinblütige Pflanzen entsprechen der *O. f. subsp. funerea* [VIV.] E. G. & A. CAMUS & BERGON), Lippenfärbung (Mal grau bis braun/lila bis blau, Lippenrand gelb/braun) und Blütezeit (bis April, ab Mai blühend). Bei Vorkommen im selben Gebiet sind die Varianten oft gut getrennt, doch überlagern sich die Variationsbereiche, wenn alle Varianten über das Gesamtareal betrachtet werden. Nach derzeitigem Kenntnisstand ist eine Gliederung in 2 oder mehr Sippen kaum möglich.

2. *O. f. subsp. vasconica* O. & E. DANESCH; Gascogne-Ragwurz

Merkmale: Stengel 10–20 cm hoch, 1–6blütig. Lippe schwarzpurpurn; Mal braun(–purpurn), manchmal hell marmoriert. **Blütezeit:** April, Mai. **Verbreitung:** Südfrankreich (Dept. Gers). ● **Florenelement:** w-submediterran. Die Unterart wurde wenig beachtet, sie mag weiter verbreitet sein (Nordspanien?).

Regenbogen-Ragwurz *Ophrys iricolor* DESF.

Synonym: *O. fusca subsp. iricolor* (DESF.) K. RICHTER

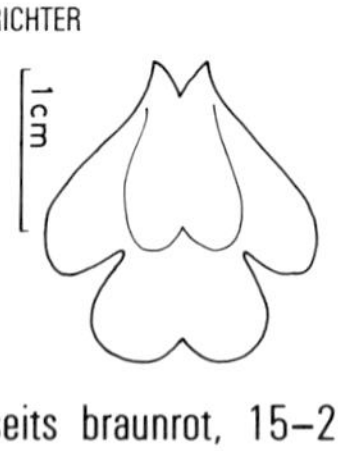

Merkmale: Stengel 10–35 cm hoch, 1–5blütig. Kelchblätter grün, 11–18 mm lang; seitliche Kronblätter 8–12 mm lang, Lippe schwarzviolett-samtig, unterseits braunrot, 15–23 mm lang, wenig gewölbt, am Grund mit Längsfurche, kahler Rand sehr schmal und dunkel, Mal in der Form von 2 eiförmigen Flächen, leuchtend blau, oft verwaschen schwärzlich bis purpurn marmoriert, fast nie mit blassem Rand.

Standort: Lichte Kiefernwälder und Macchien; Garriguen; bis 1100 m; meist auf kalkreichen Böden, oft auf Mergel. **Blütezeit:** Februar bis April; etwa 2 Wochen später als *O. fusca*. **Fotos:** Cy, Gebiet von Limassol, 26. 3. 83 (l); An, Vil. Antalya, 4. 4. 80 (r). **Verbreitung:** Östliches Mittelmeergebiet; nordwärts bis zum Bosporusgebiet, Euböa, Attika und Kefallinia; Angaben für das westliche Mittelmeerbecken gehören wahrscheinlich alle zu großblütigen Varianten der *O. fusca*. ● **Florenelement:** o + z-mediterran (o-submediterran). **Länder: Eur: SO** Cr Gr Tu; **Asi:** IJ LS Cy An AE.

großblütige Variante

Atlas-Ragwurz *Ophrys atlantica* MUNBY

Synonyme: *O. fusca subsp. atlantica* (MUNBY) E. G. & A. CAMUS, *O. fusca subsp. duriaei* (REICHENB. fil.) SOÓ

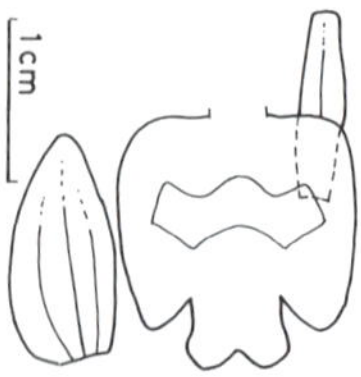

Merkmale: Pflanze mit 2 kugelig-eiförmigen Knollen. Stengel 15–30 cm hoch, mit 1–2 Schuppenblättern am Grund, 3–5 Laubblättern in einer Grundrosette und 1 scheidigen Blatt in der unteren Stengelhälfte. Grundblätter lanzettlich, 5–7 cm lang und 1,3–2,7 cm breit. Blütenstand 1–4blütig; Tragblätter länger als die Fruchtknoten. Kelchblätter (gelb-)grün, eiförmig, 11–15 mm lang und 5–8,5 mm breit, das mittlere nach vorn gebogen, die seitlichen rechtwinklig zur Seite weisend; seitliche Kronblätter grünlich-bräunlich, zungenförmig, 8,5–13,5 mm lang, am Rand wellig, rückwärts gebogen, kahl; Lippe schwarzpurpurn, samtig kurzhaarig, 15–20 mm lang und (ausgebreitet!) 12–16 mm breit, am Grund mit einem 1–3,5 mm langen stielförmigen Abschnitt, in der Mitte sattelförmig hochgebogen, vorn 3lappig und stark konvex gewölbt; Mittellappen breit rechteckig, vorn ausgerandet, kaum länger als die Seitenlappen; Mal flächig, grau- bis blauviolett.

Standort: Lichte Laub- und Nadelwälder, verbuschte Magerrasen, Garriguen; bis 1500 m; auf mäßig trockenen, basenreichen (aber nicht immer kalkhaltigen) Böden. **Blütezeit:** März bis Juni. **Fotos:** Ag, Prov. Algier, 13. 5. 1973 (l); Hs, Prov. Málaga, 2. 4. 79 (r).

Verbreitung: Nordafrika, Südspanien (Prov. Málaga). ● **Florenelement:** w-mediterran.
Länder: Eur: SW Hs; **Afr:** Tn Ag Ma.

Blasse Ragwurz, Bleiche Ragwurz *Ophrys pallida* RAFIN.

Synonyme: *O. fusca subsp. pallida* (RAFIN.) E. G. & A. CAMUS & BERGON, *O. pectus* MUTEL

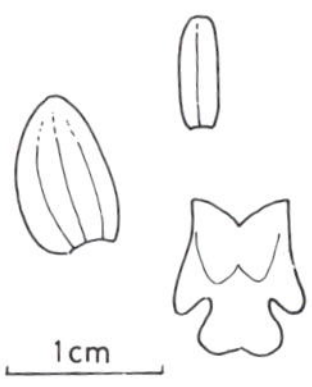

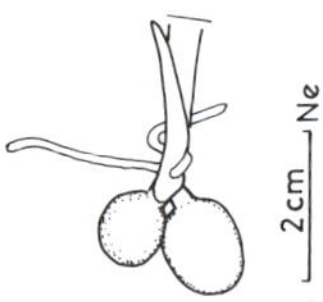

Merkmale: Pflanze mit 2 ellipsoidisch-kugeligen Knollen. Stengel 10–30 cm hoch, mit 1–2 Schuppenblättern am Grund, 3–6 Laubblättern in einer Grundrosette und 1–3 scheidigen Blättern weiter oben. Grundblätter lanzettlich, 2,5–6 cm lang und 1–1,7 cm breit. Blütenstand 2–6blütig; Tragblätter etwas länger als die Fruchtknoten, konkav. Kelchblätter weißlich bis grünlich, selten rötlich, breit eiförmig bis elliptisch, 7,5–10 mm lang und 4,5–6,5 mm breit, das mittlere stark nach vorn gebogen, die seitlichen rechtwinklig zur Seite weisend und nach vorn gebogen; seitliche Kronblätter grünlich-gelb bis bräunlich, zungenförmig, 5–7 mm lang, nach vorn gebogen, am Rand nicht wellig, kahl; Lippe braun(–purpurn), (ausgebreitet!) 7,5–11 mm lang und 6–9,5 mm breit, im hinteren Drittel mit einer Längsfurche und weißhaarig, 3lappig mit dunkelhaarigen Lappen, hinter der Ansatzstelle der Seitenlappen rechtwinklig nach unten geknickt; Seitenlappen nach unten geschlagen; Mittellappen quer-elliptisch, vorn ausgerandet; Mal im Bereich des Knicks, flächig, durch die Furche gegliedert, graubraun bis -violett und vorn undeutlich berandet.

Standort: Lichte Kiefernwälder, Garriguen, ehemaliges Kulturland; bis 900 m; auf kalkhaltigen Böden. **Blütezeit:** Februar bis April. **Fotos:** Si, Prov. Palermo, 4. 4. 76.

Verbreitung: Westsizilien, Nordafrika (Tunesien, Ostalgerien). Angaben für Sardinien und Malta sind unsicher und bedürfen der Bestätigung. ● **Florenelement:** z+w-mediterran.
Länder: Eur: S Si; **Afr:** Tn Ag.

Omega-Ragwurz *Ophrys omegaifera* H. FLEISCHM.

Synonym: *O. fusca subsp. omegaifera* (H. FLEISCHM.) E. NELSON **Merkmale:** Pflanze mit 2 eiförmigen Knollen. Grundständige Laubblätter 3–5, eiförmig-lanzettlich, 3–10 cm lang und 1,3–4 cm breit; weiter oben am Stengel 1–2 scheidige Blätter. Kelchblätter grün, das mittlere stark nach vorn gebogen, die seitlichen rechtwinklig zur Seite weisend; seitliche Kronblätter gelbgrün, oft braun überlaufen, 0,6–0,8mal so lang wie die Kelchblätter, am Rand wellig; Lippe am Grund flach (ohne Längsfurche), 3lappig, kurz bis lang behaart, mit vorgezogenem Mittellappen von 0,30–0,45 der Lippenlänge; Mal flächig, vorn von einer ω-förmigen Linie begrenzt.

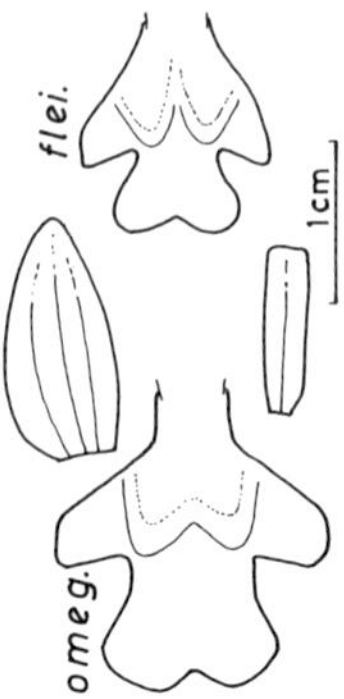

Problematik: *O. omegaifera* wird hier in 3 Unterarten gegliedert, die zuweilen auch als selbständige Arten eingestuft werden. Während die beiden östlichen Unterarten *omegaifera* und *fleischmannii* gut getrennt sind, nimmt die westliche Unterart *dyris* eine morphologische Zwischenstellung ein. Manche ihrer Populationen sind von der einen oder anderen östlichen Unterart kaum unterscheidbar.

Schlüssel für die Unterarten:

1 Lippe (ausgebreitet!) 11–15 mm lang und 10–12,5 mm breit, meist gerade vorgestreckt und in der hinteren Hälfte wenig gewölbt; Mittellappen meist abwärts gekrümmt, in Seitenansicht zum Lippengrund ungefähr rechtwinklig orientiert; Mal oft hell punktiert-marmoriert . . . . . . 2. *O. o. subsp. fleischmannii*

1* Lippe 13–21 mm lang und 11–19 mm breit, in der hinteren Hälfte oft nach unten geknickt; Mittellappen oft krallenförmig rückwärts gekrümmt und parallel zum Lippengrund; Mal selten marmoriert . . . 2

2 Malfläche meist braun (ohne auffällige Rotkomponente), ω-Rand meist graublau, auch weißlich; Lippenhaare meist braun, seltener lila 1. *O. o. subsp. omegaifera*

2* Malfläche braunrot, braunlila oder braun, ω-Rand meist weißlich, auch graulila; Lippenhaare oft lila, seltener braun . . . . . . 3. *O. o. subsp. dyris*

1. *O. o. subsp. omegaifera*

Merkmale: Stengel 10–25 cm hoch, 1–4blütig; Kelchblätter 12–17 mm lang.
Standort: Lichte Kiefernwälder und Macchien, Garriguen; bis 1000 m; meist auf kalkhaltigen Böden. **Blütezeit:** März, April. **Fotos:** An, Vil. Muğla, 31. 3. 80 (l/u); AE, Rhodos, 12. 4. 82 (r/u). **Verbreitung:** Süd- und Ostägäis; bekannt von Kreta, Karpathos, Rhodos, Kos, Chios und dem anatolischen Festland (bei Bodrum). Die Verbreitung ist ungenügend bekannt. ● **Florenelement:** o-mediterran. **Länder: Eur: SO** Cr; **Asi:** An AE.

2. *O. o. subsp. fleischmannii* (HAYEK) DEL PRETE; Fleischmanns Ragwurz

Synonyme: *O. fleischmannii* HAYEK, *O. fusca subsp. fleischmannii* (HAYEK) SOÓ
Merkmale: Stengel 10–25 (–35) cm hoch, 2–5(–10)blütig; Kelchblätter 10–13,5 mm lang; Malfläche meist bräunlich, ω-Rand weißlich; Lippenhaare meist lila.
Standort: Ähnlich dem der Unterart *omegaifera.* **Blütezeit:** Dezember bis April. **Fotos:** Cy, Gebiet von Limassol, 17. 3. 84 (l/o); An, Vil. Hatay, 10. 4. 80 (r/o). **Verbreitung:** Östliches Mittelmeergebiet; westwärts bis Kreta und Hydra, auf dem griechischen Festland nur in Attika. ● **Florenelement:** o-mediterran. **Länder: Eur: SO** Cr Gr; **Asi:** IJ LS Cy An AE.

3. *O. o. subsp. dyris* (MAIRE) DEL PRETE; Marokkanische Ragwurz

Synonyme: *O. dyris* MAIRE, *O. fusca subsp. dyris* (MAIRE) SOÓ
Merkmale: Stengel 10–25 cm hoch, 1–5blütig; Kelchblätter 11,5–17 mm lang.
Standort: Lichte Wälder, Garriguen, Magerrasen; bis 1800 m. **Blütezeit:** Dezember bis Mai. **Fotos:** Hs, Prov. Barcelona, 9. 4. 71 (l/M, r/M). **Verbreitung:** Westliches Mittelmeergebiet, vor allem in der meridionalen Zone, nordwärts bis zum submeridionalen Katalonien.
● **Florenelement:** w-mediterran w-submediterran. **Länder: Eur: SW** Bl Hs Lu; **Afr:** Ma.

O. o. subsp. fleischmannii

O. o. subsp. omegaifera, darüber: *O. o. subsp. dyris (2×)*

Gelbe Ragwurz *Ophrys lutea* CAV.

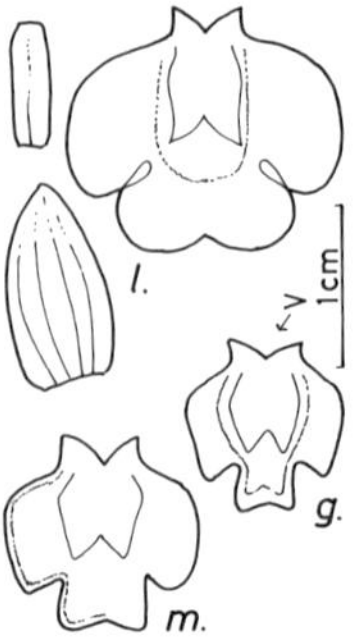

Merkmale: Stengel 10–25 (–40) cm hoch, mit 1–2 Schuppenblättern am Grund, 3–6 Laubblättern in einer Grundrosette und 1–2 Blättern weiter oben. Grundblätter lanzettlich, 3–9 cm lang und 1–2,7 cm breit. Untere Tragblätter etwas länger als die Fruchtknoten. Kelchblätter (gelb-)grün, das mittlere nach vorn gebogen, die seitlichen rechtwinklig zur Seite weisend; seitliche Kronblätter (grünlich-)gelb, kahl, am Rand oft wellig; Lippe 3lappig, am Grund mit Längsfurche, im Mittelteil dunkelbraun bis schwarzviolett, mit breitem und ausgebreitetem oder hochgebogenem Rand, hintere Seitenränder meist abgerundet-gestutzt, selten breit keilförmig; Mal grauviolett, meist braun bis dunkelviolett punktiert-marmoriert. Basalfeld und Basalschwielen fehlen.

Standort: Lichte Wälder, Garriguen, Magerrasen, ehemaliges Kulturland; auf basenreichen, meist kalkhaltigen Böden.

Schlüssel für die Unterarten:

1 Dunkle Färbung der Lippenmitte auf die Randzone ausgedehnt, gelber Rand sehr schmal . . . . 3. *O. l. subsp. melena*

1* Lippe mit breitem gelbem Rand 2

2 Lippe 14–18 mm lang, am Übergang vom stielförmigen Grund (Nagel) zur rundlichen Fläche (Platte) nach unten geknickt . . . . . . 1. *O. l. subsp. lutea*

2* Lippe 8–13,5 mm lang, Platte fast gerade vorgestreckt, nicht oder schwach nach unten geknickt . . 2. *O. l. subsp. galilaea*

1. *O. l. subsp. lutea*

Merkmale: Blütenstand 1–4(–6)blütig; Kelchblätter 11–13 mm lang; seitliche Kronblätter 7–8 mm lang; Lippenrand leuchtend gelb, bis 6 mm breit, kahl; dunkle Färbung oft nicht in den Mittellappen ausstrahlend.

Blütezeit: Februar bis Mai. **Fotos:** Bl, Mallorca, 8. 3. 75 (l/o); Lu, Prov. Estremadura, 30. 3. 71 (r/o). **Verbreitung:** Mittelmeergebiet, vor allem in der meridionalen Zone (ostwärts bis Westgriechenland, Kreta), in Südwesteuropa weiter nördlich (Katalonien, Südfrankreich bis zu den Dept. Charente, Cantal); bis 1800 m. ● **Florenelement:** mediterran w-submediterran s-atlantisch. **Länder: Eur: SO** Cr Gr Al, **S** Me Si It, **SW** Bl Hs Lu, **W** Ga; **Afr:** Tn Ag Ma.

2. *O. l. subsp. galilaea* (H. FLEISCHM. & BORNM.) SOÓ, Kleine Gelbe Ragwurz

Synonyme: *O. galilaea* H. FLEISCHM. & BORNM., *O. l. var. minor* (TOD.) GUSS., *O. l. subsp. minor* (TOD.) O. & E. DANESCH, *O. sicula* TINEO, *O. l. subsp. murbeckii* SOÓ [nicht *O. murbeckii* H. FLEISCHM., siehe die folgende Unterart]

Merkmale: Blütenstand 2–6(–9)blütig; Kelchblätter 7–10 mm lang; seitliche Kronblätter 4,5–7,5 mm lang; Lippenrand leuchtend bis grünlich-gelb, (1–) 2–3 mm breit, oft hellhaarig; dunkle Färbung in die Zipfel des Mittellappens ausstrahlend.

Blütezeit: Januar bis Juni. **Fotos:** AE, Rhodos, 6. 4. 82 (l/M); It, Prov. Fóggia, 22. 4. 81 (r/M). **Verbreitung:** Mittelmeergebiet, scheint die Iberische Halbinsel und Südfrankreich auszusparen (ob an der Côte d'Azur?); bis 1500 m. ● **Florenelement:** mediterran z + o-submediterran. **Länder: Eur: SO** Cr Gr Tu Al Ju, **S** Me Si It Sa Co; **Asi:** IJ LS Cy An AE; **Afr:** Tn Ag Ma.

3. *O. l. subsp. melena* RENZ; Dunkle Gelbe Ragwurz

Merkmale: In den Maßen ähnlich der Unterart *galilaea*. Kelchblätter 7,5–11 mm lang; seitliche Kronblätter 5,5–7 mm lang; dunkler Lippenrand kahl oder dunkelhaarig.

Blütezeit: März, April. **Fotos:** Gr, Nomos Attika, 14. 4. 72 (l/u); Cy, Gebiet von Girne (Kyrenia), 22. 3. 70 (r/u). **Verbreitung:** Südliche Balkanhalbinsel, nordwärts bis Südthessalien, Fokis, Kerkira (Korfu) und Südalbanien; außerdem auf Lesbos (Ostägäis) und am Monte Gargano (Süditalien); bis 1300 m. ● **Florenelement:** o + z-mediterran (z-submediterran). **Länder: Eur: SO** Gr Al, **S** It; **Asi:** AE.

Verwandtschaft: Ähnliche Pflanzen, deren Status zu klären ist, sind aus Nordafrika als *O. l. subsp. subfusca* (REICHENB. fil.) MURBECK (= *O. murbeckii* H. FLEISCHM.) bekannt.

O. l. subsp. lutea

O. l. subsp. melena, darüber: *O. l. subsp. galilaea* (2×)

Wespen-Ragwurz *Ophrys tenthredinifera* WILLD.

Synonym: *O. t. subsp. praecox* TYTECA

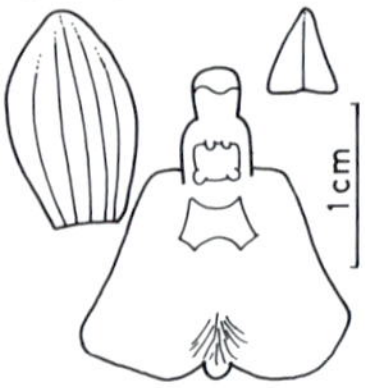

Merkmale: Pflanze mit 2 eiförmig-kugeligen Knollen. Stengel 10–30 (–45) cm hoch, mit 2 Schuppenblättern am Grund, 3–5 Laubblättern in einer Grundrosette und 1–4 scheidigen Blättern in der unteren Hälfte. Grundblätter breit lanzettlich, 4–12 cm lang und 1–3,5 cm breit. Blütenstand 1–10blütig. Kelchblätter rot bis rosa, aufrecht oder rückwärts gerichtet, breit eiförmig bis elliptisch, 11–13 mm lang und 6,5–10 mm breit; seitliche Kronblätter breit dreieckig, 4–6 mm lang; Lippe gelb bis hellbraun mit rot- bis schwarzbraunem Zentrum, trapezförmig, 11–16 mm lang und 12–20 mm breit, dicht behaart, konvex, die seitlichen Randzonen meist ausgebreitet oder seltener stark herabgeschlagen, am Grund mit 2 niedrigen Höckern, vorn mit einem aufgerichteten Anhängsel; Mal klein, das Basalfeld umfassend, graulila bis bläulich mit weißlichem Rand. Säule stumpf.

Standort: Lichte Kiefernwälder und Macchien, Garriguen, Magerrasen; bis 1800 m; auf basischen bis schwach sauren Böden. **Blütezeit:** Februar bis Mai. **Fotos:** Lu, Prov. Estremadura, Typuspopulation (»praecox«), 25. 2. 84 (l); It, Prov. Grosseto, 14. 4. 81 (r); S. 266.

Verbreitung: Mittelmeergebiet; ostwärts bis zur Südtürkei (Vil. Hatay), fehlt an der Levante und auf Zypern.

● **Florenelement:** mediterran w+z+(o)-submediterran. **Länder:** **Eur:** **SO** Cr Gr Tu Al Ju, **S** Me Si It Sa Co, **SW** Bl Hs Lu, **W** Ga; **Asi:** An AE; **Afr:** Li Tn Ag Ma.

Variation: Eine frühblütige Variante wurde aus Portugal beschrieben (»praecox«); Stengel 1–4blütig, Lippe im Aspekt schmal durch die herabgebogenen Seitenteile. Ähnliche Pflanzen treten auch in anderen Gegenden auf.

Verwandtschaft: Die Art ist mit dem Fuciflora-Formenkreis verwandt und unterscheidet sich besonders durch die stumpfe Säule.

Schulzes Ragwurz *Ophrys schulzei* BORNM. & H. FLEISCHM.

Synonym: *O. luristanica* RENZ

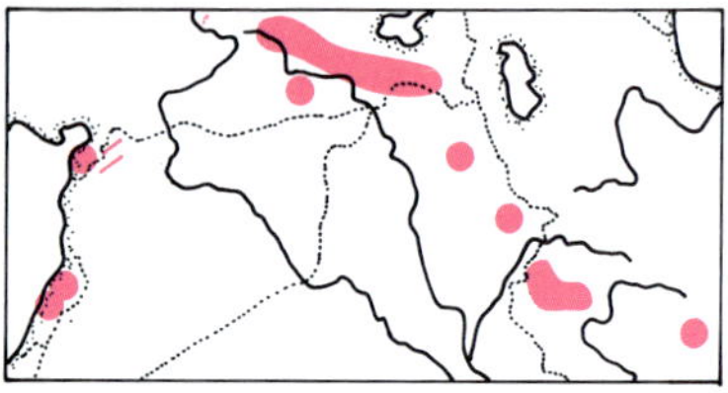

Merkmale: Pflanze mit 2 eiförmig-kugeligen Knollen. Stengel 25–65 cm hoch, mit Schuppenblättern am Grund, 4–5 nicht rosettig gedrängten Laubblättern in der unteren Hälfte und 1–2 Hochblättern weiter oben. Laubblätter eiförmig-lanzettlich, 10–18 cm lang und 2–3,5 cm breit. Blütenstand langgestreckt, locker, 4–12blütig; untere Tragblätter etwas länger als die Fruchtknoten. Kelchblätter rosaviolett, stark rückwärts gerichtet (das mittlere oft horizontal), eiförmig, 9–11 mm lang und 4–5 mm breit; seitliche Kronblätter rosa, breit dreieckig, 1–2,5 mm lang, kahl oder am Grund wenig behaart; Lippe 5–7 mm lang, tief 3lappig; Mittellappen kastanienbraun, gewölbt-halbkugelig, vorn kurz behaart, an der Spitze mit einem großen Anhängsel, dieses abwärts gerichtet, 2–2,5 mm lang, mit aufgesetztem Mittelzahn; Mal vom Basalfeld über den Mittellappen ausgedehnt, verzweigt, bräunlich mit weißlicher Umrandung; Seitenlappen 4–6 mm hochgewölbt, behaart, an der Innenseite der Aufwölbung grün bis weißlich, an der Außenseite braun und tief ausgeschnitten. Säule mit 1–2 mm langem, geradem Konnektivfortsatz.

Standort: Lichte Eichenwälder und -gebüsche, Magerwiesen; 500–1500 m; auf frischen, kalkhaltigen Böden. **Blütezeit:** April, Mai. **Fotos:** An, Vil. Hatay, 5. 5. 78 (r/u); An, Vil. Mardin, 15. 5. 80 (r/o); An, Vil. Diyarbakır, 12. 5. 82 (l).

Verbreitung: Südostanatolien, westwärts bis zum Amanus-Gebirge (im türkischen und syrischen Anteil), ferner im Libanon. Außerdem durch irakisch Kurdistan bis Westpersien.

Florenelement: o-mediterran orientalisch. **Länder:** **Asi:** LS An.

Bienen-Ragwurz *Ophrys apifera* HUDSON

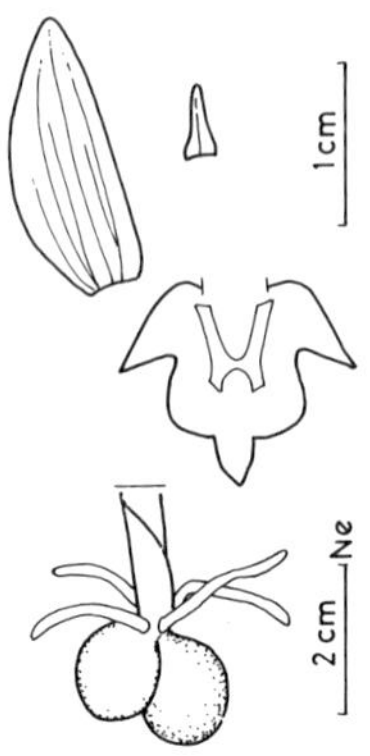

Merkmale: Pflanze mit 2 kugelig-eiförmigen Knollen. Stengel 20–50 (–70) cm hoch, mit 1–2 Schuppenblättern am Grund, 2–4 Laubblättern in einer Grundrosette und 4–7 Laubblättern weiter oben, die obersten hochblattartig. Größte Blätter lanzettlich, 6–13 cm lang und 1,5–2,8 cm breit. Blütenstand langgestreckt, locker, 3–10(–17)blütig; Tragblätter kürzer bis länger als die Blüten. Kelchblätter rosa bis rot, rückwärts gerichtet, eiförmig-lanzettlich, 11–17 mm lang und 5–9 mm breit; seitliche Kronblätter rosa bis grünlich, dreickkig, 2,5–7 mm lang, behaart; Lippe (ausgebreitet!) 9–14 mm lang, tief 3lappig; Mittellappen kastanienbraun, im Vorderteil stark gewölbt mit zurückgebogener Spitze, in der Randzone behaart, mit großem Anhängsel, dieses abwärts gerichtet, bis 3 mm lang, lanzettlich oder trapezförmig mit aufgesetzter Mittelspitze; Mal das hellbraune Basalfeld umfassend, oft nach vorn oder seitwärts ausgreifend, braun mit weißlicher Umrandung; Seitenlappen herabgeschlagen, am Ansatz gehöckert, dicht behaart. Lippengrund mit 2 gelblichen, dunkel bespitzten Basalschwielen, am Narbenrand 2 rote Staminodialpunkte. Säule mit 2–3 mm langem, gebogenem Konnektivfortsatz.

Standort: Lichte Laub- und Nadelwälder, Magerrasen, Garriguen; bis 1800 m; auf mäßig trockenen bis wechseltrockenen, basenreichen Böden. **Blütezeit:** März bis Juli. **Fotos:** Ge, Hessen, 16. 6. 60 (l/o), 12. 6. 83 (r/o); Ge, Südwürttemberg, 14. 7. 81 (l/M); Al, Prov. Sarandë, 23. 5. 80 (r/M); He, Kt. Neuchâtel, 28. 6. 69 (l/u); Ge, Südbaden, 18. 6. 71 (r/u).

Verbreitung: In Europa, Nordafrika und Vorderasien von der meridionalen bis zur temperaten Zone verbreitet, dringt im ozeanischen Westeuropa am weitesten nach Norden vor, fehlt im baltischen Florengebiet und im kontinentalen Osteuropa. Außerdem in Kaukasien.

Florenelement: mediterran submediterran pannonisch s + m-atlantisch s + (n)-subatlantisch s-zentraleuropäisch. **Länder: Eur: SO** Cr Gr Tu Al Ju Rm RK, **S** Me Si It Sa Co, **SW** Bl Hs Lu, **W** Ga Be Ho Br Hb, **M** He Au Hu Ge Cz; **Asi:** IJ LS Cy An AE; **Afr:** Tn Ag Ma.

Fortpflanzung: Die Blüten werden nur selten von Insekten fremdbestäubt, die Regel ist Selbstbestäubung (Autogamie). Dabei krümmen sich die Pollinienstiele nach unten und bringen die Pollinien mit der Narbe in Berührung; siehe S. 263.

Variation: Die Art ist in Blütenbau und -färbung variabel. Vom Normaltyp abweichende Varianten sind nicht selten, ihre Ausbreitung wird durch die Autogamie gefördert.
1. »Friburgensis«-Variante (= *O. a. var. friburgensis* FREYHOLD, *O. botteronii* CHODAT, *O. a. subsp. jurana* RUPPERT): Seitliche Kronblätter größer als beim Normaltyp, ⅔ bis fast so lang wie die Kelchblätter und wie diese gefärbt, meist kahl; Lippe gegenüber dem Normaltyp meist reduziert; Mittellappen stark gewölbt bis meist gerade vorgestreckt, Anhängsel kleiner, nach unten oder nach vorn gerichtet; Mal oft reduziert, in unregelmäßige gelbliche Flecke aufgelöst; Seitenlappen oft kleiner, kaum gehöckert. (Foto r/u) – 2. »Trollii«-Variante (*O. trollii* HEGETSCHW.): Lippe gerade vorgestreckt, Mittellappen schmal lanzettlich mit vorgestrecktem oder aufgebogenem Anhängsel; Mal stark reduziert (verwaschene Flecken) oder fehlend. (Foto l/u) – 3. Farbvarianten: Sie besitzen die Blütenstruktur des Normaltyps und weichen in der Färbung ab; hierher gehören »bicolor«, Lippe hinten gelblich, vorn braun (Foto r/M), »flavescens«, Lippe gelb, Kelchblätter weiß (Foto l/M).

Schlüssel für die Arten der *Ophrys-apifera*-Gruppe:

1 Lippe 9–13 mm lang; Seitenlappen mit 1–4 mm hohem Höcker, selten ohne Hökker; schnabelförmiger Konnektivfortsatz der Säule S-förmig gebogen . *O. apifera*

1* Lippe 5–7 mm lang; Seitenlappen mit 4–6 mm hohem Höcker; Konnektivfortsatz gerade . . . . . *O. schulzei* (S. 176)

typische Variante

»trollii«, darüber: »flavescens«

»friburgensis«, darüber: »bicolor«

Fliegen-Ragwurz *Ophrys insectifera* L.

Synonyme: *O. muscifera* HUDSON, *O. myodes* JACQ.

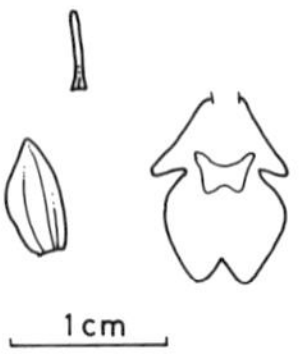

Merkmale: Pflanze mit 2 kugeligen Knollen. Stengel 15–40 (–60) cm hoch, mit 1–2 Schuppenblättern am Grund und 2–5 Laubblättern in der unteren Hälfte (die meist nicht rosettig stehen). Blätter länglich-lanzettlich, bis 10 cm lang und 2,5 cm breit. Blütenstand langgestreckt, sehr locker, 2–10(–20)blütig; Tragblätter länger als die Fruchtknoten. Kelchblätter grün, aufrecht bis kaum nach vorn geneigt, konkav, die seitlichen eiförmig, 6–9 mm lang und 3–4 mm breit, das mittlere etwas kürzer und schmaler; seitliche Kronblätter dunkel gefärbt, schmal linealisch, 4,5–6,5 mm lang, behaart; Lippe von brauner Tönung, oft mit Rot- oder Violettkomponente, papillös, tief 3lappig mit vorwärts gerichteten oder spreizenden Seitenlappen, meist länger als breit, seltener so lang wie breit, 9–12 × 6–10 mm; Mal flächig in der Lippenmitte, graublau; Basalfeld etwas vorgewölbt, dunkel, am Grund mit 2 schwarzen Schwielen; Säule vorn abgerundet, Staubbeutel rot.

Standort: Lichte Kiefernwälder, Magerrasen, auch Flachmoore; bis 1700 m; auf mäßig trokkenen bis wechselfeuchten, kalkreichen Böden. **Blütezeit:** Mai bis Juli. **Fotos:** Ge, Südwürttemberg, 30. 5. 83 (l); He, Kt. Zürich, 23. 5. 81 (r).

Verbreitung: In der submeridionalen und temperaten Zone Europas verbreitet, aber nur selten im kontinentalen Osteuropa (obere Wolga), vereinzelt auch in der meridionalen Zone und in der borealen Zone (Skandinavien).

● **Florenelement:** (w + o-mediterran) w + z-submediterran pannonisch atlantisch subatlantisch zentraleuropäisch sarmatisch skandinavisch. **Länder: Eur: SO** Gr Al Ju Rm, **S** It, **SW** Bl Hs, **W** Ga Be Ho Br Hb, **M** He Au Hu Ge Da Cz Po RB, **N** Su No Fe, **O** RW RC.

Aymonins Ragwurz *Ophrys aymoninii* (BREISTR.) BUTTLER

Synonym: *O. insectifera subsp. aymoninii* BREISTR.

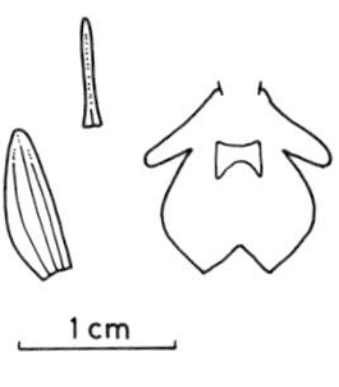

Merkmale: Unterscheidet sich von *O. insectifera* durch die abweichende Form und Färbung der Blüte. Lippe mit spreizenden, dreieckigen Seitenlappen, daher im Umriß fast so breit wie lang oder breiter als lang, 9,5–12 × 8,5–12 mm, dunkelbraun (ohne Rotkomponente), der gelbe Rand des Mittellappens 1,5–2 mm breit; Mal graublau, vorn meist in 2 kurze Spitzen auslaufend, manchmal das Basalfeld etwas umgreifend. Staubbeutel gelb.

Standort: Lichte Kiefernwälder und Kiefern-Buchenmischwälder; 700–900 m; auf mäßig trockenen, kalkreichen Böden. **Blütezeit:** Mai, Juni. **Fotos:** Ga, Dept. Aveyron, 20. 5. 83.

Verbreitung: Endemisch in Südfrankreich; die 1959 entdeckte Sippe ist aus den Causses bekannt (Causse du Larzac, C. Noir, C. Méjean, C. de Sauveterre). Möglicherweise in den südfranzösischen Mittelgebirgen weiter verbreitet. Zu überprüfen bleibt, ob Angaben für den Bastard *O. insectifera* × *lutea* in den Corbières zu der Art gehören. ● **Florenelement:** w-submediterran. **Land: Eur: W** Ga.

Verwandtschaft: Die Art wurde wegen der gelbrandigen Lippe als Bastardabkömmling von *O. insectifera* und *O. lutea* oder *O. araneola* gedeutet. Die Hypothese ist jedoch wenig überzeugend. Der *aymoninii*-Typ scheint sich ohne den Einfluß anderer Arten aus dem *insectifera*-Typ entwickelt zu haben.

Schlüssel für die Arten des Insectifera-Formenkreises:

1 Die Lappen der Lippe mit (violett-)braunem Rand; seitliche Kronblätter dunkelbraun bis purpurviolett . *O. insectifera*

1* Die Lappen mit breitem gelbem Rand; seitliche Kronblätter grün bis bräunlichgrün . . . . *O. aymoninii*

Spiegel-Ragwurz *Ophrys ciliata* BIV.

Synonyme: *O. speculum* LINK, *O. vernixia* im weiten Sinn **Merkmale:** Stengel 5–25 cm hoch, 2–8blütig. Kelchblätter 7–10 mm lang, oft braunrot gestreift oder überlaufen; seitliche Kronblätter 4–6 mm lang, braun(rot); Lippe 12–16 mm lang; Mittellappen (ohne den Kranz langer, dunkler Haare) 0,6–1,1mal so lang wie breit, wenig gewölbt, mit einem 0,5–1,5 mm breiten, dunklen unbehaarten Rand; Seitenlappen breit lanzettlich bis eiförmig; Mal dunkelblau bis tiefviolett, gelb bis orange umrandet.

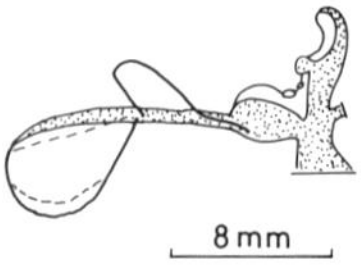

Standort: Lichte Wälder, Garriguen, Magerrasen, ehemaliges Kulturland; bis 1000 m; auf trockenen bis frischen, basenreichen Böden. **Blütezeit:** Februar bis April. **Fotos:** It, Prov. Grosseto, 20. 4. 82 (l); Al, Prov. Fier, 9. 4. 82 (r); siehe auch S. 253.

Verbreitung: Mittelmeergebiet; größere Lükken im z+o-submediterranen und im o-mediterranen Gebiet. ● **Florenelement:** mediterran submediterran. **Länder:** **Eur:** **SO** Gr Tu Al, **S** Me Si It Sa Co, **SW** Bi Hs Lu, **W** Ga; **Asi:** LS An AE; **Afr:** Li Tn Ag Ma.

Iberische Spiegel-Ragwurz *Ophrys vernixia* BROT.

Synonym: *O. speculum subsp. lusitanica* O. & E. DANESCH **Merkmale:** Stengel 15–50 cm hoch, 5–15blütig. Maße der Blütenorgane wie bei *O. ciliata.* Kelchblätter nicht oder schwach braunrot gestreift; seitliche Kronblätter gelb(orange) oder hell braunrot; Mittellappen (ohne den Kranz langer Haare) 0,8–1,8mal so lang wie breit, mit gelbem unbehaartem Rand, längs und quer stark gewölbt; Seitenlappen lineal-lanzettlich, halb so lang wie der Mittellappen oder länger; Mal dunkelblau, orange oder oliv(braun) umrandet.

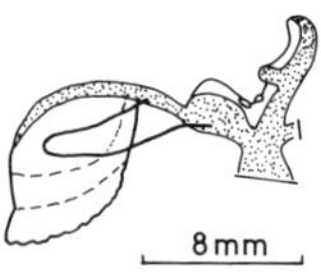

Standort: Garriguen, Magerrasen; bis 500 m; die Standortsansprüche scheinen denen von *O. ciliata* ähnlich zu sein. **Blütezeit:** März bis Mai, 2–3 Wochen später als *O. ciliata.* **Fotos:** Lu, Prov. Estremadura, 31. 3. 71.

Verbreitung: Iberische Halbinsel; das Areal umfaßt 3 Teilgebiete: Mittelportugal (Estremadura), Südportugal (Algarve), Südspanien (Prov. Córdoba, Jaén).

● **Florenelement:** w-mediterran/disjunkt. **Länder:** **Eur:** **SW** Hs Lu.

König-Ferdinand-Ragwurz *Ophrys regis-ferdinandii* (RENZ) BUTTLER

Synonyme: *O. speculum var. regis-ferdinandii* (RENZ) SOÓ, *O. vernixia subsp. regis-ferdinandii* (KUZMANOV) RENZ & TAUBENHEIM

Merkmale: Stengel 5–30 cm hoch, 2–11blütig. Blüten etwas kleiner als bei *O. ciliata.* Kelchblätter kräftig braunrot überlaufen; seitliche Kronblätter gelb mit brauner Basis oder braun, oft schmal; Mittellappen (ohne den Kranz langer Haare) 2–4,5mal so lang wie breit, mit dunklem oder gelbem unbehaartem Rand, längs fast flach, aber quer stark gewölbt; Seitenlappen linealisch; Mal violettblau bis dunkelpurpurn, orange bis gelbbraun umrandet.

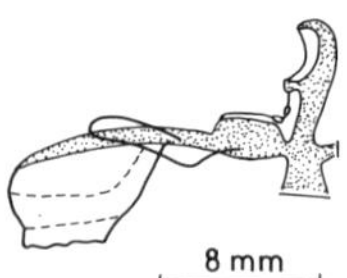

Standort: Ähnlich dem von *O. ciliata*; bis 400 m; auf mäßig trockenen, basenreichen Böden. **Blütezeit:** März, April, 2–3 Wochen später als *O. ciliata.* **Fotos:** An, Vil. İzmir, 3. 4. 78 (r); An, Vil. Aydın, 7. 4. 70 (l).

Verbreitung: Ostägäis; das Areal umfaßt 3 Teilgebiete: Chios und Çeşme-Halbinsel, Gegend von Kuşadası/Söke, Rhodos.

● **Florenelement:** o-mediterran/disjunkt. **Länder:** **Asi:** An AE.

Hummelschweber-Ragwurz, Bremsen-Ragwurz, Drohnen-Ragwurz
Ophrys bombyliflora LINK

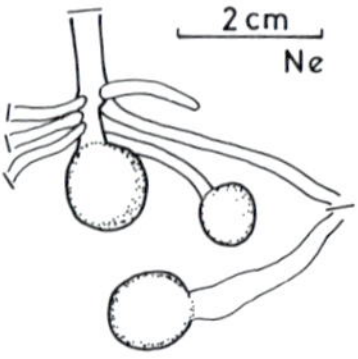

Merkmale: Pflanze mit (2–) 3–5 kugeligen Knollen, die neu gebildeten lang gestielt (vegetative Vermehrung). Stengel 5–20 (–30) cm hoch, mit 1–2 Schuppenblättern am Grund, 4–8 Laubblättern in einer Grundrosette und 1–2 langscheidigen Blättern in der unteren Hälfte. Grundblätter eiförmig-lanzettlich, 3–10 cm lang und 1–3 cm breit. Blütenstand 1–5blütig; Tragblätter meist kürzer als die Fruchtknoten. Kelchblätter grün, aufrecht bis etwas rückwärts gerichtet, die seitlichen breit eiförmig, stumpf, 9–12 mm lang und 6–8 mm breit, das mittlere etwas kürzer und schmaler; seitliche Kronblätter gelbgrün, behaart, breit dreieckig, 3–4 mm lang; Lippe dunkelbraun, 8–10 mm lang und 11–13 mm breit, tief 3lappig; Mittellappen mit abwärts gebogenen Rändern und halbkugelig, am Rand papillös, vorn mit einem rückwärts gerichteten, halb verdeckten Anhängsel; Seitenlappen nach unten gebogen, am Ansatz mit behaartem Höcker; Mal wenig auffällig, bräunlich bis schwach violett; Säule stumpf.
Standort: Lichte Wälder, Garriguen, Magerwiesen, wenig genutztes Kulturland; bis 900 m; auf mäßig trockenen bis mäßig feuchten, basenreichen Böden. **Blütezeit:** Februar bis Mai. **Fotos:** It, Grosseto, 12. 4. 81 (l); Bl, Mallorca, 3. 3. 75 (r).
Verbreitung: Mittelmeergebiet; fehlt im Ostteil, ostwärts nur bis Westanatolien und Rhodos; westwärts bis zu den Kanarischen Inseln (Gran Canaria und Teneriffa).
● **Florenelement:** mediterran kanarisch w+z-submediterran. **Länder: Eur: SO** Cr Gr Al Ju, **S** Me Si It Sa Co, **SW** Bl Hs Lu, **W** Ga; **Asi:** An AE; **Afr:** Li Tn Ag Ma Cl.
Verwandtschaft: Die Art steht in der Gattung isoliert; sie gehört zu den wenig veränderlichen Arten. Einzige *Ophrys* auf den Kanaren.

Zilizische Ragwurz *Ophrys cilicica* SCHLECHTER

Synonym: *O. kurdica* D. & U. RÜCKBRODT

Merkmale: Pflanze mit 2 kugeligen Knollen. Stengel 15–30 (–60) cm hoch. Grundständige Laubblätter 2–5, länglich-lanzettlich, bis 13 cm lang und 2 cm breit, spitz; darüber 1–2 scheidige Blätter. Blütenstand locker, 3–12blütig; Tragblätter länger als die Blüten. Kelchblätter grün, oft weißlich, rosa oder rot überlaufen, eiförmig-lanzettlich, 9–12 mm lang und 3,5–4,5 mm breit, das mittlere nach vorn gebogen oder selten fast gerade aufrecht, die seitlichen schräg abwärts weisend; seitliche Kronblätter grünlich-rosa, lineal-lanzettlich, 4,5–6 mm lang, papillös behaart; Lippe rot- bis dunkel(violett-)braun, mit schmalem hellerem Rand, 10–12 mm lang, am Grund stielähnlich verschmälert mit 2,5–4 mm langem Basalfeld, das jederseits von einer niedrigen Leiste begrenzt wird; Mittellappen (ausgebreitet!) 6–9 mm breit, papillös-samtig, vorn breit keilförmig mit kleinem Anhängsel, mit herabgebogenen Seitenteilen und daher in Aufsicht schmal; Seitenlappen abwärts gerichtet, kurz behaart, am Ansatz mit 1–2 mm hohem Höcker, dieser auf der Innenseite mit grünem Band; Mal meist aus 4 Längsstreifen mit je 1–2 Querverbindungen, weißlich mit violettem Rand. Rote Staminodialpunkte vorhanden.
Standort: Lichte Laubwälder, Gebüsche, Magerwiesen; 500–1300 m; auf mäßig trockenen bis frischen, kalkhaltigen Böden. **Blütezeit:** April, Mai. **Fotos:** An, Vil, Diyarbakır, 17. 5. 74 (l); An, Vil. Antalya, 19. 5. 83 (r).
Verbreitung: Endemisch in Süd- und Südostanatolien; bekannt vom Vilayet Antalya im Westen bis zum Vilayet Siirt im Osten.
● **Florenelement:** o-mediterran orientalisch. **Land: Asi:** An.

Kotschys Ragwurz *Ophrys kotschyi* H. FLEISCHM. & SOÓ

Synonym: *O. cypria* RENZ

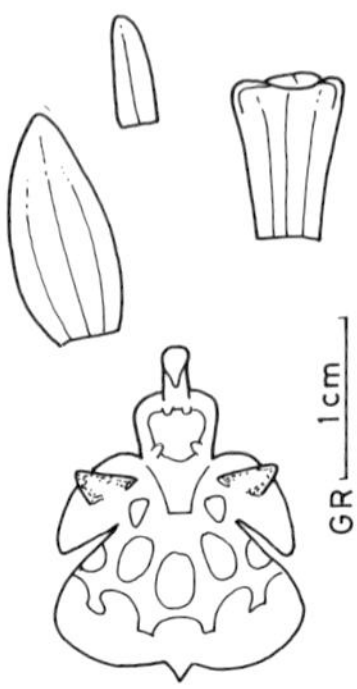

Merkmale: Pflanze mit 2 eiförmig-kugeligen Knollen. Stengel 10–35 cm hoch, mit 1–2 Schuppenblättern am Grund, 2–7 Laubblättern in einer Grundrosette und 1–2 Blättern weiter oben. Grundblätter schmal elliptisch, 4–8 cm lang und 1,5–2,5 cm breit. Blütenstand locker, 3–10blütig; Tragblätter länger als die Fruchtknoten. Kelchblätter grün oder rosa(-bräunlich) überlaufen, 12,5–16 mm lang und 6–8,5 mm breit, das mittlere nach vorn gebogen, die seitlichen rechtwinklig zur Seite weisend; seitliche Kronblätter 5,5–8 mm lang, grün mit bräunlichem Grund, behaart; Lippe schwarzpurpurn, 11,5–15 mm lang, tief 3lappig; Mittellappen (ausgebreitet!) 14–17 mm breit, papillös-samtig, vorn ausgerandet mit kräftigem Anhängsel, stark quer gewölbt, daher in Aufsicht schmal; Seitenlappen mehr braunpurpurn, abwärts gerichtet, dicht behaart, mit 1–2 mm hohen Höckern am Ansatz; Mal ausgedehnt, breit-streifenförmig, vernetzt, trüb braunlila mit weißlichem Rand; Basalfeld 2,4–3,2 mm lang und breit; Basalschwielen weißlich mit dunkler Spitze. Violette Staminodialpunkte vorhanden.

Standort: Lichte Nadelwälder, Garriguen, Sanddünen, auch Gehölzanpflanzungen; bis 1000 m; auf mäßig trockenen bis feuchten, kalkhaltigen Böden. **Blütezeit:** März, April. **Fotos:** Cy, Gebiet von Limassol, 14. 3. 84 (l); Cy, Troodos-Gebiet, 19. 3. 70 (r).

Verbreitung: Endemisch auf Zypern. ● **Florenelement:** o-mediterran. **Land: Asi:** Cy.

Verwandtschaft: Die Art wird hier zum Reinholdii-Formenkreis gerechnet. Es werden auch Beziehungen zu *O. umbilicata* diskutiert.

Kretische Ragwurz *Ophrys cretica* (VIERH.) E. NELSON

Synonyme: *O. kotschyi subsp. cretica* (VIERH.) SUNDERMANN, *O. c. subsp. naxia* E. NELSON, *O. c. subsp. karpathensis* E. NELSON. Der Name *O. doerfleri* H. FLEISCHM., der neuerdings für die Art verwendet wird, gehört wahrscheinlich nicht hierher.

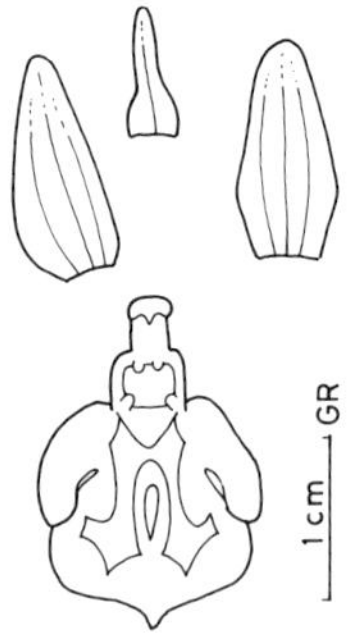

Merkmale: Ähnlich *O. kotschyi* im vegetativen Bereich; Grundblätter lanzettlich, bis 7 cm lang und 1,8 cm breit. Blütenstand 2–8blütig; Tragblätter kaum länger als die Fruchtknoten. Kelchblätter grün, oft die seitlichen besonders in der unteren Hälfte (oder alle) rot überlaufen, eiförmig, 11–15 mm lang und 5–7,5 mm breit, das mittlere rückwärts gerichtet oder aufrecht; seitliche Kronblätter (grünlich-)rosalila, schmal dreieckig, 6–9 mm lang, behaart; Lippe schwarzpurpurn, 11–14 mm lang, tief 3lappig; Mittellappen (ausgebreitet!) 10–14 mm breit, gegen den Rand fein kurzhaarig, vorn breit keilförmig mit kleinem oder kräftigem Anhängsel, stark quer gewölbt; Seitenlappen spreizend, dicht behaart, nicht bis deutlich gehöckert; Mal variabel, ausgedehnt und streifenförmig-vernetzt oder H-förmig oder parallelstreifig, trüb braunlila und weißlich berandet oder ganz weißlich; Basalfeld und -schwielen wie bei *O. kotschyi*. Rote Staminodialpunkte meist fehlend.

Standort: Garriguen, Magerrasen, ehemaliges Kulturland; bis 1100 m; auf basenreichen, trockenen bis frischen Böden. **Blütezeit:** März, April. **Fotos:** Cr, Nomos Rethimnon, 31. 3. 72 (l); Cr, Nomos Lasithi, 5. 4. 72 (r).

Verbreitung: Arealzentrum in der Ägäis (bekannt von den Inseln Ägina, Syros, Naxos, Kreta, Karpathos, Rhodos, Samos), auch in Attika. ● **Florenelement:** o-mediterran. **Länder: Eur: SO** Cr Gr; **Asi:** AE.

Reinholds Ragwurz *Ophrys reinholdii* H. FLEISCHM.

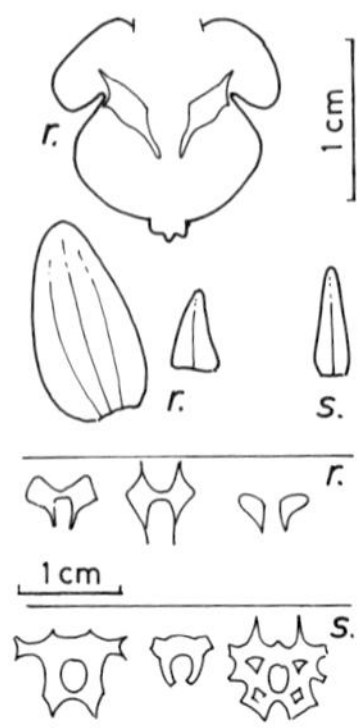

Merkmale: Pflanze mit 2 ellipsoidisch-kugeligen Knollen. Stengel 20–60 cm hoch, mit 1–2 Schuppenblättern am Grund, 3–6 Laubblättern in einer Grundrosette und 1–2 scheidigen Blättern weiter oben. Grundblätter länglich-lanzettlich, 6–12 cm lang und 1,5–2,5 cm breit. Blütenstand bis 25 cm lang, locker, 2–8blütig; untere Tragblätter länger als die Blüten. Kelchblätter rosa bis rot, selten weißlich oder grün, eiförmig-lanzettlich, 12–16 mm lang und 4–7,5 mm breit, alle etwas rückwärts gerichtet oder selten das mittlere aufrecht; seitliche Kronblätter (bräunlich-)rosa bis dunkelrot, selten grünlich, 4,5–8 mm lang, behaart; Lippe schwarz- bis dunkelbraunpurpurn, 10–15 mm lang, tief 3lappig; Mittellappen (ausgebreitet!) 10–14 mm breit, papillös-samtig, vorn breit keilförmig bis gestutzt mit kleinem oder kräftigem Anhängsel, stark quer gewölbt; Seitenlappen nach unten gerichtet, heller als der Mittellappen gefärbt, dicht weißhaarig, am Ansatz nicht oder kaum gehöckert; Basalfeld etwa so lang wie breit, Basalschwielen schwach entwickelt. Rote Staminodialpunkte vorhanden.

Problematik: Die Art ist vielgestaltig. Heute werden oft mehrere Sippen unterschieden und als Unterarten oder selbständige Arten bewertet. Die Berechtigung des Vorgehens bleibt durch eine Neubearbeitung zu überprüfen, bei der das gesamte Verbreitungsgebiet der Art gleichmäßig abdeckt wird. Hier werden vorläufig 2 Unterarten geführt.

Schlüssel für die Unterarten:

1 Grundform des Mals 2 längliche Flecken mit Fortsätzen nach vorn und in die Buchten vor den Seitenlappen, isoliert oder mit schmaler Querverbindung, oft innen farbig mit weißem Rand; seitliche Kronblätter meist breit dreieckig, etwa 2mal so lang wie breit . . 1. *O. r. subsp. reinholdii*

1* Grundform des Mals ein breites Querband zwischen den Buchten vor den Seitenlappen mit 2 ebenso breiten Fortsätzen nach vorn, oft völlig weiß ohne farbige Innenzone; seitliche Kronblätter meist schmal dreieckig-zungenförmig, etwa 2,5mal so lang wie breit . 2. *O. r. subsp. straussii*

1. *O. r. subsp. reinholdii*

Synonym: *O. mimnolea* O. SCHWARZ

Merkmale: Stengel 20–30 (–40) cm hoch, 2–6blütig; Mittellappen der Lippe oft wenig gewölbt und in Aufsicht breit; Konnektivfortsatz kurz, bis 1,5 mm lang.

Standort: Lichte Wälder und Macchien, Garriguen, Magerrasen; bis 1300 m; auf mäßig trockenen Böden über Kalk und Sandstein. **Blütezeit**: März bis Mai. **Fotos**: An, Vil. Muğla, 10. 4. 80 (l/o), 8. 4. 70 (r/o).

Verbreitung: Von Südalbanien und Kerkira (Korfu) durch fast ganz Griechenland, Inseln der Zentral- und Ostägäis, Südwesttürkei. ● **Florenelement**: z + o-mediterran. **Länder**: **Eur**: **SO** Gr Al; **Asi**: An AE.

2. *O. r. subsp. straussii* (H. FLEISCHM. & BORNM.) E. NELSON; Straußsche Ragwurz

Synonym: *O. straussii* H. FLEISCHM. & BORNM.

Merkmale: Stengel 30–60 cm hoch, 5–8blütig; Mittellappen der Lippe oft stark gewölbt und in Aufsicht elliptisch; Konnektivfortsatz kurz oder verlängert, bis 3 mm lang.

Standort: Ähnlich wie bei der Unterart *reinholdii*; 200–1500 m. **Blütezeit**: April bis Juni. **Fotos**: An, Vil. Siirt, 13. 5. 81 (l/u); An, Vil. Hatay, 10. 5. 74 (r/u).

Verbreitung: Süd- und Südostanatolien, ostwärts bis irakisch und persisch Kurdistan, westwärts bis Rhodos. **Florenelement**: o-mediterran orientalisch. **Länder**: **Asi**: An AE.

Variation: In Südanatolien kommen Übergangsformen zwischen den Unterarten vor. Zur Unterart *straussii* gehört wahrscheinlich *O. r. subsp. leucotaenia* RENZ & TAUBENHEIM, die nur von 2 Fundorten in der Südtürkei bekannt ist (Vil. Antalya und Adana). Vielleicht eine Farbvariante mit fast weißen Seitenlappen; Blütengröße an der Untergrenze des Variationsbereichs. **Fotos**: An, Vil. Antalya, Typuspopulation (l/M), Ende Mai 80 (l/M, r/M).

O. r. subsp. reinholdii

O. r. subsp. straussii, darüber: »leucotaenia«

Nabel-Ragwurz, Karmel-Ragwurz, Attische Ragwurz *Ophrys umbilicata* DESF.

Synonyme: *O. carmeli* H. FLEISCHM. & BORNM., *O. u. subsp. carmeli* (H. FLEISCHM. & BORNM.) J. J. WOOD, *O. dinsmorei* SCHLECHTER, *O. carmeli subsp. orientalis* (RENZ) SOÓ, *O. scolopax subsp. orientalis* (RENZ) E. NELSON; *O. u. subsp. khuzestanica* RENZ & TAUBENHEIM; *O. attica* (BOISS. & ORPH.) B. D. JACKSON, *O. carmeli subsp. attica* (BOISS. & ORPH.) RENZ, *O. scolopax subsp. attica* (BOISS & ORPH.) E. NELSON, *O. u. subsp. attica* (BOISS & ORPH.) J. J. WOOD

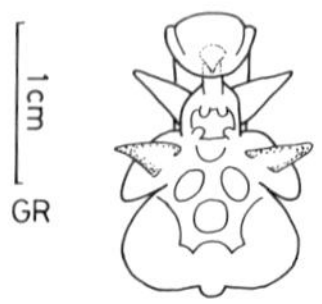

Merkmale: Pflanze mit 2 kugelig-eiförmigen Knollen. Stengel 10–45 (–60) cm hoch, mit 0–2 Schuppenblättern am Grund, 3–8 Laubblättern in einer Grundrosette und 1–2 Blättern weiter oben. Grundblätter eiförmig-lanzettlich, 4–15 cm lang und 1,5–3,5 cm breit. Blütenstand locker, 2–12blütig; Blüten weit abstehend (45–90°), die unteren von den Tragblättern überragt. Kelchblätter grün bis grünlich- oder rötlichweiß, eiförmig-elliptisch, 8,5–13 mm lang und 5–7 mm breit, das mittlere über die Säule nach vorn gebogen, die seitlichen rechtwinklig zur Seite weisend und konkav; seitliche Kronblätter gelbgrün bis rötlich-weiß, kurz bis verlängert dreieckig, 3,5–6 mm lang, behaart; Lippe rötlich- bis dunkelbraun, tief 3lappig; Mittellappen stark konvex gewölbt und in Aufsicht eiförmig, aus keilförmigem Grund nach vorn verbreitert, 9,5–14 mm breit, vorn ausgerandet und mit kräftigem, hochgebogenem Anhängsel; Seitenlappen abwärts gerichtet, dicht behaart, am Ansatz 1–3 mm hoch gehöckert; Mal ausgedehnt, das Basalfeld umgreifend, bräunlich-lila mit hellem Rand; Basalschwielen grünlich. Rote Staminodialpunkte vorhanden.
Standort: Lichte Kiefern-, Zypressen- und Eichenwälder, Garriguen, Magerrasen; bis 800 m; überwiegend auf kalkhaltigen Böden, selten auf Sandstein. **Blütezeit**: Februar bis Mai. **Fotos**: Cy, Gebiet von Paphos, 8. 4. 83 (l/o, r/M); Cy, Gebiet von Larnaca, 31. 3. 70 (r/o); An, Vil. Mardin, 19. 4. 80 (l/M).
Verbreitung: Vorderasien und südliche Balkanhalbinsel; nordwärts bis Südalbanien, Thessalien und zum Bosporus. Außerdem in irakisch Kurdistan, West- und Südpersien.
Florenelement: o+z-mediterran orientalisch o-submediterran. **Länder**: **Eur**: **SO** Gr Tu Al; **Asi**: IJ LS Cy An AE.
Problematik: Die formenreiche *O.-umbilicata*-Gruppe wird je nach Auffassung in bis zu 4 Arten oder Unterarten aufgeteilt. Eine von ihnen wird hier vorläufig als selbständige Art geführt, die anderen sind als Varianten behandelt.
Schlüssel für die Arten:

1 Lippe 7–10,5 (–11,5) mm lang; Seitenrand des Mittellappens (außerhalb des Haarkranzes) 0,5–1,5 mm breit . . . . . . 1. *O. umbilicata*

1* Lippe 10–14 mm lang; Seitenrand des Mittellappens 2–3 mm breit . . . . . . 2. *O. flavomarginata*

1. ***O. umbilicata***. Die Merkmale sind oben beschrieben. Die 3 Varianten werden folgendermaßen gekennzeichnet: 1. (»umbilicata« im engen Sinn, = »carmeli«, »orientalis«): Stengel 10–25 (–45) cm hoch, Kelchblätter grünlich- bis rötlich-weiß; 2. (»attica«): Stengel 10–25 (–35) cm hoch, Blütenstand bis 6 cm breit, Kelchblätter grün; 3. (»khuzestanica«): Stengel 25–45 (–60) cm hoch, Blütenstand bis 4 cm breit, Kelchblätter grün. Pflanzen mit grünen oder weißlichen bis rötlichen Kelchblättern wachsen oft in einer Population (allerdings in regional wechselndem Mengenanteil), ohne sich sonst zu unterscheiden. Auch sind die Varianten 2 und 3 kaum ausreichend getrennt, um sie als Unterarten einzustufen.

2. ***O. flavomarginata*** (RENZ) H. BAUMANN & KÜNKELE; Gelbrandige Ragwurz
Synonym: *O. attica f. flavomarginata* RENZ
Merkmale: Blüten in allen Teilen größer als bei *O. umbilicata*; Seitenrand des Mittellappens grünlich-braun und behaart bis gelb und kahl; Kelchblätter grün. **Standort**: Wie bei *O. umbilicata*. **Blütezeit**: Etwas früher als die andere Art. **Fotos**: Cy, Gebiet von Limassol, 13. 3. 84 (l/u); Cy, Gebiet von Paphos, 8. 4. 83 (r/u). **Verbreitung**: Zypern und Levante. ● **Florenelement**: o-mediterran. **Länder**: **Asi**: IJ Cy. Der Status der Sippe bleibt zu überprüfen; eventuell ist sie als Unterart oder als großblütige Variante von *O. umbilicata* einzustufen.

darunter: Variante 3 — *O. umbilicata:* Variante 1 — darunter: Variante 2

O. flavomarginata

Schnepfen-Ragwurz *Ophrys scolopax* CAV.

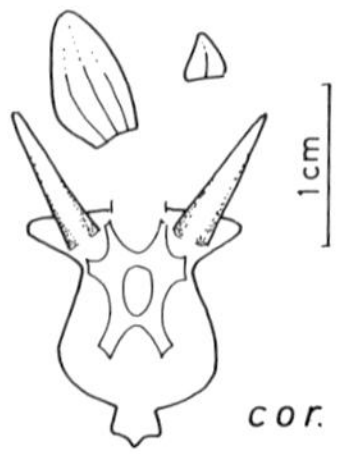

cor.

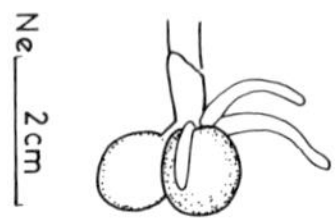

Merkmale: Pflanze mit 2 eiförmig-kugeligen Knollen. Stengel 10–65 cm hoch, mit 1–2 Schuppenblättern am Grund, 3–7 Laubblättern in einer Grundrosette und 1–2 (–4) Blättern weiter oben. Grundblätter (eiförmig-)lanzettlich, 5–12 cm lang und 1,2–2,5 cm breit. Blütenstand langgestreckt, 2–12(–20)blütig. Kelchblätter rosa bis rot, selten weißlich-grün oder grün, meist rückwärts gerichtet und schwach konkav gebogen, selten stark nach vorn gebogen, schmal elliptisch bis eiförmig, 7–15 (–18) mm lang und 3–7 (–9) mm breit; seitliche Kronblätter rosa bis rot, 3–7 mm lang, behaart; Lippe kastanienbraun, zuweilen mit schwachem Violetton, 6–15 mm lang, tief 3lappig; Mittellappen stark konvex gewölbt und in Aufsicht elliptisch, rundum kurzhaarig, mit schmalem gelblichem und kahlem Rand, vorn mit großem, hochgebogenem Anhängsel; Seitenlappen abwärts gerichtet, dicht behaart, am Ansatz gehöckert; Mal ausgedehnt in der hinteren Lippenhälfte, das Basalfeld umgreifend, mit Fortsätzen in die Buchten vor den Seitenlappen und manchmal auch in die vordere Lippenhälfte, bräunlich-violett mit hellem Rand; Basalschwielen schwärzlich. Rote Staminodialpunkte vorhanden.

Standort: Lichte Wälder und Gebüsche, Garriguen, Magerwiesen und -rasen; bis 2000 m; auf mäßig trockenen bis feuchten, basenreichen Böden. **Blütezeit:** März bis Juni, oft kommen früh- und spätblütige Varianten einer Unterart im selben Gebiet vor.

Problematik: Die *O.-scolopax*-Gruppe zählt zu den besonders vielgestaltigen und schwierigen Verwandtschaftskreisen in der Gattung. Entsprechend zahlreich sind die Vorschläge, wie die Formenvielfalt zu gliedern und in einen taxonomischen Rahmen einzupassen sei. Je nach Einschätzung werden zwischen 3 und 5 Sippen im Art- und Unterartrang unterschieden, wobei die Fachleute jedoch abweichende Meinungen zur wechselseitigen Abgrenzung dieser Sippen vertreten. Die derzeitige Situation ist verwirrend, für die Klärung der vielen offenen Fragen ist eine gründliche Neubearbeitung der Gruppe notwendig. Hier werden provisorisch 3 Sippen als selbständig bewertet und, da nach derzeitiger Kenntnis wegen zahlreicher Übergangsformen keine scharfen Trennlinien zu ziehen sind, als Unterarten eingestuft. **Bastarde** mit *O. holoserica* siehe S. 204.

Schlüssel für die Unterarten:

1 Lippe 13–16 mm lang mit 2,5–4,5 mm langem Anhängsel . . . . . . 3. *O. s. subsp. heldreichii* (S. 194)

1* Lippe 7–12 (–15) mm lang mit kürzerem, 1,5–2 (–2,5) mm langem Anhängsel . 2

2 Höcker der Seitenlappen (gemessen an der Innenseite) (4–) 6–12 mm lang . . . . . . 2. *O. s. subsp. cornuta* (S. 194)

2* Höcker der Seitenlappen bis 4 (6) mm lang . . . . . 1. *O. s. subsp. scolopax*

1. *O. s. subsp. scolopax*

Synonyme: *O. fuciflora subsp. scolopax* (CAV.) SUNDERMANN – Variante 2: *O. apiformis* (DESF.) STEUDEL, *O. s. subsp. apiformis* (DESF.) MAIRE & WEILLER, *O. fuciflora subsp. apiformis* (DESF.) SUNDERMANN – Variante 3: *O. bremifera* STEVEN, *O. oestrifera subsp. bremifera* (STEVEN) K. RICHTER – Variante 4: *O. phrygia* H. FLEISCHM. & BORNM.

Merkmale: Die Varianten werden getrennt besprochen, um die Variationsbereiche und deren Überlagerung zu zeigen. Variante 1 (»scolopax«; westliche Arealhälfte: Hs Lu Ga Co): Seitliche Kronblätter 0,39–0,58mal so lang wie die Kelchblätter, diese 9–13,5 mm lang; Lippe 6,5–13 mm lang. – Variante 2 (»apiformis«; westliche Arealhälfte: Si Tn Ag Ma Hs): Seitliche Kronblätter 0,40–0,51mal so lang wie die Kelchblätter, diese 7–10 mm lang, oft blaßrosa-weißlich, selten grün; Lippe 6–9,5 mm lang. – Variante 3 (»bremifera«; östliche Arealhälfte: Gr Cy An AE): Seitliche Kronblätter 0,27–0,45mal so lang wie die Kelchblätter, diese 9–16 mm lang; Lippe 6–12,5 (–15) mm lang. – Variante 4 (»phrygia«; östliche Arealhälfte: An): Seitliche Kronblätter 0,20–0,29mal so lang wie die Kelchblätter,

Variante 1, auch darunter *O. s. subsp. scolopax:* Variante 3, auch darunter

O. s. subsp. cornuta

diese 12–15 (–18) mm lang; Lippe 10–13,5 (–15) mm lang. **Fotos:** Variante 1: Hs, Prov. Teruel, 12. 4. 72 (S. 193 l/o); Hs, Prov. Cádiz, 27. 4. 79 (S. 193 l/M). – Variante 3: AE, Samos, 6. 4. 77 (S. 193 r/M); Gr, Euböa, 15. 4. 84 (S. 193 r/o). – Variante 4: An, Vil. Antalya, 14. 5. 81 (l/M), 29. 4. 78 (r/M).

Verbreitung: In Europa, Nordafrika (mit Pantelleria) und Vorderasien in der meridionalen und submeridionalen Zone verbreitet, dringt in Frankreich in die temperate Zone vor. Außerdem in Transkaukasien und Nordpersien. Die Unterart besitzt eine auffällige Arealllücke im zentralen Mittelmeergebiet, wo sie Italien (mit Sardinien, Sizilien) ausspart. Dieser Arealtyp ist jedoch nicht ungewöhnlich, Parallelbeispiele gibt es mehrfach. **Florenelement:** mediterran/disjunkt orientalisch w+(z+o)-submediterran s-atlantisch s-subatlantisch. **Länder: Eur: SO** Gr ?Tu, **S** Si Co, **SW** Hs Lu, **W** Ga; **Asi:** Cy An AE; **Afr:** Tn Ag Ma.

2. *O. s. subsp. cornuta* (STEVEN) E. G. CAMUS; Gehörnte Ragwurz (möglich ist auch Biesfliegen-Ragwurz, nicht »Bremsen«-Ragwurz)

Synonyme: *O. cornuta* STEVEN, *O. fuciflora subsp. cornuta* (STEVEN) SUNDERMANN, *O. oestrifera* BIEB., *O. s. subsp. oestrifera* (BIEB.) SOÓ

Merkmale: Seitliche Kronblätter 0,28–0,45mal so lang wie die Kelchblätter, diese 9–14 mm lang; Lippe 8–12 mm lang. **Fotos** (S. 193): Gr, Euböa, 12. 4. 84 (l/u); An, Vil Bolu, 19. 5. 83 (r/u).

Verbreitung: Balkanhalbinsel, nordwärts bis in die ungarischen Mittelgebirge und zum Fuß der Südkarpaten; auf der Westseite der Adria am Monte Gargano; Krim. Außerdem in Kaukasien. Es bleibt zu prüfen, ob Pflanzen mit langen und kurzen Höckern, die im östlichen Mittelmeergebiet nebeneinander vorkommen (Gr An AE), sich in weiteren Merkmalen unterscheiden und in verschiedenen Unterarten gestellt werden können. **Florenelement:** o+z-mediterran o+z-submediterran pannonisch danubisch. **Länder: Eur: SO** Gr Tu Al Ju Bu Rm RK, **S** It, **M** Hu; **Asi:** An AE.

3. *O. s. subsp. heldreichii* (SCHLECHTER) E. NELSON; Heldreichs Ragwurz

Synonyme: *O. heldreichii* SCHLECHTER, *O. oestrifera subsp. heldreichii* (SCHLECHTER) HAYEK

Merkmale: Seitliche Kronblätter 0,31–0,48mal so lang wie die Kelchblätter, diese 12,5–15 mm lang; Höcker bis 5 mm hoch; Anhängsel oft länger als breit, 3–5zähnig. **Fotos:** Cr, Nomos Lasithi, 15. 4. 80 (l/o), 27. 3. 68 (r/o).

Verbreitung: Ägäis und südliche Balkanhalbinsel; charakteristisch ausgeprägt auf Kreta (hier ohne die anderen Unterarten), zerstreut auf der Peloponnes, selten bis Nordgriechenland, ostwärts bis Rhodos, Samos und Lesbos. Es bleibt zu prüfen, in welcher Relation großblütige Exemplare der Unterart *scolopax* (Al Rm Gr An) zur Unterart *heldreichii* stehen. ● **Florenelement:** o+z-mediterran. **Länder: Eur: SO** Cr Gr; **Asi:** AE.

Isaurische Ragwurz *Ophrys isaura* RENZ & TAUBENHEIM

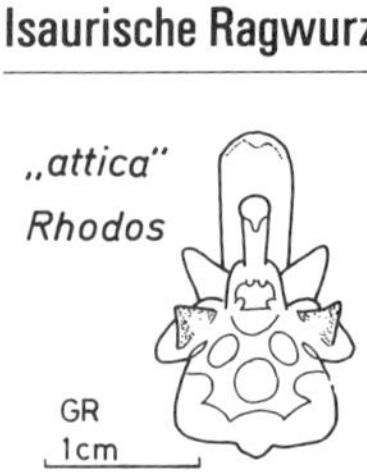

Merkmale: Stengel bis 50 cm hoch, bis 15blütig. Kelchblätter meist grün , auch rötlich oder rot, 11–12 mm lang und 4–5 mm breit, stark rückwärts gerichtet; seitliche Kronblätter weißlich(-rosa), 3–4 mm lang; Lippe 9,5–11 mm lang, ähnlich der von *O. scolopax,* aber die Seitenlappen breit ansitzend, am Ansatz breiter als die bis 2 mm hohen Höcker hoch; Basalschwielen schwärzlich, durch eine sockelförmige Erhebung verbunden.

Standort: Kiefern-, Eichenwald; 800–900 m; auf Kalkmergel. **Blütezeit:** Mai. **Fotos:** An, Vil. İçel, 14. 5. 83 (l); Typuspopulation, 14. 5. 80 (r). **Verbreitung:** Südanatolien; von 1 Fundort bei Gülnar in Isaurien bekannt. ● **Florenelement:** o-mediterran. **Land: Asi:** An. **Verwandtschaft:** Die Art wird hier vorläufig als selbständig geführt; ihre Position in der *O.-scolopax*-Gruppe ist ungeklärt. Gleiches gilt für ähnliche Pflanzen mit grünen, zurückgebogenen Kelchblättern auf Rhodos, die als »O. attica« bekannt sind (siehe NELSON 1962, LANDWEHR 1977 und die Zeichnung links). Grüne Kelchblätter finden sich ferner selten bei *O. scolopax* Variante »apiformis«.

O. s. subsp. heldreichii, darunter: *O. s. subsp. scolopax*, Variante 4

Argolische Ragwurz *Ophrys argolica* H. FLEISCHM.

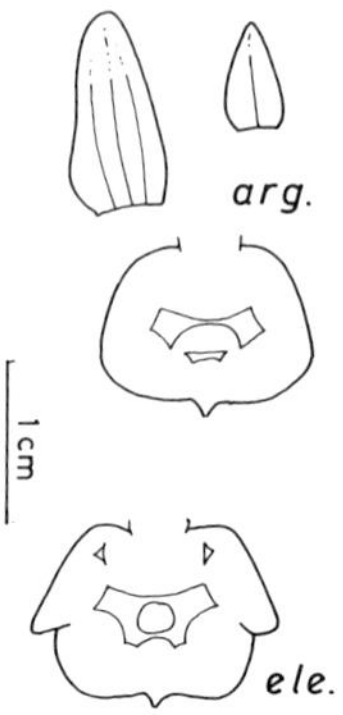

Merkmale: Pflanze mit 2 kugeligen Knollen. Stengel 15–30 (–50) cm hoch, mit 0–2 Schuppenblättern am Grund, 3–6 Laubblättern in einer Grundrosette und 2–3 Blättern weiter oben. Grundblätter lanzettlich, 3–18 cm lang und 1–2,5 cm breit. Blütenstand locker, 2–8blütig; Tragblätter meist länger als die Fruchtknoten. Kelchblätter rot bis rosa, schmal eiförmig, 10,5–15,5 mm lang und 5–8 mm breit, das mittlere aufrecht oder etwas rückwärts gerichtet, die seitlichen schräg abwärts weisend; seitliche Kronblätter rosa bis rot, breit bis schmal dreieckig, 5,5–9 mm lang, behaart. Lippe dunkel (rot-)braun, manchmal mit violett getöntem Rand, rundlich, 9–15 × 12–16,5 mm, ungeteilt bis 3lappig, wenig bis stärker gewölbt, am hinteren Rand dicht und lang weißhaarig, vorn mit kleinem oder kräftigem Anhängsel; Mal in der Form von 2 isolierten oder verbundenen Flecken, selten das Basalfeld umgreifend, grauviolett mit hellem Rand; Basalschwielen schwärzlich. Rote Staminodialpunkte vorhanden.
Standort: Lichte Nadelwälder und Macchien, Garriguen, Magerrasen; bis 1000 m; auf kalkreichen Böden. **Blütezeit:** März bis Mai. **Fotos:** Gr, Nomos Argolis, 7. 4. 66 (l/o); Gr, Nomos Lakonia, 19. 4. 84 (r/o).
Verbreitung: Östliches Mittelmeergebiet; Akarnanien, Fokis, Attika, Peloponnes, Südägäis (Kreta, Kasos, Karpathos, Rhodos), Ostägäis (Lesbos), Südwest- und Südanatolien.
● **Florenelement:** o-mediterran. **Länder: Eur: SO** Cr Gr; **Asi:** An AE.
Verwandtschaft: Nahe steht die **Zierliche Ragwurz** *O. elegans* (RENZ) H. BAUMANN & KÜNKELE (Synonym: *O. argolica subsp. elegans* [RENZ] E. NELSON). **Merkmale:** Stengel 5–15 (–25) cm hoch, 2–4blütig; Kelchblätter stark rückwärts gerichtet; Lippe meist 3lappig, Mittellappen oft stark konvex und in Aufsicht dreieckig; die Maße der Blütenorgane liegen im Variationsbereich der *O. argolica.* **Standort:** Ähnlich wie bei *O. argolica*; bis 1400 m; auf Kalk- und Mergelböden. **Blütezeit:** Februar bis April. **Fotos:** Cy, Gebiet von Morphou, 20. 3. 70 (l/M); Cy, Gebiet von Limassol, 18. 3. 84 (r/M). **Verbreitung:** Zypern. Ähnliche Pflanzen wurden auch in Südanatolien (Vil. İçel, Hatay) gefunden. ● **Florenelement:** o-mediterran. **Land: Asi:** Cy. Es bleibt zu untersuchen, ob die Unterschiede ausreichen, die Pflanzen Zyperns von *O. argolica* als Art abzutrennen.

Delphi-Ragwurz *Ophrys delphinensis* O. & E. DANESCH

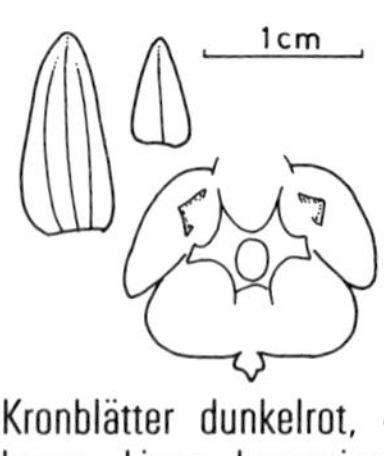

Merkmale: Stengel 20–40 cm hoch, 3–10blütig. Grundblätter 3–6, länglich-lanzettlich. Kelchblätter rosarot, 12–16 mm lang und 6–9 mm breit; seitliche Kronblätter dunkelrot, 4,5–7 mm lang, behaart; Lippe kastanienbraun, 10–12,5 mm lang, 3lappig; Mittellappen (ausgebreitet!) 11–16 mm breit, gegen den Rand kurz behaart, konvex gewölbt, vorn mit 3zähnigem Anhängsel; Seitenlappen abwärts gerichtet, am Ansatz bis 2 mm hoch gehöckert, dicht hell langhaarig; Mal in der Form von 2 isolierten oder verbundenen Flecken, in die Buchten vor den Seitenlappen und manchmal zum Basalfeld ausgedehnt, lila mit hellem Rand.
Standort: Kiefernwälder, Garriguen, Magerrasen, ehemaliges Kulturland; bis 1100 m. **Blütezeit:** April, Mai. **Fotos:** Gr, Nomos Fokis, 17. 4. 84. **Verbreitung:** Nördliche Peloponnes (Achaia, Korinth) und Zentralgriechenland (Ätolien, Fokis, Böotien, Attika, Fthiotis, Euböa).
● **Florenelement:** o-mediterran. **Land: Eur: SO** Gr.
Verwandtschaft: Die Art ist wahrscheinlich aus der Kreuzung *O. argolica* × *scolopax subsp. cornuta* hervorgegangen.

O. argolica, darunter: *O. elegans*

Ragwurz

Hufeisen-Ragwurz *Ophrys ferrum-equinum* DESF.

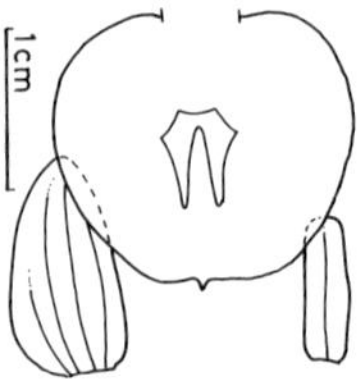

Merkmale: Stengel 10–30 cm hoch, 2–8blütig. Grundblätter 4–8, breit lanzettlich. Kelchblätter rosarot, selten weißlich, 12–17 mm lang und 5–8,5 mm breit, meist etwas rückwärts gerichtet; seitliche Kronblätter dunkelrot, schmal dreieckig, 7–11 mm lang, fein papillös behaart; Lippe dunkel braun(-violett), rundlich, 13–16,5 × 14–19 mm, wenig gewölbt, selten seicht 3lappig, ohne Höcker, am hinteren Rand dicht und kurz dunkelhaarig, vorn mit kleinem Anhängsel; Mal in der Lippenmitte, hufeisenförmig oder als isolierte Flecken, lila bis graublau, selten mit hellem Rand. Basalschwielen schwärzlich. Staminodialpunkte fehlen.

Standort: Lichte Kiefernwälder, Garriguen, Magerrasen; bis 1000 m; auf basenreichen Böden. **Blütezeit:** März bis Mai. **Fotos:** Gr, Nomos Attika, 13. 4. 84 (l); An, Vil. İzmir, 30. 3. 80 (r).

Verbreitung: Östliches Mittelmeergebiet; Südalbanien, griechisches Festland, Ägäis (weit verbreitet, doch nicht auf Kreta), West- und Südanatolien.

● **Florenelement:** o + z-mediterran. **Länder: Eur: SO** Gr Al; **Asi:** An AE.

Gottfrieds Ragwurz *Ophrys gottfriediana* RENZ

Synonym: *O. ferrum-equinum subsp. gottfriediana* (RENZ) E. NELSON

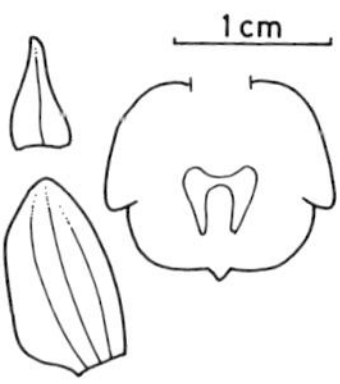

Merkmale: Ähnlich *O. ferrum-equinum* im Erscheinungsbild, in den Maßen der Blütenorgane, in der Lippenbehaarung und Malform. Kelchblätter grün bis hellrosa, die seitlichen in der unteren Hälfte meist intensiver gefärbt, selten alle einheitlich rosarot, mittleres Kelchblatt oft nach vorn gebogen; Lippe schwach 3lappig bis ungeteilt, in der vorderen Hälfte meist stark konvex, daher in Aufsicht spitz dreieckig.

Standort: Lichte Wälder, Garriguen, Magerrasen; bis 600 m. **Blütezeit:** April. **Fotos:** Gr, Kefallonia, 12. 4. 77 (l); Gr, Zakinthos (Zante), 9. 4. 80 (r).

Verbreitung: Griechenland; die Vorkommen sind in der Epirus und auf den Ionischen Inseln konzentriert, sonst zerstreut in Südgriechenland und der Ägäis (Kythera, Kykladen, Karpathos). ● **Florenelement:** o + z-mediterran. **Länder: Eur: SO** Cr Gr.

Problematik: Der Status der heterogenen Art sollte genauer untersucht werden.

Lykische Ragwurz *Ophrys lycia* RENZ & TAUBENHEIM

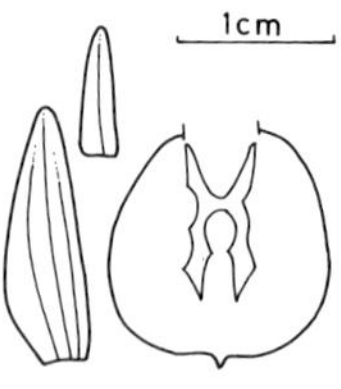

Merkmale: Stengel bis 30 cm hoch, mit 3–4 länglich-lanzettlichen Laubblättern am Boden und 1–2 scheidigen darüber. Blütenstand ziemlich dicht, 3–5blütig; Tragblätter kaum länger als die Fruchtknoten. Kelchblätter purpurrosa, die seitlichen oft dunkler gefleckt, etwa 16 mm lang und 5 mm breit, das mittlere aufrecht und in Seitenansicht S-förmig gebogen; seitliche Kronblätter rosa, 7–9 mm lang, kahl oder am Grund papillös; Lippe dunkel braunpurpurn, rundlich, 13–15 mm lang und breit, wenig gewölbt, am hinteren Rand heller kurzhaarig, sonst papillössamtig, vorn mit kleinem Anhängsel; Mal H-förmig, manchmal mit 2 Querverbindungen, graulila mit hellerem Rand.

Standort: Magerwiesen; 500 m; auf kalkhaltigem Boden. **Blütezeit:** März, April. **Fotos:** An, Vil. Antalya, Typuspopulation, 3. 4. 80.

Verbreitung: Südwestanatolien; 1 Fundort zwischen Finike und Kaş in Lykien. ● **Florenelement:** o-mediterran. **Land: Asi:** An.

Verwandtschaft: Die Art zeigt Beziehungen zum Sphegodes-Formenkreis.

Brillen-Ragwurz *Ophrys biscutella* O. & E. DANESCH

Synonyme: *O. fuciflora subsp. pollinensis* E. NELSON, *O. holoserica subsp. pollinensis* O. & E. DANESCH, *O. exaltata subsp. sundermannii* SOÓ

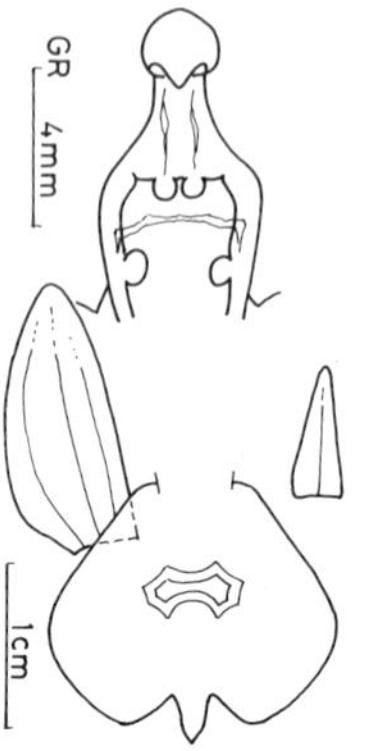

Merkmale: Ähnlich *O. crabronifera* in der allgemeinen Erscheinung und im Variationsbereich der verschiedenen Maße. Stengel 10–50 cm hoch, 2–10blütig, Kelchblätter 13–18 mm lang und 6–9 mm breit, seitliche Kronblätter 6,5–9 mm lang, Lippe 12,5–15 mm lang und 15,5–20 mm breit. Basalfeld nicht oder kaum heller gefärbt. Höcker teils fehlend. Mal durchschnittlich großflächiger, meist als querverbundene Flecken, oft das Basalfeld breit umgreifend, selten isolierte Flecken. Rote Staminodialpunkte meist vorhanden.

Standort: Lichte Wälder, verbuschte Magerrasen, Garriguen; bis 1300 m; auf frischen Böden meist über Kalk, selten über Schiefer. **Blütezeit:** April, Mai. **Fotos:** It, Prov. Fóggia, 24. 4. 76 (l), 11. 4. 83 (r).

Verbreitung: Süditalien, von der Prov. Cosenza (Gebiet des Monte Pollino) nordwärts bis in die Prov. Salerno (Monti Alburni) und Fóggia (Monte Gargano); Dalmatien, Insel Korčula. ● **Florenelement:** z-mediterran z-submediterran. **Land: Eur: SO** Ju, **S** It.

Schlüssel für die Arten der *Ophrys-crabronifera*-Gruppe:

1 Lippe in Aufsicht breit elliptisch mit größter Breite in der Mitte; Narbenkopf am Ansatz 4–6 mm breit, aus breitem Ansatz nach oben verschmälert (Aufsicht von vorn!). . . . . *O. crabronifera*

1* Lippe in Aufsicht trapezförmig mit größter Breite im vorderen Drittel; Narbenkopf am Ansatz 3–4 mm breit, aus schmalem Ansatz nach oben erweitert . . *O. biscutella*

Hornissen-Ragwurz, Hohe Ragwurz *Ophrys crabronifera* MAURI

Synonyme: *O. exaltata* autorum (nicht TEN. im engen Sinn, siehe S. 212), *O. fuciflora subsp. exaltata* autorum

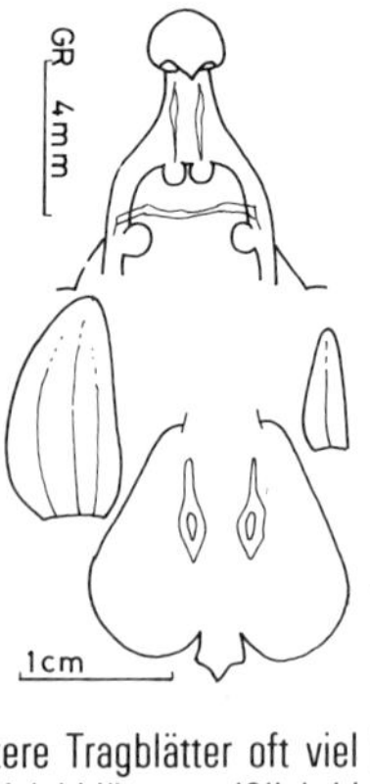

Merkmale: Pflanze mit 2 eiförmig-kugeligen Knollen. Stengel 20–60 cm hoch, mit 1–2 Schuppenblättern am Grund, 4–6 Laubblättern in einer Grundrosette und 1–2 scheidigen Blättern weiter oben. Grundblätter lanzettlich, bis 18 cm lang und 2 cm breit. Blütenstand langgestreckt, 3–7(–12)blütig; untere Tragblätter oft viel länger als die Blüten. Kelchblätter weißlich bis rosa, selten gelblichgrün, eiförmig-lanzettlich, 12,5–17 mm lang und 6,5–8,5 mm breit, rückwärts gerichtet; seitliche Kronblätter rosa bis rot, selten grünlich, breit dreieckig, 4,5–10 mm lang, behaart; Lippe dunkel (rötlich-)braun, mit heller gefärbtem und mehr gelblichem Basalfeld, 11–15 mm lang und 13–19 mm breit, konvex gewölbt, schwach gehöckert, in der gesamten Randzone dicht und lang behaart, vorn mit meist kräftigem 3zähnigem oder seltener kleinem dreieckigem Anhängsel; Mal in der Form von 2 isolierten oder verbundenen Flecken, selten rückwärts das Basalfeld umgreifend, graubraun; Basalschwielen bräunlich bis schwärzlich. Staminodialpunkte oft fehlend.

Standort: Lichte Kiefernwälder, Garriguen, Magerrasen; bis 1000 m, überwiegend in Küstennähe; auf mäßig trockenen bis feuchten, basenreichen Böden. **Blütezeit:** März, April. **Fotos:** It, Prov. Grosseto, 14. 4. 67 (l), 11. 4. 82 (r).

Verbreitung: Zentrales Mittelmeergebiet; in Italien entlang der Westküste von den Prov. Livorno bis Salerno, auf Korsika um Bastia und Bonifacio. ● **Florenelement:** (z-mediterran) z-submediterran. **Länder: Eur: S** It Co.

Hummel-Ragwurz *Ophrys holoserica* (BURM. fil.) W. GREUTER

Synonyme: *O. fuciflora* (F. W. SCHMIDT) MOENCH, *O. arachnites* (L.) REICHARD – Variante 2: *O. h. subsp. maxima* (H. FLEISCHM.) W. GREUTER, *O. episcopalis* POIRET – Variante 3: *O. h. subsp. chestermanii* J. J. WOOD – Variante 4: *O. h. subsp. gracilis* (BÜEL, O. & E. DANESCH) O. & E. DANESCH – Variante 5: *O. h. subsp. elatior* (GUMPRECHT) GUMPRECHT – Variante 6: *O. h. subsp. heterochila* RENZ & TAUBENHEIM

Problematik: Die *O.-holoserica*-Gruppe ist vielgestaltig und schwierig zu gliedern. Von den zahlreich beschriebenen Sippen werden hier 3 als Unterarten und 5 als Varianten geführt. **Bastarde** mit *O. scolopax* siehe S. 204.

Schlüssel für die Unterarten:

1 Seitliche Kronblätter (0,40–) 0,45–0,60mal so lang wie die Kelchblätter; Lippe 13,5–17 mm lang, quer und oft auch längs stark konvex gewölbt, die Seitenteile der Vorderhälfte konkav hochgebogen . *O. h. subsp. apulica* (S. 204)

1* Seitliche Kronblätter 0,25–0,45mal so lang wie die Kolchblätter; Lippe mit anderer Merkmalskombination, oft kürzer . . 2

2 Kelchblätter weißlich-rosa bis rot; hinterer Lippenrand meist kurz-samtig behaart . . . . . *O. h. subsp. holoserica*

2* Kelchblätter grün (bei Einzelpflanzen rosa); hinterer Lippenrand lang-zottig behaart *O. h. subsp. parvimaculata* (S. 204)

O. h. subsp. holoserica (Variante 1)

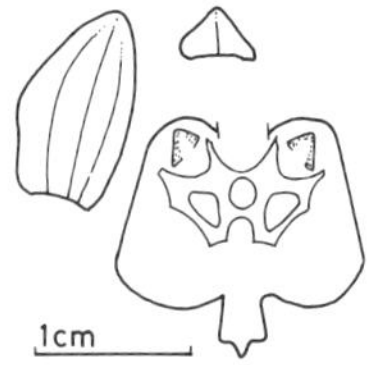

Merkmale: Stengel 10–30 (–40) cm hoch, 2–10blütig. Grundständige Laubblätter 4–7, lanzettlich, 4–10 cm lang und 0,5–2,5 cm breit. Kelchblätter farbig, sehr selten grün, 10–14 mm lang und 5,5–8,5 mm breit, aufrecht bis etwas rückwärts gerichtet; seitliche Kronblätter rosa bis rot, 3–6 mm lang, behaart; Lippe dunkelbraun, trapezförmig, schwach konvex gewölbt, 8–12 mm lang und (ausgebreitet!) 12–18 mm breit, bis 3 mm hoch gehöckert, vorn ausgerandet und mit großem, aufrechtem Anhängsel; Mal variabel, reich gegliedert bis H-förmig, grauviolett(-bräunlich) mit weißlichem Rand. Rote Staminodialpunkte vorhanden.

Standort: Lichte Wälder, Gebüschsäume, Garriguen, Magerrasen; bis 1400 m; auf mäßig trockenen bis feuchten, meist kalkhaltigen Böden. **Blütezeit:** März bis Juli (siehe aber Variante 5). **Fotos:** Variante 1: Ge, Südbaden, 29. 5. 83 (r/o); Ge, Südwürttemberg, 19. 6. 65 (r/M). – Variante 2: Cr, Nomos Iraklion, 30. 3. 72 (l/u). – Variante 3: Sa, Prov. Cagliari, Typuspopulation (»chestermanii«), 21. 4. 80 (r/u). – Variante 5: Ge, Südbaden, 22. 8. 81 (l/o). – Siehe auch S. 260.

Verbreitung: Mittelmeergebiet, West- und Mitteleuropa. ● **Florenelement:** (w) + z + o-mediterran orientalisch w + z + (o)-submediterran pannonisch s + m-atlantisch s-subatlantisch s-zentraleuropäisch. **Länder: Eur: SO** Cr Gr Tu Ju Rm, **S** It Sa ?Co, **SW** Bl Hs, **W** Ga Be Br, **M** He Au Hu Ge; **Asi:** IJ LS An AE; **Afr:** Li.

Varianten: Die folgenden Varianten sind von Variante 1 gering differenziert. Die Blütengröße ist nach der Lippenlänge klassifiziert; es bedeuten: klein/mittelgroß/groß = Lippen 7–9/9–12/12–18 mm lang. – Variante 2 (»maxima«): Von Variante 1 durch große Blüten unterschieden. Hie und da im Areal der Unterart, besonders im östlichen Mittelmeergebiet. – Variante 3 (»chestermanii«): Stengel 10–30 cm hoch, 2–5blütig; Blüten groß; Kronblätter schmal dreieckig; Mal H-förmig, nicht seitlich verzweigt. Mittelgebirge um Iglésias (Sa); sonst auf der Insel die Variante 1. – Variante 4 (»gracilis«): Stengel 25–50 cm hoch, 4–7(–10)blütig; Blüten klein; seitliche Kronblätter nur etwa ¼ so lang wie die Kelchblätter. Blüht 2 Wochen nach Variante 1. Feucht-schattige Standorte, Prov. Salerno, Cosenza, Potenza (It). – Variante 5 (»elatior«): Stengel 15–90 cm hoch, (2–)6–18blütig; Blüten klein. Blüht von Juli bis September. Rheinebene von Basel bis Straßburg (Ge, Ga), bei Genf (He). – Variante 6 (»heterochila«): Stengel bis 25 cm hoch, 3–6blütig; Lippe klein, ungeteilt bis schwach 3lappig, stark gewölbt; seitliche Kronblätter nur etwa ¼ so lang wie die Kelchblätter, diese 10–12 mm lang. Von 3 Fundorten in den Vil. Muğla und Antalya (An) bekannt. Status und Zugehörigkeit der Sippe sind zu überprüfen.

»elatior«

typische Variante, auch darunter

»maxima«

»chestermanii«

Kleingefleckte Ragwurz *Ophrys holosericá* (BURM. fil.) W. GREUTER *subsp. parvimaculata* (O. & E. DANESCH) O. & E. DANESCH

Synonym: *O. fuciflora subsp. parvimaculata* O. & E. DANESCH

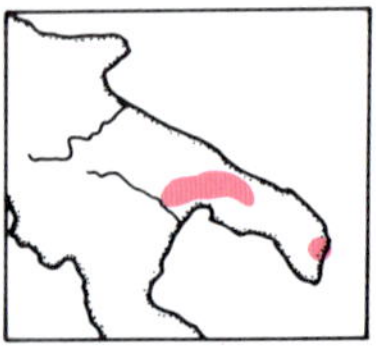

Merkmale: Stengel 10–35 cm hoch, 2–7blütig. Kelchblätter 12,5–15,5 mm lang und 6,5–8,5 mm breit, das mittlere meist stark rückwärts gerichtet; seitliche Kronblätter entsprechend den Kelchblättern gefärbt, (gelb-)grün, selten hellrosa, 4–7 mm lang, behaart; Lippe dunkelbraun, (ausgebreitet!) breiter als lang, 11–14 × 15–18,5 mm, schwach gewölbt, im Aspekt trapezförmig bis rundlich, gehöckert mit auf der Innenseite grünlichen Höckern, vorn mit kleinem 3zähnigem Anhängsel, rundum lang behaart; Mal einfach, oft H-förmig oder mit je 1 Fortsatz zur Höckerbasis.

Standort: Flaumeichenwälder und -gebüsche, Magerrasen, selten Kiefernwälder; bis 600 m. **Blütezeit:** April, Mai. **Fotos:** It, Prov. Fóggia, 9. 4. 74. **Verbreitung:** Süditalien; Apulien (Prov. Fóggia bis Lecce) und Basilikata (Prov. Matera). ● **Florenelement:** z-mediterran z-submediterran. **Land: Eur: S** It.

Apulische Ragwurz *Ophrys holoserica* (BURM. fil.) W. GREUTER *subsp. apulica* (O. & E. DANESCH) BUTTLER

Synonyme: *O. fuciflora subsp. apulica* O. & E. DANESCH, *O. apulica* (O. & E. DANESCH) O. & E. DANESCH

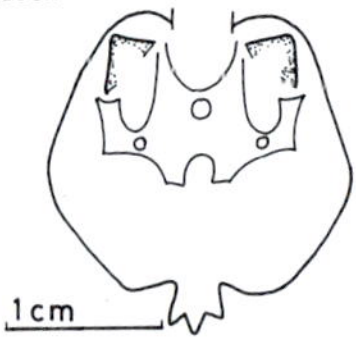

Merkmale: Stengel 15–30 (–55) cm hoch, 3–8(–14)blütig. Kelchblätter (grünlich-)rosa bis rot, 14–18,5 mm lang; seitliche Kronblätter 6,5–8,5 mm lang; Lippe stark gewölbt (siehe im Schlüssel), (ausgebreitet!) 17–21,5 mm breit, 2–4 mm hoch gehöckert, am hinteren Rand kurz behaart; Mal meist ausgedehnt und reich gegliedert, bräunlich-violett mit hellem Rand.

Standort: Lichte Eichen- und Kiefernwälder und Gebüsche, Garriguen, Magerrasen; bis 900 m; auf basenreichen Böden. **Blütezeit:** April, Mai. **Fotos:** It, Prov. Táranto, 13. 4. 74 (l); It, Prov. Fóggia, 13. 4. 82 (r). **Verbreitung:** Süditalien (vom Molise und Monte Gargano südwärts) und Sizilien (selten). Ähnliche Pflanzen sind von Massa (Toskana), Spoleto (Umbrien) und Kos (Ägäis) bekannt; ihre Zuordnung ist offen. ● **Florenelement:** z-mediterran z-submediterran. **Länder: Eur: S** Si It.

Bastarde zwischen Hummel- und Schnepfen-Ragwurz *Ophrys holoserica x scolopax*

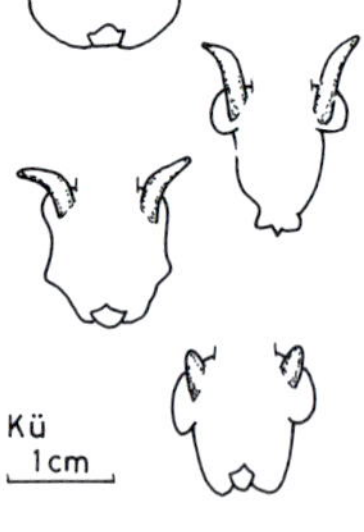

Merkmale: Die beiden Arten bilden offenbar fertile Bastarde, und es haben sich mehrfach unabhängig ausgedehnte Bastardpopulationen entwickelt. Sie wachsen zum Teil außerhalb des heutigen Areals der *O. scolopax*. Die Variabilität ist groß; die meisten Pflanzen stehen zwischen den Eltern, doch treten auch Individuen auf, die kaum von *O. holoserica* (Lippe ungeteilt, wenig gewölbt, mit kleinen Höckern) oder *O. scolopax* (Lippe 3lappig, stark gewölbt, mit großen Höckern) zu unterscheiden sind. Die Zeichnung links zeigt verschiedene Lippenformen im Umriß. An den Bastardierungen sind die verschiedenen Unterarten und Varianten der Eltern beteiligt.

Verbreitung: Nordkarpaten (Mähren, Slowakei, als *O. fuciflora subsp. holubyana* [ANDRASOVSZKY] JÁV. bezeichnet), Istrien, Dalmatien, Süditalien, Nordfrankreich, Ägäis, sicher auch anderswo. **Fotos:** Cz, Mähren, 3. 6. 74.

Bornmüllers Ragwurz *Ophrys bornmuelleri* M. SCHULZE

Verwandtschaft: Die *O.-bornmuelleri*-Gruppe umfaßt 2 Arten, die erst seit kurzem getrennt werden. Manche Fragen sind noch offen.

Schlüssel für die Arten:

1 Lippe schräg vorwärts bis horizontal orientiert (Seitenrand in Seitenansicht!), 6–10 mm lang und 8–12,5 mm breit; Säule 4–5 mm hoch . . . 1. *O. bornmuelleri*

1* Lippe senkrecht abwärts bis rückwärts orientiert, 9–12,5 mm lang und 11,5–17 mm breit; Säule 5–6 mm hoch . . . . . . 2. *O. levantina*

1. *Ophyrs bornmuelleri*

Synonyme: *O. fuciflora subsp. bornmuelleri* (M. SCHULZE) B. & E. WILLING, *O. holosericea subsp. bornmuelleri* (M. SCHULZE) autorum, *O. b. subsp. carduchorum* RENZ & TAUBENHEIM

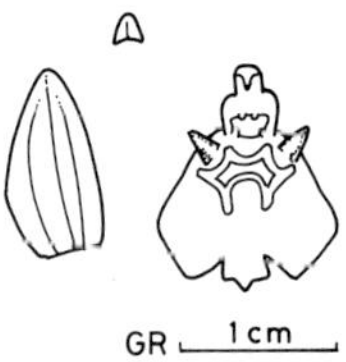

Merkmale: Stengel 15–50 cm hoch, 4–15blütig. Kelchblätter grün bis weißlich oder rötlich, 10–13 mm lang und 5–7 mm breit; seitliche Kronblätter 1,5–2,2 mm lang; Lippe in Aufsicht trapezförmig oder quadratisch, rundum behaart, kräftig gehöckert, vorn mit großem Anhängsel; Mal meist H-förmig und seitlich verzweigt.

Standort: Lichte Wälder, Garriguen, Magerrasen; bis 1000 m; auf basenreichen Böden. **Blütezeit:** März bis Mai. **Fotos:** Cy, Gebiet von Limassol, 12. 4. 83 (r/o); An, Vil. Siirt, Typuspopulation (»carduchorum«), 18. 4. 80 (r/M). **Verbreitung:** Vorderasien; Zypern, Levante, Südostanatolien. Außerdem in irakisch Kurdistan. **Florenelement:** o-mediterran. **Länder:** **Asi:** IJ LS Cy An.

2. *Ophrys levantina* GÖLZ & REINHARD; Levantinische Ragwurz

Synonyme: *O. bornmuelleri subsp. grandiflora* (H. FLEISCHM. & SOÓ) RENZ & TAUBENHEIM, *O. fuciflora subsp. bornmuelleri var. grandiflora* (H. FLEISCHM. & SOÓ) B. & E. WILLING

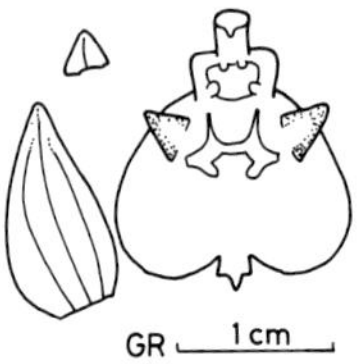

Merkmale: Stengel 10–30 cm hoch, 2–8blütig. Kelchblätter grünlich-weiß, selten rötlich; 11–14,5 mm lang und 5,5–9 mm breit; seitliche Kronblätter 2–3,2 mm lang; Lippenform ähnlich jener der anderen Art; Mal H-förmig oder reduziert.

Standort: Ähnlich der anderen Art; bis 1400 m; manchmal auf feuchten Böden. **Blütezeit:** Februar bis April. **Fotos:** An, Vil. Siirt, 23. 4. 80 (l/o); Cy, Gebiet von Limassol, 12. 3. 84 (l/M). **Verbreitung:** Vorderasien; Südost- und Südanatolien, Levante, Zypern, Rhodos. ● **Florenelement:** o-mediterran. **Länder:** **Asi:** IJ LS Cy An AE.

Biancas Ragwurz *Ophrys biancae* (TOD.) MACCHIATI

Synonym: *O. anapi* O. & E. DANESCH

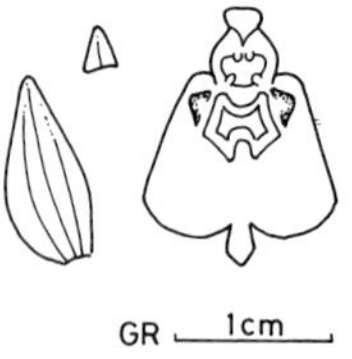

Merkmale: Stengel 10–25 cm hoch, 4–10blütig. Grundständige Laubblätter 4–6, lanzettlich. Kelchblätter weißlich bis rosa, selten grünlich, 10–14 mm lang und 5–7 mm breit, das mittlere aufrecht oder etwas nach vorn gebogen, seitliche Kronblätter rosa bis rot, breit dreieckig, 2–3 mm lang, höchstens von ¼ der Länge der Kelchblätter; Lippe trapezförmig, (ausgebreitet!) 8–10,5 mm lang und vorne 10–14 mm breit, im Zentrum braunrot oder selten dunkelbraun, gegen den Rand gelb, rundum behaart, am Grund gehöckert, in der Vorderhälfte mit Längsleiste in der Mitte und abwärts gerichteten Rändern; Anhängsel bis 4 mm lang, aufrecht; Mal H-förmig, braunviolett mit schmalem weißlichem Rand.

Standort: Garriguen, lichte Kiefernwälder, ehemaliges Kulturland; bis 700 m. **Blütezeit:** März, April; 2–3 Wochen früher als *O. oxyrrhynchos*. **Fotos:** Si, Prov. Siracusa, 11. 4. 76. **Verbreitung:** Endemisch in Südostsizilien (Prov. Siracusa, Ragusa, Catánia).
● **Florenelement:** z-mediterran. **Land:** **Eur:** **S** Si.

O. levantina, auch darunter

O. bornmuelleri, darunter: »carduchorum«

Lacaitas Ragwurz *Ophrys lacaitae* LOJAC.

Synonyme: *O. fuciflora var. lacaitae* (LOJAC.) E. G. CAMUS, *O. f. subsp. lacaitae* (LOJAC.) SUNDERMANN

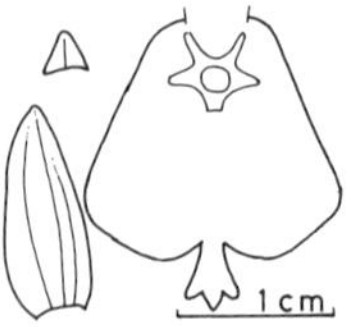

Merkmale: In der allgemeinen Erscheinung ähnlich *O. oxyrrhynchos*. Kelchblätter grün, 11,5–14 mm lang und 5–6,5 mm breit; seitliche Kronblätter 2–3 mm lang, höchstens von ¼ der Länge der Kelchblätter; Lippe (ausgebreitet!) 11,5–14 mm lang und vorn 14,5–18,5 mm breit, mit kleinem, stark vorgewölbtem braunem Mittelbereich und breitem gelbem Rand, nur am hinteren Rand langhaarig, sonst kahl; Vorderabschnitt mit kräftiger Mittelleiste und hochgebogenen, oft gezähnten Rändern, Anhängsel sehr groß, aufrecht; Mal H-förmig, braunviolett mit weißem Rand.
Standort: Lichtes Gebüsch, verbuschte Magerrasen; bis 1300 m; auf mäßig sauren Böden. **Blütezeit**: März bis Juli; 2–3 Wochen später als *O. oxyrrhynchos*. **Fotos**: It, Prov. Isérnia, 19. 6. 78 (l); It, Prov. Salerno, 23. 5. 70 (r). **Verbreitung**: Sizilien, Süditalien (Prov. Potenza, Salerno, Isérnia, Latina). ● **Florenelement**: z-mediterran. **Länder**: **Eur**: **S** Si It.

Schnabel-Ragwurz *Ophrys oxyrrhynchos* TOD.

Synonyme: *O. fuciflora subsp. oxyrrhynchos* (TOD.) SOÓ, *O. holoserica subsp. celiensis* (O. & E. DANESCH) O. & E. DANESCH

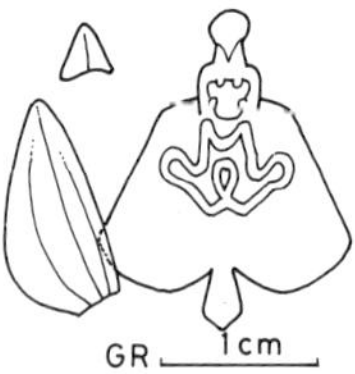

Merkmale: Stengel 10–25 cm hoch, 3–9blütig. Grundständige Laubblätter 5–6, lanzettlich. Kelchblätter meist grün, seltener braunrot, 11,5–15 mm lang und 5,5–8 mm breit, das mittlere rückwärts gerichtet; seitliche Kronblätter dreieckig, 2,5–5 mm lang, behaart; Lippe (ausgebreitet!) 9,5–12 mm lang und vorne 14–18 mm breit; hintere Hälfte braunrot, schwach gehöckert, dichthaarig; vordere Hälfte rot- bis gelbbraun, selten gelb, fast kahl, mit Längsleiste in der Mitte und hochgebogenen Rändern, Anhängsel bis 4 mm lang, aufrecht; Mal meist ausgedehnt, violett mit weißem Rand.
Standort: Lichte Eichenwälder, Garriguen, ehemaliges Kulturland; bis 600 m. **Blütezeit**: März bis Mai. **Fotos**: Si, Prov. Caltanisetta, 15. 4. 76 (l); Si, Prov. Palermo, 5. 4. 76 (r). **Verbreitung**: Sizilien, Basilikata, Apulien (ob auch in Kalabrien?). ● **Florenelement**: z-mediterran. **Länder**: **Eur**: **S** Si It.

Kandia-Ragwurz *Ophrys candica* W. GREUTER, MATTHÄS & RISSE

Synonyme: *O. fuciflora subsp. candica* E. NELSON, *O. f. var. candica* SUNDERMANN, *O. holoserica subsp. candica* RENZ & TAUBENHEIM

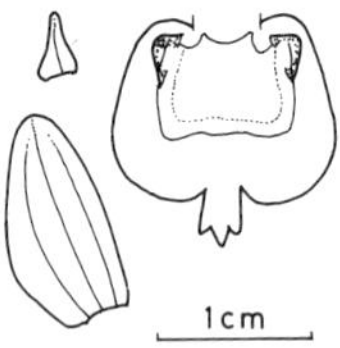

Merkmale: Stengel 15–40 cm hoch, 2–7blütig. Kelchblätter weißlich bis rosa, 11,5–15 mm lang und 4,5–7 mm breit, rückwärts gerichtet; seitliche Kronblätter 3–4,5 mm lang, behaart; Lippe braun, (ausgebreitet!) 9,5–12 mm lang und 12–16 mm breit, rundum behaart, schwach gehöckert, Anhängsel groß, aufrecht; Mal schildförmig mit breitem weißem Rand, das winzige Basalfeld umgreifend, die braunviolette Fläche oft hell marmoriert, selten mit klaren Linien.
Standort: Kiefernwälder, Garriguen, Magerrasen; bis 900 m. **Blütezeit**: April, Mai; später als *O. holoserica* und *O. oxyrrhynchos*. **Fotos**: An, Vil. Muğla, 14. 5. 76 (l); Cr, Nomos Chania, 11. 4. 72 (r).
Verbreitung: Östliches und zentrales Mittelmeergebiet; Südwestanatolien, Samos, Rhodos, Kreta, südliche Peloponnes, Südapulien, Südsizilien.
● **Florenelement**: o + z-mediterran/disjunkt. **Länder**: **Eur**: **SO** Cr Gr, **S** Si It; **Asi**: An AE.

Halbmond-Ragwurz *Ophrys lunulata* PARL.

Synonym: *O. sphegodes subsp. lunulata* SUNDERMANN

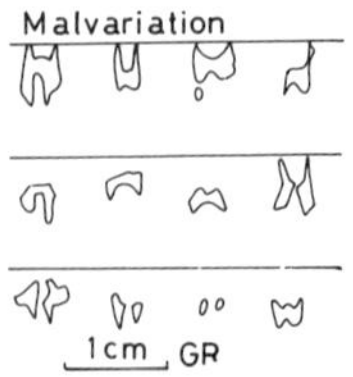

Merkmale: Pflanze mit 2 kugelig-eiförmigen Knollen. Stengel 10–40 cm hoch, mit 0–2 Schuppenblättern am Grund, 3–6 Laubblättern in einer Grundrosette und 1–3 scheidigen Blättern weiter oben. Grundblätter schmal lanzettlich, 5–12 cm lang und 1–2 cm breit. Blütenstand locker, (4–)6–10blütig; untere Tragblätter länger als die Blüten. Kelchblätter rosa bis rot, das mittlere nach vorn gebogen, die seitlichen schräg abwärts weisend, eiförmig-elliptisch, (11–) 12,5–16 mm lang und (4,5–) 5,5–7 mm breit; seitliche Kronblätter rosa, lineal-lanzettlich, 8,5–11 mm lang, kahl oder am Rand behaart; Lippe rot- bis dunkelbraun mit kahlem gelblichem bis hellbraunem Rand, tief 3lappig, mit nach unten geschlagenen Seitenteilen und dadurch in Aufsicht schmal rechteckig, 10,5–14 mm lang und (ausgebreitet!) 13,5–18 mm breit; Mittellappen seitlich behaart, vorn mit zahnförmigem Anhängsel; Seitenlappen abwärts gerichtet, dicht behaart, am Ansatz schwach gehöckert; Mal meist halbmondförmig, manchmal mit Fortsätzen zum Basalfeld, bläulich bis bräunlich; Lippengrund mit 2 schwärzlichen Basalschwielen. Rote Staminodialdrüsen schwach entwickelt (?fehlend).
Standort: Magerrasen, Garriguen, ehemaliges Kulturland, lichte Wälder; bis 800 m; auf mäßig trockenen bis feuchten, basenreichen (aber auch schwach sauren) Böden. **Blütezeit:** März, April. **Fotos:** Si, Prov. Palermo, 5. 4. 70 (l); Si, Prov. Siracusa, 11. 4. 76 (r).
Verbreitung: Sizilien und Äolische Inseln, nach derzeitiger Kenntnis in diesem Gebiet endemisch. Die Angaben für andere Gebiete (Maltesische Inseln, Kalabrien: Monte Pollino, Sardinien, Elba) sind fragwürdig und bedürfen der Bestätigung. ● **Florenelement:** z-mediterran. **Land: Eur: S** Si.

Spruners Ragwurz *Ophrys spruneri* NYMAN

Synonyme: *O. sphegodes subsp. spruneri* (NYMAN) E. NELSON, *O. sphaciotica* H. FLEISCHM., *O. sphegodes subsp. parnassica* (VIERH.) J. J. WOOD

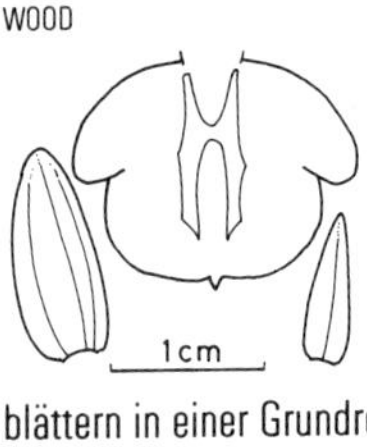

Merkmale: Pflanze mit 2 kugelig-eiförmigen Knollen. Stengel 15–40 (–50) cm hoch, mit 1–2 Schuppenblättern am Grund, 3–6 eiförmig-lanzettlichen Laubblättern in einer Grundrosette und 1–2 Blättern weiter oben. Blütenstand locker, 2–8blütig. Kelchblätter eiförmig, 10–16,5 mm lang und 5–6,5 mm breit, von weißlich-grüner Grundfarbe, die seitlichen in der unteren Hälfte (seltener einheitlich) rot überlaufen, schräg abwärts weisend, das mittlere einheitlich gefärbt, aufrecht; seitliche Kronblätter 7–10,5 mm lang, grünlich-rosa bis rot, kahl bis kurzhaarig, oft wellig; Lippe schwarzviolett, 11–15 mm lang, tief bis schwach 3lappig; Mittellappen konvex, gegen den Rand papillös-kurzhaarig, mit kleinem Anhängsel; Seitenlappen abwärts gerichtet, nicht oder schwach gehöckert, kurzhaarig; Mal H-förmig, das Basalfeld umgreifend, manchmal ohne oder mit 2 Querverbindungen, violett-blau mit hellem Rand; Basalschwielen schwärzlich. Rote Staminodialpunkte meist vorhanden.
Standort: Lichte Laub- und Nadelwälder, Garriguen, Magerrasen; bis 900 m; auf basenreichen Böden. **Blütezeit:** März bis Mai. **Fotos:** Cr, Nomos Rethimnon, 7. 4. 80 (l); Gr, Nomos Lakonia, 19. 4. 84 (r).
Verbreitung: Südliche Balkanhalbinsel und Ägäis; auf dem griechischen Festland nordwärts bis zur Epirus und Südmazedonien, auf den ionischen Inseln Zakinthos und Kephallinia, auf den ägäischen Inseln ostwärts bis Ikaria und Chios, (? auch auf den Kykladen).
● **Florenelement:** o+z-mediterran. **Länder: Eur: SO** Cr Gr; **Asi:** AE.
Verwandtschaft: Pflanzen der Südtürkei, die manchmal zu *O. spruneri* gestellt werden, sind bei *O. transhyrcana* (S. 220) besprochen.

Spinnen-Ragwurz *Ophrys sphegodes* MILLER

Synonyme: *O. aranifera* HUDSON, *O. arachnitiformis* GREN. & PHILIPPE **Merkmale:** Kelchblätter grün oder weißlich bis rosa (»arachnitiformis«); seitliche Kronblätter gelbgrün bis braunrot, kahl, oft wellig; Lippe (rot-)braun, ungeteilt oder schwach, selten tief 3lappig, meist gehöckert, hinten kurzhaarig; Mal graubraun oder -blau mit hellem Rand. Die Variation einiger Merkmale ist in Klassen unterteilt (siehe die Unterarten): Stengel niedrig/mittelhoch/hoch = 10–25/25–40/40–55 cm hoch; Blütenstand arm-/reichblütig = 2–8/5–15blütig; Kelchblätter kurz/lang = 10–14/12–16 mm lang; seitliche Kronblätter kurz/lang = 0,55–0,75/0,70–0,85mal so lang wie die Kelchblätter; Lippe klein/groß = 9–13 × 11–16,5/12–15 × 14,5–19 mm lang und breit.

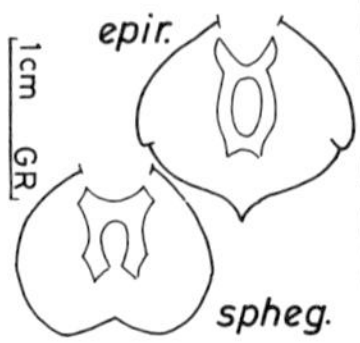

Standort: Lichte Wälder, Macchien, Garriguen, Magerrasen; bis 1300 m; auf frischen bis mäßig trockenen, basenreichen Böden.
Problematik: Die *O.-sphegodes*-Gruppe ist sehr formenreich und schwierig zu gliedern. Hier werden 2 Unterarten unterschieden.
Schlüssel für die Unterarten:

1 Lippe quer (meist) stark gewölbt mit herabgeschlagenen Seitenteilen, vorn meist ausgerandet, selten gestutzt (mit oder ohne Anhängsel), oft mit dunklem Rand . . . . 1. *O. s. subsp. sphegodes*

1* Lippe schwach gewölbt mit schräg abwärts gerichteten Seitenteilen, vorn gestutzt oder breit keilförmig (oft mit Anhängsel), mit gelbem Rand . . . . . . 2. *O. s. subsp. epirotica*

1. *O. s. subsp. sphegodes*

Synonyme: Variante 2: *O. exaltata* TEN., *O. trinacrica* DEL PRETE, *O. s. subsp. panormitana* (TOD.) E. NELSON, *O. spruneri subsp. panormitana* (TOD.) SOÓ, *O. s. subsp. sicula* E. NELSON. – Variante 3: *O. s. subsp. cephalonica* B. & H. BAUMANN. – Variante 4: *O. s. subsp. praecox* CORRIAS. – Variante 5: *O. s. subsp. provincialis* E. NELSON
Merkmale: Variante 1 (»sphegodes«): Stengel niedrig/mittelhoch, armblütig; Kelchblätter und seitliche Kronblätter kurz, Lippe klein. – Variante 2: Stengel mittelhoch/hoch, reichblütig; Kelchblätter lang, seitliche Kronblätter kurz, Lippe klein/(groß), ungeteilt (»sicula«) oder tief 3lappig (»panormitana«). – Variante 3: Stengel niedrig/mittelhoch, arm-/reichblütig; Kelchblätter und seitliche Kronblätter lang, Lippe groß. – Variante 4: Wie Variante 3, doch Kelchblätter kurz. – Variante 5: Mal mit seitlichen Verzweigungen zu den Höckerinnenseiten (unverzweigt H-förmig bei den anderen Varianten), sonst wie Variante 1, doch seitliche Kronblätter manchmal lang.
Blütezeit: Januar bis Juni. **Fotos:** Variante 1: Ge, Oberbayern, 4. 6. 79 (l/o); Ga, Dept. Gers, 17. 5. 73 (r/o). – Variante 2: Si, Prov. Palermo, 6. 4. 76 (S. 214 l/o); Si, Prov. Siracusa, 12. 4. 76 (S. 214 r/o, S. 215 l/o). – Variante 3: Gr, Kefallonia, 2. 4. 83 (S. 215 r/o). – Variante 4: Sa, Prov. Sassari, 11. 3. 76 (r/M). – Variante 5: Ga, Dept. Var, 14. 4. 71 (l/M). **Verbreitung:** Mittelmeergebiet, West- und Mitteleuropa, ostwärts bis Nordanatolien. In Nordpersien fraglich. Variante 1: fast im ganzen Areal (fehlt Si und Sa); Variante 2: Sizilien und Süditalien (Prov. Réggio, Cosenza, Salerno); Variante 3: Ionische Inseln (Kefallonia, Ithaki); Variante 4: Nordsardinien (Prov. Sassari), Südspitze Korsikas; Variante 5: Provence. ● **Florenelement:** mediterran submediterran pannonisch s + m-atlantisch s-subatlantisch s-zentraleuropäisch. **Länder: Eur: SO** Cr Gr Tu Al Ju Bu Rm, **S** ?Me Si It Sa Co, **SW** Bl Hs Lu, **W** Ga Be Br, **M** He Au Hu Ge Cz; **Asi:** ?Cy An AE; ?**Afr.**

2. *O. s. subsp. epirotica* (RENZ) GÖLZ & REINHARD; Epirus-Ragwurz

Merkmale: Ähnlich Variante 1 der anderen Unterart, in Form und Wölbung der Lippen unterschieden; seitliche Kelchblätter oft in der unteren Hälfte braunrot. Mal H-förmig. **Blütezeit:** Mai. **Fotos:** Gr, Nomos Thesprotia, 17. 5. 79 (l/u); Al, Prov. Sarandë, 21. 5. 80 (r/u). **Verbreitung:** Zentralgriechenland, Westmazedonien, Epirus, Südalbanien. ● **Florenelement:** o + z-mediterran o-submediterran. **Länder: Eur: SO** Gr Al. **Problematik:** Siehe bei *O. hebes* (S. 214).

darunter: »provincialis« *O. s. subsp. sphegodes* darunter: »praecox«

O. s. subsp. epirotica

»sicula«

»panormitana«

Kleine Spinnen-Ragwurz *Ophrys araneola* REICHENB.

Synonyme: *O. tommasinii* VIS., *O. sphegodes subsp. tommasinii* (VIS.) SOÓ, *O. litigiosa* E. G. CAMUS, *O. sphegodes subsp. litigiosa* (F. G. CAMUS) BECHERER

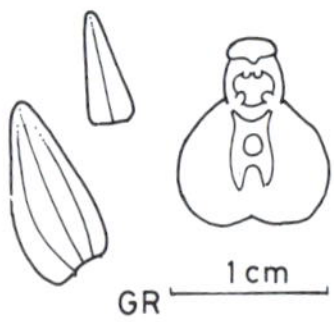

Merkmale: Stengel 20–45 cm hoch, 2–12blütig. Kelchblätter grün, 8–12 mm lang und 4–6 mm breit; seitliche Kronblätter 5–8 mm lang, kahl; Lippe rot- bis schwarzbraun mit gelbem kahlem Rand, 6,5–9 mm lang und 7,5–11,5 mm breit, schwach gewölbt, selten gehöckert, besonders gegen den Grund lang hell behaart, vorn ausgerandet und oft ohne Anhängsel; Mal H-förmig, grauviolett oder -braun. **Standort:** Ähnlich dem von *O. sphegodes*; bis 1100 m. **Blütezeit:** Februar bis Mai, früher als *O. sphogodes*. **Fotos:** Ju, Istrien, 10. 5. 79 (r); Ge, Südwürttemberg, 14. 5. 83 (l); S. 260. **Verbreitung:** Von Frankreich bis Katalonien, Mittelitalien, Dalmatien und Mitteldeutschland. ● **Florenelement:** z + w-submediterran s-atlantisch s-subatlantisch. **Länder: Eur: SO** Ju, **S** It, **SW** Hs, **W** Ga, **M** He Ge. **Problematik:** Ähnliche kleinblütige Pflanzen wachsen auf Kreta. Ihre Zuordnung ist zu prüfen.

Hebes Ragwurz *Ophrys hebes* (KALOPISSIS) E. & B. WILLING

Synonym: *O. sphegodes subsp. hebes* KALOPISSIS

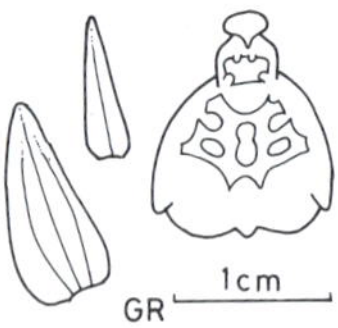

Merkmale: Stengel 10–30 cm hoch, 2–10blütig. Kelchblätter grün, die seitlichen oft in der unteren Hälfte rot überlaufen, 11–14 mm lang und 5–6,5 mm breit; seitliche Kronblätter 7–10 mm lang, kahl; Lippe dunkel rotbraun mit gelbem oder braunem kahlem Rand, 8–12 mm lang und 10–15 mm breit, ungeteilt bis schwach 3lappig, konvex, selten schwach gehöckert, samtig-kurzhaarig, vorn gestutzt mit kleinem Anhängsel; Mal meist ausgedehnt (Längsstreifen 2–3fach verbunden und seitwärts verzweigt), seltener der H-Form genähert, braun mit hellem Rand. **Standort:** Lichte Wälder und Gebüsche, Magerrasen; bis 1400 m; auf frischen, basenreichen Böden. **Blütezeit:** März bis Juni. **Fotos:** Al, Prov. Shkodër, 18. 4. 82. **Verbreitung:** Griechenland und Nordalbanien; in Südjugoslawien zu erwarten. ● **Florenelement:** o + z-mediterran o + z-submediterran. **Länder: Eur: SO** Gr Al. **Problematik:** Es ist zu prüfen, ob die Sippe von *O. sphegodes* (vor allem Unterart *epirotica*) stets gut abgesetzt ist.

»panormitana«

»cephalonica«

Gargano-Ragwurz *Ophrys garganica* O. & E. DANESCH

Synonym: *O. sphegodes subsp. garganica* E. NELSON. Weder Art- noch Unterartnamen sind entsprechend den Nomenklaturregeln gültig veröffentlicht.

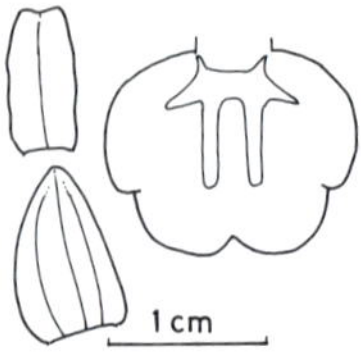

Merkmale: Stengel 25–35 cm hoch, 4–8blütig. Grundständige Laubblätter 6–9, eiförmig-lanzettlich. Kelchblätter grün, 10,5–13,5 mm lang und 4–7 mm breit; seitliche Kronblätter auffällig groß, ⅔ bis so lang wie die Kelchblätter, 0,4–0,55mal so breit wie lang (breiter als bei *O. sphegodes*), olivgrün bis braun, mit welligem, oft dunklem Rand, kahl; Lippe dunkel- bis schwarzbraun, ungeteilt oder schwach 3lappig, schwach gewölbt mit schräg abwärts gerichteten oder ausgebreiteten Seitenrändern (ähnlich *O. sphegodes subsp. epirutica*), nicht oder schwach gehöckert, am hinteren Rand kurzhaarig, vorn oft mit Anhängsel; Mal H-förmig mit seitlichen Verzweigungen am hinteren Ende (ähnlich *O. sphegodes* Variante »provincialis«), graublau oder -violett.

Standort: Garriguen, Magerrasen, lichte Kiefern- und Eichenwälder; bis 500 m. **Blütezeit:** April, Mai. **Fotos:** It, Prov. Fóggia, 8. 4. 82.

Verbreitung: Apenninenhalbinsel; Sizilien, Apulien, Kalabrien, Basilikata, Toskana.

● **Florenelement:** z-mediterran z-submediterran. **Länder: Eur: S** Si It.

Problematik: *O. garganica* gehört zu den kritischen Sippen des Sphegodes-Formenkreises, der insgesamt noch viele offene Fragen aufwirft. Zu überprüfen ist der Status, ob die Einstufung als selbständige Art vertretbar ist. Ferner sollte untersucht werden, ob die zu *O. garganica* gestellten Pflanzen in Katalonien mit den Pflanzen in Italien übereinstimmen. Bei aller Ähnlichkeit fehlen den ersten beispielsweise die auffällig breiten seitlichen Kronblätter. Auch in Südfrankreich kommen hie und da ähnliche Pflanzen vor; sie vermitteln zur Variante »provincialis« von *O. sphegodes.*

Äskulap-Ragwurz *Ophrys aesculapii* RENZ

Synonyme: *O. sphegodes subsp. aesculapii* (RENZ) SOÓ, *O. ae. subsp. pseudoaranifera* RENZ

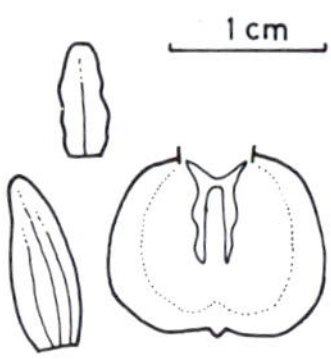

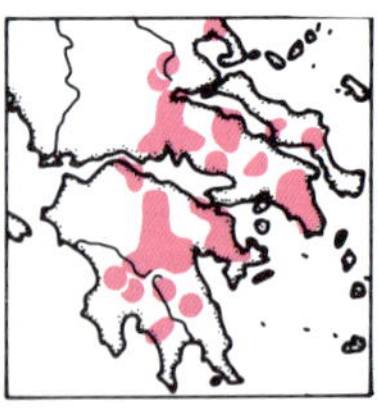

Merkmale: Stengel 15–40 cm hoch. Grundständige Laubblätter 5–7, lanzettlich bis länglich-eiförmig; weiter oben am Stengel 1–2 Blätter. Blütenstand locker, 3–10blütig; Tragblätter länger als die Fruchtknoten. Kelchblätter (gelblich-)grün, die seitlichen zuweilen in der unteren Hälfte braunrot gefleckt, 9–13 mm lang und 3,5–5,5 mm breit, das mittlere aufrecht und konkav gebogen; seitliche Kronblätter gelbgrün bis gelb, 5–8,5 mm lang, am Rand wellig, kahl; Lippe dunkel braun bis rotbraun und samtig-papillös mit 2–3 mm breitem hell- bis orangegelbem und kahlem Rand, manchmal schwach 3lappig, wenig gewölbt, nicht oder sehr schwach gehöckert, vorn mit kleinem Anhängsel; Mal H-förmig, selten mit seitlichen Fortsätzen oder vorn mit 2. Querverbindung, das Basalfeld umgreifend, graubräunlich oder grauviolett mit hellviolettem Rand; Basalschwielen grünlich mit dunkler Spitze. Rote Staminodialpunkte fehlen.

Standort: Lichte Kiefernwälder, Garriguen, Magerrasen; bis 1000 m; auf basenreichen, mäßig trockenen Böden. **Blütezeit:** März bis Mai. **Fotos:** Gr, Euböa, 11. 4. 84 (l); Gr, Nomos Argolis, »pseudoaranifera«, 5. 4. 80 (r).

Verbreitung: Endemisch im südlichen Griechenland, fehlt aber im Westteil; Peloponnes (Osthälfte), Fokis, Böotien, Attika, Fthiodis, Magnissia, Euböa. ● **Florenelement:** o-mediterran. **Land: Eur: S** Gr.

Variation: Gelegentlich treten Pflanzen auf, die kleinere Lippen (8–9 × 9–10 mm) mit schmalerem gelbem Rand besitzen: »pseudoaranifera«. Ihr Status ist zu überprüfen.

Helenes Ragwurz *Ophrys helenae* RENZ

Synonym: *O. sphegodes subsp. helenae* (RENZ) SOÓ & D. MORESBY MOORE

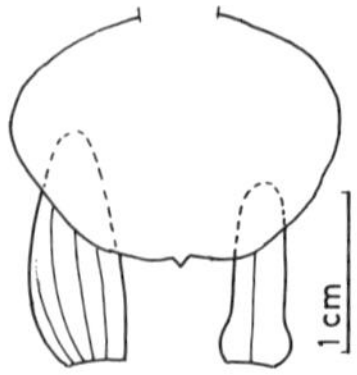

Merkmale: Stengel 15–40 cm hoch, 2–8blütig. Perianthblätter grün, oft rötlich überlaufen. Kelchblätter eiförmig, 11–15,5 mm lang und 5,5–8 mm breit, das mittlere rückwärts gerichtet; seitliche Kronblätter 7–12 mm lang, kahl; Lippe weinrot bis dunkel braunrot, samtig kurzhaarig, 11,5–17,5 mm lang und (ausgebreitet!) 15–23 mm breit, konvex gewölbt, nicht oder höchstens sehr schwach gehöckert, vorn mit kleinem Anhängsel; Mal fehlend oder selten schwach angedeutet (im Gegenlicht sichtbar); Basalschwielen undeutlich entwickelt.
Standort: Magerrasen und -wiesen, Garriguen, lichte Wälder; bis 1000 m; auf trockenen bis feuchten, basenreichen Böden. **Blütezeit:** April bis Juni. **Fotos:** Gr, Nomos Ioannina, 17. 5. 79 (l), 1. 6. 77 (r). **Verbreitung:** Arealzentrum in Nordgriechenland (Epirus, Thessalien, Westmazedonien), vereinzelt bis Südalbanien, Zentralgriechenland, Peloponnes (Ilia).
● **Florenelement:** o + z-mediterran o-submediterran. **Länder:** **Eur:** **SO** Gr Al.

Schwarze Ragwurz *Ophrys incubacea* BIANCA

Synonyme: *O. atrata* LINDLEY, *O. sphegodes subsp. atrata* (LINDLEY) E. MAYER

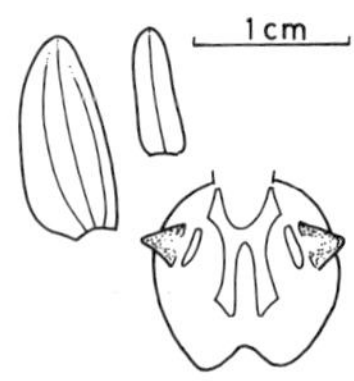

Merkmale: Stengel 20–40 (–60) cm hoch, 3–8blütig, Kelchblätter grün, selten rosa, 10,5–15,5 mm lang und 4–7,5 mm breit; seitliche Kronblätter grün oder rötlich überlaufen, 6,5–9 mm lang, am Rand wellig, kahl; Lippe dunkel rotbraun bis schwarzbraun(-violett), 10–14 mm lang und breit, mit bis 3,5 mm hohen Höckern, vorn ausgerandet und oft mit kleinem Anhängsel, rundum lang-zottig dunkel behaart; Mal H-förmig mit seitlichen Verzweigungen vom Grund zu den Höckerinnenseiten, graublau mit hellem Rand. Narbenkopf am Grund stark tailliert.
Standort: Lichte Wälder und Gebüsche, Garriguen, Magerrasen; bis 1300 m. **Blütezeit:** März bis Mai, später als *O. sphegodes*. **Fotos:** Bl, Mallorca, 14. 3. 75 (l); It, Prov. Fóggia, 10. 4. 82 (r). **Verbreitung:** Westliches und zentrales Mittelmeergebiet; südostwärts bis Kerkira. ● **Florenelement:** z + w-mediterran z + w-submediterran. **Länder:** **Eur:** **SO** Gr Al Ju, **S** Me Si It Sa Co, **SW** Bl Hs Lu, **W** Ga.

Tarenter Ragwurz *Ophrys tarentina* GÖLZ & REINHARD

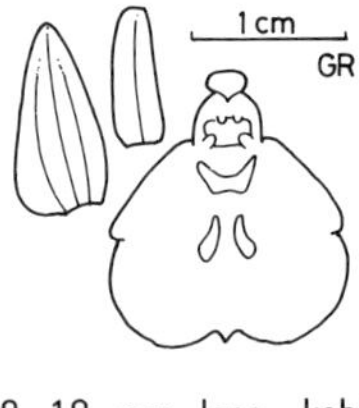

Merkmale: Stengel 10–30 cm hoch, 3–8blütig. Kelchblätter grün, 10–14,5 mm lang und 4,5–7 mm breit; seitliche Kronblätter gelbgrün, manchmal rötlich, 8–10 mm lang, kahl, mit welligem Rand; Lippe schwarz- bis rötlichbraun, 10,5–14 mm lang und (ausgebreitet!) 13–17 mm breit, ungeteilt oder schwach 3lappig, konvex gewölbt, nicht oder schwach gehöckert, rundum lang-zottig behaart, mit schmalem gelblichem und kahlem Rand, vorn mit kleinem Anhängsel; Mal variabel, H-förmig und das Basalfeld umgreifend oder reduziert in der Form eines Hufeisens oder von 2 isolierten länglichen Flecken, grauviolett; Basalschwielen schwärzlich. Staminodialpunkte fehlen.
Standort: Garriguen, Magerrasen, selten lichte Wälder; bis 600 m; auf mäßig trockenen, skelett- und basenreichen Böden. **Blütezeit:** März, April. **Fotos:** It, Prov. Táranto, 13. 4. 74 (l); It, Prov. Cosenza, 24. 4. 73 (r). **Verbreitung:** Süditalien; Prov. Cosenza, Matera, Táranto, Bríndisi. ● **Florenelement:** z-mediterran. **Länder:** **Eur:** **S** It.

Busen-Ragwurz *Ophrys mammosa* DESF.

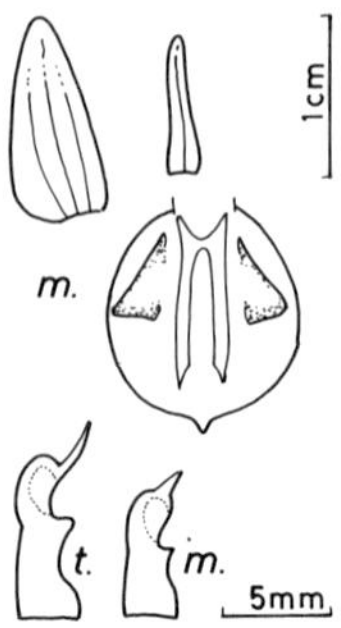

Merkmale: Stengel 20–60 cm hoch, mit 1–2 Schuppenblättern am Grund, 3–6 (–9) Laubblättern in einer (lockeren) Grundrosette und 1–2 Blättern darüber. Laubblätter lanzettlich, bis 20 cm lang und 4 cm breit. Blütenstand 2–10 (–18)blütig; Tragblätter länger als die Fruchtknoten. Kelchblätter grün, die seitlichen in der unteren Hälfte und manchmal das mittlere verschieden intensiv purpurn überlaufen, aufrecht bis rückwärts gerichtet, eiförmig-lanzettlich, 10–19 mm lang und 4–8,5 mm breit; seitliche Kronblätter gelbgrün bis purpurn, 7–12 mm lang, kahl; Lippe rotbraun, braunviolett oder schwarzpurpurn, 10–17 mm lang und (ausgebreitet!) 10–19 mm breit, konvex, mit meist kräftigen, breit kegelförmigen Höckern, am hinteren Rand kurzhaarig, vorn papillös bis kahl, Anhängsel klein oder fehlend; Mal in der Form eines H oder von 2 Streifen, graublau bis -lila; Narbenhöhle halb so hoch wie breit; Basalschwielen schwärzlich, Staminodialpunkte fehlend.

Standort: Lichte Nadel- und Laubwälder, Macchien, Garriguen, Magerrasen; bis 1400 m; auf mäßig trockenen bis mäßig feuchten, oft basenreichen Böden. **Blütezeit:** Februar bis Mai.

Schlüssel für die Unterarten:

1 Schnabelförmiger Fortsatz der Säule (Konnektiv) 0,5–1,5 (–2) mm lang. Lippe mit kräftigen (bis 7,5 mm hohen) Höckern, meist ungeteilt; Mal seitlich nicht verzweigt . . . 1. *O. m. subsp. mammosa*

1* Konnektivfortsatz 1,5–3,5 mm lang. Lippe mit niedrigen (bis 3 mm hohen) Höckern, oft schwach 3lappig; Mal zuweilen seitlich verzweigt . . . . . . 2. *O. m. subsp. transhyrcana*

1. *O. m. subsp. mammosa*

Synonyme: *O. sphegodes subsp. mammosa* (DESF.) E. NELSON, *O. taurica* (AGGEENKO) NEVSKI, *O. m. subsp. grammica* B. & E. WILLING, *O. m. subsp. serotina* B. & E. WILLING

Fotos: An, Vil. İzmir, 21. 3. 78 (l/u); Cy, Gebiet von Paphos, 10. 4. 83 (r/u). **Verbreitung:** Balkanhalbinsel, Kleinasien, Krim; nordwärts bis Bulgarien, Südjugoslawien und Mittelalbanien, ostwärts bis zu den Vil. Trabzon in Nord- und Adana in Südanatolien. ● **Florenelement:** o + z-mediterran o + (z)-submediterran. **Länder: Eur: SO** Cr Gr Tu Al Ju Bu RK; **Asi:** Cy An AE.

2. *O. m. subsp. transhyrcana* (CZERNIAKOVSKA) BUTTLER; Sintenis' Ragwurz

Synonyme: *O. transhyrcana* CZERNIAKOVSKA, *O. sphegodes subsp. transhyrcana* (CZERNIAKOVSKA) SOÓ, *O. sintenisii* H. FLEISCHM. & BORNM., *O. sph. subsp. sintenisii* (H. FLEISCHM. & BORNM.) E. NELSON

Fotos: IJ, Galiläa, 19. 4. 81 (l/o); An, Vil. İçel, 23. 4. 78 (r/o); Cy, Gebiet von Limassol, 19. 3. 84 (l/M). **Verbreitung:** Vorderasien; westwärts bis Südanatolien (Vil. Antalya). Außerdem in irakisch Kurdistan, Süd-, West- und Nordpersien und Turkomanien. **Florenelement:** o-mediterran orientalisch. **Länder: Asi:** IJ LS Cy An.

Problematik: Beide Unterarten sind sehr variabel, etwa hinsichtlich Blütengröße, Lippenwölbung und -farbe und Höckerhöhe; auch wachsen früh- und spätblütige Varianten zuweilen am selben Fundort. Die Unterarten sind morphologisch unscharf getrennt. Im Überschneidungsgebiet (Südanatolien und Zypern) sind Zwischenformen häufig, doch auch weiter westlich oder östlich sind Pflanzen zu finden, die der jeweils anderen Unterart angenähert sind. Der Formenkreis sollte gründlich untersucht werden, wobei auf andere eventuell wichtige Merkmale zu achten ist (Form der Narbenhöhle und des Basalfelds).

Zu klären ist der Status von Pflanzen in Südanatolien (Mersin bis İskenderun). Sie sind als ***O. transhyrcana subsp. amanensis*** RENZ & TAUBENHEIM (= *O. sphegodes subsp. amanensis* E. NELSON) bekannt, manchmal werden sie zu *O. spruneri* gerechnet. Merkmale: Kelchblätter weißlich-grün bis kräftig rosa; Lippe schwarzviolett, ungeteilt oder 3lappig; Konnektivfortsatz lang wie bei *O. m. subsp. transhyrcana*. **Foto:** An, Vil. Hatay, 20. 5. 71 (r/M).

O. m. subsp. transhyrcana – auch Mitte links

O. m. subsp. mammosa darüber: »amanensis«

Moris' Ragwurz *Ophrys morisii* (U. MARTELLI) CIFERRI & GIACOMINI

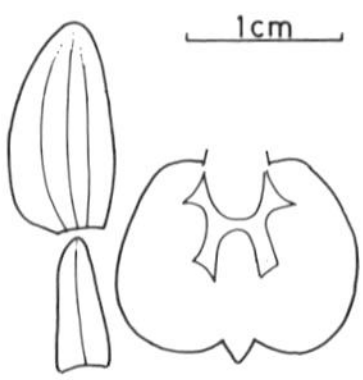

Merkmale: Stengel 15–40 cm hoch, 3–10blütig. Kelchblätter weißlich bis rosalila, weniger häufig grün, 10,5–15 mm lang und 5,5–8,5 mm breit, etwas rückwärts gerichtet; seitliche Kronblätter orange- bis dunkel braunrot, 6,5–10 mm lang, mit welligem Rand, behaart; Lippe dunkel braun(-lila), 10–13,5 mm lang und (ausgebreitet!) 13–18,5 mm breit, selten schwach 3lappig, konvex, am hinteren Rand kurzhaarig, meist ohne Höcker, mit ziemlich kräftigem dreieckigem oder -zähnigem Anhängsel; Mal variabel, meist großflächig und reich gegliedert, auch schild-, selten H-förmig, braunviolett mit hellerem Rand; Basalschwielen schwarzpurpurn. Staminodialpunkte fehlend oder vorhanden.
Standort: Lichte Macchien, Garriguen, Magerweiden; bis 900 m; auf basischen bis schwach sauren Böden. **Blütezeit:** März, April. **Fotos:** Sa, Prov. Cagliari, 3. 4. 71 (r); Sa, Prov. Nuoro, 6. 4. 71 (l). **Verbreitung:** Sardinien; Angaben für Korsika aus den letzten Jahren sind zu überprüfen. ● **Florenelement:** z-mediterran ?z-submediterran. **Länder:** **Eur:** **S** Sa ?Co.

Es ist heute üblich, Pflanzen des Sphegodes-Formenkreises mit bunten, also weißlich bis rosalila gefärbten Kelchblättern als **arachnitiform** zu kennzeichnen. Pflanzen mit diesem Merkmal bilden keine systematische Einheit, sondern finden sich bei mehreren Arten, beispielsweise bei *O. sphegodes, O. araneola* und *O. incubacea*. Die arachnitiformen Varianten unterscheiden sich von den Exemplaren mit grünen Kelchblättern allein durch die Kelchblattfarbe. Das Auftreten von bunten Kelchblättern ist als zwar auffällige, doch normale Variation des Erbguts anzusehen.
Im zentralen und westlichen Mittelmeergebiet kommen außerdem arachnitiforme Sippen vor, die wahrscheinlich aus Kreuzungen des Sphegodes-Formenkreises (Kelchblätter überwiegend grün) mit dem Fuciflora- oder Ferrum-equinum-Formenkreis (Kelchblätter überwiegend bunt) entstanden sind. Bei diesen stabilisierten Bastardsippen sind bunte gegenüber grünen Kelchblättern im Übergewicht, dazu kommen Eigenschaften, die sonst im Sphegodes-Formenkreis fehlen, wie behaarte seitliche Kronblätter und große Lippenanhängsel. Die genauer untersuchten Sippen sind auf S. 222–225 vorgestellt. Weitere Sippen sind aus Kastilien, Dalmatien und Apulien bekannt.

Tyrrhenische Ragwurz

Ophrys tyrrhena GÖLZ & REINHARD

Synonym: *O. exaltata* sensu DEL PRETE (nicht TEN., siehe S. 212) **Merkmale:** Stengel 15–35 cm hoch, 2–8blütig. Kelchblätter meist weißlich bis rosalila, selten grün, eiförmig, 11–17 mm lang und 5–8 mm breit, aufrecht; seitliche Kronblätter weiß, rosalila oder braun, manchmal mit dunklerem Rand, 7–10 mm lang, oft behaart; Lippe dunkelbraun, 10–14 mm lang und (ausgebreitet!) 11–17 mm breit, ungeteilt oder schwach 3lappig, konvex, ohne oder mit niedrigen Höckern, rundum kurzhaarig, vorn meist gestutzt mit ziemlich kräftigem, dreieckigem oder -zähnigem Anhängsel; Mal variabel, meist reich gegliedert, selten H-förmig (grau-)braun bis dunkelviolett mit hellem Rand. Basalschwielen schwärzlich. Rote Staminodialpunkte oft vorhanden.

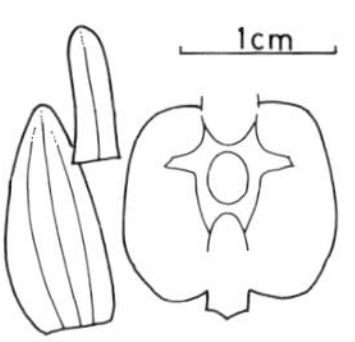

Standort: Lichte Wälder, verbuschte Magerrasen; bis 500 m; auf trockenen bis frischen basenreichen Böden. **Blütezeit:** März, April. **Fotos:** It, Prov. Genua, 17. 4. 70 (r); It, Prov. Grosseto, 7. 4. 79 (l). **Verbreitung:** Endemisch entlang der Westküste Italiens; bekannt von den Prov. Genua, Livorno, Siena, Grosseto, Latina, Frosinone. ● **Florenelement:** z-submediterran. **Land:** **Eur:** **S** It.
Verwandtschaft: Die Art zeigt enge Beziehungen zu *O. morisii*; es sollte untersucht werden, ob beide zu vereinigen sind. Ferner sind sich *O. tyrrhena* und *O. aveyronensis* ähnlich.

Prächtige Ragwurz *Ophrys splendida* GÖLZ & REINHARD

Synonym: *O. arachnitiformis* sensu DEL PRETE (nicht GREN. & PHILIPPE, siehe S. 212)

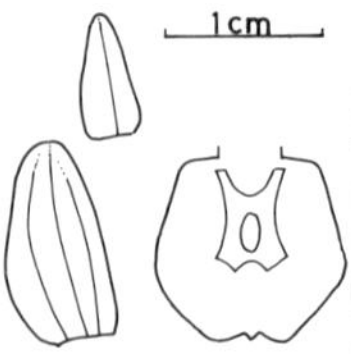

Merkmale: Stengel 10–25 cm hoch, 2–8blütig. Kelchblätter weißlich bis rosalila, 10,5–14,5 mm lang und 5,5–8 mm breit, aufrecht; seitliche Kronblätter auffällig 2farbig, weiß bis rosa mit gelbgrünem oder (orange-)rotem Rand, oft wellig, kahl; Lippe dunkelbraun mit schmalem gelbem Rand, 8–12 mm lang und (ausgebreitet!) 10–14 mm breit, konvex, oft ungehöckert, am hinteren Rand kurzhaarig, vorn ausgerandet, ohne oder mit kleinem Anhängsel; Mal H-förmig, oft die Linien flächig-schildförmig verschmolzen, graublau bis dunkelviolett mit weißem Rand. Staminodialpunkte fehlend.

Standort: Lichte Wälder, Garriguen, Magerrasen; bis 400 m; auf trockenen bis mäßig frischen, basenreichen Böden. **Blütezeit:** April, Mai. **Fotos:** Ga, Dept. Bouches-du-Rhône, 16. 4. 79 (l), 14. 5. 73 (r). **Verbreitung:** Südfrankreich; von der Rhône (Arles) bis in die Gegend von Cannes. ● **Florenelement:** w-submediterran. **Land: Eur: W** Ga.

Aveyron-Ragwurz *Ophrys aveyronensis* (J. J. WOOD) DELFORGE

Synonym: *O. sphegodes subsp. aveyronensis* J. J. WOOD

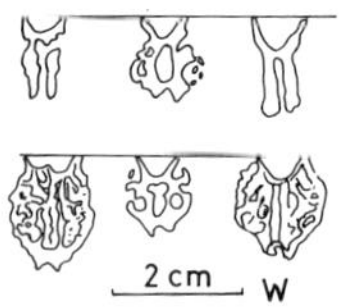

Merkmale: Stengel 10–40 cm hoch, 3–8(–12)blütig. Kelchblätter rosalila, selten cremefarben, 12–16 mm lang und 6–8 mm breit, aufrecht; seitliche Kronblätter rosa mit intensiver gefärbtem (orange-)rotem Rand, 7–10 mm lang, papillös; Lippe braun oder braunlila, 9–15 mm lang und (ausgebreitet!) 12–16 mm breit, ungeteilt oder schwach 3lappig, schwach konvex, rundum kurzhaarig, meist ungehöckert, vorn mit kleinem Anhängsel; Mal variabel, meist großflächig und sehr reich gegliedert, seltener in H- oder Streifenform, graulila und hell umrandet. Basalschwielen schwärzlich-oliv. Staminodialpunkte fehlend.

Standort: Locker verbuschte Magerwiesen, 600–700 m; auf mäßig trockenen, kalkhaltigen Böden. **Blütezeit:** Mai, Juni. **Fotos:** Ga, Dept. Aveyron, 6. 6. 82. **Verbreitung:** Südfrankreich (Dept. Aveyron, Hérault); nur wenige Fundorte im Umkreis des Causse du Larzac. ● **Florenelement:** w-submediterran. **Land: Eur: W** Ga.

Siponto-Ragwurz *Ophrys sipontensis* O. & E. DANESCH

Synonyme: *O. sphegodes subsp. sipontensis* GUMPRECHT, *O. garganica subsp. sipontensis* DEL PRETE. Keiner der Namen ist entsprechend den Nomenklaturregeln gültig veröffentlicht.

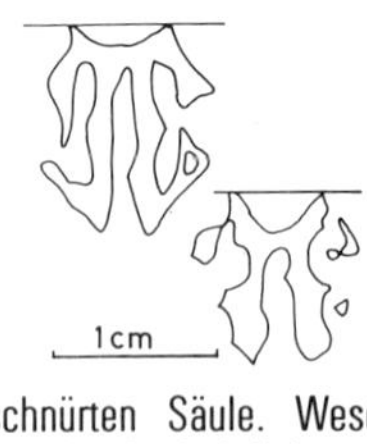

Merkmale: Die Art ist *O. incubacea* (S. 218) ähnlich, vor allem in der langen Behaarung des Lippenrandes, der dunklen Lippenfarbe und der am Grund eingeschnürten Säule. Wesentliche Unterschiede bei durchschnittlich etwas größeren Blüten sind: Kelchblätter weißlich bis rosalila, seitliche Kronblätter rosa bis braunrot, Lippe nicht oder schwach gehöckert, Mal manchmal stärker gegliedert, außer am Grund auch vorn seitlich verzweigt.

Standort: Magerrasen und -weiden; bis 600 m; auf mäßig trockenen, kalkhaltigen Böden. **Blütezeit:** April. **Fotos:** It, Prov. Fóggia, 11. 4. 74 (l), 9. 4. 82 (r). **Verbreitung:** Endemisch in Italien am Südhang und Südfuß des Monte Gargano (Manfredonia und Hinterland). ● **Florenelement:** z-submediterran. **Land: Eur: S** It.

Problematik: Die Beziehungen der Sippe zu *O. incubacea*, die ebenfalls gelegentlich rote Kelchblätter besitzt, sind zu überprüfen.

Bertolonis Ragwurz *Ophrys bertolonii* MORETTI

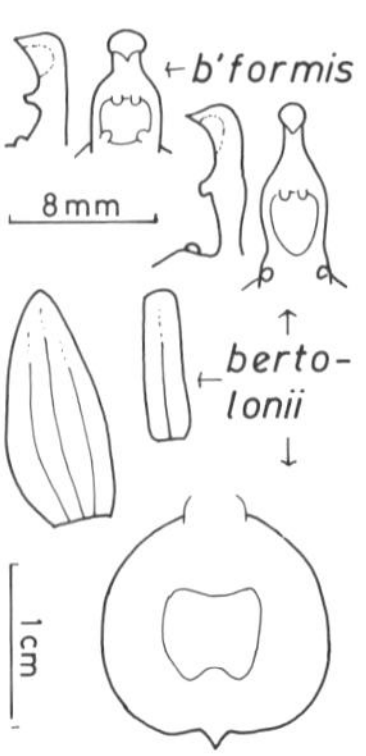

Merkmale: Stengel 10–35 cm hoch, 2–8blütig. Kelchblätter meist rosa, auch grün, 13–18,5 mm lang und 6–8 mm breit, aufrecht; seitliche Kronblätter rosa bis rot, 8–12 mm lang, ziemlich schmal (2,5–4,5mal so lang wie breit), fein behaart, mit nach vorn gebogenen Spitzen; Lippe schwarzpurpurn, ungeteilt oder selten 3lappig, 12,5–18,5 mm lang, (ausgebreitet!) so breit wie lang, aber durch die herabgebogenen Seitenteile schmal erscheinend, rundum kurzhaarig, ohne Höcker, vorn ausgerandet und mit aufrechtem gelblichem Anhängsel; Mal schildförmig in der vorderen Lippenhälfte, leuchtend blau, ohne Rand; Staminodialpunkte fehlend.

Standort: Lichte Wälder und Gebüsche, Garriguen, Magerrasen; bis 1200 m; auf frischen bis trockenen, basenreichen Böden. **Blütezeit:** März bis Juni. **Fotos:** It, Prov. Fóggia, 9. 4. 82 (l/o); Si, Prov. Siracusa, 11. 4. 76 (r/o).

Verbreitung: Apenninenhalbinsel von Ligurien südwärts, Balkanhalbinsel von Istrien bis Montenegro sowie Kerkira (Korfu). Angaben für Südfrankreich sind unsicher. ● **Florenelement:** z-mediterran z-submediterran. **Länder:** **Eur:** **SO** Gr Ju, **S** ?Me Si It ?Co.

Verwandtschaft: Aus Kreuzungen von *O. bertolonii* mit Arten des Sphegodes-Formenkreises sind stabilisierte Bastardsippen entstanden. Sie wachsen im zentralen und westlichen Mittelmeergebiet oft in individuenreichen Populationen, zum Teil außerhalb des Areals der *O. bertolonii*. Daraus kann auf ihre schon länger zurückliegende Entstehung geschlossen werden.

Da die Variabilität der Bastardsippen groß ist und sich ihre Variationsbereiche durchdringen, sind sie unter dem Namen ***O. bertoloniiformis*** O. & E. DANESCH (= *O. b. subsp. bertoloniiformis* [O. & E. DANESCH] SUNDERMANN) zusammengefaßt. Einige von ihnen werden kurz vorgestellt. Weitere Merkmale zu den im Schlüssel genannten sind: seitliche Kronblätter oft kahl, wellig und rückwärts gerichtet; Lippen oft mit Höckern, mit kleinem und abwärts gerichtetem Anhängsel, zuweilen nur schwach konvex.

1. Kelchblätter überwiegend grün: *O. bertoloniiformis*, Monte Gargano; Fotos: It, Prov. Fóggia, 26. 4. 73 (l/u), 10. 4. 74 (r/u). – *O. promontorii* O. & E. DANESCH, ähnlich voriger, seitliche Kronblätter auffällig groß, Prov. Fóggia, Frosinone, Latina; Foto: It, Prov. Fóggia, 14. 4. 81 (S. 228 l/M). – **2.** Kelchblätter überwiegend weißlich bis rosa; **2.1.** Lippen klein, 10–14 mm lang: *O. catalaunica* O. & E. DANESCH, Katalonien; Fotos (S. 228): Hs, Prov. Barcelona, 30. 4. 75 (l/o), 28. 4. 77 (r/o). – Ähnliche Sippen in Südfrankreich; Sizilien; Dalmatien (? *O. dalmatica* [MURR] SOÓ), Fotos (S. 229): Ju, Kroatien, 16. 4. 80 (l/u), 1. 4. 83 (r/u). – **2.2.** Lippen groß, 12–16 mm lang: *O. benacensis* (REISIGL) O. & E. DANESCH, Lippe ungeteilt oder schwach 3lappig, Südalpenrand (Como bis Treviso); Fotos (S. 229): It, Prov. Brescia, 20. 4. 73 (l/o); It, Prov. Trient, 28. 4. 82 (r/o). – Ähnliche Sippen in Südostfrankreich, Fotos: Ga, Dept. Var, 15. 4. 71 (S. 228 l/u, r/u); Mittelitalien. – »*O. b. f. triloba* RENZ«, ähnlich den vorigen, aber Lippe oft tief 3lappig, Balearen; Foto: Bl, Mallorca, 19. 3. 75 (S. 228 r/M).

Schlüssel für die Arten der *Ophrys-bertolonii*-Gruppe:

1 Lippe nahe der Mitte fast rechtwinklig hochgebogen (sattelförmig); Narbenhöhle 1,3–1,8mal so hoch wie breit; schwarze Basalschwielen 1,5–2 mm vor der Basis der Säule auf einer Aufwölbung des stielförmig verschmälerten Lippengrundes sitzend; Säule 7,5–9 mm hoch, schlank, zur Basis verschmälert (in Seitenansicht) . . . . . *O. bertolonii*

1* Lippe schwach aufwärts gebogen oder gerade; Narbenhöhle bis 1,2mal so hoch wie breit, oft breiter als hoch; Basalschwielen an der Basis der Säule sitzend; Säule 4,5–7,5 mm hoch, kräftig, mit verbreiteter Basis . . . *O. bertoloniiformis*

O. bertolonii

»bertoloniiformis«

darunter: »promontorii« »catalaunica« darunter: »triloba«

Sippe Var

»benacensis«

Sippe Dalmatien

Norne *Calypso bulbosa* (L.) OAKES

Synonyme: *C. borealis* (SWARTZ) SALISB., *C. americana* R. BR., *C. occidentalis* (HOLZ.) A. A. HELLER, *Cypripedium bulbosum* L.

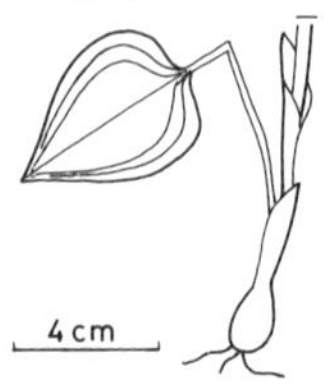

Merkmale: Pflanze mit eiförmiger Knolle, diese mit 1 Laubblatt, von den Scheiden abgestorbener Blätter umgeben. Laubblatt bis 7 cm lang gestielt, Spreite eiförmig, bis 6 cm lang und 5 cm breit. Stengel 10–20 cm, unten von wenigen scheidigen Schuppenblättern umhüllt, 1blütig. Blüte groß, in der Achsel eines rosafarbigen Tragblatts, kurz gestielt, hängend. Kelch- und seitliche Kronblätter ähnlich gestaltet, purpurrosa, schmal lanzettlich, 12–22 mm lang und 2,5–4 mm breit, aufrecht-spreizend; Lippe 15–23 mm lang, schuhförmig ausgehöhlt, hinterer Teil in einen breiten, 2spaltigen Sporn endigend, innen mit kräftigen, purpurnen Punkten und Streifen, vorderer Teil flächig, weißlich, mit gelben Haarbüscheln am Grund.
Standort: Schattige, feuchte Nadelwälder. **Blütezeit:** Mai, Juni. **Fotos:** Su, Västernorrland, 16. 6. 76.
Verbreitung: In der nordeuropäischen Nadelwaldzone verbreitet, südwärts bis 57° N. Die Art besiedelt ein zirkumpolares Areal in der temperaten und borealen Zone, reicht in Nordamerika in den Gebirgen weiter nach Süden; in Asien größere Verbreitungslücken, z. B. in Westsibirien und Ostjakutien.
Florenelement: skandinavisch n-rossisch n-sibirisch. **Länder: Eur: M** RB, **N** Su Fe RN, **O** RE.
Variation: Die Färbung der Lippe und der Harbüschel variieren geringfügig. Die von den eurasiatischen Pflanzen abweichenden nordamerikanischen Typen verdienen aber kaum mehr als den Rang von Varietäten (vgl. LUER 1975).
Verwandtschaft: Die Lippe ist im Aspekt der des Frauenschuhs ähnlich (vgl. die Benennung durch LINNÉ); beide Gattungen sind aber nicht näher verwandt.

Korallenwurz *Corallorrhiza trifida* CHÂTEL.

Synonyme: *C. intacta* CHAM., *C. innata* R. BR.

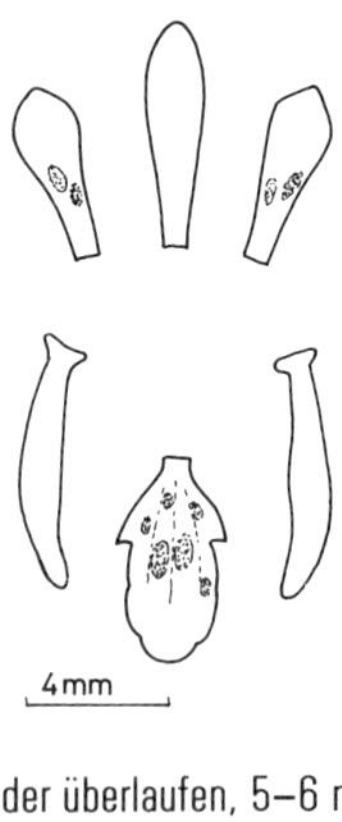

Merkmale: Pflanze mit korallenartigem, verzweigtem Rhizom, ohne Wurzeln, ohne Laubblätter. Stengel 7–30 cm, unten von wenigen scheidigen Schuppenblättern umhüllt, gelblich grün. Blütenstand locker, 2–12blütig, Blüten kurz gestielt, abstehend, Tragblätter bis 2 mm lang. Kelchblätter grünlich, oft (braun-)rot gefleckt oder überlaufen, 5–6 mm lang und 1–1,5 mm breit, die beiden seitlichen unter dem Lippenansatz in einen kurzen spornähnlichen Fortsatz auslaufend; seitliche Kronblätter ähnlich gefärbt, etwas kürzer, mit dem mittleren Kelchblatt einen lockeren Helm bildend; Lippe weiß, oft rot gefleckt, zungenförmig, 5–6 mm lang, am Grund mit 2 unauffälligen zahnförmigen Seitenlappen und 2 Längsleisten.
Standort: Schattige, humide Wälder, auch Tundren und feuchte Dünensenken; bis 2000 m; bevorzugt nährstoffärmere, schwach saure Böden. **Blütezeit:** Mai bis August. **Fotos:** Ge, Südbaden, 1. 6. 66 (l), 21. 6. 62 (M); Ge, Südwürttemberg, 17. 6. 71 (r).
Verbreitung: In Europa und Vorderasien weit verbreitet von der arktischen zur submeridionalen Zone, sehr selten in der meridionalen Zone; nur selten im w-submediterranen und s+m-atlantischen Florengebiet. Art mit zirkumpolarer Verbreitung, Hauptvorkommen in der temperaten und borealen Zone, vereinzelt weiter nördlich und in den Gebirgen weiter südlich vordringend. **Florenelement:** (meridional/montan) submeridional/montan temperat boreal (arktisch). **Länder: Eur: SO** Gr Al Ju Bu Rm RK, **S** It, **SW** Hs, **W** Ga Be †Ho Br, **M** He Au Hu Ge Da Cz Po RB, **N** Su No Fe RN Is, **O** RW RC; **Asi:** An.

Norne

Korallenwurz

Glanzkraut, Glanzwurz *Liparis loeselii* (L.) L. C. M. RICHARD

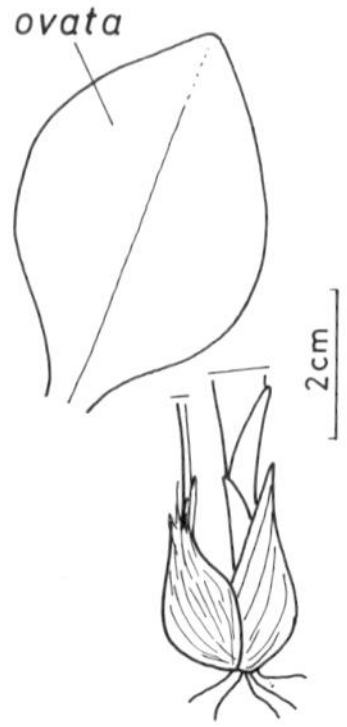

Merkmale: Pflanze mit horizontalem Rhizom, an dessen Ende nahe dem vorjährigen der neue Blütentrieb entsteht. Stengel 5–25 cm hoch, am Grund mit einer von den Blattscheiden eingehüllten Scheinknolle, oben scharf 3–5kantig. Laubblätter 2 (3), lanzettlich bis elliptisch, 2–11 cm lang und 0,7–2 cm breit, aufrecht. Blütenstand locker, 2–10 cm lang, 3–18blütig; Tragblätter kurz, schuppenförmig. Blüten gelblichgrün, kurz gestielt. Kelchblätter 4,5–5,5 mm lang und 1,4–1,8 mm breit, lanzettlich, etwas länger als die linealischen, um 0,5 mm breiten seitlichen Kronblätter und die Lippe; Lippe sichelförmig gebogen und längs gefaltet, quer gegliedert mit breit eiförmigem Vorderabschnitt und kurzem, schmalem Hinterabschnitt, mit wellig-gekerbtem Rand.

Standort: Flach- und Zwischenmoore, auch nasse Dünensenken; in niederen Lagen bis etwa 900 m; auf nassen, kalkreichen Böden. **Blütezeit:** Mai bis Juli. **Fotos:** Ge, Allgäu, 20. 6. 67 (l), 25. 6. 83 (r).

Verbreitung: In der temperaten Zone Europas verbreitet, vereinzelt in der submeridionalen Zone; wegen der speziellen Standortsansprüche selten. Außerdem ostwärts in der temperaten Zone bis Mittelsibirien, Vorposten in Jakutien und Turan; ein zweiter Arealteil im temperaten und borealen Nordamerika ohne Alaska.

Florenelement: temperat (submeridional).

Länder: Eur: SO Ju ?†Bu Rm, **S** It, **SW** Hs, **W** Ga Be Ho Br, **M** He Au Hu Ge Da Cz Po RB, **N** Su No Fe, **O** RW RE RC.

Variation: Wenig variable Art. Gelegentlich, etwa in den Dünen von Südwales, treten Varianten mit eiförmig-elliptischen Blättern auf; sie wurden als Varietät »ovata« beschrieben.

Einblatt *Malaxis monophyllos* (L.) SWARTZ

Synonyme: *M. m. var. brachypoda* (A. GRAY) MORRIS & AMES, *M. m. var. diphyllos* (CHAM.) LUER, *Microstylis monophyllos* (L.) LINDLEY

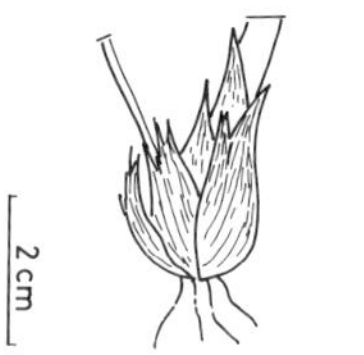

Merkmale: Pflanze mit vertikalem Rhizom. Stengel 10–30 (–50) cm hoch, am Grund mit einer von den Blattscheiden umhüllten Scheinknolle (dicht über der des Vorjahrs), oben kantig, mit 1 Schuppenblatt und 1, selten 2 Laubblättern. Laubblatt elliptisch-eiförmig, 3–10 cm lang und 1,5–5 cm breit. Blütenstand 3–15 (–25) cm lang, reich- und ziemlich dichtblütig; Tragblätter kurz, schuppenförmig. Blüten gelblichgrün, auf 1–1,5 mm langen, um 360° (oder 180°) gedrehten Stielen. Kelchblätter 2–2,7 mm lang, eiförmig-lanzettlich; seitliche Kronblätter 1,7–2,4 mm lang, linealisch; Lippe 1,7–2,4 mm lang, rundlich mit dreieckiger Spitze und 2 kleinen Seitenlappen, schüsselförmig ausgehöhlt, nach oben (oder unten) gerichtet.

Standort: Feuchte Wälder, besonders Auenwälder, Feuchtwiesen, nasse moosige Felsen; bis 1800 m; auf basenreichen Böden, gerne halbschattig wachsend. **Blütezeit:** Juni, Juli. **Fotos:** Ge, Allgäu, 15. 7. 71.

Verbreitung: In der temperaten und borealen Zone Europas verbreitet, fehlt in Westeuropa, südwärts bis in die Alpen und Karpaten. Art mit zirkumpolarem Areal in der temperaten und borealen Zone, in den Gebirgen Ostasiens und Nordamerikas bis in die meridionale Zone.

Florenelement: alpisch karpatisch (s) + n-subatlantisch zentraleuropäisch sarmatisch m-sibirisch skandinavisch (n-rossisch). **Länder: Eur: SO** Ju Rm, **S** It, **M** He Au Ge Cz Po RB, **N** Su No Fe RN, **O** RW RC.

Variation: Fast alle nordamerikanischen Pflanzen besitzen um 180° gedrehte Blüten, bei denen die Lippe nach unten (»brachypoda«) weist, gleichen aber sonst der eurasiatischen Variante, die bis Alaska reicht.

Glanzkraut

Einblatt

Weichwurz, Weichkraut *Hammarbya paludosa* (L.) O. KUNTZE

Synonym: *Malaxis paludosa* (L.) SWARTZ

Merkmale: Pflanze mit vertikalem Rhizom. Stengel 5–25 cm hoch, am Grund mit einer von den Blattscheiden umhüllten Scheinknolle (1–2 cm über der des Vorjahrs), 3–5kantig, im unteren Teil mit 1–2 Schuppenblättern und 2–3 Laubblättern. Oberstes Laubblatt am größten, lanzettlich, 8–30 mm lang und 5–11 mm breit. Blütenstand 2–15 cm lang, locker, reichblütig; Tragblätter kurz, schuppenförmig. Blüten gelblichgrün, auf 1,5–2 mm langen, um 360° gedrehten Stielen. Kelchblätter 2,4–3 mm lang, eiförmig, die seitlichen etwas kürzer als das mittlere, seitliche Kronblätter 1,5–2 mm lang, eiförmig, mit zurückgebogener Spitze; Lippe 1,5–2 mm lang, eiförmig, spitz, konkav. **Vermehrung:** Am vorderen Blattrand werden Bulbillen angelegt, die abfallen und zu Pflanzen heranwachsen.

Standort: Hochmoorschlenken, Zwischenmoore, nasse Dünensenken; bis 1100 m; auf nährstoffarmen und sauren Böden. **Blütezeit:** Juli, August. **Fotos:** Ge, Oberbayern, 31. 7. 65 (l); Ge, Allgäu, 8. 8. 78 (M), 1. 8. 77 (r).

Verbreitung: In der temperaten und borealen Zone Europas verbreitet, selten in die submeridionale Zone eindringend, so in Siebenbürgen und am unteren Don. Art mit zirkumpolarem Areal (Eurasien und Nordamerika).

Florenelement: temperat boreal (pannonisch) (pontisch). **Länder: Eur: So** Ju Rm, **S** It, **W** Ga Be Ho Br Hb Fa, **M** He Au Ge Da Cz Po RB, **N** Su No Fe RN, **O** RW RE RC.

Verwandtschaft: Die Gattung *Hammarbya* ist monotypisch. Sie ist mit der Gattung *Malaxis* sehr nah verwandt und kann auch mit dieser vereint werden.

NACHTRAG

Widders Kohlröschen *Nigritella widderi* TEPPNER & E. KLEIN

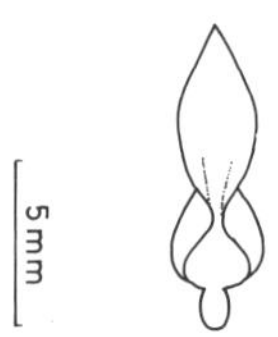

Merkmale: Blütenstand kugelig bis eiförmig. Blüten rosa, die Knospen intensiver gefärbt als die offenen Blüten. Lippe der unteren Blüten 6–9 mm lang, 2,4–3,2 mm über dem Grund sattelförmig verengt, Hinterabschnitt bauchig erweitert und 2,6–3,2 mm breit, Maße der oberen Blüten etwas kleiner; seitliche Kelchblätter etwas breiter als das mittlere und deutlich breiter als die seitlichen Kronblätter; Sporn 1–1,4 mm lang. Ungeschlechtliche Fortpflanzung.

Standort: Alpine Kalkmagerrasen; oberhalb 1500 m; basische, mäßig trockene Böden. **Blütezeit:** Juli. **Fotos:** Au, Steiermark, 18. 7. 85 (l, r/o); 23. 7. 85 (r/u), Maßstrich 1 cm.

Verbreitung: Nordöstliche Kalkalpen und Zentralapenin; die 1985 beschriebene Art ist von Veitschalpe, Hochschwab, Totem Gebirge und Loferer Alpen bekannt; vielleicht auch in Bayern zu finden.

● **Florenelement:** alpisch z-submediterran. **Länder: Eur:** S It, H Au ?Ge.

Verwandtschaft: *N. widderi* bildet mit *N. rubra, N. stiriaca* und *N. archiducis-joannis* eine Gruppe von Arten, die sich ungeschlechtlich fortpflanzen. Die anderen *Nigritella-Arten* pflanzen sich wie bei Orchideen üblich geschlechtlich fort, außer die skandinavischen Populationen der *N. nigra*. Bei der ungeschlechtlichen Fortpflanzung (Apomixis) werden keine Eizellen angelegt, aus denen nach der Befruchtung die Embryonen heranwachsen. Diese entstehen ohne Befruchtung aus Zellen der Samenanlage (Nucellus), weshalb die Bestäubung (Pollenübertragung) überflüssig ist. Die Apomixis bietet ähnliche Vorteile wie die Autogamie (siehe S. 263): Die Art wird vom Bestäuber unabhängig und vermag neue Standorte wie etwa extreme Hochgebirgslagen zu besiedeln.

Bestimmungsschlüssel

Übersicht

Zur Benutzung der Bestimmungsschlüssel

Bestimmungsschlüssel helfen, unbekannte Pflanzen zu identifizieren. Die Schlüssel sind zweigliedrig (dichotom) aufgebaut: Es stehen sich jeweils zwei Möglichkeiten gegenüber, die mit einer gemeinsamen Ziffer gekennzeichnet sind (1/1*, 2/2* usw.). Man beginnt mit Alternative 1, prüft *beide* Möglichkeiten, wählt die zutreffende und fährt bei der am Ende angegebenen Ziffer fort. Auf diese Weise schreitet man von Alternative zu Alternative voran, bis man den Namen der Art oder Unterart gefunden hat. Das Ergebnis kann dann anhand der Artbeschreibungen und Bilder im Bestimmungsteil des Bandes überprüft werden. Eine nachgestellte Ziffer in Klammer gibt den »Rückweg« an.
Dem an sich einfachen Verfahren stehen jedoch gerade bei den Orchideen mehrfache Probleme entgegen. Da sich die Arten manchmal sehr ähneln, ist es schwierig, Merkmale für die Alternativen herauszustellen, die sowohl in Kurzform zu beschreiben als auch leicht wiederzuerkennen sind. Je unauffälliger die Artunterschiede ausgeprägt sind, um so subtilere Merkmale müssen im Schlüssel verwendet werden und um so genaueres Beobachten ist folglich beim Bestimmen erforderlich. In manchen Fällen muß man eine Lupe mit etwa 10facher Vergrößerung zur Hand haben; oft wird man ohne Millimeterskala zum Messen nicht auskommen. Im Idealfall sollte jedes Pflanzenindividuum mit dem Schlüssel sicher zu bestimmen sein. Dieses Ziel ist kaum erreichbar und darf auch von den Schlüsseln dieses Buches nicht erwartet werden. Immer wieder, wenn auch mit geringer Wahrscheinlichkeit, treten Pflanzen auf, die stark vom üblichen Erscheinungsbild einer Art abweichen (etwa Farb- oder Strukturvarianten, hervorgerufen durch Mutationen oder Umwelteinflüsse). Wollte man alle Fälle berücksichtigen, würden

die Schlüssel unübersichtlich, überlang und deshalb unbenutzbar werden. Ähnliche Probleme entstehen, wenn die Arten sehr variabel sind, was besonders für *Dactylorhiza* (siehe die Bemerkung auf S. 240 zu Beginn des Schlüssels) und in geringerem Maße auch für *Ophrys* und einige *Orchis*-Formenkreise gilt. Es empfiehlt sich immer, nicht gleich das erstgefundene Exemplar zu bestimmen, sondern sich vorab in Ruhe die Population eines Wuchsortes als Ganze anzusehen. Man gewinnt einen Eindruck von der Variation und verringert so die Gefahr der Fehlbestimmung. Die Erfahrung hat gezeigt, daß Schlüssel um so unsicherer werden, je länger sie sind. Daher wurde für diesen Band der Bestimmungsablauf vom Erkennen einer Pflanze als Orchidee bis zur Feststellung der Artzugehörigkeit in Teilschritte gegliedert. Der erste Schlüssel auf S. 8–11 führt zu den Gattungen, nachgeordnete Schlüssel führen zu den Arten und Unterarten. Bei Bedarf, so vor allem bei den artenreichen Gattungen *Ophrys* und *Orchis,* wurden weitere Teilschritte zwischengeschaltet. Der Bestimmungsvorgang verläuft nach dem folgenden Schema:

Familie → Gattung → Formenkreis* → Gruppe* → Art → Unterart*

Die mit * markierten Einheiten werden nur bei Bedarf als Schlüsselschritte verwendet. Diese Gliederung bringt Vorteile für den, der schon Kenntnisse hat. Er muß nicht jedesmal im Anfangsschlüssel starten, sondern kann bei dem Teilschlüssel einsteigen, bis zu dem sein Wissen reicht. Auf einen Sachverhalt soll noch hingewiesen werden. Bei der Konstruktion von Schlüsseln steht ihre Verwendbarkeit als praktisches Hilfsmittel im Vordergrund. Daher werden, wenn immer das möglich ist, leicht zu beurteilende Merkmale herangezogen. Auf die Verwandtschaftsbeziehungen der Arten wird in diesem Zusammenhang weniger geachtet. Arten, die im Schlüssel nahe beieinander zu stehen kommen, müssen deshalb nicht zwangsläufig eng verwandt sein. Der umgekehrte Fall tritt auf, wenn sich beim Schlüsselbau Hinweise auf eine Verwandtschaft ergeben, weil zwei Arten unerwarteterweise in dieselbe Alternative zu stellen sind.

Jeder Bestimmungsschlüssel hat sein eigenes »Innenleben« – und seine Schwachstellen. Wenn der Benutzer diese schließlich entdeckt, hat er oft schon so gute Fortschritte in der Artenkenntnis gemacht, daß er den Schlüssel nicht mehr benötigt. Die Entdeckung lohnt dann wenigstens den Schweiß mancher Fehlbestimmung.

Stendelwurz *(Epipactis)*

1 Hinterabschnitt der Lippe (Hypochil) jederseits mit einem Seitenlappen; Hinter- und Vorderabschnitt (Epichil) durch ein bewegliches Gelenk verbunden . . . 2

1* Hypochil ohne Seitenlappen; Hypo- und Epichil gegeneinander nicht beweglich 3

2 Hypochil länglich-kahnförmig mit aufrechten, schmal dreieckigen Seitenlappen; Epichil schmal dreieckig, mit glattem Rand, spitz . *E. veratrifolia* (S. 14)

2* Hypochil flach schüsselförmig mit schräg spreizenden, breit dreieckigen Seitenlappen; Epichil rundlich, mit welligem Rand, stumpf *E. palustris* (S. 14)

3 (1) Stengel im Blütenstand kahl oder spärlich behaart 4

3* Stengel im Blütenstand dicht flaumig behaart bis filzig 5

4 Blüten zur Vollblüte hängend oder wenigstens stark nickend; Blätter hellgrün . . . . *E. phyllanthes* (S. 28)

4* Blüten zur Vollblüte horizontal abstehend bis kaum übergeneigt; Blätter dunkelgrün, manchmal purpurn . . . . . . *E.-troodi*-Gruppe (S. 30)

5 (3) Epichil mit 3 runzelig-warzigen Erhebungen: 2 rundliche seitliche Höcker und 1 längliche Mittelleiste . . . . . . *E.-microphylla*-Gruppe (S. 22)

5* Epichil flach oder mit 2 (selten 3) Erhebungen, die glatt oder etwas längsgefurcht sind 6

6 Fremdbestäubend: in der voll geöffneten Blüte eine kugelige Klebdrüse vorhanden (Rostelldrüse), Pollinien liegen intakt in der Pollenschüssel (oder sind bereits samt der Klebdrüse entfernt) 7

6* Selbstbestäubend: in der voll geöffneten Blüte keine Rostelldrüse vorhanden, diese entweder fehlend oder in der Knospe vorhanden und beim Aufblühen eintrocknend, Pollinien in der Knospe oder nach dem Aufblühen zerfallend . 9

7 Pflanze dunkel graugrün (die Blütenstandsachse oft bleichgrün), Blätter und gesamter Stengel einheitlich violett getönt; Blätter lanzettlich bis schmal eiförmig; Blüten seidig glänzend . . . . . . *E. purpurata* (S. 16)

7* Pflanze grün, violette Tönung fehlt oder auf den Stengel konzentriert; Blätter eiförmig bis rundlich, selten lanzettlich; Blüten nicht glänzend 8

8 Kelchblätter grün, seitliche Kronblätter und Lippe weißlich und oft mit rosa Schimmer, Hypochil innen schwarzviolett; Stengel stets grün . . . . . . *E. condensata* (S. 16)

8* Alle Perianthblätter und die Lippe rötlich überlaufen, falls grün , dann Hypochil innen nicht schwarzviolett, heller; Stengel oft violett überlaufen . . . . . . *E. helleborine* (S. 18)

9 (6) Epichil wenig bis meist deutlich länger als breit, spitz; Kelchblätter (10–) 11–15 mm lang, oft (aber nicht immer) zugespitzt *E. leptochila* (S. 28)

9* Epichil breiter als lang bis so lang wie breit, stumpf; Kelchblätter 6–11 (–12) mm lang, nicht auffällig zugespitzt . 10

10 Blätter steif, längs gefaltet und rinnig, sichelförmig gebogen, am Rand wellig, weit abstehend. – (Pflanze 25–90 cm hoch; Blätter lanzettlich, gelblich-graugrün; Kelchblätter 7–10 [–12] mm lang) . . . . . . *E. muelleri* (S. 24)

10* Blätter weich, meist flach, aufrecht abstehend bis überhängend 11

11 Blüten 5–10 mm lang gestielt. – (Pflanze 20–60 cm hoch; Blätter lanzettlich, dunkelgrün, violett überlaufen; Kelchblätter 9–12 mm lang) . . . . . . *E. greuteri* (S. 24)

11* Blüten bis 4 mm lang gestielt . . . 12

12 Narbe seitlich am Grund jederseits mit 1 spitzen Höcker. – (Pflanze 30–60 cm hoch; Blätter lanzettlich, gelblichgrün; Kelchblätter 8–11 mm lang) . . . . . . *E. youngiana* (S. 24)

12* Narbe ohne spitze Höcker 13

13 Säule mit Pollenschüssel, Narbenfläche schräg zur Längsachse des Fruchtknotens (siehe Abb. S. 24) 14

13* Pollenschüssel fehlend, Narbenfläche senkrecht zur Längsachse des Fruchtknotens 15

14 Stengel grün; Epichil meist mit aufgebogenen Rändern und vorgestreckter Spitze, ohne Rotfärbung. – (Pflanze 10–30 [–45] cm hoch; Blätter lanzettlich, hellgrün; Kelchblätter 6–9,5 mm lang) . . . . . . *E. albensis* (S. 24)

14* Stengel unten violett; Epichil mit flachen Rändern und zurückgekrümmter Spitze, meist rötlich überlaufen. – (Pflanze 20–60 cm hoch; Blätter eiförmig-lanzettlich, gelblichgrün; Kelchblätter 6–8 mm lang) . . . . *E. dunensis* (S. 24)

15 (13) Blätter breit eiförmig, mit glattem Rand; Tragblätter kürzer bis so lang wie die Blüten; Kelchblätter (8–) 9–11 mm lang . . . autogame »neerlandica«-Rasse (S. 18)

15* Blätter eiförmig-lanzettlich, mit welligem Rand; untere Tragblätter viel länger als die Blüten; Kelchblätter 6–8 mm lang 16

16 Hypochil innen helloliv bis bräunlich; Epichil grünlich-weiß, selten mit rosa Schimmer; Blätter in der Stengelmitte gedrängt (ausgenommen die Schuppenblätter). – (Pflanze 15–35 cm hoch; Blätter hellgrün) . *E. pontica* (S. 24)

16* Hypochil innen (dunkel)rot; Epichil weiß, meist rötlich überlaufen; Blätter ziemlich regelmäßig am Stengel verteilt (siehe Alternative 14*) . *E. dunensis* (S. 24)

Waldvögelein *(Cephalanthera)*

1 Lippe der Blüte kurz gespornt; Laubblätter oft tütenförmig eingerollt . . . . . . *C.-epipactoides*-Gruppe (S. 36)

1* Lippe spornlos; Laubblätter flach . . 2

2 Blüten purpurrosa; Stengel im Blütenstand samt den Fruchtknoten dicht drüsig behaart . . . . . *C. rubra* (S. 34)

2* Blüten (gelblich-)weiß; Stengel und Fruchtknoten mit vereinzelten Haaren 3

3 Laubblätter lanzettlich, 4–6mal so lang wie breit; Tragblätter der Blüten (ausgenommen manchmal das unterste und zweitunterste) viel kürzer als die Fruchtknoten . . . . *C. longifolia* (S. 34)

3* Laubblätter eiförmig, 2–3mal so lang wie breit; Tragblätter nach oben allmählich kleiner werdend, die unteren länger, die oberen kürzer als die Fruchtknoten . . . . *C.-damasonium*-Gruppe (S. 32)

Waldhyazinthe *(Platanthera)*

1 Sporn länger als 13 mm (*Platanthera* im engen Sinn) 2

1* Sporn kürzer als 9 mm 4

2 Die beiden Staubbeutelfächer parallel, etwa 1 mm entfernt . *P. bifolia* (S. 54)

2* Die beiden Staubbeutelfächer schräg zueinander, am Grund 2–4 mm, an der Spitze 0,5–2 mm entfernt 3

3 Blüten (wenigstens die seitlichen Kelchblätter) weiß oder gelblich-weiß . . . . . . *P. chlorantha* (S. 54)

3* Blüten grün oder gelbgrün . . . . . . *P.-algeriensis*-Gruppe (S. 52)

4 (1) Pflanze mit nur 1 grundständigen Laubblatt (*Lysiella*) *P. obtusata* (S. 58)

4* Pflanze mit mehreren am Stengel verteilten Laubblättern (*Limnorchis*) 5

5 Lippe an der Spitze aufwärts gebogen; Sporn 7–9 mm lang *P. azorica* (S. 56)

5* Lippe gerade oder abwärts gebogen; Sporn 2–5 (–7) mm lang 6

6 Seitliche Kelchblätter eiförmig, kaum gedreht, ihre Fläche in die gleiche Richtung wie die der Lippe orientiert; Sporn 2–3 mm lang . *P. micrantha* (S. 56)

6* Seitliche Kelchblätter lanzettlich, zur Orientierung der Lippe gedreht; Sporn 3,5–5 (–7) mm lang . . . . . . *P. hyperborea* (S. 56)

Die Arten des Gebiets gehören zu 3 verschiedenen Sektionen, die manchmal auch als selbständige Gattungen bewertet werden. Ihre Namen sind im Schlüssel genannt.

Knabenkraut *(Dactylorhiza)*

Gliederung der Gattung:

1. Sambucina-Formenkreis
   D.-romana-Gruppe: *D. romana, D. markusii, D. flavescens; D. insularis, D. sambucina*
2. Iberica-Formenkreis
   D. iberica
3. Maculata-Formenkreis
   a) *D. umbrosa, D. osmanica; D.-urvilleana*-Gruppe: *D. urvilleana, D. nieschalkiorum*
   b) *D. foliosa, D. saccifera, D. maculata*
   c) *D.-majalis*-Gruppe: *D. euxina, D. majalis, D. cordigera; D.-purpurella*-Gruppe: *D. purpurella, D. kerryensis*
   d) *D. baltica*
   e) *D. lapponica, D. cruenta, D. traunsteineri, D. baumanniana*
   f) *D. kalopissii; D.-praetermissa*-Gruppe: *D. praetermissa, D. sphagnicola*
   g) *D. elata*
   h) *D.-incarnata*-Gruppe: *D. incarnata, D. ochroleuca*

Von den europäischen Orchideengattungen ist *Dactylorhiza* die schwierigste, was die Unterscheidung und Bestimmung der Sippen angeht. Die Probleme resultieren aus der genetischen Struktur der Gattung, die sich für den Taxonomen und Floristen vor allem in drei Merkmalen äußert: 1. Die Sippen sind nur wenig voneinander differenziert, ihre morphologischen Unterschiede sind gering. 2. Die Populationen und Sippen besitzen meist eine ungewöhnlich große Variabilität; immer wieder trifft man auf Pflanzen, die stark vom Mittel abweichen. 3. Wo verschiedene Sippen gemeinsam wachsen, entstehen Bastarde, wodurch die morphologischen Grenzen verwischt werden. – Zu diesen biologischen Kriterien gesellt sich oft noch erschwerend ein ungenügender Kenntnisstand.

Der Bestimmungsschlüssel versucht, die Probleme zu berücksichtigen. Er ist im allgemeinen nur für Populationen, nicht für Einzelexemplare anwendbar. Stets sollten mehrere Pflanzen geprüft und die mittlere Ausprägung eines Merkmales erfaßt werden. Um Fehlbestimmungen gering zu halten, sind manche Arten mehrfach in den Schlüssel eingebaut. Zudem wird auf relativ seltene Extremformen hingewiesen, indem der Artname bei der Alternative erwähnt ist (»siehe auch . . .«), zu der man bei Beachtung nur der Merkmalsextreme kommen kann. Trotz alledem wird das sichere Ansprechen der Arten erst nach längerer Erfahrung zu erreichen sein.

1 Sporn aufwärts gerichtet 2

1* Sporn horizontal oder abwärts gerichtet 3

2 Sporn gerade; seitliche Kelchblätter seitwärts horizontal spreizend bis schräg aufgerichtet; Laubblätter meist am Stengel verteilt . . . . *D. insularis* (S. 72)

2* Sporn gebogen; seitliche Kelchblätter senkrecht aufgerichtet; untere Laubblätter in einer Rosette . . . . . . *D.-romana*-Gruppe (S. 70)

3 (1) Blüten gelb 4

3* Blüten rot, rosa, selten weiß 6

4 Sporn gerade, zylindrisch, 1,5–2 mm dick . . . . *D. insularis* (S. 72)

4* Sporn gebogen, kegelförmig, am Ansatz meist deutlich dicker als 2 mm . . . 5

5 Lippe (ausgebreitet!) 11–17 mm breit; Sporn 10–15 mm lang . . . . . . *D. sambucina* (S. 74)

5* Lippe 5–9 mm breit; Sporn 6,5–10 mm lang . . . *D.-incarnata*-Gruppe (S. 90)

6 (3) Sporn schlank zylindrisch, 1–1,5 mm dick 7

6* Sporn breit zylindrisch oder kegelförmig, dicker als 2 mm 9

7 Seitliche Kelchblätter nach außen gedreht, schräg oder senkrecht aufgerichtet oder nach vorn gerichtet und mit nach unten weisender Oberseite . . . . . . *D. maculata* (S. 100)

7* Alle Perianthblätter schräg nach vorn gerichtet (zuweilen helmförmig zusammenneigend), nicht gedreht und mit nach innen weisender Oberseite 8

8 Laubblätter länglich-lanzettlich, 3–4mal so lang wie breit; Lippe breiter als lang . . . . *D. foliosa* (S. 98)

8* Laubblätter lineal-lanzettlich, mehr als 7mal so lang wie breit; Lippe oft länger als breit . . . . . . *D. iberica* (S. 74)

9 (6) Größte Blätter lineal-lanzettlich, mehr als (6)7mal so lang wie breit 10

9* Größte Blätter lanzettlich bis eiförmig, höchstens 6(7)mal so lang wie breit 15

10 Lippe auf der ganzen Fläche fein punktiert, seltener auch mit kurzen Strichen und angedeutetem Schleifenmuster; Blüten rosa . *D. sphagnicola* (S. 86) [siehe auch *D. praetermissa*, S. 86; *D. incarnata*, S. 90]

10* Lippe mit Schleifenmuster aus Strichen und großen Punkten, selten fein punktiert; Blüten oft purpurrot, auch rosa 11

11 Lippe ungeteilt oder seicht 3lappig mit aufgesetztem Mittellappen und stumpfwinkligen Buchten; Blätter oft steif aufrecht, wenig vom Stengel abstehend, an

der Spitze kapuzenförmig . . .
. . . *D. incarnata* (S. 90)
[siehe auch *D. traunsteineri*, S. 94]

11* Lippe 3lappig mit tiefen, spitzwinkligen Buchten zwischen Mittel- und Seitenlappen; Blätter schräg bis weit vom Stengel abstehend, an der Spitze meist flach 12

12 Kräftige Pflanze, über (25) 30 cm hoch, mit (4–) 5–10 Blättern, größtes Blatt über (10) 15 cm lang 13

12* Zierliche Pflanze, bis 30 (40) cm hoch, mit 2–6 Blättern, größtes Blatt bis 12 (16) cm lang 14

13 Sporn 6–9 mm lang; Lippe 6,5–9 mm lang; Blätter meist klein gefleckt, selten ungefleckt . . . . . *D. baltica* (S. 88)

13* Sporn 9–16 mm lang; Lippe 9–15 mm lang; Blätter oft ungefleckt, ziemlich selten gefleckt . . . . *D. elata* (S. 88)

14 (12) Sporn kegelförmig mit breitem Ansatz, zum Ende gleichmäßig verschmälert (Aufsicht von oben) . . .
. . . *D. traunsteineri* (S. 94)
[siehe auch *D. lapponica*, S. 92; *D. maculata*, S. 100]

14* Sporn zylindrisch mit schmalem Ansatz, oft in der Mitte etwas erweitert (Aufsicht von oben) . . .
. . . *D. baumanniana* (S. 96)
[siehe auch *D. majalis subsp. brevifolia/turfosa*, S. 96]

15 (9) Lippe um den Sporneingang gelblich, Blüten zinnober- oder karminrot (warmes Rot) . . . . . . *D. sambucina* (S. 74)

15* Lippe ohne Gelb, Blüten purpurrot (kaltes Rot), selten karminrot (dann der Sporn kürzer als 10 mm) 16

16 Lippe nur mit Punkten oder mit feinen Strichen in Schleifen und vielen (feinen) Punkten 17

16* Lippe mit Strichen und Linien meist in Schleifen, daneben oft auch (groben) Punkten 20

17 Hohe Pflanzen, Stengel höher als 20 cm, meist über 30 cm; größte Blätter länger als 8 cm, meist über 12 cm lang; Blüten meist hell gefärbt (rosa) 18

17* Niedrige Pflanzen, Stengel bis 30 (40) cm hoch; größte Blätter bis 12 (16) cm lang; Blüten meist dunkel purpurrot 19

18 Sporn 5–9,5 mm lang, meist kürzer als 8,5 mm; Blattflecken, falls vorhanden, meist groß, oft ringförmig, und auf der ganzen Blattfläche . . . .
. . . . *D. praetermissa* (S. 86)

18* Sporn 8–12,5 mm lang, meist länger als 8,5 mm; Blattflecken, falls vorhanden, meist punktförmig und in der vorderen Blatthälfte . *D. kalopissii* (S. 80)
[siehe auch *D. elata*, S. 88]

19 (17) Rand der Lippe grob unregelmäßig gezähnt . . . . . . *D. euxina* (S. 80)

19* Rand der Lippe nicht gezähnt (manchmal der Seitenlappen mit großer Kerbe) . .
. . . *D.-purpurella*-Gruppe (S. 84)
[siehe auch *D. baumanniana*, S. 96]

20 (16) Sporn ⅔–¾ so lang wie die Lippe *D. osmanica* (S. 76)

20* Sporn fast so lang (⁹⁄₁₀) oder länger als die Lippe 21

21 Lippe auf der ganzen Fläche gezeichnet, entweder fächerförmig oder mit Schleifenmuster und reichlich auch in der seitlichen Randzone 22

21* Lippe mit Schleifenmuster, in der (manchmal schmalen) seitlichen Randzone nicht oder vereinzelt gezeichnet 26

22 Sporn 5–10 (–11) mm lang; untere Tragblätter oft kürzer als die Blüten 23

22* Sporn 9–17 mm lang; untere Tragblätter länger als die Blüten 24

23 Stengel (meist) markerfüllt, oben mit 2–4 (–6) kleinen, nicht scheidigen Blättern, das oberste Blatt meist nicht den Blütenstand erreichend . . .
. . . *D. maculata (fuchsii)* (S. 100)
[siehe auch *D. saccifera*, S. 98]

23* Stengel hohl, ohne oder mit 1–3 nicht scheidigen Blättern, das oberste Blatt den Blütenstand erreichend . . .
. . . *D.-purpurella*-Gruppe (S. 84)

[siehe auch *D. majalis*, S. 82; *D. cruenta*, S. 92; *D. praetermissa*, S. 86]

24 (22) Mittellappen der Lippe groß, seine Fläche (⅓) ½ bis fast so groß wie die eines Seitenlappens; Stengel oft markerfüllt . . . . *D. saccifera* (S. 98)

24* Mittellappen klein, seine Fläche weniger als ¼ (⅓) als die eines Seitenlappens; Stengel hohl 25

25 Seitliche Kelchblätter nach vorn geneigt oder schräg aufgerichtet; Sporn gerade, zylindrisch *D.-urvilleana*-Gruppe (S. 78) [siehe auch *D. majalis* und *D. kalopissii*, S. 80]

25* Seitliche Kelchblätter senkrecht aufgerichtet; Sporn oft gebogen, zylindrisch-kegelförmig . . . . *D. elata* (S. 88)

26 (21) Sporn kürzer bis kaum länger als die Lippe, zuweilen kräftig gebogen 27

26* Sporn mehr als 1,2mal so lang wie die Lippe, gerade oder kaum gebogen . 28

27 Lippe breiter als lang, am Grund breit keilförmig/abgerundet; seitliche Kelchblätter senkrecht aufgerichtet . . . . . . *D. elata* (S. 88)

27* Lippe meist länger als breit, am Grund schmal keilförmig; seitliche Kelchblätter schräg aufgerichtet *D. umbrosa* (S. 76)

28 (26) Blätter eiförmig-lanzettlich, 2–3,5(–4,5)mal so lang wie breit 29

28* Blätter lanzettlich, (3–)4–6mal so lang wie breit 30

29 Lippe meist weniger als 7 mm lang und 8,5 mm breit; Blätter bis 2,5 cm breit, oft beidseitig gefleckt *D. cruenta* (S. 92)

29* Lippe meist über 7 mm lang und 8,5 mm breit; Blätter breiter als 2 cm, oft einseitig gefleckt . *D.-majalis*-Gruppe (S. 82) [siehe auch *D.-purpurella*-Gruppe, S. 84]

30 (28) Sporn kegelförmig mit breitem Ansatz (Aufsicht von oben) 31

30* Sporn zylindrisch mit schmalem Ansatz (Aufsicht von oben) 32

31 Blätter oberseits kräftig gefleckt; das oberste Blatt meist nicht den Blütenstand erreichend, dieser locker 5–20blütig . . *D. lapponica* (S. 92)

31* Blätter beiderseits gefleckt oder ungefleckt; das oberste Laubblatt meist den Blütenstand erreichend, dieser dicht 10–30blütig . . . *D. cruenta* (S. 92)

32 (30) Lippe deutlich (bis 1,8mal) breiter als lang; Seitenlappen und zuweilen der Mittellappen gezähnt; Blütenstand dicht, breit zylindrisch . . *D. majalis* (S. 82) [siehe auch *D. m. subsp. brevifolia/turfosa*, S. 96]

32* Lippe wenig (bis 1,3mal) breiter als lang; Seiten- und Mittellappen ganzrandig; Blütenstand etwas locker, schmal zylindrisch . . *D. baumanniana* (S. 96)

Knabenkraut *(Orchis)*

Gliederung der Gattung:

1. Coriophora-Formenkreis
   O. coriophora, O. sancta
2. Laxiflora-Formenkreis
   O. laxiflora, O. palustris
3. Mascula-Formenkreis
   O. mascula, O. olbiensis subsp. olbiensis, O. o. subsp. ichnusae, O. signifera, O. scopulorum; O.-pinetorum-Gruppe: *O. pinetorum, O. langei; O. pallens, O. provincialis; O.-pauciflora*-Gruppe: *O. pauciflora, O. laeta; O. anatolica*
4. Collina-Formenkreis
   O. collina, O. spitzelii, O. canariensis; O.-patens-Gruppe: *O. patens, O. prisca*
5. Papilionacea-Formenkreis
   O. papilionacea
6. Quadripunctata-Formenkreis
   O. quadripunctata, O. brancifortii
7. Boryi-Formenkreis
   O. boryi, O. israelitica

8. Morio-Formenkreis
O. morio subsp. morio, O. m. subsp. syriaca, O. m. subsp. albanica; O.-longicornu-Gruppe: *O. longicornu, O. champagneuxii*
9. Militaris-Formenkreis
O. punctulata, O. galilaea; O.-tridentata-Gruppe: *O. tridentata, O. conica, O. lactea; O. purpurea; O.-militaris*-Gruppe: *O. militaris, O. stevenii; O. italica, O. simia, O. ustulata*

Der erste Teilschlüssel führt zu mehreren Formenkreisen sowie auch direkt zu einigen Arten. Die Arten der Formenkreise können in nachfolgenden Teilschlüsseln bestimmt werden. Siehe auch den Sonderschlüssel für die Arten mit umgekehrter Blühfolge S. 245.

1 Lippe ungeteilt 2

1* Lippe 3lappig (manchmal nur seicht!) 5

2 Blätter am Stengel verteilt, alle flächig entwickelt . . . *O. palustris* (S. 112)

2* Untere Blätter flächig und am Stengelgrund rosettig gedrängt, obere scheidig-stengelumfassend 3

3 Seitliche Kelchblätter senkrecht aufgerichtet und nach außen gedreht; Sporn sackförmig, etwa doppelt so lang wie dick . . . . *O. collina* (S. 124)

3* Seitliche Kelchblätter nach vorn geneigt, nicht oder nach innen gedreht; Sporn schlank, mehrfach länger als dick . . 4

4 Lippe nahe dem Grund am breitesten, halbkreisförmig . . . . . . *O. papilionacea* (S. 130)

4* Lippe breit keilförmig, im vorderen Drittel am breitesten . . *O. boryi* (S. 134)

5 (1) Die 3 Kelchblätter nach vorn geneigt, einen geschlossenen Helm bildend, aber zuweilen mit zurückgebogenen Spitzen 6

5* Kelchblätter zurückgeschlagen, aufgerichtet oder etwas nach vorn geneigt, keinen geschlossenen Helm bildend . 8

6 Sporn aufwärts gebogen; Lippe meist deutlich breiter als lang, oft mit herabgebogenen Seitenlappen . . . . . . Morio-Formenkreis (S. 244)

6* Sporn abwärts gerichtet oder gebogen; Lippe so lang oder länger als breit, mit ausgebreiteten Seitenlappen 7

7 Mittellappen der Lippe kleiner als die Seitenlappen, dreieckig, nicht 2geteilt . . . . Coriophora-Formenkreis (S. 110)

7* Mittellappen größer als die Seitenlappen, 2spaltig und nach vorn meist verbreitert . . . . . . Militaris-Formenkreis (S. 245)

8 (5) Blätter am Stengel verteilt, alle flächig entwickelt, lineal-lanzettlich, nahe dem Grund am breitesten . . . . . . Laxiflora-Formenkreis (S. 112)

8* Untere Blätter flächig und am Stengelgrund rosettig gedrängt, eiförmig-lanzettlich, in der Mitte oder weiter vorn am breitesten, obere Blätter scheidig-stengelumfassend 9

9 Sporn aufwärts gerichtet oder gebogen . . . . Mascula-Formenkreis (S. 244)

9* Sporn horizontal oder abwärts gerichtet oder gebogen 10

10 Blüten klein, mit 3–7 mm langen Kelchblättern . . . . Quadripunctata-Formenkreis (S. 132)

10* Blüten größer, mit mehr als (6) 7 mm langen Kelchblättern 11

11 Sporn mindestens 5mal (meist 7–8mal) so lang wie dick . . . . . . Boryi-Formenkreis (S. 134)

11* Sporn höchstens 4mal so lang wie dick 12

12 Sporn schlank, etwa 2 mm dick, am Ansatz nicht auffällig erweitert, meist horizontal . . . . *O. scopulorum* (S. 116)

12* Sporn dick, sack- oder kegelförmig, am Ansatz mehr als 3 mm dick, häufig abwärts gerichtet . . . . . . Collina-Formenkreis (S. 244)

Orchis: Mascula-Formenkreis

1 Blüten gelb 2
1* Blüten rot 4
2 Lippe ohne rote Punkte; Blätter elliptisch-eiförmig, bis etwa 4mal so lang wie breit, ungefleckt . *O. pallens* (S. 120)
2* Lippe mit roten Punkten; Blätter (lineal-) lanzettlich, mehr als 4mal so lang wie breit, mit oder ohne Flecken 3
3 Blätter gefleckt; Lippe schafsnasenförmig (Mittellappen von der Seite gesehen im Winkel von etwa 60° nach unten geknickt) . . . *O. provincialis* (S. 120)
3* Blätter ungefleckt; Lippe ohne Knick in der Längsrichtung, Mittellappen gerade vorgestreckt . . . . . . *O.-pauciflora*-Gruppe (S. 122)
4 (1) Sporn langgestreckt-kegelförmig, vom Ansatz gleichmäßig verjüngt, viel länger als die Lippe . . . . . . *O. anatolica* (S. 124)
4* Sporn zylindrisch-keulenförmig (im Enddrittel erweitert) oder zylindrisch und kaum länger als die Lippe 5
5 Seitliche Kelchblätter bei voll geöffneten(!) Blüten steil bis senkrecht aufgerichtet und nach außen gedreht, von vorn gesehen in Schräg- oder Kantenstellung 6
5* Seitliche Kelchblätter nach vorn geneigt und seitwärts spreizend, nicht gedreht, von vorn gesehen in Flächenaufsicht, selten schräg aufgerichtet und etwas gedreht 8
6 Stengel (10–) 20–60 cm hoch; Blütenstand (5–) 8–20 cm lang, mit mehr als (10) 15 Blüten, diese purpurrot (von einem kalten Rotton) *O. mascula* (S. 114)
6* Stengel 10–25 (–35) cm hoch; Blütenstand 3–8 (–12) cm lang, mit 6–15 (–25) Blüten, diese weißlich, hell- oder kräftig rosa (oft von einem warmen Rotton): *O. olbiensis* 7
7 Sporn 13–19 mm lang, 1⅓–2mal so lang wie die Lippe, nach oben gebogen . . . . *O. o. subsp. olbiensis* (S. 114)
7* Sporn 9–14 mm lang, 1–1¼mal so lang wie die Lippe, gerade, wenig aufwärts gerichtet . . . . . . *O. o. subsp. ichnusae* (S. 114)
8 (5) Kelchblätter spitz, mit kurzer bis verlängerter Spitze . *O. signifera* (S. 114)
8* Kelchblätter stumpf, abgerundet . . . 9
9 Sporn 6–8 mm lang . . . . . . *O. scopulorum* (S. 116)
9* Sporn 10–15 mm lang . . . . . . *O.-pinetorum*-Gruppe (S. 118)

Orchis: Collina-Formenkreis

1 Lippe ungeteilt . . *O. collina* (S. 124)
1* Lippe 3lappig 2
2 Lippe mit heller Grundfarbe (weißlich bis blaßviolett); Leisten beiderseits des Sporneingangs von der Seite gesehen gerade; Kelchblätter auf der Innenseite ohne Punkte . *O. canariensis* (S. 126)
2* Lippe mit kräftiger Grundfarbe (purpurrosa bis -rot); Leisten beiderseits des Sporneingangs von der Seite gesehen treppenstufenförmig; Kelchblätter auf der Innenseite meist mit purpurnen Punkten 3
3 Kelchblätter auf der Innenseite (abgesehen von den Punkten) einfarbig, olivgrün, zuweilen rötlich überlaufen (besonders am Rand) . . *O. spitzelii* (S. 126)
3* Kelchblätter auf der Innenseite zweifarbig, mit grünem Zentrum und breitem Farbrand *O.-patens*-Gruppe (S. 128)

Orchis: Morio-Formenkreis

1 Seitenlappen der Lippe meist rechtwinklig zur Lippenmitte nach unten geschlagen, zuweilen sich mit den Vorderrändern berührend; weißliche Lippenmitte von den intensiv gefärbten Seitenlappen scharf abgegrenzt *O.-longicornu*-Gruppe (S. 138)
1* Seitenlappen fast flach oder schräg nach unten gerichtet; falls nach unten geschlagen, dann die helle Färbung der Lippenmitte auf die Seitenlappen übergreifend, allmählicher Farbübergang . . . . . . *O.-morio*-Gruppe (S. 136)

Orchis: Militaris-Formenkreis

1 Tragblätter der Blüten ungefähr so lang wie die Fruchtknoten 2

1* Tragblätter höchstens halb so lang wie die Fruchtknoten 3

2 Kelchblätter 3,5–4,5 mm lang, außen rot- bis schwarzbraun *O. ustulata* (S. 150)

2* Kelchblätter länger als 5 mm, grün, weißlich oder rosa . . . . . . *O.-tridentata*-Gruppe (S. 142)

3 (1) Blüten gelb, zuweilen rot markiert . 4

3* Blüten rot 5

4 Blütenstand von unten nach oben aufblühend; die 2 Zipfel des Mittellappens rundlich bis schmal rhombisch, bis 2,5mal so lang wie der Mittelzahn . . . . . . *O. punctulata* (S. 140)

4* Blütenstand umgekehrt aufblühend (von oben nach unten); Zipfel des Mittellappens linealisch, viel länger als der Mittelzahn . . . . *O. galilaea* (S. 140)

5 (3) Seitenlappen und Zipfel des Mittellappens lang zugespitzt; Blätter am Rand wellig . . . . . . *O. italica* (S. 148)

5* Seitenlappen und Zipfel des Mittellappens stumpf; Blätter am Rand glatt 6

6 Seitenlappen und Zipfel des Mittellappens linealisch, etwa 10mal so lang wie breit, unregelmäßig gekrümmt . . . . . . *O. simia* (S. 148)

6* Seitenlappen und Zipfel des Mittellappens länglich bis breit eiförmig, höchstens 5mal so lang wie breit, meist flach . . 7

7 Blütenstand von oben nach unten aufblühend: siehe Alternative 4* (*O. galilaea*)

7* Blütenstand von unten nach oben aufblühend 8

8 Außenseite der Kelchblätter rosa bis blaßviolett . . *O.-militaris*-Gruppe (S. 146)

8* Außenseite der Kelchblätter braunrot überlaufen oder gefleckt, selten blaß bräunlich-rosa . . . . *O. purpurea* (S. 144)

Sonderschlüssel für die Arten mit umgekehrter (inverser) Blühfolge

Bei wenigen Arten öffnen sich die Blüten eines Blütenstandes von oben nach unten. Beim Normaltyp erblüht die unterste Blüte zuerst, die oberste zuletzt.

1 Kelchblätter nicht helmförmig zusammenneigend; Sporn länger als 9,5 mm . . . . . . Boryi-Formenkreis (S. 134)

1* Kelchblätter einen geschlossenen Helm bildend; Sporn bis 6 mm lang 2

2 Lippe 14–20 mm lang, weißlich mit purpurnen Zipfeln, rot punktiert . . . . . . *O. simia* (S. 148)

2* Lippe 10–12 mm lang, weiß, rosa oder blaßgelb, rot gefleckt *O. galilaea* (S. 140)

Riemenzunge *(Himantoglossum)*

Eine schwierige Gattung, deren Systematik noch nicht abschließend geklärt ist. Die Variationsbreite aller Arten ist beachtlich. Die Merkmale sollten daher immer an mehreren Pflanzen einer Population geprüft werden; Einzelpflanzen sind manchmal schwer oder nicht zu bestimmen.

1 Mittellappen der Lippe an der Spitze bis 3,5 (7) mm tief eingeschnitten; Blütenstand dicht, die Blüten im Mittel 2–4 (–5) mm voneinander entfernt . . . . . . *H. hircinum* (S. 154)

1* Mittellappen 5–50 mm tief eingeschnitten; Blütenstand locker, die Blüten im Mittel 5–10 (–15) mm voneinander entfernt 2

2 Lippe am weißlichen Grund ohne Markierung (oder mit winzigen Punkten); Seitenlappen 3–6 mm lang; der Mittellappen horizontal oder schwach abwärts gerichtet . . . *H. affine* (S. 156)

2* Lippe am weißlichen Grund mit kräftigen Flecken (selten nicht markiert); Seitenlappen 5–25 mm lang; der Mittellappen schräg abwärts gerichtet 3

3 Sporn 2,5–3,5 (–5) mm lang; Kelchblatthelm klein, seitliche Kelchblätter 8,5–11,5 mm lang . . . . . . *H. adriaticum* (S. 154)

3* Sporn (5–) 6,5–13 mm lang; Kelchblatthelm groß, seitliche Kelchblätter 13–18,5 mm lang . . . . *H. caprinum* (S. 156)

Zungenstendel *(Serapias)*

Einige der Arten sehen sich ähnlich und können nur dann sicher bestimmt werden, wenn man die Blüten genau vermißt. Dazu ist es zuweilen nötig, die Lippe flach auszubreiten, was mit etwas Fingerspitzengefühl ohne Zerstörung der Blüten gelingt. Die Lippe ist gegliedert und besteht aus einem vorderen (Epichil) und einem hinteren Abschnitt (Hypochil).

1 Lippe am Ansatz mit 1 ungeteilten (aber manchmal gelappten), großen Schwiele, die beim Blick in die Blüte zu sehen ist . . . . . *S. lingua* (S. 166)

1* Lippe am Ansatz mit 2 länglichen, kleinen Schwielen (Leisten), die erst nach Zerlegung der Blüte zu sehen sind 2

2 Lippe 14–19 mm lang, Epichil 7–11,5 mm lang . . . . *S. parviflora* (S. 166)

2* Lippe länger als 20 mm und Epichil länger als 12 mm 3

3 Epichil eiförmig-lanzettlich, größte Breite mindestens das 1,7fache der Breite am Ansatz, ⅔ bis fast so breit wie das (ausgebreitete!) Hypochil 4

3* Epichil lanzettlich, größte Breite höchstens das 1,6fache der Breite am Ansatz, ⅓–⅔ so breit wie das Hypochil . . . 5

4 Stengel und Blätter am Grund purpurn gesprenkelt; Schwielen der Lippe nach außen spreizend . . *S. cordigera* (S. 160)

4* Stengel und Blätter nicht gesprenkelt; Schwielen der Lippe parallel . . . . . . *S.-neglecta*-Gruppe (S. 158)

5 (3) Lippe 32–42 mm lang; Epichil 18–28 mm lang; Kelchblätter 23–33 mm lang . . . . *S.-vomeracea*-Gruppe (S. 162)

5* Lippe 23–31 mm lang; Epichil 12–18,5 mm lang; Kelchblätter 18–26 mm lang 6

6 Stengel mit 2–4 (–5) Blüten; Epichil bis zur Spitze dicht behaart; Pflanzen in Gruppen wachsend, da jährlich je Pflanze 2 neue Knollen gebildet werden . . . . . . *S. olbia* (S. 160)

6* Stengel mit 4–12 Blüten; Epichil nur am Ansatz mäßig behaart; Pflanzen einzeln (jährlich nur 1 neue Knolle) 7

7 Epichil einfarbig; Hypochil (ausbreiten!) 11,5–14,5 mm breit, die Seitenlappen meist dunkler gefärbt als der Mittelteil . . . . . *S. v. subsp. laxiflora* (S. 164)

7* Epichil zweifarbig (braunrot mit hellem Rand); Hypochil 15–18 mm breit, die Seitenlappen hell gefärbt . . . . . . *S. nurrica* (S. 164)

Ragwurz *(Ophrys)*

Gliederung der Gattung:

1. Lutea-Formenkreis
   O. fusca subsp. fusca, O. f. subsp. vasconica, O. iricolor, O. atlantica, O. pallida, O. omegaifera subsp. omegaifera, O. o. subsp. fleischmannii, O. o. subsp. dyris, O. lutea subsp. lutea, O. l. subsp. galilaea, O. l. subsp. melena
2. Insectifera-Formenkreis
   O. insectifera, O. aymoninii
3. Speculum-Formenkreis
   O. ciliata, O. vernixia, O. regis-ferdinandii
4. Bombyliflora-Formenkreis
   O. bombyliflora
5. Reinholdii-Formenkreis
   O. cilicica, O. kotschyi, O. cretica, O. reinholdii subsp. reinholdii, O. r. subsp. straussii
6. Scolopax-Formenkreis
   O.-umbilicata-Gruppe: *O. umbilicata, O. flavomarginata; O. scolopax subsp. scolopax, O. s. subsp. cornuta, O. s. subsp. heldreichii, O. isaura*
   hier vielleicht anzuschließen:
   O.-apifera-Gruppe: *O. apifera, O. schulzei*
7. Ferrum-equinum-Formenkreis
   O. argolica, O. elegans, O. delphinensis, O. lycia, O. ferrum-

equinum, O. gottfriediana; O.-crabronifera-Gruppe: *O. crabronifera, O. biscutella*
hier vielleicht anzuschließen:
O. lunulata
O.-bertolonii-Gruppe: *O. bertolonii, O. bertoloniiformis*

8. Fuciflora-Formenkreis
O. holoserica subsp. holoserica, O. h. subsp. apulica, O. h. subsp. parvimaculata; O.-bornmuelleri-Gruppe: *O. bornmuelleri, O. levantina; O.-oxyrrhynchos*-Gruppe: *O. oxyrrhynchos, O. lacaitae; O. biancae, O. candica*
hier vielleicht anzuschließen:
O. tenthredinifera

9. Sphegodes-Formenkreis
O. sphegodes subsp. sphegodes, O. s. subsp. epirotica, O. araneola, O. hebes, O. garganica, O. aesculapii, O. tarentina, O. helenae, O. incubacea, O. mammosa subsp. mammosa, O. m. subsp. transhyrcana
arachnitiforme Sippen:
O. morisii, O. tyrrhena, O. sipontensis, O. splendida, O. aveyronensis
hier vielleicht anzuschließen.
O. spruneri

Der erste Teilschlüssel führt zu mehreren Formenkreisen und Artengruppen wie auch direkt zu einigen Arten. Die Arten der Formenkreise und Gruppen können in nachfolgenden Teilschlüsseln bestimmt werden.

Während der größere Teil der Arten durch gut kenntliche Merkmals-Kombinationen gekennzeichnet ist, nehmen wenige Arten eine morphologische Zwischenstellung ein. Sie lassen sich den Großgruppen (Formenkreisen) nicht eindeutig zuordnen und sind wahrscheinlich als stabilisierte Bastardsippen zu deuten. Bei der Konstruktion eines Schlüssels bereiten sie ebenso Schwierigkeiten wie einige besonders variable Arten.

Der Schlüssel versucht, die Problemfälle zu berücksichtigen. Die Arten wurden zum Teil mehrfach in den Schlüssel eingebaut, so daß auch weniger häufige Varianten erfaßt sind. Zudem wird auf relativ seltene Extremformen hingewiesen, indem die Sippe bei der Alternative erwähnt ist, zu der man in seltenen Fällen kommen kann (»siehe auch . . .«). Wie stets gilt auch hier, daß das Bestimmen leichter und sicherer wird, wenn man nicht nur die Merkmale eines Individuums beachtet, sondern die Variationsbreite der ganzen Population zu Rate zieht.

1 Vorderende der Säule (= Konnektiv) abgerundet und stumpf 2

1* Vorderende der Säule zugespitzt bis schnabelförmig verlängert, spitz . . . 6

2 Kelchblätter rosa bis purpurrot; Lippe mit großem, aufgerichtetem Anhängsel . . . . *O. tenthredinifera* (S. 176)

2* Kelchblätter grün, zuweilen bräunlich, rötlich oder purpurn überlaufen; Lippe ohne oder mit kleinem, rückwärts gerichtetem Anhängsel 3

3 Lippe nahe dem Rand mit einem Kranz langer Haare, der die 3 Lappen umgibt . . . . Speculum-Formenkreis (S. 250)

3* Lippe ohne randlichen Haarkranz . . 4

4 Mittellappen der Lippe mit stark nach unten gebogenen Rändern, daher halbkugelig gewölbt, papillös; Seitenlappen ebenfalls stark gewölbt, zottig behaart . . . . *O. bombyliflora* (S. 184)

4* Alle Lappen der Lippe flach oder gewölbt, doch nicht halbkugelig, nur papillös (nicht zottig behaart) 5

5 Lippe am Grund mit 2 schwarzen Basalschwielen; seitliche Kronblätter linealisch, mindestens 5mal so lang wie breit, durch die umgebogenen Ränder noch schmäler erscheinend . . .

. . . Insectifera-Formenkreis (S. 180)

5* Lippe ohne Basalschwielen; seitliche Kronblätter länglich-rechteckig, bis 4mal so lang wie breit . . .
. . . Lutea-Formenkreis (S. 249)

6 (1) Lippe ungeteilt, manchmal in oder vor der Mitte wenig eingeschnitten und angedeutet 3lappig (Seitenlappen wie der Mittellappen gebogen, nicht in verschiedenen Ebenen) 7

6* Lippe tief 3lappig, Seitenlappen in der hinteren Hälfte abgehend, nach unten geschlagen und aus der Ebene des Mittellappens gedreht 17

7 Lippe sattelförmig: längs in der Mitte nach oben gebogen, mit seitlich herabgebogenen Rändern . . .
. . . *O.-bertolonii*-Gruppe (S. 226)

7* Lippe nicht sattelförmig 8

8 Lippe an der Spitze mit großem, (meist) 3zähnigem Anhängsel; seitliche Kronblätter immer behaart; Mal den Lippengrund umfassend (außer zuweilen bei *O. levantina*) . . .
. . . Fuciflora-Formenkreis (S. 251)
[siehe auch die *O.-crabronifera*-Gruppe, S. 200]

8* Lippe ohne oder mit kleinem dreieckigem Anhängsel; seitliche Kronblätter kahl oder behaart; Mal den Lippengrund umfassend oder von diesem abgesetzt (zuweilen die Lippe mit großem Anhängsel, dann aber mit isoliertem Mal) . . 9

9 Kelchblätter grün, manchmal die seitlichen in der unteren Hälfte rötlich überlaufen 10

9* Kelchblätter weißlich, rosa oder rot 13

10 Mal den Lippengrund umfassend, meist H-förmig, machmal als 2 getrennte Streifen oder auch stärker verzweigt (bei *O. helenae* fehlend!) . . .
. . . Sphegodes-Formenkreis (S. 251)

10* Mal vom Lippengrund abgesetzt oder auch in der Lippenmitte konzentriert (Flecke) und mit unterbrochenen Fortsätzen zum Lippengrund 11

11 Rand der Lippe hinten länger, vorn kürzer behaart bis fast kahl; Lippe durch vorn herabgebogene Ränder in Aufsicht oft spitz dreieckig . . .
. . . *O. gottfriediana* (S. 198)

11* Gesamter Rand der Lippe lang behaart und gleichmäßig herabgebogen; Lippe in Aufsicht vorn rundlich 12

12 Lippe mit gelbem Rand; Haare gelbbraun bis braun oder hellrötlich . . .
. . . *O. tarentina* (S. 218)

12* Lippe mit rotbraunem Rand; Haare dunkel (rot-)braun . . .
. . . *O. bertoloniiformis* (S. 226)
[siehe auch den Ferrum-equinum-Formenkreis, S. 250]

13 (9) Mal den Lippengrund umfassend, H-förmig oder reich gegliedert, zuweilen schildförmig 14

13* Mal vom Lippengrund abgesetzt, in Form isolierter oder querverbundener Flecken
. . . 15

14 Mittleres Kelchblatt bis zur Spitze schwächer oder stärker konkav gebogen
. . . Sphegodes-Formenkreis (S. 251)
[siehe auch den Ferrum-equinum-Formenkreis, S. 250]

14* Mittleres Kelchblatt mit plötzlich nach hinten abgeknicktem Endabschnitt . . .
. . . *O. lycia* (S. 198)

15 (13) Lippe an der Spitze mit großem, 3zähnigem Anhängsel . . .
. . . *O.-crabronifera*-Gruppe (S. 200)
[siehe auch *O. levantina,* S. 206]

15* Lippe mit kleinem dreieckigem oder ohne Anhängsel 16

16 Lippe wenig gewölbt, mit flachen oder schräg abwärts gerichteten Rändern, in der hinteren Hälfte stärker und länger behaart als in der vorderen; falls rundum gleich behaart, dann braun . . .
Ferrum-equinum-Formenkreis (S. 250)

16* Lippe stark gewölbt mit herabgebogenen Rändern, rundum lang behaart, schwarzpurpurn . *O. bertoloniiformis* (S. 226)

17 (6) Lippe an der Spitze mit großem, oft

3zähnigem Anhängsel 18
17* Lippe mit kleinem dreieckigem oder ohne Anhängsel 21
18 Spitze des Mittellappens stark rückwärts gekrümmt, Anhängsel dadurch unter die Lippe gebogen . . .
. . . *O.-apifera*-Gruppe (S. 178)
18* Spitze des Mittellappens vorgestreckt oder abwärts gebogen, Anhängsel nach vorn gerichtet 19
19 Grundfarbe der Lippe dunkel, schwarz- oder braunpurpurn . . .
. . . Reinholdii-Formenkreis (S. 250)
19* Grundfarbe der Lippe heller, (rot-)braun, ohne Purpurkomponente (aber das Mal manchmal purpurn) 20
20 Höcker der Seitenlappen verlängert, spitz, hornförmig; Mal den Lippengrund umfassend . . .
. . . Scolopax-Formenkreis (S. 250)
20* Höcker der Seitenlappen wenig ausgeprägt, kurz und stumpf; Mal meist ohne Verbindung zum Lippengrund, seltener diesen umfassend . . .
. . . *O. delphinensis* (S. 196)
21 (17) Mal vom Lippengrund abgesetzt, in der Form isolierter oder querverbundener Flecken 22
21* Mal den Lippengrund umfassend, meist H-förmig, auch in der Form von 2 Streifen 25
22 Mal weiß oder mit breitem weißem Rand . . .
. . . Reinholdii-Formenkreis (S. 250)
22* Mal ohne Weiß oder nur mit sehr schmalem weißem Rand 23
23 Kelchblätter grün, manchmal die seitlichen in der unteren Hälfte rötlich überlaufen . . . *O. gottfriediana* (S. 198)
23* Kelchblätter rosa oder rot 24
24 Lippe rot- oder dunkelbraun mit gelblichem oder hellbraunem Rand, in Aufsicht schmal rechteckig (Seitenlappen und Ränder des Mittellappens herabgeschlagen) . . . *O. lunulata* (S. 210)
24* Lippe schwarzpurpurn mit rotbraunem Rand, in Aufsicht breit elliptisch (Seitenlappen und Mittellappen mäßig gewölbt)
O. bertoloniiformis (S. 226)
[siehe auch *O. elegans*, S. 196]
25 (21) Mal weiß . . .
. . . Reinholdii-Formenkreis (S. 250)
25* Mal anders gefärbt, doch manchmal mit schmalem weißem Rand 26
26 Grundfarbe der Lippe schwarzviolett . .
. . . *O. spruneri* (S. 210)
[siehe auch *O. transhyrcana subsp. amanensis*, S. 220]
26* Grundfarbe der Lippe rot- bis dunkelbraun 27
27 Mal H-förmig oder stärker verzweigt, aus breiten Streifen gebildet . . .
. . . Sphegodes-Formenkreis (S. 251)
27* Mal in der Form eines Doppelflecks, den Lippengrund mit feinen Strichen umfassend . . . . . *O. lunulata* (S. 210)

Ophrys: Lutea-Formenkreis

1 Randzone der Lippe flach ausgebreitet oder aufwärts gebogen . . .
. . . *O. lutea* (S. 174)
1* Randzone der Lippe (Seitenlappen) nach unten gebogen 2
2 Lippe am Grund ohne Längsfurche, am Übergang zur Narbenhöhle flach . . . 3
2* Lippe am Grund in der Mitte mit einer Längsfurche, am Übergang zur Narbenhöhle mit 2 seitlichen Wülsten . . . 4
3 Lippe sattelförmig, längs ab der Mitte hochgebogen; Mal ohne auffälligen Rand . . . . . *O. atlantica* (S. 170)
3* Lippe abwärts gebogen; Mal mit W-förmigem, hellem Rand . . .
. . . *O. omegaifera* (S. 172)
4 (2) Lippe nahe dem Grund rechtwinklig nach unten geknickt *O. pallida* (S. 170)
4* Lippe gerade bis gleichmäßig gebogen, höchstens der Mittellappen stark umgebogen 5
5 Mal leuchtend blau; Lippe 15–23 mm lang, unterseits braunrot, ohne gelbrandigen Mittellappen *O. iricolor* (S. 168)

5* Mal grau, braun oder lila; falls blau, dann die Lippe unterseits oliv, oft kleiner oder mit gelbrandigem Mittellappen . . . . . *O. fusca* (S. 168)

Ophrys: Speculum-Formenkreis

1 Lappen der Lippe flach oder kaum gewölbt; Seitenlappen breit lanzettlich, schräg aufgerichtet; Basalfeld jederseits mit 2 fast gleich langen Leisten . . . . . . *O. ciliata* (S. 182)

1* Lappen der Lippe stark gewölbt mit nach unten gebogenen Rändern; Seitenlappen lineal-lanzettlich, horizontal oder kaum aufgerichtet; Basalfeld jederseits mit 2 oder 3 deutlich ungleich langen Leisten 2

2 Haare der Lippe hell: orange bis braungelb, selten rotbraun; Mittellappen mit 1,5–2,5 mm breitem unbehaartem Rand; Basalfeld mit je 2 Längsleisten . . . . *O. vernixia* (S. 182)

2* Haare der Lippe dunkel: braun(rot) bis dunkelviolett; Mittellappen mit 0,5–1 (–1,5) mm breitem unbehaartem Rand; Basalfeld mit meist je 3 Längsleisten . . . *O. regis-ferdinandii* (S. 182)

Ophrys: Reinholdii-Formenkreis

1 Basalfeld am Grund der Lippe länger als breit, von 2 niedrigen Leisten begrenzt; Seitenlappen in deutlicher Entfernung von der Narbenhöhle abgehend . . . . . . *O. cilicica* (S. 184)

1* Basalfeld so lang wie breit, ohne seitliche Leisten; Seitenlappen am Lippengrund abgehend 2

2 Mal das Basalfeld umfassend 3

2* Mal vom Lippengrund abgesetzt oder selten durch 2 feine Linien verbunden 4

3 Mittleres Kelchblatt nach vorn gebogen; Seitenlappen abwärts gerichtet, in Aufsicht nur die Höcker sichtbar; rote Staminodialpunkte vorhanden . . . . . . *O. kotschyi* (S. 186)

3* Mittleres Kelchblatt rückwärts gerichtet oder aufrecht; Seitenlappen schräg spreizend, sichtbar; Staminodialpunkte oft fehlend . . . . *O. cretica* (S. 186)

4 (2) Seitenlappen abwärts gerichtet; rote Staminodialpunkte vorhanden; Kelchblätter meist rosa oder rot, selten weißlich oder grün . *O. reinholdii* (S. 188)

4* Seitenlappen schräg spreizend; Staminodialpunkte oft fehlend; Kelchblätter oft grün, auch rot überlaufen . . . . . . *O. cretica* (S. 186)

Ophrys: Scolopax-Formenkreis

1 Mittleres Kelchblatt stark nach vorn über die Säule gebogen; Mittellappen der Lippe im vorderen Drittel am breitesten . . . . *O.-umbilicata*-Gruppe (S. 190)

1* Mittleres Kelchblatt aufrecht oder rückwärts gerichtet, falls stärker konkav gebogen, dann nicht über die Säule geneigt; Mittellappen der Lippe in der Mitte oder der hinteren Hälfte am breitesten 2

2 Seitenlappen schmal ansitzend, am Ansatz schmaler als der Höcker hoch; Basalschwielen entfernt, durch das flache Basalfeld getrennt . . . . . . *O. scolopax* (S. 192)

2* Seitenlappen breit ansitzend, am Ansatz breiter als der Höcker hoch; Basalschwielen genähert, durch eine sockelförmige Erhebung verbunden . . . . . . *O. isaura* (S. 194)

Ophrys: Ferrum-equinum-Formenkreis

1 Lippe rundum ziemlich gleichmäßig lang behaart *O.-crabronifera*-Gruppe (S. 200)

1* Lippe nicht rundum gleichmäßig behaart, Randbehaarung in der hinteren Hälfte deutlich länger als in der vorderen . . . 2

2 Lippe tief 3lappig, Seitenlappen nach unten gerichtet und rechtwinklig zum Mittellappen orientiert . . . . . . *O. delphinensis* (S. 196)

2* Lippe ungeteilt oder 3lappig, dann die Seitenlappen wie der Mittellappen gebogen und nicht aus dessen Ebene gedreht . . . 3

3 Randbehaarung in der hinteren Lippenhälfte lang und zottig, am Grund weiß, zur Mitte in Hellbraun oder -purpurn übergehend . . *O. argolica* (S. 196)

3* Randbehaarung in der hinteren Lippenhälfte kurz und samtig, einheitlich dunkler 4

4 Mal H-förmig, das Basalfeld umgreifend; mittleres Kelchblatt mit zurückgebogenem Endabschnitt *O. lycia* (S. 198)

4* Mal meist vom Basalfeld abgelöst, hufeisenförmig oder als 2 isolierte Flecken; mittleres Kelchblatt mit geradem oder nach vorn gebogenem Endabschnitt . . . . . *O. ferrum-equinum* (S. 198) [siehe auch *O. gottfriediana*, S. 198]

Ophrys: Fuciflora-Formenkreis

1 Mal schildförmig (angenähert rechtekkig) mit breitem weißem Rand, innen nicht oder verwaschen gezeichnet, selten mit klaren Linien . . . . . . *O. candica* (S. 208)

1* Mal von H-förmiger Grundstruktur und oft seitlich verzweigt, mit scharfen weißen Grenzlinien 2

2 Seitliche Kronblätter mehr als 0,30mal so lang wie die Kelchblätter 3

2* Seitliche Kronblätter 0,14–0,25 (–0,30)mal so lang wie die Kelchblätter . . . 4

3 Lippe in der vorderen Hälfte zwischen Mal und Anhängsel mit einer Längsleiste von der Breite des Anhängsels und kahl . . . *O. oxyrrhynchos* (S. 208)

3* Lippe in der Mitte der vorderen Hälfte ohne Längsleiste und kurzhaarig . . . . . . *O. holoserica* (S. 202)

4 (2) Lippe fächerförmig, größte Breite mindestens das 2fache der Breite am Grund, im Vorderabschnitt (fast) kahl (*O.-oxyrrhynchos*-Gruppe) 5

4* Lippe trapezförmig, größte Breite etwa das 1,5fache der Breite am Grund, im Vorderabschnitt dichthaarig 6

5 Vorderer Rand der Lippe rot- bis gelbbraun, selten gelb; Malbereich ⅖–½ der Lippenfläche . . . . . . *O. oxyrrhynchos* (S. 208)

5* Lippe breit gelbrandig; Malbereich etwa ¼ der Lippenfläche *O. lacaitae* (S. 208)

6 (4) Lippe hinten samtig-kurzhaarig, vorn papillös . . . . *O. holoserica* (S. 202)

6* Lippe rundum langhaarig oder hinten lang- und vorn kurzhaarig 7

7 Lippe in der Mitte zwischen Mal und Anhängsel mit einer Längsleiste von der Breite des Anhängsels, braunrot mit orange- bis zitronengelbem Rand . . . . . . *O. biancae* (S. 206)

7* Lippe selten mit Längsleiste, braun, am Rand grünlich-gelb oder nicht gelb, insgesamt ohne Rottöne . . . . . . *O.-bornmuelleri*-Gruppe (S. 206)

Ophrys: Sphegodes-Formenkreis

Der Formenkreis ist einer der schwierigsten in der Gattung. Die geringen Unterschiede zwischen den Sippen, die große Variabilität der Merkmale und nicht zuletzt auch viele ungeklärte Fragen machen das Bestimmen oft zum Problem. Ganz besonders gilt dies für den Arachnitiformis-Komplex (siehe S. 222). Ein Urteil ist oft nur zu Populationen möglich, während Einzelpflanzen sich allen Einordnungsversuchen entziehen.

1 Kelchblätter grün oder gelbgrün, zuweilen die seitlichen in der unteren Hälfte braunrot überlaufen 2

1* Kelchblätter weißlich bis rosa (arachnitiforme Sippen) 12

2 Lippe ohne Mal oder mit undeutlichem, behaartem Mal . . *O. helenae* (S. 218)

2* Lippe mit deutlichem, kahlem Mal . . 3

3 Lippe rundum lang zottig behaart . . 4

3* Lippe entweder nicht rundum behaart oder die Behaarung kurz und samtartig 5

4 Lippe mit kräftigen Höckern, ohne gelben Rand, stets ungeteilt; Haare rötlichbraun bis schwarzviolett . . .
. . . *O. incubacea* (S. 218)

4* Lippe ohne oder mit schwachen Hökkern, mit breitem gelbem Rand, oft schwach 3lappig; Haare gelbbraun bis braun oder hellrötlich . . .
. . . *O. tarentina* (S. 218)

5 (3) Kronblätter mehr als 4/5 so lang wie die Kelchblätter, auffällig breit (mehr als 1/3 bis über 1/2 so breit wie lang), oft ganz oder am Rand rötlich-bräunlich gefärbt; Lippe dunkel (rot-)braun bis schwärzlich . . *O. garganica* (S. 216)

5* Kronblätter 2/3–3/4 so lang wie die Kelchblätter; falls länger als 4/5, dann die übrigen Merkmale nicht zutreffend 6

6 Mal kompliziert: von den beiden querverbundenen Längsstreifen auf den äußeren Lippenbereich übergreifend und zuweilen netzartig 7

6* Mal einfach: 2 Längsstreifen, diese frei oder 1–2mal quer verbunden 8

7 Lippe mit bis 2,5 mm breitem (grünlich-)gelbem oder seltener blaßbraunem Rand, oft schwach 3lappig, mit dreieckigem Anhängsel . . *O. hebes* (S. 214)

7* Lippe ohne oder mit sehr schmalem hellem Rand; falls mit breitem Rand, dann nicht auch 3lappig und mit Anhängsel .
. . . *O. sphegodes* (S. 212)
[siehe auch *O. tyrrhena* und *O. morisii*, S. 222]

8 (6) Lippe 6,5–9 mm lang und 7,5–11,5 mm breit . . . . *O. araneola* (S. 214)

8* Lippe länger als 9 mm und breiter als 11 mm 9

9 Lippe flach oder über die ganze Breite gleichmäßig flach gewölbt, breit gelb berandet 10

9* Lippe mit wenig gewölbtem Mittelteil und stark nach unten gebogenen Seitenteilen 11

10 Lippe überwiegend ungeteilt; kahler Rand der Lippe flach oder leicht nach oben gebogen . *O. aesculapii* (S. 216)

10* Lippe überwiegend schwach 3lappig; kahler Rand schräg nach unten gerichtet
. . . *O. sphegodes* (S. 212)

11 (9) Kelchblätter grün; Lippe stark behaart, am gesamten Rand zottig-kurzhaarig, besonders an den Höckeraußenseiten . . . . *O. sphegodes* (S. 212)

11* Seitliche Kelchblätter in der unteren Hälfte braunrot überlaufen, selten grün oder auf der ganzen Fläche überlaufen; Lippe schwach behaart, nur am hinteren Rand papillös-kurzhaarig, am vorderen Rand papillös bis kahl . . .
. . . *O. mammosa* (S. 220)

12 (1) Lippe rundum lang zottig behaart 13

12* Lippe entweder nicht rundum behaart oder die Behaarung kurz und samtartig .
. . . 14

13 Lippe nicht oder schwach gehöckert; seitliche Kronblätter rosa bis bräunlichrot . . . . . *O. sipontensis* (S. 222)
[siehe auch *O. aveyronensis*, S. 224]

13* Lippe mit kräftigen Höckern; seitliche Kronblätter schmutzig (oliv-)grün bis braunviolett . . .
. . . seltene Variante der *O. incubacea* (S. 218)

14 (12) Lippe tief 3lappig . *O. sphegodes*: »panormitana«-Variante (S. 212)

14* Lippe nicht oder schwach 3lappig . 15

15 Lippe 6,5–9 mm lang und 7,5–11,5 mm breit . . .
. . . seltene Variante der *O. araneola* (S. 214)
[siehe auch *O. splendida*, S. 224]

15* Lippe länger als 9 mm und breiter als 11 mm 16

16 Lippe mit ziemlich kräftigem, dreieckigem oder -zähnigem Anhängsel; seitliche Kronblätter meist behaart; rote Staminodialpunkte oft vorhanden . . .
O. tyrrhena und *O. morisii* (S. 222)
Die Merkmale beider Sippen haben fast übereinstimmende Variationsbereiche; die Lippen von *O. morisii* sind durch-

schnittlich etwas kürzer und breiter als die von *O. tyrrhena.*

16* Lippe ohne oder mit kleinem zahnartigem Anhängsel; seitliche Kronblätter kahl oder papillös; Staminodialpunkte fehlend 17

17 Mal meist großflächig, sehr reich gegliedert und von fast netzartigem Aussehen, selten in H-, Streifen- oder Schildform; seitliche Kronblätter meist papillös . . . . . . *O. aveyronensis* (S. 224)

17* Mal weniger gegliedert, H- oder schildförmig; seitliche Kronblätter kahl . 18

18 Lippe meist mit gelbem Rand und hellhaarig; Mal leuchtend weiß umrandet, graublau bis dunkelviolett, oft mit flächig-schildförmig verschmolzenen Ästen; seitliche Kronblätter meist auffällig 2farbig . . . *O. splendida* (S. 224)

18* Lippe meist mit (grünlich-)braunem Rand und dunkelhaarig; Mal meist nicht auffällig berandet, oft bräunlich oder rötlich und nicht schildförmig; seitliche Kronblätter selten auffällig 2farbig . . . . . . *O. sphegodes* (S. 212)

Männchen der Dolchwespe Campsoscolia ciliata auf einer Blüte von Ophrys ciliata. Die Orchideenblüten wirken als Sexualtäuschblumen und locken die Insektenmännchen an. Siehe im Text S. 265

Beschreibung der Orchideen

Darüber, wie Orchideen allgemein gekennzeichnet sind, gibt die folgende Kurzbeschreibung Auskunft. Sie enthält die wichtigeren morphologischen (gestaltlichen) Merkmale und berücksichtigt die drei Hauptgruppen ebenso wie die tropischen und außertropischen Arten. Im Anschluß daran folgen detailliertere Beschreibungen jener Pflanzenteile, auf die in den Artbeschreibungen und Schlüsseln immer wieder eingegangen wird. Hierbei werden auch verschiedene Fachausdrücke erklärt.

Kurzbeschreibung

Pflanzen ausdauernd, krautig, in der Erde wurzelnd (alle europäischen Arten) oder epiphytisch auf Bäumen wachsend (Mehrzahl der tropischen Arten);
Wurzeln kräftig, unverzweigt, oft knollenförmig verdickt;
Stengel vielfach als horizontales oder vertikales Rhizom ausgebildet, die Jahrestriebe aufrecht, unverzweigt; untere Stengelabschnitte (Internodien) manchmal verdickt und als Scheinknolle entwickelt (oft bei tropischen, selten bei europäischen Arten);
Nährstoffspeicherung zum Überdauern ungünstiger Jahreszeiten in Rhizomen, Wurzelknollen oder Scheinknollen (Pseudobulben);
Blätter ungeteilt, wechselständig oder zweizeilig angeordnet, ungestielt oder selten gestielt, am Grund meist scheidig-stengelumfassend; an den Rhizomen sowie am Grund und der Spitze der Jahrestriebe oft reduziert schuppenförmig;
Blüten gestielt oder sitzend, mit unterständigem Fruchtknoten, zygomorph (mit nur einer Symmetrieebene), oft ist der Blütenstiel oder der Fruchtknoten um 180° gedreht (dadurch steht die Lippe unten), seltener nicht oder um 360° gedreht (mit oben stehender Lippe); Blütenhülle (Perianth) aus 2 Kreisen mit je 3 Blättern von meist ungleichem Aussehen, äußerer Kreis mit 3 Kelchblättern, innerer Kreis mit 3 Kronblättern, von denen das mittlere zur Lippe umgebildet ist; Staubblätter und Griffel zu einer Säule (Gynostemium) verwachsen, Zahl der Staubblätter 3, 2 oder 1 (siehe die Hauptgruppen S. 257);
Staubblätter sitzend oder kurz gstielt, Staubbeutel (Anthere) mit 4 oder 2 Pollenfächern; Pollenkörner frei (Apostasiaceae) oder verklebt (Cypripediaceae, Orchidaceae), Pollenmassen bei den Orchidaceae zu gestielten Pollinien vereinigt (in Vier- oder Zweizahl entsprechend den Pollenfächern); Griffel mit 3lappiger Narbe, der mittlere Narbenlappen (Rostellum) bei den Orchidaceae vorn oft schnabelartig verlängert, die Spitze des Schnabels vielfach als Klebscheibe (Viszidium) ausgebildet, die zusammen mit den Pollinien entfernt wird; Fruchtknoten 3fächerig (Apostasiaceae, viele der Cypripediaceae) oder 1fächerig (Orchidaceae), wächst bei der Reife zu einer Kapsel aus, die sich mit 3 oder 6 seitlichen Schlitzen öffnet; Samen winzig, zahlreich, mit undifferenziertem Embryo, ohne Nährgewebe (Endosperm).

Erklärung von Fachwörtern

Die Übersicht konzentriert sich auf Begriffe, die man speziell bei den Orchideen verwendet. Einige allgemeine Begriffe aus der beschreibenden Morphologie werden hinzugefügt, sofern sie in den Bestimmungsschlüsseln oder Artbeschreibungen nicht schon an Ort und Stelle erläutert sind.

1. Vegetativer Bereich der Pflanze

a. *Blätter*

Folgende Blatt-Typen sind unterschieden:

Schuppenblätter – schuppenförmige Blätter am Grund der Jahrestriebe ohne Blattspreite, braun und ohne Chlorophyll

Laubblätter – flächige, grüne Blätter

Hochblätter – kleine, manchmal schuppenförmige, grüne Blätter im oberen Teil des Jahrestriebs

Tragblätter – Blätter im Blütenstand, in deren Achsel die Blüten sitzen

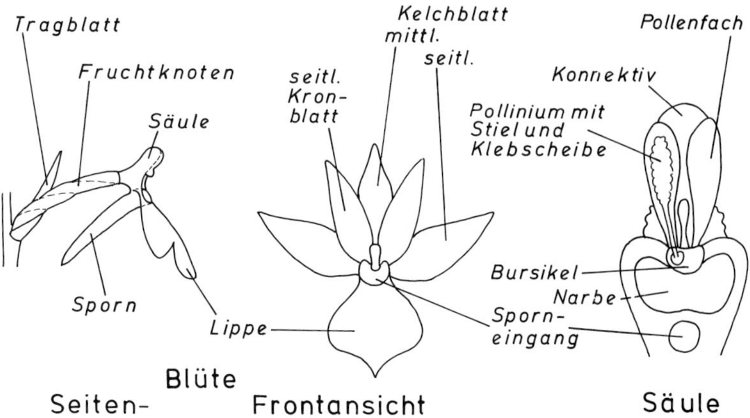

Grund- oder Rosettenblätter – Laubblätter, wenn sie über dem Boden in einer Grundrosette zusammengedrängt sind

b. *Behaarung*

Bei den Orchideen kommen unverzweigte Haare vor, viele Arten sind im vegetativen Bereich überhaupt kahl. Es wird zwischen langen und kurzen Haaren ohne Maßangabe unterschieden; was jeweils gemeint ist, kann durch Vergleich der Abbildungen ersehen werden. Sehr kurze Zellausstülpungen werden als Papillen bezeichnet; nicht immer ist die Grenze zwischen kurzen Haaren und Papillen scharf.

2. Generativer Bereich der Pflanze (Blütenbereich)

2.1. Sterile Blütenhülle

a. *Die Blätter der Blütenhülle*

Die Blütenhülle (Perianth) besteht aus:

3 Kelchblättern (Sepalen) im äußeren Kreis und 3 Kronblättern (Petalen) im inneren Kreis; Kelch- und Kronblätter stehen auf Lücke; das mittlere Kronblatt ist anders als die beiden seitlichen Kronblätter gestaltet und wird als Lippe bezeichnet. Im Text sind die 3 Kelchblätter und die 2 seitlichen Kronblätter (ohne die Lippe) als Perianthblätter zusammengefaßt; dies geschah aus Platzgründen, ist aber nicht ganz korrekt, da die Lippe ebenfalls zum Perianth gehört.

b. *Stellung der Perianthblätter*

Ein wichtiges Kriterium in vielen Gattungen ist die Stellung der Kelch- und seitlichen Kronblätter. Sie können nach vorn gerichtet, senkrecht aufgerichtet oder rückwärts gerichtet sein; oft sind die seitlichen Kelchblätter bei den zwei letztgenannten Stellungen um 90° nach außen gedreht. Von einem Helm wird dann gesprochen, wenn die Perianthblätter nach vorn geneigt sind und sich berühren, also eine geschlossene Höhlung bilden.

c. *Ausgestaltung der Lippe*

Benennungen der dreigeteilten Lippe: als Lappen werden die Hauptabschnitte bezeichnet; ist ein Lappen geteilt, heißen seine Abschnitte Zipfel. Benennungen der quer zweigeteilten Lippe: der hintere Abschnitt wird als Hypochil, der vordere Abschnitt als Epichil bezeichnet.

Anhängsel: Zipfel in der Mitte an der Lippenspitze

Sporn: Ausstülpung am Grund der Lippe, oft mit Nektarien

Mal (bei *Ophrys*): kahler, anders gefärbter Bereich in der Lippenmitte

2.2. Generative Organe der Blüte

Staubblätter und Fruchtblätter sind bei den Orchideen stark abgewandelt und vom üblichen Aussehen bei den Samenpflanzen verschieden. Der hintere Teil der 3 Fruchtblätter ist als un-

Sandbiene der Gattung Andrena auf Cypripedium calceolus. Die Lippe wirkt als Kesselfalle.

Junge Frucht (Kapsel) eine Ophrys-Art mit vertrocknetem Perianth.

terständiger Fruchtknoten entwickelt. Der vordere Teil der Fruchtblätter, das heißt der Griffel mit der Narbe, ist mit den Staubblättern zu einer Säule (Gynostemium) verwachsen. Der Bau der Säule ist bei den Cypripediaceae und Orchidaceae im engen Sinn verschieden.

Cypripediaceae: Die 2 Staubblätter sitzen seitlich an der Säule hinter der Narbe, darüber ist in der Mitte ein schildförmiges steriles Staubblatt plaziert, das Schutzfunktion ausübt.

Orchidaceae im engen Sinn: Das 1 Staubblatt sitzt in der Mitte der Säule über der Narbe und enthält bei den europäischen Arten meist 2 Pollenfächer. Der sterile Abschnitt zwischen den Pollenfächern ist das Konnektiv, es ist zuweilen an der Spitze schnabelförmig verlängert. In jedem Pollenfach wird ein Pollinium gebildet, das aus den verklebten Pollenkörnern besteht; die Pollinien sind in einen stielförmigen Abschnitt (Kaudikel) verlängert.

Die Narbe wird dreilappig angelegt, ist aber ausgewachsen meist als einheitliche Fläche entwickelt. Der mittlere, obere Narbenlappen wird als Rostellum bezeichnet; sein vorderer Abschnitt aus sterilem Gewebe ist oft schnabelförmig verlängert, wodurch ein Auswuchs entsteht, an dessen Spitze ein oder zwei Klebdrüsen (Viszidien) sitzen; an den Klebdrüsen enden die Stiele der Pollinien; zum Schutz sind die Klebdrüsen oft von einer taschenförmigen Hülle, der Bursikel, umgeben. Die Klebdrüsen sind als zwei getrennte oder eine einheitliche Klebscheibe ausgebildet oder haben die Form einer kleinen Kugel. Die rückseitige Fläche des Rostellumauswuchses wird als Pollenschüssel (Klinandrium oder Androklinium) bezeichnet; in ihr liegen die bestäubungsbereiten Pollinien, wenn sie sich aus den über die Narbe geneigten Pollenfächern gelöst haben.

Zur Systematik und Taxonomie der Orchideen

Gruppierung
Die Orchideen umfassen drei Hauptgruppen, die sich als Evolutionslinien schon lange getrennt entwickeln und sich unter anderem durch die Anzahl der Staubblätter je Blüte gut unterscheiden. Während sich die Fachleute in dieser Beurteilung einig sind, gehen die Meinungen über die taxonomische Einordnung der Hauptgruppen auseinander. Sie werden entweder als Unterfamilien einer Familie oder als drei selbständige Familien aufgefaßt.
In Europa sind nur zwei der Hauptgruppen vertreten, die Cypripediaceae mit der Gattung *Cypripedium* und drei Arten und die Orchidaceae im engen Sinn mit 35 Gattungen und knapp 250 Arten und Unterarten. Die Apostasiaceae beschränken sich auf die Tropen von Südostasien und Nordaustralien. Insgesamt sind Orchideen fast weltweit verbreitet, mit einem Häufungszentrum in den Tropen und Subtropen; in Wüstengebieten fehlen sie.
Große Gattungen sind in diesem Band in Formenkreise unterteilt. Sie entsprechen der Sektion in der sonst üblichen Terminologie. Es wurde auf die Benutzung dieser formalen Rangstufe verzichtet, weil die Formenkreise zum Teil anders abgegrenzt sind als die Sektionen in den bekannten Orchideensystemen. Nahverwandte und ähnliche Arten sind zu Gruppen zusammengefaßt. Diese entsprechen den Aggregaten mancher Floren.

Das System der Orchideen
Zuordnung der Gattungen dieses Bandes zu Unterfamilien (-oideae) und Triben (-eae); Gattungsnamen stehen in *kursiv.*

1. Cypripediaceae
   Cypripedium
2. Orchidaceae im engen Sinn
   - A. Neottioideae
     Epipactis, Cephalanthera, Limodorum Neottia, Listera, Spiranthes, Goodyera
   - B. Orchidoideae
     - a. Orchideae
       Habenaria-Gruppe: *Herminium, Gennaria, Habenaria*
       Platanthera-Gruppe: *Platanthera*
       Gymnadenia-Gruppe: *Dactylorhiza, Coeloglossum, Gymnadenia, Leucorchis, Nigritella, Neottianthe, Chamorchis*
       Orchis-Gruppe: *Orchis, Steveniella, Comperia, Neotinea, Aceras, Traunsteinera, Anacamptis, Barlia, Himantoglossum, Serapias, Ophrys*
   - C. Epidendroideae
     - a. Malaxideae
       Liparis, Malaxis, Hammarbya
     - b. Epipogieae
       Epipogium
     - c. Calypsoeae
       Calypso
   - D. Vandoideae
     - a. Maxillarieae
       Corallorrhiza

Zahl der Staubblätter	Klassifizierung der Hauptgruppen a)	b)	Gattungen/ Arten
	Orchidaceae (im weiten Sinn)		
3	Apostasioideae	Apostasiaceae	2/15
2	Cypripedioideae	Cypripediaceae	4/100
1	Orchidoideae	Orchidaceae (im engen Sinn)	730/20 000

-aceae Endung der Familie
-oideae Endung der Unterfamilie

Variabilität

Als gesichert kann gelten, daß die Orchideen innerhalb der Einkeimblättrigen (Monocotyledonae) mit den Lilienartigen (Liliales) gemeinsame Vorfahren besitzen und sich von diesen durch Spezialisierung im Blütenbau abgesondert haben. Die Orchideen werden allgemein als entwicklungsgeschichtlich junge Gruppe angesehen. Der älteste Fossilfund, der mit einiger Wahrscheinlichkeit als Orchidee identifiziert werden kann, stammt aus dem Miozän und ist etwa 15 Millionen Jahre alt. Davon auf das tatsächliche Alter der Familie zu schließen, wäre allerdings Spekulation. Immerhin wird das relativ geringe Alter deutlich, wenn man bedenkt, daß die meisten Familien der heute lebenden Samenpflanzen bereits aus Tertiär und Kreide fossil belegt, also etwa 60 bis 100 Millionen Jahre alt sind.

Vielleicht wird mit dem geringen Alter zu Recht eine auffällige Eigenschaft der Orchideen in Verbindung gebracht: ihre ungewöhnlich große Veränderlichkeit (Variabilität). Sie äußert sich vor allem bei den Orchidaceae im engen Sinn in einer großen Artenvielfalt, die durch mannigfache Abwandlung eines einzigen Bauplans erreicht wird. Variabel sind aber auch die Arten selbst. Die Orchideen vermitteln den Eindruck, als stünden sie in einer Phase der aktiven Evolution; Merkmale und Sippen sind vielfach wenig fixiert.

Mit der Variabilität hat sich in erster Linie der Wissenschaftler kritisch auseinanderzusetzen. Sie erlebt aber auch jeder, der versucht, Orchideen zu bestimmen. Hat er solche variablen Populationen vor sich, kann deren Zuordnung zu einer Art zum Problem werden. Kritisch für die Bestimmung sind vor allem *Dactylorhiza, Serapias, Epipactis* sowie manche Formenkreise bei *Ophrys* und *Orchis*. Die Variabilität bewirkt in diesen Fällen, daß die morphologischen Grenzen zwischen den Sippen unscharf werden, während die Sippen durch andere Kriterien (etwa durch Verbreitung, Fortpflanzungsmodus, Blütezeit) besser geschieden sind. Im allgemeinen können dann Populationen bei Be-

Eoorchis miocaenica MEHL, *der älteste fossile Orchideennachweis. Der Fund stammt von Öhningen-Wangen am Bodensee aus den platti-*

achtung der mittleren Merkmalsausprägung bestimmt werden, nicht aber jede Einzelpflanze, wenn sie stark vom Mittel abweicht.

In den Rahmen der üblichen biologischen Variabilität gehören auch die Farb- und Strukturanomalien. Solche Varianten sind bei vielen Arten bekannt und bei allen möglich.

Mit relativ großer Wahrscheinlichkeit treten Farbvarianten auf. Zudem werden sie besonders beachtet, weil sie zwischen den »normalen« Pflanzen nicht zu übersehen sind. Bei ihnen ist die Farbstoffsynthese gestört oder ganz ausgefallen, was zu hell- oder weißblütigen Exemplaren führt (»Albinos«). Auch Überfärbungen kommen vor. Manchmal ist das Blattgrün (Chlorophyll) betroffen, bei dessen Ausfall die Pflanzen ein bleich-gelbliches Aussehen annehmen oder, falls die anderen Farbpigmente gebildet werden, blaßfarbig erscheinen wie die

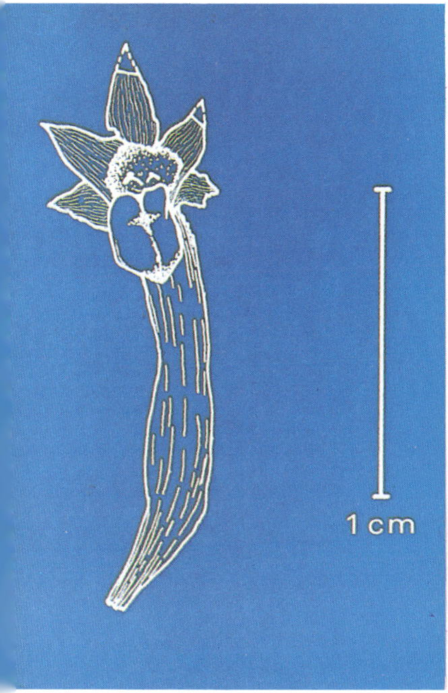

gen Süßwasserkalksteinen des Ober-Miozäns. Die Kalkplatte enthält eine Orchideenblüte mit Fruchtknoten und Perianth.

bekannte chlorophyllfreie Variante der Violetten Stendelwurz *(Epipactis purpurata).* Die Farbvarianten, die in vielen Abstufungen möglich sind, werden am besten unter dem Begriff Hypo- und Hyperchromie (Unter- und Überpigmentierung) zusammengefaßt.

Seltener sind Strukturvarianten, dafür sehen sie oft befremdlich aus. Betroffen ist vor allem der Blütenbau, wenn während der Organentwicklung Störungen eintreten. Einzelne Organe können vermehrt oder mißgeformt sein; oder Organe sind durch benachbarte ersetzt, etwa Kelch- durch Kronblätter oder Kronblätter durch Lippen oder umgekehrt. In seltenen Fällen wie bei der Bienen-Ragwurz *(Ophrys api-*

▷ *Chlorophyllfreie Variante von Epipactis purpurata (oben). Rot-weiße Farbchimäre von Gymnadenia conopsea (unten).*

Farbvariante von Ophrys araneola; nur grüne und gelbe Farben sind ausgebildet.

Zweilippige Strukturvariante von Ophrys holoserica.

fera) kommt es durch Selbstbestäubung (Autogamie) zu einer Anhäufung solcher aberranten Formen (siehe S. 178), während man sie üblicherweise nur vereinzelt findet.

Die biologische Variabilität sollte nicht in den starren Rahmen der botanischen Nomenklatur gepreßt werden. Es ist überflüssig und ohne praktischen Nutzen, für jede Variante einen Namen zu erfinden. Damit würde nur der heute schon gewaltige Namenswirrwarr bei den Orchideen vergrößert.

Bastarde

Wie keine andere Familie der Gefäßpflanzen neigen Orchideen zur Bastardbildung. Kreuzungsbarrieren bestehen innerhalb der Gattungen kaum, auch nicht zwischen Gattungen, wenn sie zur selben Tribus gehören. Dies gilt besonders für die Tribus Orchideae, welche den Großteil der europäischen Orchideen stellt.

Die Ursachen für die mangelhafte genetische Isolation sind nicht geklärt. Manchmal wird angeführt, das geringe Alter der Orchideen (siehe Abschnitt »Variabilität«) sei dafür verantwortlich; die kurze Evolutionsdauer habe nicht für die Ausbildung von Kreuzungsbarrieren ausgereicht. Ein solcher Zusammenhang muß aber nicht notwendigerweise bestehen. Eine genetische Isolation ist dann überflüssig, wenn die Isolation der Sippen auf andere Weise gesichert ist. So gesehen könnte bei den Orchideen die stark spezialisierte Bestäubung eine wichtige Rolle spielen (siehe Abschnitt »Fortpflanzung«).

Wo immer Arten derselben Gattung oder Tribus eng benachbart wachsen und sich nicht durch

Bastarde innerhalb einer Gattung: Ophrys bertoloniiformis x ciliata (oben links). Ophrys insectifera x scolopax (oben rechts). Bastard zwischen verschiedenen Gattungen: Orchis laxiflora x Serapias vomeracea subsp. orientalis (unten).

die Blütezeit trennen, kann man mit Bastarden rechnen. Es ist letztlich nur eine Frage der Zeit, bis alle möglichen Kombinationen gefunden sind. Die vielen Veröffentlichungen belegen, daß der »Sport«, die Liste der Bastarde zu vervollständigen, eifrig betrieben wird. Dabei gibt es manche Frage von allgemeinem Interesse, der nachzugehen lohnt. Ungeklärt ist beispielsweise in den meisten Fällen, ob Bastarde fruchtbar sind oder wie die Bestäuber auf Bastardpflanzen reagieren.
Bastarde treten meist als Einzelpflanzen auf und sind dann gut zu erkennen. Gewarnt sei aber davor, jede nicht eindeutig bestimmbare

Bastard zwischen verschiedenen Gattungen: Anacamptis pyramidalis x Orchis morio.

Pflanze voreilig zum Bastard zu erklären. Stets ist zu prüfen, ob man nicht eine stark abweichende Variante vor sich hat. Bastardpopulationen, die durch wiederholte Kreuzungen und Rückkreuzungen mit den Eltern entstehen, sind bei den Orchideen offenbar die Ausnahme und nur bei *Dactylorhiza, Ophrys* und *Orchis* sicher belegt.

In diesem Band wurden Bastarde, von wenigen Ausnahmen abgesehen, weggelassen. Welche Kombinationen schon bekannt sind, kann bei Sundermann (1980) oder Baumann und Künkele (1982) nachgeschlagen werden. Eine Liste würde viel Platz füllen und wäre schon nach kurzer Zeit durch Neufunde überholt. Verzichtet wird damit bewußt auch auf die Nennung der zahllosen Bastardnamen (Binome), die nach den Nomenklaturregeln zwar zulässig, aber gleichwohl wissenschaftlich überflüssig sind.

Zur Systematik

Wer bei den Orchideen die Ebene der Floristik und Taxonomie verläßt und sich Fragestellungen der Systematik zuwendet, findet ein ebenso weites wie faszinierendes Betätigungsfeld. Orchideen sind vor allem berühmt für ihre speziellen Anpassungen bei der Insektenbestäubung. Es lohnt aber, sich auch die anderen Gesichtspunkte der Biologie dieser Pflanzengruppe näher anzusehen. Einige davon werden anschließend vorgestellt.

Die bekannten Besonderheiten der Familie wie die Windverbreitung winziger Samen, die Ernährung in Symbiose mit Pilzen, die Bestäubung mit Pollenpaketen durch Insekten und der spezielle Blütenbau scheinen auf den ersten Blick wenig miteinander zu tun zu haben. Sie gehören aber als Teile einer besonderen Evolutionsstrategie der Orchideen zusammen. Dies soll die folgende Gedankenkette zeigen:

Die winzigen Samen benötigen zur Keimung den geeigneten Pilz, die Keimchance des einzelnen Samens ist daher klein; zur Sicherstellung der Fortpflanzung sind somit möglichst viele Samen nötig; je mehr Samen im Fruchtknoten gebildet werden, um so kleiner müssen sie aus Platzgründen sein (deshalb Ausfall des Nährgewebes und Reduktion des Embryos); die Befruchtung der zahllosen Samenanlagen ist nur gesichert, wenn alle Pollenkörner auf die Narbe gelangen, daher Vereinigung der Pollenkörner zu Pollinien; weil je Pflanze nur wenige Pollinien zur Verfügung stehen, muß die Übertragung sicher sein, daher Bestäubung durch Insekten und oft Anpassung an bestimmte Insektengattungen oder -arten; zum Anlocken der Insekten müssen die Blüten besonders eingerichtet sein. Diese verschiedenen Eigenschaften entwickelten sich in wechselseitiger Abhängigkeit. An den lebenden Orchideen können zum Teil noch die Zwischenstadien der Entwicklung beobachtet werden.

▷ *Vegetative Vermehrung bei Dactylorhiza iberica; junger Ausläufertrieb (links). Selbstbestäubung bei Ophrys apifera (rechts).*

Zur Biologie

Vermehrung

Die Vergrößerung der Populationen durch vegetative Vermehrung ist, von Ausnahmen abgesehen, nur den rhizombildenden Arten unter den europäischen Orchideen möglich. Durch Verzweigung der Rhizome kann die Zahl der Knospen und Jahrestriebe vermehrt werden.

Den knollenbildenden Arten steht dieser Weg nicht offen; denn jährlich wird neben der alten nur eine neue Knolle mit Überwinterungsknospe angelegt. Eine Vergrößerung des Bestandes ist also nur über Samen möglich.

Davon gibt es Ausnahmen, etwa beim Dreiknollen-Knabenkraut *(Orchis champagneuxii)*, der Hummelschweber-Ragwurz *(Ophrys bombyliflora)* und dem Einschwieligen Zungenstendel *(Serapias lingua)*. Diese Arten und wenige weitere bilden jeweils zwei oder mehr neue Knollen, meist an langen Wurzelabschnitten in einiger Entfernung von der Mutterpflanze. Einen anderen Weg beschreitet das Iberische Knabenkraut *(Dactylorhiza iberica)*; hier entwickeln sich außer der neuen Knolle unterirdische Ausläufer, die mit Schuppenblättern besetzte Sprosse sind. In beiden Fällen entstehen Herden von Pflanzen, die Klonen entsprechen.

Bestäubung und Fortpflanzung

Die Fremdbestäubung und anschließende Fremdbefruchtung (Allogamie) ist bei den Orchideen die verbreitete Form der sexuellen Fortpflanzung. Nur selten kommt auch Selbstbefruchtung (Autogamie) nach Selbstbestäubung vor. Zwischenstadien belegen, daß die Entwicklung von Allogamie über gelegentliche (fakultative) zur konstanten (obligaten) Autogamie voranschreitet.

Bei den europäischen Orchideen gibt es für beide Fälle der Autogamie Beispiele. Die Bienen-Ragwurz *(Ophrys apifera)* ist fakultativ autogam; falls die Bestäubung nicht durch Insekten erfolgt, krümmen sich die Pollinienstiele

nach unten und bringen die Pollinien auf die Narbe derselben Blüte. Die Art scheint im Mittelmeergebiet überwiegend fremdbestäubt zu werden, in Mitteleuropa dagegen selbstbestäubt, vielleicht weil hier der Bestäuber selten ist oder fehlt.

Obligate Autogamie ist bei *Epipactis* entstanden, mehrere Arten pflanzen sich so fort. Änderungen im Säulenbau, wie zurückgebildete Klebdrüsen und verkleinerte Pollenschüsseln (siehe Abb. S. 24), sowie leicht zerfallende Pollinien schließen die Möglichkeit der Fremdbestäubung nahezu aus. Das letzte Stadium ist bei Varianten der Grünblütigen und der Spitzlippigen Stendelwurz *(E. phyllanthes, E. leptochila)* erreicht, bei denen sich die Blüten nicht mehr öffnen und die Bestäubung in der Knospe stattfindet (Kleistogamie), wozu noch die Reduktion der Lippe kommt, da Insekten nicht angelockt zu werden brauchen.

Autogamie macht eine Art vom Bestäuber unabhängig und kann so, wie vielleicht bei *Ophrys apifera*, eine Arealerweiterung erlauben. Eine andere Folge der Autogamie ist die Einengung des Erbguts (Inzucht), da dessen mit der Allogamie gekoppelte Rekombination unterbunden ist. Kleine Erbänderungen werden konstant weitergegeben, infolgedessen tendieren autogame Arten zur Aufspaltung in gering differenzierte, aber konstante lokale Varianten.

Die Fortpflanzung durch Allogamie ist bei den Orchideen hoch entwickelt, und in kaum einer anderen Familie des Pflanzenreichs sind so spezielle Anpassungen an die Bestäubung durch Insekten entstanden. Wenige Orchideen werden durch Vögel bestäubt. Die Voraussetzungen liefert der spezielle Blütenbau. Dazu gehört zum einen die zygomorphe Gestaltung der Blüte: das mittlere Kronblatt ist vergrößert und zur Lippe umgeformt. Die Lippe, an sich oben stehend, kommt bei vielen Arten durch die Drehung um 180° unten in der Blüte zu stehen und ist dann ein idealer Landeplatz für Insekten.

Die andere Voraussetzung sind die Pollinien:

◁ *Biene auf Orchis tridentata; viele Orchis- und Dactylorhiza-Arten sind Nektartäuschblumen.*

so wird das Bündel aus verklebten Pollenkörnern eines Pollenfaches bezeichnet. WAGENITZ hat sie treffend mit Wertpaketen verglichen, die ausgewählten Insekten anvertraut werden, um zur Narbe transportiert zu werden. Da die Pollinien ein rares Gut sind, muß ihre Übertragung sicher sein. Dem stehen die »Postwurfsendungen« bei anderen Samenpflanzen gegenüber, reichlich erzeugte Pollenkörner, von denen ohne nachteilige Folge für die Fortpflanzung viele verlorengehen können.

Mit außerordentlich vielfältigen Methoden lokken Orchideen ihre Bestäuber. Dabei spielen Struktur, Farbe und Geruch der Blüten eine Rolle. Oft veranlaßt das Nahrungsangebot zum wiederholten Besuch der Blüten. Nektar (etwa in den Spornen der Lippe), bei tropischen Arten auch Öle und pollenähnliche Substanzen (Pseudopollen) gehören zum Angebot, nicht aber der Pollen. Daß er durch Fraß verlorengeht, wird durch die geschützte Lage der Pollinien vermieden. Beim Blütenbesuch heftet sich das Insekt die Pollinien mittels der Klebscheiben am Körper an, kann sie aber kaum mehr abstreifen, außer an der klebrigen Narbe. Zu den Orchideen, die ihren Bestäubern einen Vorteil bieten, gehören auch die *Serapias*-Arten: Die Blüten dienen als schutzbietende Schlafhöhlen.

Die Beziehungen zwischen Orchideen und Insekten haben sich noch weiter entwickelt, der wechselseitige Vorteil wich einem einseitigen zugunsten der Pflanze. Manche Orchideen lokken ihre Besucher durch Täuschung, indem sie bestimmte Instinkte der Insekten ansprechen, aber keine Gegenleistung bieten. Das Insekt »fällt darauf herein« – und die Bestäubung ist gesichert. Man spricht von Täuschblumen. Dazu gehören Blüten mit Spornen, welche

◁ *Grabwespe der Gattung Gorytes auf Serapias lingua; die höhlenförmigen Blüten dienen als Schlafstätten.*

nektarlos sind, oder Blüten, welche die nahrungsreichen Blüten anderer Pflanzen nachahmen. Von den tropischen Orchideen sind mehrere Fälle bekannt und untersucht, bei denen die Täuschung jeweils anders, aber immer auf sehr spezielle Weise erfolgt.

Eine der verblüffendsten Anpassungen findet sich bei der mediterranen Gattung *Ophrys.* Das Phänomen wird als Sexualtäuschblume beschrieben: Die Blüten erzeugen Duftstoffe, die den Sexuallockstoffen (Pheromonen) bestimmter weiblicher Hautflügler (Hymenopteren: Bienen, Wespen) ähneln; dadurch werden die Männchen angelockt und schließlich durch Aussehen, Struktur und Behaarung der Lippe veranlaßt, auf ihr die Kopulation zu versuchen; bei den Bewegungen heften sie sich die Pollinien an. Die Duft-, Licht- und Berührungsreize sind so genau und gut abgestimmt, daß die Täuschung bei demselben Männchen mehrfach gelingt.

Der von den Orchideen beschrittene Evolutionsweg führt zwangsläufig zu einer immer größeren Spezialisierung der Beziehung zwischen Blüte und Bestäuber. Je genauer sich die Pflanze dem Verhalten des Tieres anpaßt, um so sicherer ist die Pollenübertragung und damit die Fortpflanzung. Die Gattung *Ophrys* zeigt die Tendenz deutlich. In der Gattung sind alle denkbaren Fälle verwirklicht: eine Art mit mehreren Bestäubern, manchmal in verschiedenen Arealteilen, manchmal im selben Gebiet bei früh- und spätblütigen Varianten; eine Art mit nur einem Bestäuber; oder auch ein Bestäuber für mehrere Arten, dann aber bei Arten, deren Verbreitungsgebiete sich nicht überlappen. Wie sicher die Bestäubung geworden ist, darauf weist auch das Merkmal Armblütigkeit bei *Ophrys* hin. Die Arten können sich gewissermaßen die Fortpflanzung mit dem geringstmöglichen Aufwand leisten, beispielsweise im Lutea-Formenkreis mit regulär nur 1–4 Blüten je Pflanze.

▷ *Langhornbiene auf Ophrys tenthredinifera.*

Isolierung der Arten

Da bei den Orchideen vielfach innerhalb der Gattungen und oft sogar zwischen ihnen keine Kreuzungsbarrieren bestehen (siehe den Abschnitt »Bastarde«), bleibt zu fragen, wie die Isolation der Arten erreicht wird.

Wichtig ist zweifellos die Anpassung an bestimmte Bestäuber. Jedoch läßt sich beim gegenwärtigen Kenntnisstand schwer abschätzen, ob dieser Isolationsmechanismus in allen Gattungen die gleiche Rolle spielt. Für Arten, bei denen die Trennung in Raum oder Zeit übergeordnet ist, gibt es ebenfalls Beispiele. So bedienen sich etwa *Ophrys mammosa* und *O. incubacea* (= *O. atrata*) desselben Bestäubers, bleiben aber getrennt, weil sie sich geographisch ausschließen; nur in der Kontaktzone in Albanien kommen Mischpopulationen vor.

Ziemlich häufig sind Fälle mit zeitlicher Isolation, also unterschiedlicher Blütezeit. Auf sie ist in den Artbeschreibungen jeweils hingewiesen (»blüht . . . früher/später als . . .«). Ein Beispiel ist das Artenpaar *Orchis palustris/O. laxiflora*, die um etwa drei Wochen getrennt sind und kaum zur Bastardierung neigen. Die Differenzierung in der Blütezeit muß nicht in jedem Fall Arten betreffen. Bei *Ophrys* etwa tritt sie mehrfach innerhalb einer Art auf; es wachsen dann am selben Fundort morphologisch (fast) gleiche Varianten mit verschiedenen Blühphasen. Solche Fälle können die Anfangsstadien einer Sippenbildung sein.

Ob die Unfruchtbarkeit von Bastarden bei den Orchideen ein wesentlicher Faktor ist, wurde kaum untersucht. In wenigen Fällen ist positiv belegt, daß Bastarde fertil und unter natürlichen Bedingungen zur Rückkreuzung mit den Eltern fähig sind. Vermutlich kommt aber eher das Gegenteil häufiger vor.

Pilzsymbiose

Orchideen ernähren sich mit Hilfe von Pilzen, sie sind mykotroph. Die Beziehung ist von wechselseitigem Nutzen und kann daher als Symbiose bezeichnet werden. Die Pilze versorgen die Orchideen mit Wasser, Nährsalzen, wahrscheinlich auch mit organischen Verbindungen und erhalten ihrerseits Kohlehydrate und andere organische Verbindungen. Die Pilzhyphen dringen in die Orchideenzellen ein (endotrophe Symbiose) und werden schließlich verdaut.

Die Abhängigkeit der Orchideenpflanze vom Pilz wechselt während verschiedener Phasen ihres Lebenszyklus. Da die winzigen Samen kein Nährgewebe aufweisen und kaum Reservestoffe gespeichert haben, ist der Embryo zuerst ganz auf den Pilz angewiesen. Das Wachstum verläuft langsam, es entwickelt sich ein spindelförmiges, wenige Millimeter großes, bleiches Gebilde, das Protokorm genannt wird. Erst wenn es erstarkt ist, was unter natürlichen Bedingungen mehrere Jahre dauern kann, werden Wurzeln und Sprosse mit Blättern angelegt. Die erwachsene, grüne Pflanze ernährt sich weitgehend selbständig, behält die Symbiose aber fast immer bei. Der Pilz lebt dann als Mykorrhiza in der Wurzelrinde.

Einige Arten bleiben zeit ihres Lebens vom Pilz abhängig, da die Pflanzen die Fähigkeit, Chlorophyll zu bilden, teilweise oder ganz verloren haben und sich daher nicht selbständig ernähren können. Diese Orchideen parasitieren auf den Pilzen. Hierzu gehören einige europäische Arten, der Widerbart *(Epipogium aphyllum)* und die Nestwurz *(Neottia nidus-avis)*, kenntlich an ihren bleichen Organen und den fehlenden oder höchstens schuppenförmigen Blattern. Sie vermögen an extrem schattige Standorte vorzudringen, weil sie auf Sonnenlicht zur Assimilation nicht angewiesen sind. Die Dingel-Arten *(Limodorum)* und die Korallenwurz *(Corallorrhiza trifida)* befinden sich im Übergangsstadium zum Parasitismus. Ihre Blätter sind ebenfalls reduziert, doch ist Chlorophyll noch in geringen Mengen vorhanden, wie man an der Grünfärbung erkennen kann.

Über die Symbiosepilze ist wenig bekannt. Orchideen scheinen mit bestimmten Pilzarten zusammenzuleben.

Verbreitung

Die Verbreitung der Arten und Unterarten wird nach drei unterschiedlichen Verfahren beschrieben. Wer sich schnell einen Überblick darüber verschaffen möchte, wo eine Sippe vorkommt, kann allgemein gehaltene Angaben im Abschnitt »Verbreitung« nachlesen. Wer sich genauer informieren will, findet in den Abschnitten »Florenelement« und »Länder« genauere Angaben. Die beiden letztgenannten Systeme zur Bewertung der Verbreitungsgebiete sind voneinander unabhängig, ergänzen sich aber vielfach. Das Florenelement bietet dem Interessierten die Möglichkeit, mehr über die klimatisch-ökologischen Ansprüche einer Sippe zu erfahren. Die Länderangaben können bei der Vorbereitung einer Reise hilfreich sein oder bei der Überprüfung eines Bestimmungsergebnisses, wenn man wissen will, ob die ermittelte Art wahrscheinlich ist.

Viele der behandelten Arten und Unterarten wachsen wild auch außerhalb des Gebietes, das von unserem Bestimmungsbuch abgedeckt wird. Das weitere Vorkommen ist dann im Abschnitt »Verbreitung« angegeben. Dagegen gelten »Florenelement« und »Länder« immer nur für den geographischen Rahmen des Bandes, also für Europa, Vorderasien und Nordafrika.

Die Verbreitung der meisten Sippen ist heute in den Grundzügen bekannt. Ausnahmen sind beispielsweise jene Arten, die erst in jüngster Zeit entdeckt oder als selbständig erkannt wurden. Auf diese Fälle ist jeweils hingewiesen. Allgemein ist zu beachten, daß die floristische Erforschung Europas und seiner Randgebiete zur Zeit auf einem regional sehr unterschiedli-

Orchis mascula x pallens; der Bastard ist männlich steril; da Pollinienstiele und Klebscheiben fehlen, kann der Pollen nicht übertragen werden (oben). Ophrys bombyliflora x tenthredinifera mit funktionsfähigen Pollinien, aber vielleicht aus anderen Gründen steril (unten).

chen Stand ist. Insgesamt gesehen gibt es ein Nord-Süd-Gefälle. Manche Teile des Mittelmeergebietes sind, verglichen etwa mit Nord- und Mitteleuropa, ausgesprochen schlecht bekannt. Im Bewußtsein dieses Mangels begann man in den letzten Jahren gerade bei den Orchideen intensiv damit, diese Lücken zu schließen. Verschiedene Kartierungsprogramme tragen dazu bei (siehe S. 276).
Mit Funden, die bekannte Areale erweitern, ist zu rechnen. Mancher Neunachweis für ein Land mag noch bevorstehen. Weniger Änderungen sind bei den Florenelementen zu erwarten, da diese nicht auf willkürlichen politischen Grenzen, sondern auf sachbezogenen biologischen Erkenntnissen basieren. Die Erstnachweise aus letzter Zeit beispielsweise von *Epipactis phyllanthes* für Spanien oder von *Ophrys levantina* und *O. reinholdii subsp. straussii* für Rhodos haben zwar jeweils die Länderliste erweitert, aber keine Neufassung der Florenelemente nötig gemacht.

Areal und Klima

Der Teilbereich der botanischen Wissenschaft, der die Verbreitung der Arten erforscht, ist die vergleichende Arealkunde oder Chorologie. Für sie wird gelegentlich auch die Bezeichnung Pflanzengeographie benutzt, doch sind die Begriffe nicht immer inhaltsgleich.
Ein wichtiges Ergebnis der Forschungen ist, daß die Arten nicht zufällig über die Erde verteilt sind. Vergleicht man die Verbreitungsgebiete (Areale), etwa indem man sie von vielen Arten auf einer Landkarte übereinander projiziert, ergibt sich ein überraschender Befund: Die Grenzen der Areale folgen bestimmten Linien, die bei den verschiedenen Arten in unterschiedlicher Häufigkeit und in wechselnden Kombinationen wiederkehren. Die Gebiete, die von solchen gemeinsamen Grenzlinien umschlossen sind, heißen *Florengebiete*.
Das wiederholte Auftreten ähnlicher Areale legt den Schluß nahe, daß die Verbreitung der Pflanzen von Faktoren bestimmt wird, denen allgemeingültige Naturgesetze zugrunde liegen. Ein wichtiger Faktor ist dabei zweifellos das Klima. Bestimmte Arten trifft man in bestimmten Klimagebieten an. Man denke etwa an die immergrünen Bäume des Regenwaldes in den Tropen oder die laubwerfenden Arten der Wälder unserer gemäßigten Breiten. Von den Klimafaktoren, die auf die Pflanzen wirken, spielen Temperatur und Niederschlag eine hervorragende Rolle.
Nach den Temperaturgradienten vom Äquator zu den Polen wird die Erde in Klimazonen gegliedert. Sie verlaufen gürtelförmig parallel zu den Breitenkreisen. In ähnlicher Weise werden, geht man von den Pflanzen aus, Florenzonen unterschieden. Sie entsprechen den Klimazonen nur ungefähr, da ihre Grenzen nicht schematisch entlang von Klimalinien, sondern entlang der Verbreitungsgrenzen der Pflanzen gezogen werden. Die Grenzlinien decken sich deshalb nicht, weil Pflanzen außer auf das Klima noch auf andere Umweltfaktoren reagieren, etwa auf Boden und Geländeform, und die Areale zudem von historischen (geologischen) Entwicklungen geprägt sind. Auf der Nordhalbkugel unterscheidet man vom Äquator polwärts:

tropisch, subtropisch, meridional, submeridional, temperat, boreal und arktisch.

Dieses Buch deckt den geographischen Rahmen von der meridionalen bis zur arktischen Zone ab. Jede der Florenzonen ist in zahlreiche Florengebiete unterteilt.
Eine Gliederung der Kontinente kann auch anhand des Gradienten für Ozeanität beziehungsweise Kontinentalität vorgenommen werden. Die beiden Begriffe sind komplementär und werden je nach Blickrichtung benutzt. Man unterscheidet:

ozeanisch, subozeanisch, subkontinental und kontinental

und bei Bedarf weitere Zwischenstufen. Gebiete mit Seeklima werden als ozeanisch bezeichnet (ausgeglichene Temperaturen, hohe Niederschläge), solche mit Landklima als kontinental (große Temperaturschwankungen, geringe Niederschläge). Auch entlang dieses Gradienten ändert sich das Pflanzenkleid auffällig.

Die europäischen Orchideenarten sind fast ausnahmslos an ein mehr oder weniger ozeanisches Klima gebunden. Durch die Kombination der Ansprüche an bestimmte Ozeanitätsstufen mit der Bindung an bestimmte Florenzonen entstehen charakteristische Verbreitungsmuster (Arealbilder), die bei verschiedenen Sippen wiederkehren. Selbst weit verbreitete Arten zeigen erstaunliche Übereinstimmungen. Beispielsweise sind viele der eurasiatischen Orchideen im kontinentalen Gebiet (östliches Europa und Sibirien) auf die temperate Zone eingeengt, während sie im ozeanischen Gebiet (westliches Europa) von der meridionalen bis zur borealen Zone zu gedeihen vermögen; einige Beispiele sind *Cephalanthera rubra, Orchis ustulata* oder *Epipogium aphyllum.*

Florengebiete

Florengebiete sind die Einheiten, die sich bei der pflanzengeographischen Gliederung der Erde ergeben. Die Arealkunde gruppiert sie nach der Ähnlichkeit, das heißt nach den ihnen gemeinsamen Arten, und setzt sie zueinander in Beziehung. Das oft benutzte, hauptsächlich von den Hallenser Pflanzengeographen um H. Meusel ausgearbeitete System unterscheidet verschiedene Einheiten in abgestufter Rangfolge mit Florenbezirk als kleinster und Florenreich als größter Einheit.

System der Florengebiete

	Beispiel:
Floren-bezirk	(im Buch nicht unterschieden)
unterprovinz	s-subatlantisch
provinz	subatlantisch
unterregion	Mitteleuropäische U.: m + s-atlantisch, subatlantisch, zentraleuropäisch, sarmatisch
region	Mitteleuropäische R.: Gebiete der Unterregion sowie alpisch und karpatisch
reich	Holarktis

Florengebiet ist der allgemeine Begriff, der benutzt wird, wenn man keine bestimmte Einheit meint.

Die im Buch verwendeten Florengebiete sind in die Karte auf S. 274/275 eingetragen. Die Gebiete lehnen sich an das beschriebene System an, gehören aber zu verschiedenen Einheiten, oft sind es Florenprovinzen, seltener -unterprovinzen oder -unterregionen. Diese Auswahl erwies sich bei den Orchideen als zweckmäßig für die Beschreibung der Areale, sie ist ein Kompromiß zwischen ausreichender Genauigkeit und vertretbarer Verallgemeinerung.

Zusammenstellung der Florengebiete (von West nach Ost) geordnet nach Florenzonen (von Süd nach Nord):

Meridionale Zone: kanarisch, maderisch, w-mediterran, z-mediterran, o-mediterran, orientalisch

Submeridionale Zone: azorisch, w-submediterran, z-submediterran, o-submediterran, [kaukasisch*]; pannonisch, danubisch, pontisch, [s-sibirisch*]

Temperate Zone: s-atlantisch, m-atlantisch, s-subatlantisch, n-subatlantisch, s-zentraleuropäisch, n-zentraleuropäisch (= baltisch), sarmatisch, [m-sibirisch*]

Boreale Zone: n-atlantisch, skandinavisch, n-rossisch, [n-sibirisch*]

Arktische Zone: lapponisch, samojedisch

Zonenübergreifende Hochgebirge: alpisch, karpatisch

m = mittel-	s = süd-
n = nord-	w = west-
o = ost-	z = zentral-

*Florengebiete außerhalb des geographischen Rahmens dieses Buches

Florenelement

Das Florenelement beschreibt die Verbreitung einer Art (oder einer Sippe im allgemeinen), bezogen auf die pflanzengeographische Gliederung der Erde in Florengebiete; es ist die Gesamtheit der von einer Art besiedelten Florengebiete.

Das Florenelement ist für jede der behandelten Arten und Unterarten angegeben. Es gilt nur für den geographischen Rahmen des Buches; die außerhalb liegenden Florengebiete sind bei den Arten, die bis nach Asien oder Nordamerika reichen, weggelassen.

Die Florengebiete sind jeweils nach Florenzonen von Süd nach Nord geordnet. Zur Vereinfachung der Schreibweise sind solche mit unterschiedlichen Vorsilben zusammengefaßt (Beispiel: z + o-mediterran). Falls alle zusammengehörigen Gebiete besiedelt werden, sind die Vorsilben weggelassen (Beispiel: mediterran bedeutet w + z + o- . . .; subatlantisch bedeutet s + n- . . .). Erstreckt sich ein Areal über (fast) die ganze Florenzone, ist diese statt der einzelnen Florengebiete angegeben (Beispiel: boreal bedeutet: n-atlantisch, skandinavisch, n-rossisch). Florengebiete oder -zonen, in die eine Sippe nur mit wenigen Vorkommen vom Rande her einstrahlt, sind in Klammern gesetzt.

Man gewinnt einen optischen Eindruck vom Areal, wenn man die Florengebiete einer Sippe auf der Karte S. 272/273 zusammensetzt. Dabei ist jedoch zu berücksichtigen, daß die Sippe nicht immer die Gesamtfläche eines Florengebietes besiedelt. In solchen Fällen ergeben sich weitere Hinweise oft aus den Länderangaben.

Als Beispiel dient im folgenden das Lockerblütige Knabenkraut *(Orchis laxiflora)*. Sein Florenelement wird mit mediterran submediterran s-atlantisch s-subatlantisch angegeben (S. 112). Auf der Karte läßt sich leicht feststellen, daß die Art im gesamten Mittelmeergebiet verbreitet ist, dabei aber Nordafrika ausspart (keine Länder angegeben). Sie ist demnach an ein mediterranes Klima weitgehend angepaßt. Ihr Fehlen in Nordafrika wird eher auf historische (arealgeschichtliche) als auf klimatische Ursachen zurückzuführen sein. Im atlantisch-subatlantischen Westeuropa, wo durch den ozeanischen Einfluß des Atlantiks ein wintermildes Klima herrscht, vermag die Art weiter nach Norden vorzudringen. Zieht man noch die Länderangaben hinzu, läßt sich weiter ablesen, daß die Art nordwärts im atlantischen Gebiet bis Frankreich (tatsächlich bis zu den Kanalinseln, die zu Ga gestellt sind) und im subatlantischen Gebiet bis in die Schweiz (He) reicht, nicht aber bis Belgien (Be) und Deutschland (Ge).

Mücken-Händelwurz (Gymnadenia conopsea).

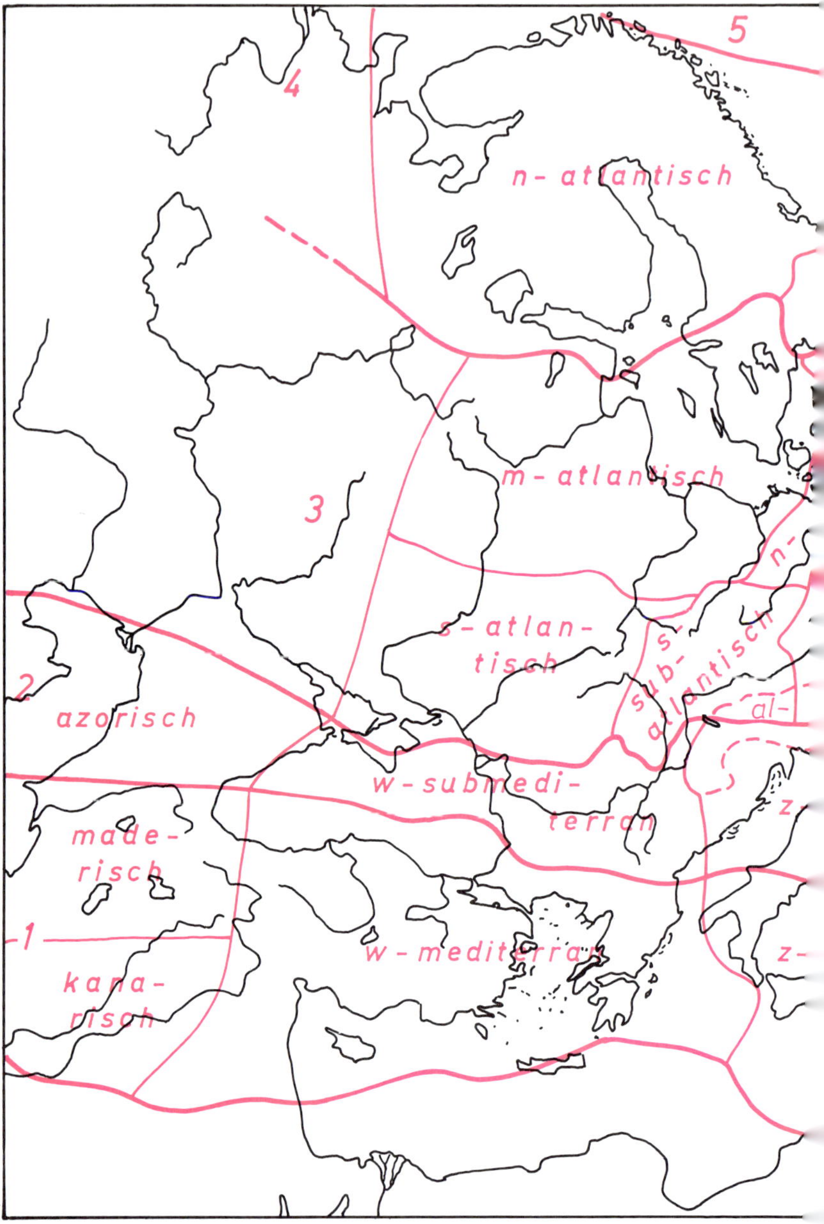

Die *Florengebiete* in Europa, Vorderasien und Nordafrika (zum Text S. 270). Die *Florenzonen* sind durch dicke Linien, die Florengebiete innerhalb der Florenzonen durch dünne Linien abgegrenzt. Die zonenübergreifenden Florengebiete der Alpen und Karpaten sind durch unterbrochene Linien begrenzt. Die Florenzonen sind am linken und rechten Kartenrand durch Ziffern markiert; es be-

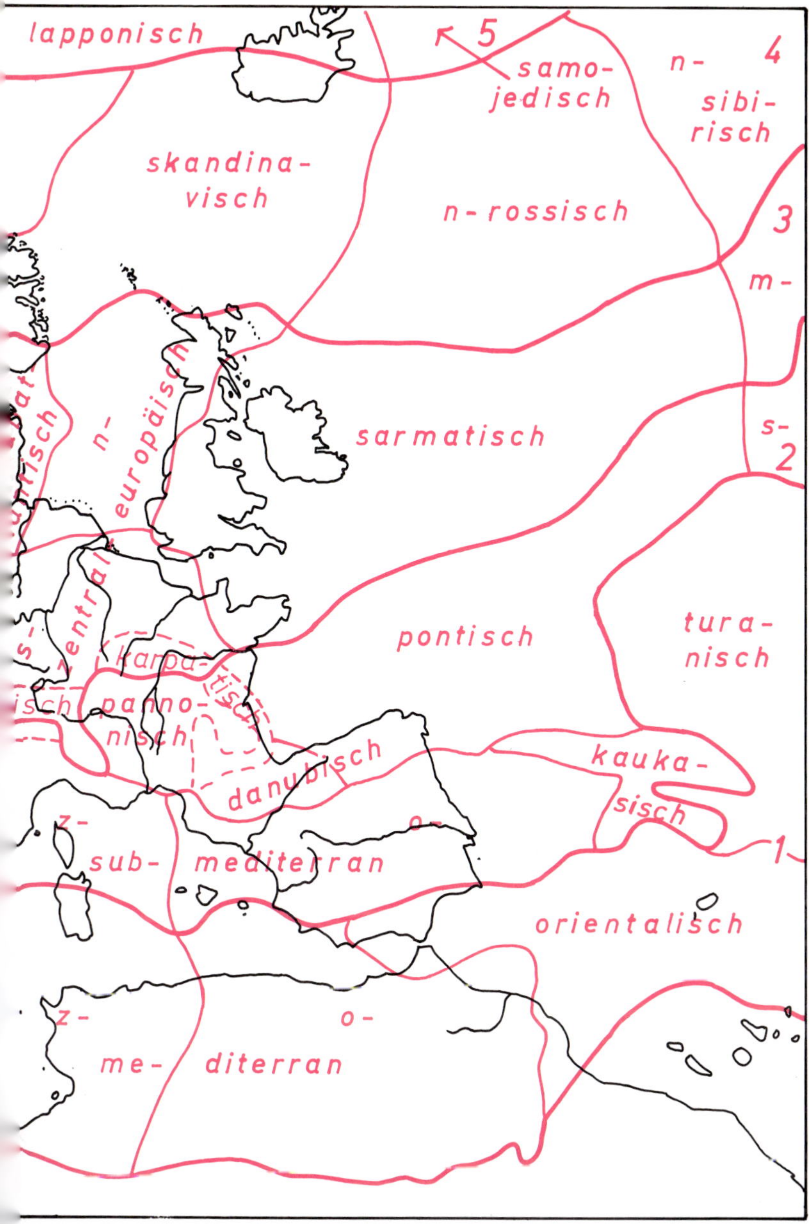

deuten: 1 meridionale Zone, 2 submeridionale Zone, 3 temperate Zone, 4 boreale Zone, 5 arktische Zone. Südlich an die meridionale Zone schließt die subtropische Florenzone an.
Nach H. MEUSEL, E. JÄGER und E. WEINERT, Vergleichende Chorologie der zentraleuropäischen Flora, Jena 1965, Karte 258, verändert.

Länder

Die Länder, in denen eine Art gefunden wurde, sind in den Verbreitungsangaben durch Abkürzungen mit zwei Buchstaben bezeichnet. Diese Kürzel entsprechen denen, die heute bei verschiedenen internationalen botanischen Forschungsvorhaben benutzt werden, etwa bei der Flora Europaea, deren 5 Bände 1964 bis 1980 erschienen, oder bei der Med-Checklist, dem 1981 begonnenen Artenkatalog für die Randstaaten des Mittelmeers. Die Kürzel stehen in der Mehrzahl der Fälle für Staaten in ihren politischen Grenzen, doch gibt es geographisch begründete Abweichungen.

In den Verbreitungsangaben sind die Länder nach einem einheitlichen Schema angeordnet: zuerst die Europas, darauf die Asiens und zum Schluß die Afrikas. In Europa wird mit der Ländergruppe im Südosten begonnen, es folgen die übrigen Ländergruppen im Uhrzeigersinn.

Reihenfolge der Länderkürzel:

Eur:	**SO** Cr Gr Tu Al Ju Bu Rm RK
	S Me Si It Sa Co
	SW Bl Hs Lu Az
	W Ga Be Ho Br Hb Fa
	M He Au Hu Ge Da Cz Po RB
	N Su No Fe RN Is
	O RW RE RC
Asi:	Sn IJ LS Cy An AE
Afr:	Li Tn Ag Ma Ml Cl

†	Die Art ist in diesem Land nach derzeitiger Kenntnis ausgestorben.
*	Die Art ist in diesem Land nicht einheimisch, sondern wurde vom Menschen eingeschleppt (adventives Vorkommen).
?	Das Vorkommen in dem Land ist unsicher und bedarf der Bestätigung.

Die Bedeutung der Länderkürzel:

AE	Ostägäische Inseln von Lesbos südwärts (**A**rchipelagus, **E** = Ost)
Ag	Algerien
Al	Albanien
An	asiatische Türkei (**An**atolia)
Au	Österreich (**Au**stria) und Liechtenstein
Az	Azoren
Be	Belgien und Luxemburg
Bl	Balearen
Br	Großbritannien, ohne die Kanalinseln
Bu	Bulgarien
Cl	Kanarische Inseln (**C**anarienses **I**nsulae)
Co	Korsika (**Co**rsica)
Cr	Kreta (**Cr**eta), Karpathos, Kasos und Gavdhos
Cy	Zypern (**Cy**prus)
Cz	Tschechoslowakei (**Cz**echoslovakia)
Da	Dänemark (**Da**nia)
Fa	Färöer (**Fa**eroenses Insulae)
Fe	Finnland (**Fe**nnia)
Ga	Frankreich (**Ga**llia) und Kanalinseln
Ge	Deutschland (**Ge**rmania), beide Staaten
Gr	Griechenland, ohne AE und Cr
Hb	Irland (**Hib**ernia), gesamte Insel
He	Schweiz (**He**lvetia)
Ho	Holland
Hs	Spanien (**His**pania) und Andorra, ohne Bl und Cl
Hu	Ungarn (**Hu**ngaria)
IJ	Israel und Jordanien
Is	Island
It	Italien, ohne Sa und Si
Ju	Jugoslawien
Li	Libyen
LS	Libanon und Syrien
Lu	Portugal (**Lu**sitania), ohne Az und Ml
Ma	Marokko
Me	Malta (**Me**lita)
Ml	Madeira (**M**aderenses **I**nsulae)
No	Norwegen
Po	Polen
[R.	europäische UdSSR (**R**ossia)]

RB	Baltikum: Estland, Lettland, Litauen, Königsberger Gebiet
RC	Rußland, Zentralteil (**R**ossia **c**entralis): Ladoga-Ilmen, Obere Wolga, Wolga–Kama, Oberer Dnjepr, Wolga–Don, Ural
RE	Rußland, Südostteil (**E** = Ost): Unterer Don, Untere Wolga, Transwolga
RK	Krim
Rm	Rumänien
RN	Rußland, Nordteil: arktisches Rußland, Karelo-Lappland, Dwina-Petschora
RW	Rußland, Westteil: Moldau, Mittlerer Dnjepr, Schwarzmeer, Oberer Dnjestr
Sa	Sardinien
Si	Sizilien
Sn	Sinaihalbinsel
Su	Schweden (**Su**ecia).
Tn	Tunesien
Tu	europäische Türkei (**Tu**rcia) und İmroz

Höhenverbreitung

Wenn bisher von Verbreitung gesprochen wurde, war stets die horizontale Ausdehnung der Areale gemeint. Sie macht aber nur die eine Komponente des Arealbildes aus. Die zweite ist die vertikale Ausdehnung oder Höhenverbreitung.

Jede Art hat eine eigene Höhenverbreitung, welche mit ihren Ansprüchen an das Klima und andere Umweltfaktoren zusammenhängt. Da Gruppen von Arten, die in verschiedenen Pflanzengesellschaften zusammen wachsen, Gemeinsamkeiten in ihren Ansprüchen zeigen, gliedert sich die Vegetation in Abhängigkeit von der Höhenlage. Die Erscheinung ist besonders in den Hochgebirgen gut zu beobachten, wo auf geringer Entfernung die Vegetationstypen gesetzmäßig aufeinanderfolgen und oft scharf gegeneinander abgegrenzt sind. Man spricht von Höhenstufen.

In Europa unterscheidet man folgende Höhenstufen:

planare Stufe (Ebenenstufe)
kolline Stufe (Hügelstufe)
submontane Stufe (untere Bergstufe)
montane Stufe (Bergstufe)
hochmontane oder oreale Stufe (obere Bergstufe)
subalpine Stufe
alpine Stufe
nivale Stufe (Schneestufe)

Die Höhengrenzen der Stufen hängen von der geographischen Breite und den örtlichen Klimabedingungen ab.

Entsprechend ihrer Abstammung von einem ursprünglich tropischen Formenkreis besiedeln die Orchideen Europas hauptsächlich die unteren, wärmeren Höhenstufen. Nach oben nimmt ihre Artenzahl ab. Nur wenige Sippen steigen bis oberhalb der Baumgrenze in die alpine Stufe auf; nur einzelne sind ganz auf die Hochgebirgslagen beschränkt, so die Zwergorchis *(Chamorchis alpina)* und die Gattung Kohlröschen *(Nigritella)*. Ähnliches ist festzustellen, wenn man polwärts voranschreitet. Auch hier nimmt die Artenzahl stetig ab; die arktische Zone schließlich hat keine eigenen Orchideen mehr, und nur wenige Arten dringen in sie vor.

Die vertikale Verbreitung wird im Abschnitt »Standort« der Artentexte kurz beschrieben. Dort sind die Höhengrenzen in vollen hundert Metern angegeben, meist die Obergrenze, wenn die Sippe von den Tieflagen aufsteigt, oder auch die Untergrenze bei Sippen mit Schwerpunkt in den höheren Lagen. Genannt sind die bekannten Extremwerte, die meist für den Südteil des jeweiligen Areals gelten. Arten etwa, die in Nordafrika oder Kleinasien 2000 m übersteigen, erreichen in den Gebirgen weiter nördlich ihre Obergrenze oft einige hundert Meter tiefer.

Als allgemeine Regel (nicht nur für Orchideen) gilt, daß die Arten um so größere Höhenlagen bevorzugen, je weiter südlich die Gebirge liegen. Dem Vorkommen in der kollinen und submontanen Stufe in Mitteleuropa (temperate Zone) steht oft ein Vorkommen in der montanen Stufe des Mittelmeergebietes (meridionale oder submeridionale Zone) gegenüber. In diesen Fällen ist im Abschnitt »Florenelement« dem Florengebiet die Höhenstufe hinzugefügt.

Orchideenkartierungen

Seit den siebziger Jahren sind mehrere Kartierungsvorhaben im Gange, deren Ziel es ist, die Verbreitung der europäischen Orchideenarten zu erfassen. Diese speziell auf Orchideen ausgerichteten Projekte laufen parallel zu weiteren Projekten, mit denen die Verbreitung der Samenpflanzen insgesamt und die anderer Pflanzengruppen bearbeitet wird.
In Deutschland werden die Kartierungen von den Arbeitskreisen »Heimische Orchideen« betreut, in der Schweiz und Österreich von den Orchideen-Gesellschaften. Über das Verfahren, bei dem die Fundorte in einem Raster erfaßt und dargestellt werden, geben die Sekretariate Auskunft. Deren Adressen können bei den Vereinen erfragt werden (siehe unter *Interessenvereine*).
Eine das gesamte Mittelmeergebiet umfassende Orchideenkartierung wird von der »Organisation für die phytotaxonomische Erforschung des Mittelmeergebiets« (OPTIMA) betrieben. Adresse des Sekretariats: Blumenstr. 6, D–7016 Gerlingen (c/o S. KÜNKELE).
Da es noch viele Kenntnislücken zu schließen gilt, sind Angaben über Orchideenvorkommen, gleich aus welcher Region sie stammen, stets willkommen und sollten den Sekretariaten mitgeteilt werden. Die Kartierungen werden als Gemeinschaftsprojekte von vielen Interessierten getragen. Je größer der Mitarbeiterkreis ist, um so schneller wird man dem Ziel näherrücken, die Areale der Orchideen möglichst vollständig zu erfassen. Davon hängen nicht zuletzt auch Schutz und Erhaltung der vielfach gefährdeten Pflanzengruppe ab.

Schutz der Orchideen

Die Orchideen gehören zu den gefährdeten Pflanzengruppen, was für viele Arten ebenso wie für viele Länder gilt. Zwar ist in Europa wahrscheinlich noch keine Art vollends ausgerottet worden, doch kam es schon in einigen Ländern zu Verlusten. Die Roten Listen geben darüber Aufschluß.
Die Ursache für die Gefährdung der Orchideen ist in erster Linie auf die Einschränkung ihrer Lebensmöglichkeiten zurückzuführen. Geeignete Biotope werden seltener. Dabei spielt nicht nur die Flächenverkleinerung, sondern auch die stetige Veränderung der natürlichen Umwelt eine Rolle. Fast alle Orchideenarten reagieren empfindlich auf die Einführung neuer Bewirtschaftungsmethoden; sie vertragen keine Intensivierung – Düngung, Entwässerung, Übernutzung –, wie sie heute vielerorts betrieben wird. Nur wenige Arten können sich dem Druck des Menschen auf die Landschaft anpassen, so die Breitblättrige Stendelwurz *(Epipactis helleborine)* und das Große Zweiblatt *(Listera ovata)*, die auch in gestörte Wälder und Forsten eindringen. Die ökologische Flexibilität der beiden zeigt sich darin, daß es die einzigen europäischen Arten sind, die sich in Nordamerika eingebürgert haben.
Die früheren Methoden der Landnutzung, die mit dem Begriff extensiv zu umschreiben sind, waren der Ausbreitung der Orchideen dagegen förderlich. So gesehen ist die Familie kein Sonderfall, sondern sie unterliegt denselben Bedingungen wie viele andere Pflanzen- und Tiergruppen auch.
Gegenüber der allgemeinen Gefährdung tritt eine Reihe spezieller Probleme in den Hintergrund, sie verschärfen aber die Situation. In der Türkei zum Beispiel werden die Populationen stark durch Sammler dezimiert, die Knollen zur Salepgewinnung ausgraben (einige tausend Kilo jährlich). Schaden richten manchmal Händler an, die Wuchsorte gesetzwidrig plündern und die Knollen an »Liebhaber« verkaufen.

Wegen der Gefährdungen sind in vielen Staaten Gesetze zum Schutz der Orchideen erlassen worden. Die Regelungen sind uneinheitlich, in der Bundesrepublik zum Beispiel gilt der Schutz für alle Arten, während einige häufige Arten in einem Teil der Schweizer Kantone und österreichischen Bundesländer nicht oder nur teilweise geschützt sind. Außerdem werden die Orchideen im Washingtoner Artenschutz-Übereinkommen erfaßt, das den internationalen Handel mit Tieren und Pflanzen regelt. Die ganze Familie gehört zu der Gruppe der »unmittelbar von der Ausrottung bedrohten Arten«, was heißt, daß der Handel mit ihnen untersagt ist, abgesehen von Ausnahmefällen, für die eine Ausfuhrgenehmigung des Herkunftslandes und eine Einfuhrgenehmigung des Bestimmungslandes erforderlich ist.
Gesetze sind notwendig und im Fall der tropischen Orchideen, die vor allem gehandelt werden, für die Erhaltung der Arten unbedingt Voraussetzung. Den europäischen Orchideen nutzen die Gesetze freilich kaum. Denn Artenschutz ist dann wirkungslos, wenn nicht zugleich die Biotope gesichert werden. Nötig sind daher andere, zusätzliche Strategien zum Schutz der Natur. Auch Schutzgebiete im traditionellen Sinn sind nur ein erster Schritt und dürfen nicht der einzige Ansatz bleiben, sondern müssen durch ein umfassenderes Konzept ergänzt werden. Wie dies auszusehen hat, ist eine der heute drängenden Fragen.
Sich mit Orchideen zu beschäftigen sollte auch heißen, Mitverantwortung für ihren Schutz zu übernehmen. Jeder sollte nach seinen Kräften mitwirken.

Interessenvereine

Orchideenliebhaber sind in zahlreichen Fachvereinigungen zusammengeschlossen. Die der deutschsprachigen Länder Mitteleuropas werden im folgenden aufgeführt. Entsprechende Vereinigungen gibt es in vielen weiteren Ländern (Adressen für Holland und Frankreich siehe unter *Fachzeitschriften*).

1. *Arbeitskreise »Heimische Orchideen«*

Sie beschäftigen sich mit den einheimischen und europäischen Wildorchideen.

Baden-Württemberg: Stuttgarter Str. 17, D–7030 Böblingen (c/o H. BAUMANN)

Bayern: Nymphenburger Str. 81/V, D–8000 München 19

Unterfranken: Friedrich-von-Spee-Str. 28, D–8706 Höchberg (c/o F. RUDOLPH)

Hessen: Am Weihergraben 5, D–6450 Hanau 1 (c/o A. GRUBE)

Rheinland-Pfalz/Saar: Raiffeisenstr. 10, D–5449 Pfalzfeld (c/o J. SCHIERENBECK)

Nordrhein-Westfalen: Erbschlöer Str. 42, D–5600 Wuppertal-Ronsdorf (c/o S. BERNING)

Niedersachsen: Brauweg 6, D–3400 Göttingen

Schleswig-Holstein: Achterkamp 103, D–2300 Kiel (c/o F. REINECKE)

Aarau: Arbeitsgemeinschaft Europäische Orchideen Aarau, CH–5017 Barmelweid (c/o J. RÜEGER)

2. *Orchideen-Gesellschaften*

Ihr Interesse gilt neben den einheimischen Arten auch der Kultur und Züchtung tropischer Arten.

Deutsche Orchideen-Gesellschaft
Arndtstr. 8, D–2724 Sottrum (c/o L. THIELMANN)

Schweizerische Orchideen-Gesellschaft
Arbeitsgruppe einheimische Orchideen, Obermattstr. 75, CH–8330 Pfäffikon (c/o W. SCHMID)

Österreichische Orchideen-Gesellschaft
Postfach 300, A–1222 Wien.

Darin die: *Wiener-Niederösterreichische Arbeitsgemeinschaft für heimische Orchideen,*
Haydngasse 29/9
A–2340 Mödling (c/o W. VÖTH)

Literatur

Aus der Fülle spezieller Orchideenliteratur können hier nur einige der Bücher angeführt werden, in denen Europa mit seinen Randgebieten insgesamt oder zum größeren Teil behandelt ist. Hinzugefügt sind einige wichtige Gattungsbearbeitungen.

BAUMANN, H., und S. KÜNKELE:
Die wildwachsenden Orchideen Europas. 432 S. Kosmos-Naturführer, Stuttgart 1982.

DANESCH, O. und E.:
Orchideen Europas. Mitteleuropa, 4. Aufl. 263 S. Hallwag, Bern und Stuttgart 1975.

DANESCH, O. und E.:
Orchideen Europas. Südeuropa.
256 S. Hallwag, Bern und Stuttgart 1969.

DANESCH, O. und E.:
Orchideen Europas. Ophrys-Hybriden.
268 S. Hallwag, Bern und Stuttgart 1972.

DAVIES, P. und J., und A. HUXLEY:
Wild orchids of Britain and Europe.
256 S. Chatto & Windus, London 1983.

DELFORGE, P., und D. TYTECA:
Europäische Wildorchideen.
191 S. Benziger, Zürich und Köln 1984.

KELLER, G., SCHLECHTER, R., u. R. V. SOÓ:
Monographie und Iconographie der Orchideen Europas und des Mittelmeergebiets, 5 Bände. Feddes Repertorium, Sonderbeiheft A, Dahlem bei Berlin 1925–1944.

KOHLHAUPT, P.:
Mittel- und südeuropäische Orchideen. 110 S. Athesia, Bozen 1981.

LANDWEHR, J.:
Wilde orchideeën van Europa. 575 S. Vereniging tot Behoud van Natuurmonumenten in Nederland, 's-Graveland 1977. (Französische Ausgabe: Lausanne 1982).

MOSSBERG, B., und S. NILSSON:
Syd- och Mellaneuropas orkidéer.
131 S. Stockholm 1980.

NELSON, E.:
Gestaltwandel und Artbildung erörtert am Beispiel der Orchidaceen Europas und der Mittelmeerländer insbesondere der Gattung *Ophrys* mit einer Monographie und Ikonographie der Gattung *Ophrys*. 250 S., 66 Tafeln. Selbstverlag, Chernex-Montreux 1962.

NELSON, E.:
Monographie und Ikonographie der Orchidaceen-Gattungen *Serapias, Aceras, Loroglossum, Barlia*. 79 S., 44 Tafeln. Selbstverlag, Chernex-Montreux 1968.

NELSON, E.:
Monographie und Ikonographie der Orchidaceen-Gattung *Dactylorhiza*.
127 S., 87 Tafeln. Speich, Zürich 1976.

NILSSON, S., und B. MOSSBERG:
Orchideen Mittel- und Nordeuropas.
142 S. Kosmos Feldführer, Stuttgart 1978.

NYLÉN, B.:
Orkidéer i Norden.
127 S. Natur och Kultur, Kristianstad 1984.

SUNDERMANN, H.:
Europäische und mediterrane Orchideen.
3. Aufl. 279 S. Brücke-Verlag, Hildesheim 1980.

WILLIAMS, J. G. und A. E., und N. ARLOTT:
Orchideen Europas mit Nordafrika und Kleinasien.
176 S. BLV-Verlag, München Bern Wien 1979.

Einen Überblick über die außertropischen Orchideen Nordamerikas gibt:

LUER, C. A.:
The Native Orchids of the United States and Canada excluding Florida.
361 S. New York Botanical Garden 1975.

Standardwerk über die Familie:

SCHLECHTER, R.:
Die Orchideen, 3. Aufl. Parey, Berlin und Hamburg, erscheint seit 1970.

Zahlreiche Veröffentlichungen behandeln die Orchideen einzelner Staaten oder Landschaften. Sie sind entweder als Teile von Länderfloren oder als Einzelwerke erschienen.
Kritische Bearbeitungen in Floren (ab 1980):

DAVIS, P. H. (Hrsg.):
Flora of Turkey 8. University Press, Edinburgh 1984.
Orchideen: J. RENZ und G. TAUBENHEIM.

HANSEN, K. (Hrsg.):
Dansk feltflora. Gyldendal, Copenhagen 1981. Orchideen: B. LØJTNANT.

HEUCKELS, H., und R. VAN DER MEIJDEN:
Flora van Nederland, 20. Aufl. Wolters-Noordhoff, Groningen 1983.

LANGHE, J.-E., und Mitarb.:
Nouvelle flore de la Belgique . . .,
3. Aufl. Jardin botanique national de Belge, Meise 1983.

LID, J.:
Norsk, svensk, finsk flora,
5. Aufl. von O. GJÆREVOLL. Det Norske Samlaget, Oslo 1985.

MEIKLE, R. D.:
Flora of Cyprus 2. The Bentham-Moxon Trust, Kew 1985. Orchideen: J. J. WOOD.

TUTIN, G., und Mitarb. (Hrsg.):
Flora Europaea 5.
Cambridge University Press 1980. Orchideen: D. M. MOORE, D. A. WEBB und R. DE SOÓ.

Eine Auswahl von Einzelwerken (ab 1980):

DANESCH, O. und E.:
Die Orchideen der Schweiz.
174 S. Silva, Zürich 1984.

GÖLZ, P., und H. R. REINHARD:
Die Orchideenflora Albaniens.
Mitteilungsblatt AHO Baden-Württemberg 16 (2), 202 S. Tübingen 1984.

LAUX, H. E., und R. KELLER:
Unsere Orchideen.
108 S. Wissenschaftliche Verlagsgesellschaft, Stuttgart 1984. [Deutschland]

PROCHÁZKA, F., und V. VELÍSEK:
Orchideje naší přírody. 281 S. Československá Akademie Věd, Praha 1983.

RAYNAUD, C.:
Les orchidées du Maroc. 119 S. Société française d'Orchidophilie, Paris 1985.

SEZİK, E.:
Orkidelerimiz. 166 S. Sandoz Kültür Yayınları 6. (Ohne Ort) 1984. [Türkei]

Die Zahl der Spezialveröffentlichungen, die in verschiedenen Zeitschriften enthalten sind, geht in die Tausende. Einen umfassenden Überblick vermittelt die Bibliographie von B. und E. WILLING:

Bibliographie über die Orchideen Europas und der Mittelmeerländer 1744–1976. Willdenowia, Beiheft 11; 325 S. Berlin 1977. – Dazu: **1. Supplement.** Englera 5; 280 S. Berlin 1985.
In beiden Teilen sind 6305 Titel registriert! Eine Auswahl wichtigerer Veröffentlichungen ist in SUNDERMANN (1980) enthalten.

Fachzeitschriften (eine Auswahl):

Berichte aus den Arbeitskreisen Heimische Orchideen [AHO] (Liebfrauenring 4, D–6360 Friedberg 3, c/o H. BLATT)

Jahresberichte des Naturwissenschaftlichen Vereins in Wuppertal (Auer Schulstr. 20, D–5600 Wuppertal); die Bände 19 (1964), 21/22 (1968), 23 (1970), 25 (1972), 29 (1976), 33 (1980), 36 (1983), 39 (1986) enthalten die Ergebnisse der »Wuppertaler Orchideen-Tagungen«.

Mitteilungen des AHO. Hrsg.: Kulturbund der DDR, zentraler Fachausschuß Botanik (c/o G. HAMEL, DDR–1241 Heinersdorf)

Mitteilungsblatt AHO Baden-Württemberg (Schönbergstr. 1, D–7400 Tübingen, c/o O. FELDWEG)

Die Orchidee
(Deutsche Orchideen-Gesellschaft, Arndtstr. 8, D–2724 Sottrum, c/o L. THIELMANN)

Orchideeën (Nederlandse Orchideeën Vereniging, Esdoornlaan 6, NL–2612 TD Delft)

L'Orchidophile, Bulletin de la Société française d'Orchidophilie (1, allée Daumier, F-94450 Limeil Brevannes)

Register der deutschen Namen

Kursiv gesetzte Ziffern bezeichnen Seiten, auf denen der Name zusätzlich erwähnt ist

Register der wissenschaftlichen Namen

Kursiv gesetzte Namen bezeichnen Synonyme

Bildautoren

H. Baumann: S. 23 u.l., 23 u.r., 83 u.r., 123 u.l., 215 o.r.; **K. Baumann**: S. 35 o.l., 41 u.l., 45 u.r., 55 o.l., 55 u.l., 103 M.r., 149 o.l., 153 o.M., 211 u.l., 231 u.l.; **H. Blatt**: S. 115 o.r., 131 o.l., 195 o.l.; **H. W. E. van Bruggen**: S. 20 o.l., 20 o.r., 47 o.l., 47 o.r., 89 u.r.; **B. Castelein**: S. 13 u.l., 13 u.r.; **R. Cramm**: S. 13 o.l., 101 o.r.; **B. Corrias**: S. 116 o.l., 133 o.r., 165 u.l., 165 u.r., 213 M.r.; **D. D. Chesterman (Sammlung Kew)**: S. 73 o.l., 116 o.r., 203 u.r.; **P. H. Davies**: S. 53 o.r., 53 u.l., 99 u.l.; **P. Delforge**: S. 181 u.l., 181 u.r., 225 M.l., 225 M.r.; **J. Devillers-Terschuren**: S. 83 o.r.; **H. Eisenbeiß**: S. 69 u.l., 143 u.r., 149 u.r., 213 o.l.; **J. u. L. Essink**: S. 39 u.l., 39 u.r., 81 u.l., 83 u.l., 83 u.M., 133 o.l.; **X. Finkenzeller**: S. 45 o.l., 67 o.l., 67 o.r., 67 M.l., 71 o.r., 73 o.l., 75 o.l., 75 o.r., 91 o.M., 91 u.r., 93 u.l., 101 u.l., 167 o.r., 199 M.l., 233 o.l., 233 o.r., 233 u.l., 233 u.r., 235 o.r.; **E. Garnweidner**: S. 21 u.l., 21 u.r., 23 o.l., 39 o.l., 41 o.l., 43 o.r., 49 u.l., 55 o.r., 59 u.r., 61 o.l., 71 o.l., 87 o.l., 89 o.l., 95 o.r., 113 o.r., 113 u.r., 117 o.r., 121 o.r., 121 u.l., 129 o.l., 133 u.l., 135 o.r., 138 o.l., 175 M.r., 197 o.l., 201 u.l., 203 M.r., 235 o.l.; **P. Gölz**: S. 171 o.r., 181 o.r., 209 M.r., 211 o.l., 219 u.r., 223 o.l., 223 o.r., 227 u.l.; **R. Haslberger**: S. 115 u.r.; **G. Kalden**: S. 65 M.r., 179 o.l.; **M. Kalteisen**: S. 209 o.l.; **E. Klein**: S. 39 o.r., 85 u.l., 85 u.r., 87 u.l., 87 u.r., 96 o.l., 96 o.r., 159 o.l.; **H. Kümpel**: S. 29 M.r., 61 u.l., 61 u.r., 97 o.r., 101 u.r., 151 u.M., 205 u.l., 205 u.r.; **S. Künkele**: S. 97 u.l., 97 u.r.; **W. Layer**: S. 43 o.l., 115 o.l.; **W. Loos**: S. 107 o.r., 145 o.l.; **G. Lopez**: S. 65 o.r., 153 o.r., 155 o.l., 155 o.r., 193 M.l.; **D. Mitchell**: S. 13 o.r., 23 o.r., 26 o.l., 26 u.l., 26 u.r., 29 u.l., 29 u.r., 33 o.r., 85 o.r., 87 o.r., 91 o.r., 91 u.M., 95 u.l., 95 u.r., 107 u.l.; **A. u. C. Nieschalk**: S. 19 o.r., 25 o.l., 29 o.l., 71 u.l., 73 o.r., 73 u.r., 77 u.r.; **R. Peter**: S. 19 o.l., 29 o.r., 37 o.r., 37 u.r., 69 u.r., 91 o.l., 105 o.r., 107 o.l., 119 u.r., 123 o.l., 127 o.l., 127 o.r., 139 o.l., 159 o.r., 159 u.l., 169 o.l., 173 o.l., 173 u.r., 175 M.l., 185 u.r., 187 o.l., 191 u.l., 193 u.r., 195 u.l., 197 M.r., 199 M.r., 207 M.l., 217 u.r., 221 M.l.; **W. Pilz**: S. 41 M.l., 55 M.l., 121 o.l., 179 M.l.; **H. R. Reinhard**: S.35 M.r., 45 o.r., 49 u.r., 55 u.r., 63 o.l., 67 M.r., 69 o.l., 91 u.l., 93 o.l., 93 u.r., 95 o.l., 97 o.l., 99 o.l., 99 o.r., 101 o.l., 103 u.r., 113 u.l., 115 u.l., 123 o.r., 131 o.r., 131 M.l., 137 M.l., 137 u.l., 137 u.r., 159 u.r., 161 u.l., 163 o.r., 167 o.l., 169 o.r., 169 M.r., 171 u.l., 171 u.r., 173 M.l., 173 M.r., 175 u.l., 179 M.r., 179 u.l.,183 o.r., 187 u.l., 187 u.r., 193 M.r., 201 o.l., 203 u.l., 205 o.l., 205 o.r., 205 M.l., 207 u.l., 207 u.r., 209 o.r., 209 M.l., 209 u.r., 211 o.r., 213 o.r., 213 M.l., 213 u.l., 213 u.r., 214 o.l., 214 o.r., 215 o.l., 215 M.r., 215 u.l., 215 u.r., 219 o.l., 219 u.l., 223 u.l., 223 u.r., 225 o.l., 225 o.r., 225 u.l., 227 o.r., 227 u.r., 228 o.l., 228 o.r., 228 M.l., 228 u.l., 228 u.r., 229 o.l., 229 u.l., 229 u.r.; **J. Renz**: S. 37 o.l., 81 o.l., 173 u.l., 177 M.r., 189 o.l., 189 M.l., 189 M.r., 189 u.l., 195 u.r., 199 o.r., 199 u.r., 219 o.r.; **K. Robatsch**: S. 21 o.l., 21 o.r., 31 u.l., 31 u.r., 53 o.l., 57 u.l., 57 u.r.; **D. u. U. Rückbrodt**: S. 15 o.l., 15 M.r., 26 o.r., 31 o.l., 31 o.r., 33 u.l., 33 u.r., 35 u.r., 39 M.l., 41 o.r., 41 u.r., 47 u.l., 47 u.r., 49 o.l., 51 o.l., 51 o.r., 51 u.l., 51 u.r., 59 o.l., 59 o.r., 59 u.l., 61 o.r., 63 o.r., 63 u.l., 63 u.r., 65 o.l., 65 u.l., 65 u.r., 69 o.r., 75 u.r., 75 u.l., 77 o.l., 77 o.M., 77 o.r., 79 o.r., 79 u.l., 79 u.r., 81 o.r., 81 u.M., 81 u.r., 83 o.l., 93 o.r., 93 u.M., 99 u.r., 102 o.l., 102 o.r., 102 u.l., 102 u.r., 103 o.l., 103 o.r., 105 o.l., 109 o.l., 109 o.r., 109 u.l., 109 u.r., 111 o.l., 111 o.r., 111 u.l., 111 u.r., 113 o.l., 113 M.r., 117 o.l., 117 M.l., 119 u.l., 121 u.r., 125 o.l., 125 o.M., 125 o.r., 125 u.r., 127 u.l., 127 u.r., 129 o.r., 131 M.r., 131 u.l., 131 u.r., 135 u.l., 135 u.r., 137 o.r., 138 o.r., 139 u.l., 139 u.r., 141 o.l., 141 o.r., 141 u.l., 141 u.r., 143 o.l., 143 o.r., 143 u.l., 145 u.l., 145 M.r., 145 u.r., 147 o.l., 149 o.r., 149 u.l., 149 M.r., 151 o.r., 151 u.r., 153 o.l., 157 o.l., 157 o.r., 157 u.r., 161 o.l., 161 u.r., 163 u.l., 165 o.r., 167 u.r., 175 o.l., 175 o.r., 175 u.r., 179 u.r., 183 M.l., 183 M.r., 183 u.l., 183 u.r., 185 o.r., 185 u.l., 187 o.r., 189 o.r., 189 u.r., 191 o.r., 193 o.l., 195 o.r., 197 M.l., 203 o.l., 219 M.l., 221 o.l., 221 u.l., 228 M.r., 231 o.l., 231 o.r., 231 u.r.; **J. Rydlo**: S. 25 u.l., 25 u.r.; **J. Schimmitat**: S. 17 o.l., 17 o.r.; **W. Schmid-Fisler**: S. 103 u.l.; **H. Schrempp**: S. 35 o.r., 163 o.l., 231 u.M., 235 o.M.; **W. J. Schrenk**: S. 57 o.l., 57 o.r.; **W. Schubert**: S. 15 o.r., 35 u.l., 147 o.r., 151 o.l.; **Silvestris Fotoservice**: Bellmann: S. 25 o.r., 45 u.l., 49 o.r., 111 o.M., 169 M.l., 177 o.r., 181 o.l., 185 o.l., 203 o.r., 215 M.l.; **H. Sundermann**: S. 19 u.l., 53 u.r., 117 u.l., 117 u.r., 123 u.r.; **G. Synatzschke**: S. 151 u.l.; **G. Taubenheim**: S. 15 u.l., 15 u.r., 17 u.l., 17 u.r., 27 o.l., 27 o.r., 43 u.l., 43 u.r., 45 M.r., 71 u.r., 77 u.l., 79 o.l., 105 u.l., 105 u.r., 147 u.l., 147 u.r., 157 u.l., 163 u.r., 169 u.r., 173 o.r., 177 u.l., 177 u.r., 191 M.l., 195 M.l., 105 M.r., 199 u.l., 207 u.l., 207 M.r., 209 u.l., 221 o.r., 221 M.r.; **H. Teppner**[1]: S. 67 u.l., 67 u.r., 235 u.l., 235 M.r., 235 u.r.; **W. Teschner**: S. 27 u.l., 27 u.r., 37 u.l., 129 u.l., 129 u.r., 145 o.r., 153 u.l., 153 u.r., 155 u.l., 155 u.r., 171 o.l.; **D. Tyteca**: S. 19 u.r., 85 o.l., 89 o.r., 119 o.l., 119 o.r., 177 o.l.; **E. Vimba**: S. 89 u.l.; **K. Wagner**: S. 107 u.r., 125 u.l., 133 u.r., 135 o.l., 137 o.l., 139 o.r., 165 o.l., 169 u.l., 179 o.r., 183 o.l., 191 o.l., 191 M.r., 191 u.r., 193 o.r., 193 u.l., 197 o.r., 197 u.l., 197 u.r., 199 o.l., 201 o.r., 201 u.r., 205 M.r., 207 o.r., 211 u.r., 217 o.l., 217 o.r., 217 u.l., 219 M.r., 221 u.r., 225 u.r., 227 o.l., 229 o.r.; **K. Weihs**: S. 33 o.l.; **W. Zepf**: S. 161 o.r., 167 u.l.

Allgemeiner Teil:
X. Finkenzeller: S. 271; **J. Mehl**[2]: S. 258, 259 o.l. Zeichnung; **A. u. C. Nieschalk**: S. 259 o.r.; **H. R. Reinhard**: S. 253, 256 l., 259 u., 260 l., 261 o.l., 261 o.r., 262, 264 o., 264 u., 266, 268 o., 268 u.; **D. u. U. Rückbrodt**: S. 260 r., 261 u., 263 r.; **H. Schrempp**: S. 256 r.; **W. Vöth**: S. 263 l (sw).

Erstveröffentlichung von Abbildungen: [1]Phyton (Austria), Band 25 (1985); [2]Berichte aus den Arbeitskreisen Heimische Orchideen, Band 1 (1984).

Steinbachs Naturführer

Weitere Bände

Säugetiere · Landvögel · Süßwasserfische
Insekten (außer Schmetterlingen) · Schmetterlinge
Bäume · Strauchgehölze · Wildblumen · Pilze
Alpenblumen · Mineralien

Der Autor
Karl Peter Buttler, geboren 1942, studierte in Frankfurt und München Biologie und Chemie und promovierte 1967 im Fachgebiet systematische Botanik. Während zahlreicher Forschungsreisen in ganz Europa und Südwestasien befaßte er sich mit Orchideen und anderen Gefäßpflanzen. Nach der Mitarbeit in mehreren Forschungsinstituten ist Dr. Buttler heute freiberuflich tätig, vor allem als Gutachter im Naturschutz.

Der Herausgeber
Gunter Steinbach, geboren 1938, hat sich in zahlreichen Publikationen über die heimische Tier- und Pflanzenwelt einen Namen gemacht. Nach zwei Jahrzehnten Verlagstätigkeit lebt er heute auf seinem Einödhof im Westallgäu. Dort widmet er sich artgerechter Tierhaltung, dem biologischen Gartenbau in Höhenlagen und seinen Veröffentlichungen im Themenkreis Natur.